Jahrbuch der Esoterik   Band 2

Jahrbuch der Esoterik
Band 2

herausgegeben von Hartmut Radel

mit Beiträgen von:
    Rüdiger Dahlke
    Silvia Wallimann
    Keith Sherwood
    Louise Kirsebom
    Kurt Tepperwein
    Hans-Dieter Leuenberger
    Arnold Keyserling
    Hartmut Radel
    Tom Johanson
    Helmut Hark
    Andreas Resch
    Hans Endres
    Sergius Golowin
    Bernd A. Mertz
    Wolfgang Angermeyer
    Christian Mecklenburg
    Alexander v. Vietinghoff

Fischer-Verlag, Münsingen-Bern

1989
© Buchverlag Fischer Druck AG, 3110 Münsingen-Bern
Alle Rechte vorbehalten
ISBN 3-85681-224-5

Inhaltsverzeichnis

Vorwort		7
Rüdiger Dahlke	Krankheit und Entwicklung – Heilung aus esoterischer Sicht	11
Silvia Wallimann	Meditation als Vorbereitung auf die Wende	33
Keith Sherwood	Ökologie der Gesundheit	49
Louise Kirsebom	Betrachtungen zu den Chakren aus der Sicht des Handlesers	61
Kurt Tepperwein	Der Weg zur Heilung – sei du selbst!	87
Hans-Dieter Leuenberger	Die Magie des Tarot	107
Arnold Keyserling	Vom Kampf ums Dasein zum globalen Dorf – Wege kollektiver Heilung	119
Hartmut Radel	Die Transsaturnier – Uranus, Neptun, Pluto in der Deutung	141
Tom Johanson	Beweise für die Heilung durch den Geist	161
Helmut Hark	Die zehn Heilkräfte im Sefiroth-System	179
Andreas Resch	Paranormologie: Die Welt des Okkulten	195
Hans Endres	Heilung durch Erkenntnis	215
Sergius Golowin	Gesundheitsmeditation mit Mondsteinen	233
Bernd A. Mertz	Das Neumondhoroskop	247
Wolfgang Angermeyer	Wirtschaftsastrologie – Kann man Wirtschaftsabläufe und Börsentrends kosmozyklisch nachvollziehen?	265
Christian Mecklenburg	Mit Pluto im Quantensprung von der Medizin zum Heilen	293
Alexander v. Vietinghoff	Stirb vor dem Tod, auferstehe jetzt!	311

Vorwort

In der Fülle der Beiträge finden sich leichter zu lesende und fachlich-schwierigere. Es werden bewährte Einsichten aufgearbeitet und neue Erkenntnisse auf verschiedenen Gebieten der Esoterik vorgetragen. Es sind mutige Artikel, die kraftvoll-offensiv Denkanstöße geben. Damit verwirklicht sich die Idee, im JAHRBUCH DER ESOTERIK umfassendes Wissen einer neuen Zeit zu sammeln.

Leid und Leiden gehören in diese Welt. Das Dualgesetz zwingt zur Gesundheit auch Krankheit hinzu. Es ist längst kein Geheimnis mehr, daß Krankheit am Körper immer darauf hinweist, daß in der mikrokosmischen Einheit von Körper, Geist und Seele ein Ungleichgewicht entstanden ist. Was die Seele nicht mehr tragen kann, überträgt sie dem Körper. Der englische Arzt Edward Bach sagt: «Krankheit ist weder Grausamkeit noch Strafe, sondern einzig und allein ein Korrektiv, ein Werkzeug, dessen sich unsere eigene Seele bedient, um uns auf unsere Fehler hinzuweisen, um uns von größeren Irrtümern fernzuhalten, um uns daran zu hindern, mehr Schaden anzurichten – und uns auf den Weg der Wahrheit und des Lichts zurückzubringen, von dem wir nie hätten abkommen sollen.»

Schwerste, alte und neue Formen von Krankheit, eine zu mechanistische, symptomorientierte Lehre der Medizin, ein veraltetes Gesundheitswesen mit explosiv wachsenden Kosten haben mich bestärkt, diesem zweiten Band thematisch einen besonderen Akzent zu geben: HEILEN.

Eigentlich würde ein Sandkorn ausreichen, die Welt zu verstehen. Voraussetzung allerdings wäre, daß der Mensch sich aus der Polarität erheben und Einheit begreifen könnte. Die Polarität ist aber das verbindliche Gesetz, unter dem wir angetreten sind mit unserem Da-sein. Seltsam bleibt, daß der Mensch sich selbst nicht genügt, wenn er in der Dualität auseinanderfällt. Im Gegenteil, je mehr er sich ein-seitig ver-

hält, desto stärker wirken Energien auf ihn ein, die ihn zwingen, das polar Andere wahrzunehmen. Diese Energien entfalten sich zu den stärksten, die im Menschen wirken. Sie finden ihren Weg zu Körper, Geist und Seele durch die unverschließbaren Zugänge zu unserer Wesensmitte: einer ist die Erfahrung, der andere die Bewußtheit.

Gemeininteressen gehen vor Einzelinteressen im täglichen Miteinander. Das Leben mit seinen natürlichen Rhythmen und Stationen, wie beispielsweise Schule, Beruf, Familie, Vereine/Gruppen, bindet uns immer mehr in die Gemeinschaft ein. Die reine Egozentrik des Kindes, das als noch schwacher Teil für sich stark und damit eigenständig werden möchte, erweitert sich zu einem Denken in größeren Einheiten: Das Kollektiv trägt und schützt das Individuum. Der Mensch scheint die Gemeinschaft zu brauchen, um sich zu verwirklichen. Selbst bewußt gewähltes Alleinsein steht in Beziehung zum Kollektiv. Das Ich braucht das Du, um sich zu erkennen.

Der Mensch drängt mit größten unbewußten Kräften danach, die verlorengegangene Einheit wieder herzustellen. Die Mythologien geben viele bildhafte Fall-Geschichten. Der Magnetismus zwischen Mann und Frau oder die Milliarden von Rinnsalen, Bächen und Flüssen, die alle unendlich mühsam zum Meer fließen – alles in dieser Schöpfung sucht die Einheit. Sie wird letztlich nicht zu finden sein, denn alles, was der Mensch meint als solche zu erkennen, ist geboren in der Polarität und dadurch gezwungen, sich sofort wieder aufzuspalten. Einheit bleibt für den Menschen verloren, aber das tiefe Streben danach bildet eine Brücke zu einer göttlichen Ordnung. Nur in ihr findet der Mensch Erlösung und Heimkehr in die Einheit, zum Heil-sein.

Hartmut Radel

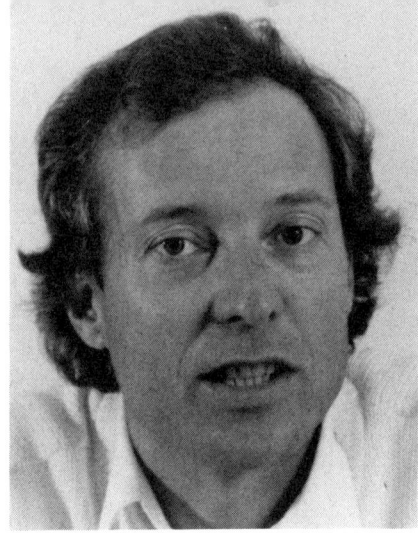

Rüdiger Dahlke

Geboren am 24. Juli 1951 in Berlin, verheiratet mit der Astrologin Margit Dahlke;

während der Gymnasialzeit erste Berührung mit Meditation und östlicher Philosophie;

nach dem Medizinstudium Weiterbildung zum Arzt für Naturheilweisen und in Psychotherapie;

seit 1978 als Arzt und Psychotherapeut (Reinkarnationstherapie) tätig;

Zusammenarbeit mit Thorwald Dethlefsen seit 1977, die sich u. a. in dem gemeinsamen Buch «Krankheit als Weg» niederschlägt;

Erarbeitung eines esoterisch-psychosomatischen Krankheitskonzeptes, das den Menschen als Einheit von Körper, Seele und Geist begreift und behandelt;

Leiter von Fasten-, Meditations- und Selbsterfahrungsseminarien.

Buchveröffentlichungen

1980 **Bewusst fasten**
Ein Wegweiser zu neuen Erfahrungen

1985 **Mandalas der Welt**
Ein Meditations- und Malbuch

1986 **Habakuck und Hibbelig**
Das Märchen der Welt

1987 **Der Mensch und die Welt sind eins**
Analogien zwischen Mikrokosmos und Makrokosmos

1989 **Die Psychologie des blauen Dunstes**
Bedeutung und Chance des Rauchens

1989 **Gewichtsprobleme**
Bedeutung und Chance von Über- und Untergewicht.

Seit 1983 verschiedene **Meditationskassetten** bei Edition Neptun, u. a. «Heilung – der innere Arzt»

Rüdiger Dahlke
Krankheit und Entwicklung
Heilung aus esoterischer Sicht

Betrachten wir den Begriff «Heilung» aus einem esoterischen Blickwinkel, enthüllt sich sogleich der hohe Anspruch dieses Wortes, steckt in ihm doch unübersehbar das «Heil». Das Heil aber war zu allen Zeiten das Ziel der Menschen. Auch heute hat dieser Begriff für uns große Bedeutung und spielt in verschiedene Bereiche hinein, von der Medizin bis zur Psychologie, von der Theologie bis hin zur sogenannten «New-Age-Bewegung». In früheren Zeiten lagen das Heil und die Heilung ausschließlich in den Händen des Priesterarztes und damit in *einer* Hand. Betrachten wir die heutige Aufspaltung der Verantwortung für das Heil etwas genauer, so fallen einige wichtige Unterschiede zur alten Priestermedizin auf.

Die moderne Medizin benutzt das Wort «Heil» kaum noch und mit Recht. Sie spricht eher von Gesundheit, und selbst da werden bereits Abstriche in Kauf genommen. Gemessen an der Gesundheitsdefinition, wie sie die Weltgesundheitsbehörde der Vereinten Nationen benutzt, hat die moderne Medizin auch dieses Ziel aus dem Auge verloren, heißt es da doch, Gesundheit sei die Abwesenheit von körperlichem, seelischem und sozialem Leid. Solch einen Zustand von Gesundheit erreicht kaum ein moderner Mensch, und die Medizin hat gegenüber diesem hohen Ziel – vor allem was den sozialen Bereich angeht – auf breiter Front kapituliert. Ihr erklärtes Ziel ist heute, Leid zu verhindern und es zu bekämpfen, wo es schon zutage getreten ist. Dabei verzichtet die Schulmedizin freiwillig auf den geistlichen Bereich und überläßt diesen gern der Theologie. Dafür erwartet sie, daß sich die Theologie im Gegenzug ganz strikt aus dem körperlichen Bereich heraushält. Den seelischen Bereich überläßt sie weniger freiwillig, aber doch notgedrungen, einerseits wieder der Theologie, soweit diese sich noch um Seelsorge kümmert, andererseits der Psychologie.

Ein etwas näherer Blick auf das Anliegen der modernen Psychologie, wie sie an unseren Universitäten gelehrt wird, enthüllt die gleiche

Tendenz wie bei der Schulmedizin. Es geht der Schulpsychologie und ihrer beliebtesten Therapieform, der an den Behaviorismus angelehnten Verhaltenstherapie, nicht um das Heil und auch kaum um seelische Gesundheit, sondern wiederum um die Verhinderung bzw. Bekämpfung von seelischem Leiden. Noch genereller als die Schulmedizin setzt die Schulpsychologie dabei auf Unterdrückung. Wo die Medizin mit Cortison und Schmerzmitteln, mit Schlaf- und Beruhigungspillen Krankheitssymptome unterdrückt, versucht die Verhaltenstherapie dasselbe mit psychologischen Mitteln. Gegen als «krank» oder «lästig» eingestufte seelische Äußerungen werden angenehmere Verhaltensweisen eingelernt bzw. darübertrainiert. In diesem Kampf gegen die Probleme sind beide Richtungen punktuell durchaus erfolgreich.

Betrachtet man dieses Vorgehen jedoch mit einigem Abstand, so springt der wenig umfassende und im wahrsten Sinne des Wortes beschränkte Charakter solchen Therapierens deutlich ins Auge. Man kann sich des Eindrucks nicht erwehren, daß hier Symptome von Organ zu Organ bzw. seelische Themen von Ebene zu Ebene verschoben werden und Patienten von Spezialist zu Spezialist. Durch die hohe Spezialisierung der Behandler fällt der Sisyphuscharakter dieser Vorgehensweise nicht so auf, dazu bräuchte es des umfassenden Blickes auf den ganzen Menschen und sein Heil.

Auch die heutige Theologie reiht sich zwanglos in die Phalanx der Kämpfer gegen das Leid ein und hat dabei notgedrungen wesentliche Aspekte des Heils aus dem Auge verloren. Zwar spricht man vielfach noch von Seelsorge, aber im wesentlichen bekommen die Theologen gar kein Rüstzeug mit, um mit seelischen Problemen therapeutisch umzugehen. Den leiblichen Aspekt des Heils hat man längst und eigentlich seit Jesus' Zeiten ad acta gelegt. Wenn doch noch einmal ein Priester erkennt, daß «Heil» die Ganzheit der menschlichen Existenz meint und damit Körper, Seele und Geist umfaßt, bekommt er Schwierigkeiten von allen Seiten. Pfarrer Kneipp wurden z.B. nicht nur von der Medizin, sondern vor allem von seiner eigenen Kirche Knüppel zwischen die Beine geworfen bei seinen Versuchen, die Menschen in einem umfassenden Sinne zu «heilen».

Wie sich die Mächtigen die Einflußsphären der Welt untereinander aufgeteilt haben (den Makrokosmos), genauso haben sich Medizin, Psychologie und Theologie den Mikrokosmos Mensch aufgeteilt. Sie zerlegen ihn in Körper, Seele und Geist und denken nicht daran, etwa im Sinne der Alchemie, die einzelnen Teile wieder zusammenzubringen. Im Gegenteil wacht jeder eifersüchtig über sein Ressort und verwahrt sich gegen Grenzüberschreitungen.

Der Religion ist bei diesem Handel der geistliche Bereich geblieben, und so *beschränkt* sie sich zunehmend auf rationale Predigten, die den Hunger der Seele und die Bedürfnisse des Körpers ignorieren. Der Mensch lebt nicht vom Brot allein, aber er braucht auch Brot zum Leben, weshalb Jesus das Brot noch auf allen Ebenen mit den ersten Christen teilte. Er gab ihnen das Brot seiner Lehre und brach auch das physische Brot mit ihnen. Er heilte ihre körperlichen und seelischen Gebrechen und wies ihnen den Weg zum Heil. Das Auffälligste dabei ist vielleicht, daß er niemals kämpft, weder gegen die seelischen, noch gegen die körperlichen Symptome der Krankheiten seiner Anhänger. Die Feinde zu lieben, lautet seine Philosophie. Die Theologie, die sich auf ihn beruft, hat diese Philosophie schnell verlassen und ist heute im Kampf gegen das Leid mit Schulmedizin und Psychologie vereint.

Nun mag der Kampf gegen Leid etwas sehr Ehrenwertes sein und jedem Pfarrer, Psychotherapeuten und Arzt durchaus zur Ehre gereichen, esoterisch ist er nicht, und er entspricht auch nicht der Grundidee unserer Religion. Christus hat uns seinen Weg vorgelebt, und der war voller Leid und zielte auf das Akzeptieren desselben. Seine Feinde und Fehler zu lieben, ist sicherlich schwierig, aber der einzige Weg zur Ganzheit. Sie zu bekämpfen, ist einfacher und auf den ersten Blick naheliegender, es hindert uns aber, vollkommen und damit heil zu werden. Denn gerade in unseren Feinden könnten wir sehen, was wir noch ablehnen und was uns damit zur Ganzheit fehlt. In unseren Fehlern könnten wir sehen, was uns noch fehlt, um heil zu werden. Alles, was wir ablehnen, wird uns nach esoterischer und urreligiöser Auffassung zur Aufgabe, die äußeren Feinde und inneren (Symptome) sind somit Stufen zur Ganzheit, zum Heil.

Wer folglich Symptome, Feinde und Fehler bekämpft oder gar unterdrückt, behindert damit Heilung, so menschlich er ansonsten damit wirken mag. Prinzipiell ist es dabei gleichgültig, ob er diesen Kampf mit Antibiotika gegen (das Leben von) Bakterien führt, mit Lernprogrammen gegen mißliebige Verhaltensformen oder mit Vaterunser und Rosenkränzen gegen die bösen Triebe, die einen versuchen.

Bei diesem Stand der Dinge ist es nicht erstaunlich, daß sich eine Gegenbewegung zur allopathischen Dreieinigkeit von Medizin, Psychologie und Theologie aufbaut, die sogenannte New-Age-Bewegung. Diese Bewegung propagiert nicht nur einen neuen Weg, sondern auch ein neues Denken. Hier wird der Mensch nicht zerteilt, sondern ganzheitlich betrachtet. Körper, Seele und Geist werden beachtet und wichtig genommen. Die New-Age-Bewegung ist sicherlich die Antwort auf die Einseitigkeit und hohe Spezialisierung der drei etablierten Disziplinen, vor allem auch der Versuch, wieder zusammenzubringen, was zusammengehört. Haben Medizin und Psychologie bei einer Fülle von Techniken keine Philosophie, hat die Theologie zwar eine Philosophie, aber alle Techniken aufgegeben bzw. verwässert. Von den Exerzitien, Ritualen und Fastenzeiten ist nur weniges in wenig überzeugender Form über die Zeiten gerettet worden. Die New-Age-Bewegung bringt nun wieder eine Fülle von Techniken mit einer ganzheitlichen Philosophie zusammen. Ihr erklärtes Ziel ist das Heil, die Ganzheit des Menschen. Daß die drei etablierten Richtungen, an diesem Ziel gemessen, versagt haben, ist den Anhängern dieser neuen Richtung klar, weshalb bei ihnen auch ein Umdenken auf breiter Front stattgefunden hat. Das Ergebnis ist das sogenannte «neue Denken».

Wie zäh, langlebig und raffiniert aber das alte allopathische Kampfprinzip ist, soll an einer eigenartigen Entwicklung in der New-Age-Bewegung deutlich gemacht werden. Betrachten wir nämlich deren Umdenkversuche in den verschiedensten Bereichen, finden wir schnell eine Gemeinsamkeit: Das Umdenken führt sehr häufig zum sogenannten «positiven Denken», das sich damit vom alten negativen Denken abheben soll. Die Idee dahinter ist ebenso einfach wie auf den ersten Blick überzeugend, uns allerdings schon gut bekannt: Allem Bösen, Negativen und Unangenehmen in der Umwelt und im eigenen Körper wird hier mit neuen positiven Gedanken begegnet. Geht es einem etwa jeden Tag schlecht, schwört man sich auf den bereits klassischen Satz ein: *Mir geht es von Tag zu Tag immer besser und besser.* Solche positiven Sätze werden *Affirmationen* genannt, und sie werden fast wie Meditationsmantras benutzt. Durch ständige Wiederholungen innerhalb und außerhalb von Trancezuständen, in Tiefenentspannung oder beim Spazierengehen, auswendig gelernt oder über die «Meditationskassette» sollen sie bis ins Unbewußte vordringen und dort ihre wohltuenden Wirkungen entfalten.

Das allerletzte in dieser Hinsicht ist die Berieselung im Schlaf mit Affirmationen und die ebenso unbewußte Beeinflussung durch sogenannte *Subliminals*. Dabei handelt es sich auch um Affirmationen, die aber mit elektronischen Mitteln raffiniert verfremdet und in Musikstücke eingespielt sind, so daß unser Wachbewußtsein sie nicht mehr registriert, das Unbewußte dafür aber um so empfänglicher wird. Daß all das funktioniert, haben Versuche in amerikanischen Kaufhäusern ergeben. Was dort aus trägen Einkäufern begeisterte Konsumenten machte, soll nun aus trägen begeisterte Menschen machen.

Solche Techniken sind in der Praxis mehr oder weniger wirksam. Das hängt ganz wesentlich davon ab, wie schwerwiegend die Symptome sind, die bekämpft werden sollen. Selbstverständlich ist es einfacher, mit dem Spruch *Ich bin selbstbewußt und selbstsicher!* gegen die eigene Gehemmtheit anzugehen, als etwa gegen tiefe Depressionen mit dem Spruch *Ich bin fröhlich und glücklich!*

Ganz abgesehen von den Verlockungen solcher Möglichkeiten sollte eines bereits jetzt klar sein: *Positives Denken* funktioniert, aber es funktioniert genau wie die etablierte Medizin und Psychologie. Auch hier soll Leid verhindert werden, und man wendet sich, genau wie jene abgelehnten und zum Teil bekämpften Richtungen, gegen das Böse, Unangenehme und Lästige im Leben. Insofern müssen wir feststellen: Diese Art des «neuen Denkens» ist nicht neu und nicht einmal originell, sie entspricht genau dem Denken der oftmals so bekämpften Schulmedizin. In der Sprache der Mediziner müßte man auch hier eindeutig von Allopathie reden. Der Feind wird bekämpft, im einen Fall mit Antibiotika, im anderen Fall mit Affirmationen. Der New-Age-Bewegung passiert hier, was so vielen Kindern passiert. Man will alles ganz anders machen als die abgelehnten Eltern und landet genau beim gleichen Verhalten.

Nun gibt es aber tatsächlich ein anderes Prinzip in der Medizin, und zwar das der Homöopathie, das nach dem Grundsatz *Similia similibus curentur = Ähnliches möge Ähnliches heilen* verfährt. Dabei werden Depressionen nicht mit lichten Affirmationen, sondern eher durch Auseinandersetzung mit dem Thema «Tod» angegangen. Dieses homöopathische Prinzip bringt uns nun wirklich zur esoterischen Philosophie und einem gänzlich anderen, ja gegenpoligen Denken. Hier geht es eben nicht gegen die Feinde, sondern im Gegenteil darum, Feinde kennen und annehmen zu lernen. So wie der christliche Auftrag *Liebet eure Feinde* offensichtlich meint, daß wir uns unseren Feinden öffnen sollen, sie annehmen und liebgewinnen.

Damit sind wir an einem Kernpunkt der esoterischen Philosophie. Ihre Basis ist das Polaritätsgesetz, das besagt, daß alles in dieser unserer Welt seine zwei Seiten hat. Zur Zusammenziehung gehört die Ausdehnung, wie wir es an unserem Herzen sehen können, auf das Ausatmen folgt unwiderruflich das Einatmen, ohne Anspannung kann es keine Entspannung geben, ohne den positiven Pol auch keinen negativen. Nehmen wir einen der beiden Pole weg, etwa den positiven, verschwindet automatisch auch der negative und damit z.B. das ganze Phänomen der Elektrizität. Versuchen wir, nur einzuatmen, werden wir ebenso zugrunde gehen, wie wenn wir uns nur auf das Ausatmen verlegen. Wir können dieses Spiel noch weiter treiben und werden finden, daß es keinen Begriff gibt, der nicht durch seinen Gegenpol definiert würde.

Was wäre uns *groß* ohne *klein*, was *arm* ohne *reich*, was *hoch* ohne *tief*, was *gut* ohne *böse*? Ja, wir können sagen: *Das Böse lebt vom Guten, so wie das Gute vom Bösen lebt.* Alles in dieser Welt hat seinen Gegenpol oder Schatten wie die Psychotherapie seit C. G. Jung weiß. Nach esoterischer Auffassung gehören beide Pole zusammen und lassen sich auf Dauer nicht trennen. Lediglich das Verdrängen eines Poles ist für begrenzte Zeit möglich. Genau das aber tun die Menschen mit Vorliebe. Wir lieben das Licht und wollen von seinen Schattenseiten absehen. Wir schätzen das Gute und wollen das Böse aus der Welt schaffen. Da aber beide in Wirklichkeit untrennbar sind, muß sich der Schatten, wenn man ihn nicht bewußt wahrhaben will, im Unbewußten ausleben.

So sind Krankheitssymptome nach esoterischer Auffassung nichts anderes als in den Körper abgedrängte Schattenanteile. Die äußeren Feinde aber symbolisieren uns nach dieser Auffassung die gänzlich nach draußen gedrängten, abgelehnten eigenen Anteile. Würden wir unsere Schattenseiten wieder als unsere eigenen anerkennen, könnten wir dadurch vollständiger und heiler werden. Heil und vollkommen aber sind wir, wenn wir alles Abgelehnte, alle Feinde annehmen und lieben, wenn wir mit nichts und niemandem mehr im Widerstand sind. Aus dieser Sicht sind Symptome und Feinde also überaus wichtig für unsere Entwicklung, zeigen sie uns doch wie Meßinstrumente an, wo wir stehen. Und wie Wegweiser weisen sie uns gleichzeitig die nächsten Schritte und bringen uns mit Nachdruck und Schmerz zum Bewußtsein, was uns noch fehlt.

An diesem Punkt mag deutlich geworden sein, daß sich Esoterik und ursprüngliche Religion gerade in die Gegenrichtung bewegen wie Schulmedizin und -psychologie, heutige Theologie und auch wie das positive Denken.

Das Annehmen und Aufarbeiten der eigenen Fehler und Schattenseiten ist allerdings so schwierig, daß es wenig verwundert, wenn die etablierten Religionen vor dieser Aufgabe resignieren und lieber das Heil aus den Augen verlieren, um den einfacheren Weg über gute Werke und das Verdrängen des Dunklen und Bösen nehmen zu können. Umgekehrt verwundert es auch nicht, wenn das positive Denken so weiten Anklang findet, wählt es doch denselben einfachen Weg: für das Lichte, Helle und Schöne und gegen das Dunkle und Böse. Damit sei nichts gegen diese Wege gesagt, lediglich betont, daß sie in die entgegengesetzte Richtung wie ursprüngliche Religion und wie Esoterik zielen. Allerdings wird heute immer klarer, daß die schnellen Erfolge mit dem allopathischen Konzept auf lange Sicht erhebliche Probleme mit sich bringen. Die Medizin hat dafür inzwischen schon einen eigenen Fachausdruck geprägt: die Symptomverschiebung. Verhaltenstherapeuten wissen heute, daß wegtrainierte Symptome in anderer Gestalt und an anderer Stelle wieder auftauchen. Die Anhänger des positiven Denkens aber müssen sich eingestehen, daß, nach eindrucksvollen Anfangserfolgen, immer mehr, immer neue Affirmationen gegen immer neue Symptome ins Feld geführt werden müssen. Besten- oder eigentlich schlechtestenfalls sind die Betreffenden zum Schluß so «gut», daß außen herum alles schlecht und voller Feinde ist. Das Unangenehmste und das Gefährlichste für sie aber ist, daß mit der Zeit der Druck ansteigt. Wer sich an dem Pfeifen des aus einem Druckkochtopf entweichenden Dampfes stört, kann natürlich das Ventil verstopfen und für einige Zeit seine Ruhe haben. Allerdings kocht er einer gefährlichen Zukunft entgegen. Ganz ähnlich verfahren die Anhänger des positiven Denkens, wenn sie immer mehr Löcher zum Unbewußten mit immer neuen Affirmationen zustopfen müssen. Schließlich treibt das Ganze unweigerlich auf eine Kesselexplosion zu. Von einem esoterischen Standpunkt ist das auch ganz in Ordnung und das Heilsamste, was den Betroffenen passieren kann, denn wenn sich all das verdrängte Dunkle mit einer Explosion wieder Luft verschafft, kommt es immerhin wieder ans Tageslicht und wird somit bewußt. Was von den Betroffenen als Katastrophe erlebt wird, ist so in Wirklichkeit ein Selbstheilungsversuch des Organismus. Unter dem Gesichtspunkt betrachtet, daß sich auch die dunkelsten Seiten irgendwann doch wieder bemerkbar machen und damit Aufmerksamkeit und Zuwendung erheischen, ist auch das positive Denken ein Weg, wenn auch ein Umweg. Letzlich kommt man auch hier um die Schattenintegration nicht herum. Er ist nur kurzfristig angenehmer und leichter, weil er den eigentlichen Weg erst einmal aufschiebt.

Dieser eigentliche Weg ist unvergleichlich härter und mühsamer, und hier winkt kein schneller Erfolg. Das Ziel aber ist das Heil, jene Ganzheit, die Licht *und* Schatten umfaßt. Daß Menschen den Abstieg in die Tiefe des eigenen Dunkels vermeiden wollen, ist verständlich, ja geradezu menschlich. Und doch führt kein Weg am Schattenreich vorbei. Die meisten Märchen und Mythologien der verschiedensten Völker zeigen uns dieses Muster, das den Abstieg ins Dunkel vor den Aufstieg ins Licht setzt. Und selbst die Schulmedizin enthüllt uns bei genauerer Betrachtung, daß auch sie keinen Weg weisen kann, der vorbei an Krankheit und Leid führen würde. Auch wenn sie uns weismachen will, daß sie gerade wieder einmal vor der endgültigen Bezwingung der «Krankheiten» steht, sprechen ihre eigenen Forschungsergebnisse doch eine deutlich andere Sprache. Vor gut dreißig Jahren ergab eine Untersuchung von zweihundert Angestellten, die voll im Arbeitsprozeß standen und sich keineswegs für krank hielten, daß fast die Hälfte von ihnen, nämlich 43%, über «allgemeine Verstimmungen» klagte, 37% gaben Magenbeschwerden an, mehr als 25% litten unter Ängsten, über 20% hatten häufig Halsentzündungen, und ebenfalls knapp 20% gaben Schwindel und Schlaflosigkeit an. Unter Verstopfung litten 15%, 14% hatten regelmäßig Schweißausbrüche, 13% Herz- und Kopfschmerzen, 9% klagten über Ekzeme und 6% über rheumatische Beschwerden. 15% der Frauen gaben Periodenbeschwerden an, und darüber hinaus fand sich noch eine Vielzahl sogenannter psychosomatischer Beschwerden bei den «gesunden» Angestellten. In den drei Jahrzehnten seit dieser Untersuchung soll aber nach Angaben der Schulmedizin die Zahl der psychosomatischen Symptome drastisch zugenommen haben. Zwar hat die Medizin unbestrittene Erfolge etwa bei der Bekämpfung der großen Infektionskrankheiten und bei Seuchen errungen, zugleich aber entstanden immer wieder neue Krankheitssymptome, wie gerade in letzter Zeit Aids oder die zunehmenden Allergien. Schon heute soll jeder sechste Deutsche eine Allergie haben, und die Tendenz ist stark steigend. In der Statistik liest sich das so: In fünfzig Lebensjahren macht ein Mensch zwei lebensbedrohliche, 40 ernsthafte und 400 mittelschwere Erkrankungen durch. Solche heute erhobenen «Gesundheitsstatistiken» entpuppen sich bei genauerem Hinsehen als echte Krankheitsstatistiken.

In ihrer immer feiner werdenden Diagnostik arbeitet die Schulmedizin sozusagen gegen sich selbst. Kaum noch ein Mensch kann heute in allen Bereichen Normalwerte bieten. In diesem Dilemma hat die Schulmedizin vielfach die Normalwerte der kranken Gesamtsituation angepaßt. So haben sich die Normalwerte für Blutcholesterin in zwanzig Jahren verdoppelt, während der Normalblutdruck mit steigender Spannung und steigendem Druck in der Gesellschaft ansteigen darf. Ein Blutdruck von 180 ist vielleicht mit 80 Jahren normal in dieser Gesellschaft, in Ordnung, gesund ist er keinesfalls.

Untersucht man den heutigen Menschen mit naturheilkundlichen Methoden, so ist das Bild eher noch düsterer. Mit dem sensiblen Werkzeug der Bioelektronik lassen sich bei fast jedem Menschen eine Vielzahl von Schwachpunkten enthüllen.

Auch wenn es die Schulwissenschaft nicht sehen will und kann: Der Mensch ist krank, und zwar grundsätzlich. Es gibt auf dieser Erde keine, nach Definition der Weltgesundheitsorganisation, gesunden Menschen, und die Schulmedizin wird auch keine hervorbringen. Vollkommen gesunde Exemplare der Gattung Mensch gibt es nur in Anatomie- und Physiologiebüchern. Die Einsicht, daß es keine gesunden Menschen geben kann, fällt der Medizin so schwer, weil ihr eine

Philosophie der Gesundheit fehlt. In diesem Punkt haben es die Religionen leichter. Sie wissen, der Mensch ist unheil und krank, seit er aus dem Paradies und damit aus der Einheit vertrieben wurde. Um wieder heil und ganz zu werden, bedarf es erheblicher Anstrengung und Hilfe, in unserem Fall sogar durch einen *Heil-and*.

Dasselbe Phänomen drücken Buddhisten nur anders aus: *Alles Geschaffene ist Leid,* formulierte der Buddha, und die Befreiung liegt in der Erleuchtung des Nirwana und damit außerhalb der polaren Welt.

Mit der Lehre von der Erbsünde und dem Heil, das im Paradies liegt, verfügt die christliche Religion sowohl über eine Philosophie der Krankheit als auch über eine des Heils. Jeder Mensch ist von Geburt an mit der Erbsünde behaftet. Wir erben diese Schuld von den ersten Menschen und tragen somit, jeder für sich, am Sündenfall mit. Um *Gesundheit* zu verstehen, ist es hilfreich, zurück bis zu Adam und Eva ins Paradies zu blicken. Hier, in der Einheit, fanden wir das letztemal Gesundheit. Mit dem Fall aus dieser paradiesischen Einheit in die Polarität, die Zweiheit der Welt, ist es mit der Gesundheit vorbei. Die Zeit des Leidens und damit der Krankheit beginnt. Gesundheit und Krankheit sind folglich Gegenpole. Und so wie Gesundheit zur Einheit des Paradieses gehört, bezieht sich die Krankheit auf die Polarität dieser Welt. Und so, wie es nur eine Gesundheit und nicht etwa verschiedene Gesundheiten gibt, eben den paradiesischen Einheitszustand, genauso kann es eigentlich nur eine Krankheit und nicht verschiedene Krankheiten in der Welt der Polarität geben. Der Plural von Krankheit ist insofern irreführend, weil er von dem grundsätzlichen Kranksein des Menschen in dieser polaren Welt ablenkt. Betrachten wir uns diesen wesentlichen Schritt aus der Einheit in die Polarität und damit aus der Gesundheit, dem Heil, in die Krankheit etwas eingehender:

Im Paradies lebten Adam und Eva glücklich und sorglos, aber auch ohne all die typisch menschlichen Eigenschaften und Möglichkeiten. Erst als sie sich verführen ließen, vom Baum der Erkenntnis des Guten und Bösen zu naschen, lernten sie überhaupt zu unterscheiden. Jetzt erst war es ihnen möglich, zu erkennen, daß sie nackt waren und verschiedenen Geschlechts. Nun erlebten sie auch erstmals Scham und bedeckten ihre Blöße mit den bekannten Feigenblättern. In der paradiesischen Einheit war ihnen Erkenntnis nicht möglich. Dort war alles eins und gleich-gültig. Mit dem Begehen des ersten Fehlers, dem Naschen der verbotenen Frucht, wurde es ihnen überhaupt erst möglich, Fehler zu erkennen und damit auch wahrzunehmen, was ihnen «fehlt».

Von jetzt an erscheint ihnen alles fehlerhaft bzw. polar. Sie sind fähig geworden, zwischen den Gegensätzen zu unterscheiden. Gut und böse, arm und reich, schwer und leicht, Licht und Schatten sind aus der Ununterschiedenheit der Einheit herausgetreten.

Wie die Bibel, ziehen sich auch alle anderen Schöpfungsmythen an diesem Punkt auf Bilder zurück, um uns, in der polaren Welt gefangenen Menschen, eine Idee der Einheit zu vermitteln. Wir sind so sehr in unserer zwiespältigen Welt gefangen, daß wir mit unserer Sprache der Einheit nicht gerecht werden können. Folglich können wir auch Gesundheit und Heil kaum mit Worten erfassen. Wir sind völlig unfähig, uns einen Begriff von der Ewigkeit oder dem ewigen Leben zu machen, ähnlich wie wir den Begriffen «Nirwana» oder «Erleuchtung» hilflos gegenüberstehen. Nirwana wird uns zur Leere und ist doch zugleich die ganze Fülle. Ewigkeit wird uns zu etwas sehr Langem, meint jedoch eigentlich Zeitlosigkeit.

Die Erbsünde, jene Ursünde und damit die erste Sünde der Menschen, kann uns das Ganze verdeutlichen. Das Wort *sündigen* leitet sich von Absondern her und meint: sich von der Einheit absondern. Sünde bezieht sich immer auf diese Grundsituation der Absonderung, die jeder Mensch in sich trägt und durchlebt und keineswegs auf die vielen kleinen Übertretungen irgendwelcher Kirchen- oder Moralgebote. Die Idee von den vielen *Sünden* entspricht jener der vielen *Krankheiten*. In Wirklichkeit gibt es nur Einheit und Absonderung (Sünde), genau wie es nur Gesundheit und Krankheit gibt. Das Wort *Sünde* kann uns aber noch tiefer führen. In seiner griechischen Urbedeutung heißt *Hamartanein* neben Sündigen auch *das Ziel verfehlen* und *den Punkt nicht treffen*. Der Punkt war aber in allen Kulturen und ist bis in unsere Zeit ein Symbol für die Einheit. Selbst in der Mathematik ist er ein dimensionsloses Symbol eines idealen und gar nicht darstellbaren Zustandes. Sobald ein Punkt dargestellt wird, kann er definitionsgemäß schon gar kein Punkt mehr sein.

Sündigen meint also, den Punkt als Symbol der Einheit verfehlen. So betrachtet, bedeutet Sündigen: außerhalb der Einheit sein und damit in der Polarität. In dieser Welt sind wir folglich grundsätzlich abgesondert und damit grundsätzlich sündig. Und alles, was wir hier tun, geschieht in der Absonderung von der Einheit, damit in der Polarität und ist folglich per definitionem *sündig*.

Ähnlich wie uns die Medizin weismachen will, Gesundheit sei grundsätzlich möglich für uns, wenn wir uns nur richtig verhalten und von ihr therapieren lassen, hat es die Kirche übernommen, uns einzureden, ein

Leben frei von Sünde sei möglich, wenn wir nur Gutes tun und das Böse unterlassen. Krankheit und Sünde sind aber nicht nur der eine Teil der Polarität, sondern die Polarität schlechthin. In dieser unserer zwiespältigen Welt sind sie folglich allgegenwärtig, und der Versuch, sie zu vermeiden, ist von vornherein zum Scheitern verurteilt. Aus genau diesem Grund muß die Medizin scheitern bei ihrem Versuch, Krankheit aus der Welt zu schaffen. Und ebenso muß die Kirche mit ihrem Unterfangen scheitern, die Sünde gänzlich aus der Welt zu schaffen.

Wir Menschen sind uns der Grundsituation unserer Absonderung mehr oder weniger bewußt. Das, was wir *Krankheiten* nennen, sind jedoch allemal Situationen, wo wir besonders auf unsere Grundproblematik gestoßen werden. Wird ein Krankheitssymptom besonders bedrängend, wird es uns die Not-wendigkeit von Hilfe besonders nahelegen: Wir wenden uns an den Arzt. Seine klassische Frage lautet: «Was fehlt Ihnen?» Das ist die Frage, die alles ändern könnte, wenn wir auf sie eingehen würden und wirklich mit Hilfe des Arztes schauen würden, was uns fehlt zur Ganzheit, zum Heil. Diese Frage der alten Ärzte lenkt die Aufmerksamkeit auf das entscheidende Problem: unsere grundsätzliche Fehlerhaftigkeit, die uns zeigt, daß uns etwas Wesentliches abhanden gekommen ist und wir deshalb unheil sind. Heutzutage vergeht diese Chance häufig, weil die Ärzte entweder nicht mehr entsprechend fragen oder aber die Patienten gleich mit dem antworten, was sie haben und loswerden wollen, ihre Symptome nämlich.

Diese urärztliche Frage kann uns noch tiefer führen, wenn wir etwa an Parsival und die Gralslegende denken. Bei seinem ersten Besuch in der Gralsburg kann der junge, ungestüme Parsival diese Frage nicht stellen. Er lebt noch nicht im Bewußtsein seiner Fehlerhaftigkeit und kann so nicht zum Heiler des alten Gralskönigs Amfortas werden. Nachdem er diese große Gelegenheit versäumt hat, schlägt sein Leben um: Er wird zum Gralssucher. Auf dieser Suche muß er sein ganzes Leben noch einmal durchleben, und dieses Durchleben wird zu einem Durchleiden. Was er im jugendlichen Übermut durchstürmt und erobert hat, muß ihm nun in seiner ganzen Tiefe zu Bewußtsein kommen. Dabei wird ihm seine grundsätzliche Absonderung, seine Sünd- und Fehlerhaftigkeit bewußt. Schließlich, nachdem er alles noch einmal durchlitten hat, nähert er sich wieder dem Ausgangspunkt seiner Reise. Jetzt kann er die richtige Frage stellen. «Oheim, was fehlt Dir?» Und nun ist er auch reif für das Geheimnis, das hinter dem Gralskönig und damit auch der Frage liegt: *Der König und sein Land sind eins.* In diesem Geheimnis aber liegt das ganze Wissen der Esoterik, daß nämlich innen und außen, Makrokosmos und Mikrokosmos, eins sind. Das Leid des Landes entspricht dem Leid des kranken Gralskönigs, so wie jedes

Menschen Leid dem seiner Umwelt entspricht. Siehe hierzu: Rüdiger Dahlke, Der Mensch und die Welt sind eins (München 1987).

Alchimistenrose aus dem nördlichen Querschiff von Notre-Dame in Paris; aus Rüdiger Dahlke, Mandalas der Welt (Hugendubel 1985)

Der Gralsmythos bildet damit den menschlichen Entwicklungsweg ab, wie wir ihn ganz ähnlich in vielen Mythologien, Märchen und Gleichnissen dargestellt finden. Die Bibel beschreibt uns diesen Weg im Gleichnis vom verlorenen Sohn. Der Vater ist hier ein Symbol für Gott (die Einheit), und seine beiden Söhne sind bei ihm in der Einheit des Paradieses. Einer der beiden Söhne aber begehrt hinaus in die Welt, lehnt sich auf gegen den Vater, befreit sich aus dieser paradiesischen Einheit, ähnlich wie sich Parsival aus der Geborgenheit des Heimes bei seiner Mutter Herzeloide befreien mußte. Dieser Sohn läßt sich von seinem Vater auszahlen und strebt hinaus in die Welt, immer weiter weg vom Elternhaus, vom Vater, und schließlich scheitert er Schritt für Schritt. Er verliert und verpraßt sein Geld, verspielt das Erbe des Vaters und scheitert endlich vollkommen. An diesem Punkt der totalen Ver-zwei-flung aber erkennt er seine Verlorenheit und beschließt umzukehren, den Heimweg zum Vater, zur Ein-heit, anzutreten. Er hat seine Erfahrungen gemacht, hat das Wagnis des Lebens auf sich genommen, ist gescheitert – und wird vom Vater mit offenen Armen empfangen. Ihm wird ein Fest gerichtet und nicht etwa dem anderen, zu Hause gebliebenen – nach unserer Wertung «braven» Sohn. Der «verlorene Sohn» hat mehr geleistet, er hat den Entwicklungsweg, der das Scheitern einschließt, bewältigt.

Dieses selbe Muster finden wir vielfach dargestellt und abgebildet, am deutlichsten vielleicht im Symbol des Mandalas.

In diesen runden Strukturen, die sich in allen Kulturen finden, bildet sich der menschliche Entwicklungsweg ab. Im Osten ist man sich dessen heute noch bewußt und benutzt Mandalas als Meditationsobjekte, im Westen finden wir nur noch die Spuren dieses Wissens, etwa in den Rosenfenstern der gotischen Kathedralen. Alles beginnt hier im Urpunkt der Mitte, jenem Mitte-lpunkt, der keine Dimension hat und aus dem doch alles entsteht. Er ist Symbol des Paradieses, der Erleuchtung, des Nirwana, entspricht der Nabe des Rades der Wiedergeburt bei den Buddhisten, und er ist auch der Ausgangspunkt aller menschlichen Entwicklung. Hier, in der Einheit, beginnt unser Leben. Durch die Empfängnis werden wir in den Mutterleib gezogen, wo wir der Einheit immer noch nahe sind. Jedoch hat mit der Empfängnis der Weg der Absonderung begonnen. Wir haben nun den Mittelpunkt verfehlt bzw. sind aus dem Paradies gefallen. Von nun an entfernen wir uns Schritt für Schritt weiter von dieser Mitte. Als nächstes werden wir geboren, werden unter Preßwehen hinausgepreßt in die Welt außerhalb des Mutterleibes. Dieser Schritt wird nicht selten schmerzhaft und mit Ver-*zwei*-flung erlebt, ist er doch der eigentliche Einstieg in die Welt der Zweiheit. Von nun an bindet uns der Atem mit seinem Kommen und Gehen, seinem Aus- und Einströmen an die Welt der Polarität, bis zu unserem letzten Atemzug mit dem wir heimkehren in die Einheit. Und die Schritte in Richtung Peripherie des Mandalas gehen weiter. Die Auswirkungen der Polarität werden Schritt für Schritt deutlicher. Werden wir anfangs noch von der Mutter ernährt, an ihrer Brust gestillt, müssen wir allmählich die Ernährung in unsere eigenen Hände nehmen. Schließlich müssen wir uns sogar auf die eigenen Füße stellen und damit die Sicherheit der Mutter Erde verlassen, müssen uns aufrichten und damit aufrichtig werden. Schließlich gibt uns die Sprache und unser erstes «Nein» die Möglichkeit und die Verpflichtung, uns noch weiter abzusondern, noch mehr zu unterscheiden und auszuschließen. Dann wartet die Pubertät auf uns und damit ein weiterer Schritt weg von der Einheit in Richtung Zweiheit: *Das* Kind wird nun *die* Frau oder *der* Mann. Die Aufspaltung geht weiter. Und getreu dem biblischen

Auftrag, uns die Erde untertan zu machen, gehen wir weiter hinaus in Richtung Peripherie, bewältigen unsere Lebensaufgaben, und mit jedem Schritt erhöht sich die Spannung, bis wir schließlich irgendwann das Maximum der Spannung erreichen: die Peripherie des Mandalas, jenen Umkehrpunkt, von dem aus alle Wege zurückführen in die Mitte, entsprechend dem Christussatz: *So ihr nicht wieder werdet wie die Kinder, das Himmelreich Gottes könnt ihr nicht erlangen.* Dieser Umkehrpunkt hat in der heutigen Zeit einen Namen bekommen: *Midlifecrisis*. Das griechische Wort für *Krise* bedeutet auch *Entscheidung*, und tatsächlich sind wir hier am Punkt einer ganz wesentlichen Entscheidung angelangt. Wir haben die Wahl: bewußt umzukehren und den Heimweg anzutreten oder unbewußt. Ob wir umkehren, liegt dabei nicht in unserer Wahl, es ist vielmehr beschlossen im Urmuster des Mandalas. Aus der maximalen Spannung der Peripherie des Mandalas können wir bewußt zurückkehren zur Einheit, zur Entspannung des Paradieses, dorthin, wo beide Pole in eins zusammenfallen, oder aber wir können versuchen, uns diesem Muster zu verschließen. In diesem Fall landet man nicht selten in der De-pression, was ja auch nichts anderes als Entspannung bedeutet, wenn auch auf einer sehr unbewußten Ebene. Wann immer wir uns zum Unbewußten entschließen bzw. den bewußten Weg verweigern, werden wir leiden müssen, in vielen Fällen erkranken. So wie bei der Depression das Thema *Entspannung* auf die unbewußte Ebene sinkt, kann es bei jedem Krankheitssymptom geschehen. Und es geschieht ständig, da die meisten Menschen der heutigen Zeit die unbewußten Ebenen bevorzugen. Anstatt wieder zu werden wie ein Kind und sich bewußt auf den Rückweg zur Heimat der Seele zu machen, wird man lieber kindisch. Zwar spürt man den Zug zurück, aber versucht, ihn auf die äußerliche, materielle Ebene zu beschränken. So wird dann lieber ein Sportwagen gekauft, eine jugendliche Geliebte gesucht, junge Mode getragen – kurz: auf die Jugendebene regrediert, anstatt sich dem innerseelischen Weg zu öffnen. Dieses Ausweichen auf äußere Ebenen kann die grundsätzliche Aufgabe nicht lösen, und so wird über kurz oder lang die im Bewußtsein verweigerte Entspannung als Depression aus der eigenen Tiefe auftauchen.

In diesem Fall ist das Krankheitssymptom ganz offensichtlich ein Fingerzeig in die Richtung, um die es eigentlich geht, ein Wegweiser, den wir beachten sollten. Gleiches gilt aber ganz grundsätzlich für Krankheitssymptome. Sie zeigen uns, daß eine Aufgabe im Bewußtsein verweigert wird und in den Schatten gesunken ist. Irgendwann, wenn ihre Zeit gekommen ist, wird diese Aufgabe aus dem Schattenbereich auftauchen und uns das Thema, um das es geht, auf der Körperebene abbilden.

Zusammenfassend läßt sich also mit Blick auf das Mandala sagen: Der Mensch dieser Welt ist grundsätzlich krank, solange er sich auf seinem Lebensweg befindet. Lediglich am Ausgangspunkt und Zielpunkt seiner Reise, in der Mitte des Mandalas, herrscht Heil und Ganzheit. Der ganze Weg dazwischen ist bestimmt von der Frage: Was fehlt mir? Auf dem Weg hinaus in die Peripherie ist diese Frage zumeist unbewußt da, ein dumpfes Gefühl, daß etwas fehlt zum Glück. Auf dem Rückweg sollte diese Frage bewußt werden. Jede Krise und besonders die der Lebensmitte, aber auch jede *Katastrophe*, die ja auch immer den *Umkehrpunkt* meint (griech. hé Katastrophé = Umkehrpunkt) bieten eine Chance, sich der Fehlerhaftigkeit bewußt zu werden und umzukehren. Aus diesem Blickwinkel ist jedes Krankheitssymptom ein Hinweis darauf, daß wir zu unbewußt geworden sind und daß nun etwas aus dem Schatten heraufdrängt, um uns auf den richtigen Weg zurückzuweisen. Krankheitssymptome werden somit zu Botschaften aus dem Unbewußten, zu Hinweisen aus dem eigenen Schattenreich.

Für die Menschen archaischer Kulturen, die wir heute gern als «primitiv» bezeichnen, war solches Wissen selbstverständlich. Krankheitssymptome wurden geschätzt, zum Wachstum benutzt, ja zum Teil sehnlichst erwartet. So konnte und kann jemand nur Schamane werden, wenn er durch eine große Krankheit eingeweiht wird, die sogenannte «Einweihungskrankheit».

Aber auch unsere ärztlichen Ahnen wußten um diesen Zusammenhang, wie er noch deutlich im Symbol der Ärzte, dem Äskulapstab mit der Äskulapnatter dargestellt ist. Die Schlange ist das Symbol des Unten, der Unterwelt, der Tiefe. Schon in der Bibel steht sie im Dienste des Teufels, des Versuchers. Sie windet sich auf ihrem Bauch; Herman Weidelener sagt von ihr, sie sei «ganz Fuß». Offensichtlich wußten die alten Ärzte, daß Krankheit immer Begegnung mit dem Unten, mit der Schattenwelt, ist. Auch die Polarität wird an der Schlange deutlich. Um nach rechts zu kommen, muß sie sich nach links winden und umgekehrt: Sie nimmt ihren Weg durch die gegensätzlichen Pole. Darüber hinaus ist die Schlange ein Symbol für die Wandlung, die Metamorphose, die mit jedem Krankheitssymptom einhergehen muß. Nur aus dem Sterben des Alten kann das Neue entstehen, und die sich häutende Schlange ist Sinnbild dafür. Schließlich und wohl am wichtigsten verfügt die Schlange über das Venenum, das Gift. Den alten Ärzten war durchaus bewußt, welche Heilkraft im Gift steckt. Mit der sich um den Äskulapstab herumwindenden, der aufgerichteten Schlange, symbolisierten sie die Notwendigkeit, daß aus dem Unteren, dem Gift der Unterwelt, das Obere, Erlöste, entstehen muß. Noch heute folgt die Homöopathie diesem Weg. Sie befreit Gifte von ihrer materiellen, unteren Gebundenheit, potenziert sie hoch, bis sie zum Heilmittel werden. Damit wird die Botschaft, die Information des Giftes beibehalten, der gefährliche Körperanteil aber wird zurückgelassen. Ein gutes Beispiel wäre das große homöopathische Heilmittel Arsen. «Arsen C 30» enthält die ganze Information des Arsens ohne den materiellen, schädlichen Aspekt. Ganz analog, wie wir es am Beispiel der Homöopathie sehen, wäre es die Aufgabe esoterischer Medizin, das in den Schatten, in die Unterwelt gesunkene Prinzip wieder zu befreien, es zu erhöhen, sozusagen aufzurichten und zum Heilmittel werden zu lassen: aus dem Gift das Heilmittel zu befreien, das Geschenk des Schicksals (= das geschickte Heil), zu machen (vergl. engl. gift = Geschenk).

Dieser Art von Medizin, die sich um die Be-deutung, den Inhalt der Krankheitssymptome, kümmert und ihn dem Bewußtsein wieder angliedert, ist das Buch *Krankheit als Weg* gewidmet. Nach allem bisher Gesagten mag es einleuchten, daß wir uns nicht mit dem Patienten gegen sein Symptom verbünden, um dieses möglichst schnell wieder loszuwerden, sondern im Gegenteil, uns mit dem Symptom verbinden und aus dessen Sicht untersuchen, was mit dem Patienten nicht mehr stimmt. Für den Bereich der Medizin mag dieses Vorgehen äußerst ungewohnt sein. In allen anderen Bereichen ist es uns selbstverständlich. Die vollkommene Trennung von Form und Inhalt, wie wir sie heute in der Medizin erleben, wäre uns in vielen anderen Bereichen völlig undenkbar. Im Bereich der Kunst werden wir den Wert einer Plastik in keinem Fall am Gewicht und der Zusammensetzung des verwendeten Materials messen. Ganz im Gegenteil sind uns diese unwichtig im Vergleich zu Aussage und Ausstrahlung des Kunstwerks. Noch drastischer mag derselbe Zusammenhang werden, wenn wir uns dem Bereich der Technik zuwenden. Wer etwa würde, wenn bei seiner Gefriertruhe die Kontrollampe aufleuchtet, dem Mechaniker dafür danken, daß er einfach die Kontrollbirne lockert, damit wir nicht mehr von ihrem Blinken gestört werden. Nichts anderes geschieht aber, wenn uns etwa bei Kopfschmerzen Schmerzmittel verschrieben werden. In diesen offensichtlichen Situationen geht es uns ganz entscheidend um die Bedeutung, den Inhalt, die Aussage der Plastik bzw. des Kontrolllämpchens. Solche Beispiele mögen zeigen, daß es offensichtlich nicht so abwegig ist, auch im Bereich der Medizin Form und Inhalt beieinanderzulassen.

Nach so viel Theorie mag das einfache Beispiel der Erkältung, das jeder erlebt hat, die Zusammenhänge in einfacher Form darstellen. Die grundlegende Frage, die uns zu Sinn und Ziel eines Krankheitssymptoms führt, lautet: *Warum bekomme gerade ich gerade jetzt dieses Symptom an dieser Stelle meines Körpers?* Eine wesentliche Hilfe, Licht in das Dunkel der Krankheitsbotschaft aus unserem Unbewußten zu bringen, stellt die Sprache dar. Wie unser Denken ist unsere Sprache von jeher psycho-somatisch. Wenn wir Krankheitsbilder be-*greifen* und ihre Botschaften ver-*stehen* wollen, lohnt es sich mehr, auf die einfache Umgangssprache, auf Sprichworte und Redewendungen zu achten, als sich mit medizinischen Diagnosen zu beschäftigen. Lateinische Diagnosen führen uns eher fort vom bildhaften Verständnis des Krankheitsbildes. Hier ist es noch am ehesten lohnend, sie zurück ins Deutsche zu übersetzen, wobei sie dann oft sehr einfache und uns fast enttäuschende Zusammenhänge darstellen. Nehmen wir als Beispiel die PCP, die primär chronische Polyarthritis. Die Übersetzung lautet hier: von Anfang an (primär) schleichende (chronische) Entzündung (-itis) vieler Gelenke (polyarthritis). Das verrät uns nun nicht viel Neues, wie die meisten medizinischen Diagnosen, bringt uns aber zurück zur einfachen Sprache und ihrer Bildhaftigkeit.

Damit wollen wir uns der Bildersprache einer ganz normalen Grippe zuwenden. Oft beginnt diese mit Kratzen im Hals, das sich bis zu massiven Schluckbeschwerden steigern kann, da die Mandeln und andere lymphatische Abwehrorgane anschwellen. Das Schlucken wird so schmerzhaft, daß wir es vermeiden. Der Körper macht uns ehrlich und zeigt uns, daß wir nichts mehr schlucken wollen. Häufig strahlen die Schmerzen beim Schlucken bis in die Ohren aus. Es stellt sich das eigenartige Gefühl ein, als wollten auch die Ohren zuschwellen. Hierin können wir den Hinweis sehen, daß wir auch nichts mehr hören wollen. Schließlich bekommen wir zusätzlich Schnupfen, was bedeutet, daß uns die Nase zuschwillt oder wir in des Wortes Doppelsinn «die Nase voll haben». Anfangs geht gar nichts mehr durch die Nase. Wir stellen die Kommunikation über diesen Weg völlig ein. Nicht einmal die Atemluft kann noch passieren auf ihrem natürlichen Weg durch die Nase. Es dauert nun einige Zeit, bis die Dinge wieder in Fluß kommen und sich der Schleim aus den Nasennebenhöhlen entleeren kann. Häufig schwellen in dieser Situation auch die Augen an, jedenfalls aber sind sie gerötet, und es kostet uns Mühe, sie offenzuhalten. Auch hier ist der Körper wieder über alle Maßen deutlich und zeigt uns, daß wir eigentlich gar nichts mehr sehen wollen. Wir können also ohne Übertreibung feststellen: Wir wollen nichts mehr hören und sehen, mögen nichts mehr schlucken und «haben die Nase voll».

Der einzige Platz, der uns jetzt noch anzieht, ist das Bett. Wir verkriechen uns, ziehen uns vielleicht noch die Bettdecke über den Kopf und sind damit für alle Welt verschwunden. Kommt noch Fieber hinzu, wird der Konflikt, der im Körper tobt, überdeutlich und der Ausweg ins Bett sogar zwingend. Das Fieber zeigt uns sehr bildhaft, daß wir einer

Lösung entgegenfiebern. Mit jedem Grad, das unsere Körpertemperatur über 37 Grad klettert, verdoppelt sich der Stoffwechsel und zeigt damit die Anstrengung des Körpers im Kampf gegen feindliche Erreger. Betrachten wir die Ebene der Gewebe, also in diesem Fall z.B. die entzündete Halsregion oder den «Kriegsschauplatz» in den Bronchien unserer Lunge, so könnten wir feststellen, daß hier tatsächlich ein regelrechter Krieg tobt.

Die Anti-Körper und Abwehrzellen des Körpers greifen die fremden Eindringlinge (Bakterien und Viren) an und versuchen, diese wieder hinauszuwerfen bzw. unschädlich zu machen. Daß bei einer schweren Grippe oft die Luftwege bis hinunter in die Lunge betroffen sind, zeigt uns, wie ernst die Situation und wie ernst die eingetretene Kommunikationsstörung ist. Schließlich ist die Lunge neben der Haut unser zweitwichtigstes Kontaktorgan, was wir auch daran sehen können, daß wir über den Atemstrom unsere Sprache formen. Im Zustand schwerer Grippe ist sowohl das Sprechen durch Heiserkeit und Schluckbeschwerden behindert wie auch der Gasaustausch mit unserer Umwelt, da sich die Luftwege bis hinunter in die feinen Verästelungen unserer Lunge entzünden können.

Zusammenfassend können wir sagen: Der Körper bildet uns in seiner Auseinandersetzung einen Konflikt ab. Dieser Konflikt liegt im Bereich der Kommunikation und Auseinandersetzung mit unserer Umwelt, sind doch all jene Organe betroffen, die diesen Kontakt normalerweise sichern, wie die Augen, die Ohren und die Atemwege, von der Nase über den Rachen bis in die Bronchien und im Extremfall bis hinunter in die Lungenbläschen. Die Tatsache, daß unser Körper diesen Konflikt an dieser Stelle für uns lebt, zeigt uns, daß wir einen entsprechenden Konflikt mit unserer Umwelt bewußtseinsmäßig vermieden haben. Nun wird die Frage *Warum habe ich gerade jetzt eine Grippe bekommen?* wichtig. An dieser Stelle mag sich wiederum ein Problem ergeben, denn es ist besonders leicht, die Verantwortung für die Grippe von sich selbst weg auf funktionale «Ursachen» im Außen zu schieben. Aussagen wie: «Das ist die Frühjahrsgrippe!» oder «Ich hab mich bei meinem Kollegen angesteckt» oder «Das ist eben die Zeit der Grippeviren» zeigen lediglich, daß man selbst nicht bereit ist, die Verantwortung zu übernehmen. Damit sei die Rolle der Viren und der Ansteckung gar nicht bestritten. Beides mögen wichtige Momente auf dem Entwicklungsweg der Grippe sein. Sie sind aber eher Vermittler als Verursacher des Geschehens und tragen wenig zum Verständnis und Sinn des betreffenden Krankheitsbildes bei. Daß Grippeviren allein nicht verantwortlich sein können, zeigt uns bereits die Tatsache, daß praktische Ärzte nicht ständig «verschnupft» sind, obwohl sie ständig Kontakt mit Grippeviren über ihre Patienten haben. Auch sie haben nur dann ihre Grippe, wenn sie «die Nase voll haben».

An dieser Stelle kann uns wiederum die Sprache in ihrer Ehrlichkeit helfen. Immerhin sagen wir ja: «Ich hab' mir die Grippe *geholt*» oder «Da habe ich mir einen Schnupfen *eingefangen*». Hier wird die Verantwortung schon sprachlich sehr deutlich, und es bleibt die Frage: «Warum habe gerade ich mir in diesem Moment dies oder jenes Symptom eingefangen oder aufgeschnappt?»

Gehen wir dieser Frage mutig nach, werden wir die entsprechende Situation auf der übertragenen Ebene finden. In unserem Fall also eine Situation, wo wir im geistig-seelischen Bereich «die Nase voll hatten». Hätten wir das rechtzeitig erkannt und uns bewußtgemacht, hätte es keinen Grund gegeben, es in den Schatten bzw. den Körper sinken zu lassen. Ist die Situation aber nicht danach, daß wir es wagen, uns über diesen Sachverhalt klarzuwerden, so sinkt das Thema in den Schatten und begegnet uns nach einiger Zeit wieder als Krankheitssymptom. Das Unbewußte benutzt die Bühne des Körpers, um hier gerade jenes Stück aufzuführen, an dem wir bewußt nicht teilnehmen wollten. Eine konstruierte, aber nicht untypische Situation wäre etwa folgende: Man arbeitet in einem Betrieb in einer Umgebung, die einen momentan überfordert. Ursprünglich mag man sich für diese Firma und diese Arbeit durchaus erwärmt haben, gerade jetzt aber kann man sich überhaupt nicht für sie erwärmen; im Gegenteil, man steht dem Ganzen kalt gegenüber. Da man zu dieser Kälte nicht bewußt steht, sinkt sie in den Körper – als Er-*kält*-ung. Weil man es aber nicht wagt, sich offen gegen die Überforderung auszusprechen oder gar sich einige Tage freizunehmen, arbeitet man verdrossen und gegen die innere Überzeugung weiter. Man hat die Nase voll, will von dieser Arbeit nichts mehr hören und sehen, will einfach seine Ruhe haben und abschalten, und läßt das Thema und die damit einhergehende Erregung in den Körper sinken. Anstatt dem Chef die Meinung zu sagen, ihm etwas zu husten, hustet man auf der körperlichen Ebene und bearbeitet so ebenfalls das Thema *Aggression*. Dieses Ausagieren des fälligen Theaterstückes auf der Körperbühne hat den Vorteil, daß wir nun, ohne zu unseren Ansprüchen stehen zu müssen, genau das bekommen, was wir eigentlich wollten: Ruhe und Zufriedengelassenwerden. Jetzt mag uns derselbe Chef den Rückzug ins Bett sogar nahelegen, uns gute Besserung wünschen und sich darauf freuen, daß wir vielleicht in ein paar Tagen gut erholt zur Arbeit zurückkehren. Tatsächlich kann er froh sein, denn anstatt die Auseinandersetzung im Betrieb zu führen, nehmen wir das Thema auf uns und machen es mit uns selbst aus. Symbolisch findet im Körper genau das statt, was eigentlich auf die Bewußtseinsebene gehörte.

Bei der harmlosen Grippe mag es noch relativ gleichgültig sein, auf welcher Ebene wir unser Thema bearbeiten, aber auch hier dürfte schon angeklungen sein, wie sinnvoll jede Grippe ist und wie viele Botschaften sie uns vermitteln könnte, wenn wir auf sie eingehen würden. Bei schwerwiegenden Krankheitssymptomen ist dieses Vorgehen noch sinnvoller und vielversprechender. Wer etwa an Magenschleimhautentzündung bis hin zum Magengeschwür leidet, sollte sich dringend fragen, was er da schluckt und was ihm bzw. seinem Magen so schlecht bekommt. Unser Magen ist ja an sich ein harmloses, höhlenartiges Verdauungsorgan, das aufnimmt, was es bekommt, um es mit Salzsäure zu durchsetzen und anschließend weiterzuleiten. Ob wir nun entsprechende Nahrung oder unverdauliche Gefühle und Emotionen schlucken, immer wird der Magen mit der Ausschüttung von Salzsäure darauf reagieren. Verständlicherweise ist er allerdings für die Verdauung von Zorn, Wut, Angst und anderer dicker Brocken weniger gut geeignet. Der betreffende Patient, der im wahrsten Sinne des Wortes zu einem armen Schlucker geworden ist, könnte sich an diesem Krankheitsbild sehr wohl klarmachen, daß er seine Emotionen heruntergeschluckt, seine Aggressionen gegen sich selbst richtet. Emotionen (emovere = lat. hinausbewegen) wollen hinaus und wenn sie geschluckt werden, machen sie die entsprechenden Probleme. Tatsächlich ist ja ein Magengeschwür kein blumenkohlartiges Gewächs, sondern ein Loch in der Magenwand. Mangels echter Nahrung beginnt der Magen, die immateriellen Emotionen zu verdauen, was dazu führt, daß er sich selbst andaut. Der Patient wird z.B. von seinem eigenen Ärger zerfressen. Kein Wunder, daß er sich vor Schmerzen krümmt. Die Übersäuerung seines Magens hätte ihm schon längst zeigen können, wie *sauer* er ist.

In dieser Weise könnte man sich allen möglichen Krankheitsbildern zuwenden und sie so zu fruchtbaren Wegweisern auf dem eigenen Entwicklungsweg machen. In *Krankheit als Weg* haben wir das für viele Symptome getan. In *Der Mensch und die Welt sind eins* habe ich den Versuch gemacht, auch die kranke Umwelt in ähnlicher Weise zu deuten. Bedenkt man, daß jeder Mensch krank ist und daß wir offensichtlich in einer kranken Umwelt leben, mag die Fülle des Stoffes offenbar werden. Die einzigen Grenzen, die uns hier gesetzt sind, sind die der Eigenblindheit und der Angst vor der eigenen Verantwortung.

Da wir jedoch auf dem esoterischen Weg sowieso die gesamte Verantwortung für unser Schicksal übernehmen müssen, ist es naheliegend, gleich mit jenen Symptomen zu beginnen, die uns sowieso begleiten und nur darauf warten, ihre vielfältigen und tiefgehenden Botschaften abzuliefern.

Literaturangaben

1. Thorwald Dethlefsen, Schicksal als Chance (Goldmann-TB)

2. Thorwald Dethlefsen und R. Dahlke, Krankheit als Weg – Deutung und Bedeutung der Krankheitsbilder (Bertelsmann-Verlag, 1983)

3. R. Dahlke, Der Mensch und die Welt sind eins – Analogien zwischen Mikrokosmos und Makrokosmos (Hugendubel-Verlag, 1987)

4. M. und R. Dahlke, Die Psychologie des blauen Dunstes – Be-Deutung und Chance des Rauchens (Knaur-TB, 1989)

5. R. Dahlke, Gewichtsprobleme – Be-Deutung und Chance von Über- und Untergewicht (Knaur-TB, 1989)

6. R. Dahlke, Heilung, Meditationskassette (Edition Neptun)

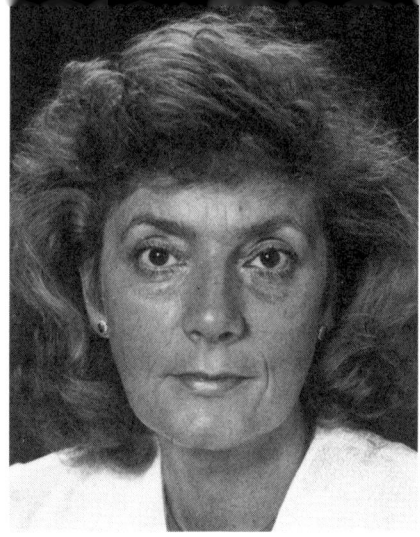

Silvia Wallimann

Geboren 1940 in der Schweiz. Kaufmännische Lehre in einem belgischen Internat. Erlernung der englischen Sprache in London. Mehrjährige Arbeit in einem Heim für geistig Behinderte. Danach trat die Hellsichtigkeit, über die sie bereits vom neunten bis vierzehnten Lebensjahr verfügte, wieder auf. 1974 Einstieg als Meditationslehrerin und mediale Lebensberaterin. Mutter eines Sohnes. Heute als Meditationslehrerin und Autorin tätig.

Buchveröffentlichungen

Lichtpunkt
Brücke ins Licht
Das Wunder der Meditation
Die Umpolung

Veröffentlichung mehrerer Meditationskassetten

Silvia Wallimann

Meditation als Vorbereitung auf die Wende

Auch wenn wir Menschen unsere materielle Heimat, die Erde, aus dem Gleichgewicht gebracht haben, fließt die schöpferische Intelligenz, das göttliche Bewußtsein, als unversiegbarer Lebensstrom durch die Universen, durch alles, was existiert. Die universelle göttliche Lebensenergie wird sich zum Zeitpunkt der Wende auch auf unserem Planeten als heute noch unvorstellbare Hilfe manifestieren. Die Buchstaben, welche die Worte *Das Neue Zeitalter* formen, drücken schwingungsmäßig dieselbe Gedankenenergie aus wie die Worte *Die Neue Hoffnung*. Auch wenn wir uns keiner Verantwortung entziehen können, ist es doch trostreich zu wissen, daß der Mensch der Zukunft sein Bewußtsein derart erweitert, daß der technische Fortschritt und die geistige Entwicklung endlich Hand in Hand gehen. Auch ist die Intuition dann nicht mehr das Stiefkind des Verstandes. Der Mensch der Zukunft wird sich von den Kräften der Seele und des Geistes lenken lassen, und Verstand, Vernunft und Wille werden Werkzeuge der Seele sein. Erfreulicherweise kann man erkennen, daß über den ganzen Planeten verteilt Menschengruppen sich zusammentun im Bemühen darum, ihrem wahren höheren Selbst näherzukommen.

Das höhere Selbst ist das unteilbar Göttliche im Menschen, die schöpferische geistige Kraft, die reinste Energie. Symbolisch können wir uns das höhere Selbst als einen reinen Energiekreis vorstellen. Er umschließt eine Vielzahl von unvorstellbaren einzelnen Energien, die man als unterschiedlichst entwickelte Seelenbewußtsein bezeichnen kann. Vor noch nicht allzu langer Zeit dachte ich, die Seele sei der unteilbare Träger unseres Wesens. In Meditationen wurde ich kürzlich eines anderen belehrt. Die Seele besteht aus Zehntausenden von Seelenbewußtsein, die sich mit immer neuen Energieformen zusammentun, um sich zu entwickeln.

Dem Menschen des neuen Zeitalters wird es leichter fallen als uns, die verstandesmäßigen Vorstellungen von Gott und von dem, was Entwicklung bedeutet, zu überwinden. Das bewirkt, daß er Gott als die Quelle alles Existierenden bewußter erlebt. Er wird sich nicht mehr nur mit seinem Körper identifizieren, sondern sich als ein unsterbliches geistiges Wesen verstehen, und der Durchbruch zu seiner Seele läßt die spirituelle Wirklichkeit wirksam werden. Wenn die Ausstrahlung und die Liebe der göttlichen Kraft vom Göttlichen im Menschen erkannt wird, beschleunigt sich seine seelisch-geistige Entwicklung. Die Frequenz in allen Chakras und in den feinstofflichen Körpern wird derart erhöht, daß Meditalität wie Hellsehen, Hellhören oder Hellfühlen zum Alltag gehört. Doch auch für uns Menschen von heute gibt es Hilfen, Übungen, die dazu führen, die Einheit mit allem Sein, mit Gott zu finden.

Ein für jedermann möglicher Weg, die Schöpferkraft in sich aufzuspüren, ist die Meditation. Sie ermöglicht dem Menschen, sich über die Grenzen des Verstandes hinaus zu entfalten und die Verstandesbewußtsein dem geistigen Wesen, das wir ja sind, und den Seelenbewußtsein näherzubringen. Damit wir Menschen überhaupt intuitiv wahrnehmen können, haben wir neben den physischen auch feinstoffliche Organe, die man als Chakras oder Energiezentren bezeichnet. Sie kanalisieren die kosmischen Kräfte, und wenn sich durch Meditation die Frequenz in den Chakras erhöht, verstehen wir über den Kanal der Intuition die Sprache der Seelenbewußtsein, was ja nichts weiter bedeutet, als offen zu sein für die höheren geistigen Gesetze.

Die trichterförmigen Blütenkelche der Chakras liegen eingebettet in der Oberfläche des Ätherleibs, der in seiner Ausdehnung den physischen Körper um etwa fünf Zentimeter überragt und wie eine bläuliche Hülle aussieht. Diese schützt unseren physischen Körper vor schädlichen Strahlen, ähnlich wie die Ozonschicht unseren Planeten. Aus dem Inneren der Blüten führen Kanäle direkt in die Wirbelsäule. Durch sie strömen die Energien in das Rückenmark und von dort in das Gehirn, wo sie in Gedanken umgewandelt werden.

Wenn in meditativer Versenkung der Körper und der Verstand zur Ruhe gebracht sind und sich die Frequenz in den Chakras erhöht, aktivieren diese Energien die Entwicklungsprozesse vieler Seelenbewußtsein. Diese helfen dem meditierenden Menschen, sein Gemüt von bedrückenden Lasten zu befreien und die Gedanken des Intellekts für Wirklichkeiten außerhalb von Zeit und Raum durchlässiger zu machen und ihre Qualität zu verbessern. Solange nicht alle Chakras gleichmäßig entwickelt sind, wirken aus allen Bewußtsein heraus Energien von unterschiedlichster Qualität, was sich als disharmonische Schwingungen im feinstofflichen Kreislauf und in unserem Gemüt auswirkt. Die

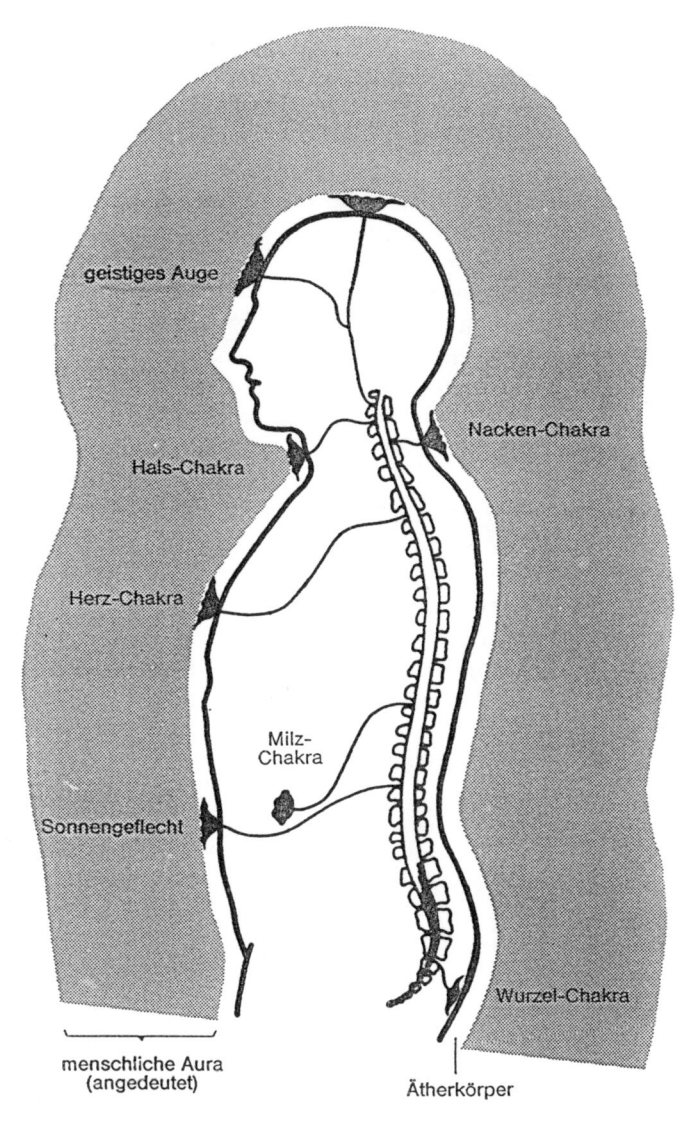

Die Chakras

Gedanken des Verstandes und die der Seele sind dann nicht in Harmonie.

Bei meditativen Übungen mit den Chakras ist es deshalb wichtig, sich nicht ausschließlich auf ein Chakra, etwa das des Herzens, zu beschränken.

Meditation ist auch ein Weg zu körperlicher und seelischer Disziplin. In der Meditation den Körper ruhigzustellen bedeutet, sich mit geistigen Energien vertraut zu machen und sie bewußt in den Körper einströmen zu lassen. Die Bewußtsein des Körpers reagieren darauf mit heilenden Freudenströmen. Im Laufe der Zeit verspürt der Körper und alle seine Bewußtsein Sehnsucht nach der Harmonie und Ruhe der Meditation, und immer leichter gelingt es dann, die Außenwelt loszulassen, sie nicht mehr wahrzunehmen. Wir werden zunehmend fähiger, alles, was Körper und Gemüt bewegen, auf Distanz zu halten. Die negativen Erfahrungen, die Gedanken des Verstandes und die disharmonischen Gefühle lösen sich in versenktem Körperzustand auf, so daß die Seelenbewußtsein mit ihren harmonischen Energieströmen Gefühle der Freude, des Vertrauens und der Liebe erzeugen. Gelassenheit, inneres Gleichgewicht, Ruhe und Frieden breiten sich spürbar aus, und die reinen Energien der Seele helfen mit, Leiden aufzulösen oder besser zu ertragen. Das menschliche Mitgefühl wächst, das Selbstmitleid löst sich auf.

Durch die Frequenzerhöhung in den Chakras vollzieht sich auch eine Reinigung der verstandesmäßigen Gedanken. Ängste, Unsicherheiten, Kleinmut oder andere negative Gedankenenergien werden unabhängig davon, ob sie aus den Kammern des Unterbewußtseins wirken oder als Ereignisse aus diesem Leben bewußt sind, umgepolt. Die gedankliche Dunkelheit wird von Lichtenergien, die aus den Seelenbewußtsein ausströmen, aufgelöst. Die fragenden und die zweifelnden Gedanken des Verstandes fühlen sich im Laufe der Entwicklung ohne dieses Licht, ohne diese Schwingungszustände nicht mehr wohl. So können die Kräfte der Seele und des Geistes in allen Bewußtsein, in allen Schichten unseres Seins wirksam werden. Die Kräfte des Geistes sind die Kräfte Gottes, denn Gott ist Geist. Ganzheitliche Entfaltung wird möglich.

Meditation führt uns auch in die Erfahrung hinein, daß wir nicht nur Körper sind. Unser physischer Körper ist wie ein zweites Wesen, ist ein guter Freund, der uns dient. Körper und Verstand sind Werkzeuge unserer Seelenbewußtsein, unseres geistigen Wesens. Unsere Entwicklung schreitet um so weiter voran, als es uns gelingt, Körperbewußtsein und Verstandesdenken in den Dienst des geistigen Willens, in einen harmonischen Gleichklang mit ihm zu stellen. Andererseits entwickeln wir durch die Meditation nicht nur unsere Bewußtsein, wir erzeugen auch mehr Körperenergie und: Meditation führt immer Veränderungen herbei, keine Minute ist vertane Zeit, auch wenn anfänglich der Verstand dies nicht wahrhaben will.

Die Seelenbewußtsein erleben die Meditation ähnlich wie den Tiefschlaf, wenn sie befreit sind von den Einflüssen der Gedanken des

Verstandes, von den Fesseln der Sinne und den Ängsten. In solchen entspannten Körperzuständen öffnen sich auch die Schleusen des Unterbewußtseins, und die Abertausenden, sich in ihm entwickelnden und sich nach Licht sehnenden Bewußtsein empfinden die auf sie einströmende Energie der Seelenbewußtsein als Erlösung. Es sind ergreifende Meditationserlebnisse. Je weiter die Entwicklung voranschreitet, um so verständlicher wird dem Meditierenden, daß er in der Lage ist, seinen Körper zu harmonisieren oder ihn gar zu heilen. Der Kontakt der Seelenbewußtsein mit dem Unterbewußtsein ist der Zusammenschluß des geistigen Willens mit dem verstandesmäßigen Willen.

Meditation verbindet alle Bewußtsein untereinander, und wenn im Laufe der Entwicklung ihre Ausstrahlungen zu harmonischen Energieflüssen zusammenströmen, verbindet sich der menschliche Geist mit dem Schöpfergeist. Durch diese spirituelle Entwicklung werden wir Menschen am Strom der Schöpferkraft angeschlossen, und vermehrt wird uns dann auch bewußt, daß wir aus ihr geschaffen sind.

Der Weg der Meditation ist für alle Menschen offen, unabhängig von Alter, Geschlecht, Weltanschauung oder Religion. Wenn ein inneres Sehnen nach Verbundenheit mit Gott, nach mehr Verständnis für die Menschen einen Suchenden auf den Weg schickt, ist die Grundlage geschaffen, Unsicherheiten, Zweifel und Ängste, mangelndes Vertrauen in das Leben und die nie endenden Fragen des Verstandes zu überwinden. Dann hat die Sehnsucht nach Gott die Seelenbewußtsein geweckt. Diese Gottessehnsucht entfaltet in ihnen die geistigen Kräfte und entwickelt durch Meditation das innere Wissen. Der Glaube, von dem in der Bibel geschrieben steht, daß er Berge versetzen kann, beginnt zu wachsen. Schließlich verändern sich die Gedanken des Verstandes automatisch. Körper und Gemüt gesunden, wir verändern unser Verhältnis zu den Menschen, zur Natur, ja zum ganzen Leben.

Die alles durchströmenden geistigen Kräfte haben bei vielen Menschen auf unserem Planeten das Bewußtsein für die Meditation geöffnet. Meditation ist der Logik des Verstandes nicht mehr fremd. Die Sehnsucht nach innerem Wissen ist gewachsen. Sie drängt uns Menschen, den Zugang zu unserem geistigen Wesen, unserem eigentlichen Zuhause zu suchen. Meditation öffnet die Augen der Seele, die die geistigen Wahrheiten schauen. Meditation ist nicht nur eine wesentliche Hilfe für die Aufgaben unseres Lebens hier, sondern auch Vorbereitung für Aufgaben in vielen weiteren Leben in anderen Dimensionen und Sphären.

Es ist Gottes Wille und der Ausdruck seiner unendlichen Liebe, daß geistige Freunde, die sogenannten Schutzengel, uns begleiten, ob wir uns als Erdenbürger in materieller oder aber in feinstofflicher Form entwickeln. Ich denke, daß jeder Mensch bewußt oder unbewußt an eine geistige Führung glaubt. Durch Meditation können wir lernen, die energetische Verbindung zu diesen Wesen herzustellen, die dafür Sorge tragen, daß wir nicht einsam und hilflos sind. Dem Entwicklungsstand des einzelnen Menschen entsprechend sind Helfer aus den verschiedenen geistigen Ebenen tätig.

Die geistigen Helfer, welche sich in der sechsten Astraldimension aufhalten, haben die Lernprozesse der materiellen Welt endgültig abgeschlossen. Sie leben in Dimensionen des Friedens, und jeder ihrer Gedanken ist Liebe. Sie helfen sich gegenseitig in unendlicher Liebe und Güte und bemühen sich, auch nicht die geringsten disharmonischen Schwingungen aufkommen zu lassen. Diese gewaltigen Liebesströme sind Energien, die wir mit unserem menschlichen Verständnis nicht begreifen können. Auch würde unser körperliches Gewand diese Energien nicht verkraften: Es würde wie Holz im Feuer verbrennen.

In diesen feinstofflichen Zonen geht es nicht mehr um individuelle Entwicklungsprozesse, vielmehr darum, Liebesschwingungen zu erzeugen, damit andere Wesen in nächsthöhere Ebenen aufsteigen können. Alle Erkenntnisse dieser Wesen beziehen sich auf Gott als absolute Wirklichkeit. Herz- und Hals-Chakra dieser Engel sind zu einem glühenden Energiekreis verschmolzen, und Stirn- und Scheitel-Chakra sehen einer leuchtenden Sonne ähnlich. Ihre Liebesbezeugungen erhöhen die Frequenz in den Chakras derart, daß die aus ihnen strömenden Energien in ihrer Mächtigkeit brodelnder Lava vergleichbar sind. Die Frequenzerhöhung bewirkt in den Wesen eine stärkere und immer engere Verbindung und schließlich die Einswerdung mit der Schöpferkraft.

Für sie existieren keine Gefühle im menschlichen Sinn, alle Empfindungen sind reinste, sich mit dem göttlichen Prinzip verbindende Schwingungen. Sie leben auch nicht in Zeit und Raum, sie sind losgelöst von allem Vergänglichen und wachsen in die absolute, ungeschaffene Wirklichkeit hinein. Die Aufmerksamkeit all ihrer Bewußtsein gilt dem Schöpfergeist. Sie fühlen sich einerseits geborgen in der sie durchströmenden göttlichen Kraft, andererseits wächst ihre Gottessehnsucht fast ins Unerträgliche. Ihre Bewußtsein wissen um das göttliche Sein in sich, und sie erkennen, daß sie Träger der göttlichen Kraft sind, daß Gott alles in allem ist. Nicht sie, die Engel, leben, vielmehr begreifen ihre Bewußtsein, daß der Schöpfer sie lebt. Nur ein einziges, fast schmerzliches Sehnen durchströmt sie: sich mit dieser unsichtbaren Kraft Gottes zu vereinen.

Jene Engel, die sich in der siebten Astraldimension, der Sphäre der Gebete und Gesänge, aufhalten, sind unablässig durch Gebete und Lobpreisungen im Gespräch mit Gott. Hier fließen die Schwingungen aller Ebenen ineinander, ein unendlicher, uns Menschen unvorstellbarer Ozean von Licht entwickelt in diesen Engelwesen das absolute Bewußtwerden des göttlichen Geistes. Die ausströmenden Energien von Hals-, Stirn- und Scheitel-Chakra sind zu einem einzigartigen Leuchtrad verschmolzen. Ihre Gebete sind keine Bitten, sondern Andacht, Dank und Anbetung. Die Gedankenenergie *Gott vermehre meine Liebe, nimm mich auf in dein ewiges Leben!* fließt durch diese Sphären, ist den Flüssen unserer Erde vergleichbar, die dem Ozean zueilen. Da sie noch nicht ganz in Gott erlöst sind, durchströmt sie die Christuskraft, die ja das schöpferische Prinzip des Lebens überhaupt darstellt, in besonderer Weise. Sie leben im Vertrauen an ihre Gotteswirklichkeit, sie erfahren Christus als den Erlöser in sich selbst, und sie wissen, daß sie nur durch diese Kraft zur Erlösung gelangen können. Die Anwesenheit Gottes in ihrem Bewußtsein ließ sie zu göttlichen Lichtträgern werden. Sie schwingen in der Liebe, und da Gott Liebe ist, ist er in ihnen. Schließlich werden sie, wenn alle Entwicklungen abgeschlossen sind, zur gänzlichen Einswerdung mit ihrem Ursprung, mit Gott.

In der Meditation öffnen wir uns den Schutzengeln. Ihre energetische Ausstrahlung wird von den Chakras aufgenommen. Wie ich schon erwähnte, erhöht sich dadurch ihre Frequenz, und unsere Seelenbewußtsein werden durchlässiger für die geistigen Kräfte, die uns die nach dem geistigen Gesetz gestellten Aufgaben erkennen lassen. Liebevoll bemühen sich die Helfer, unsere innere und äußere Welt miteinander zu verbinden. Da sie nicht wie wir Menschen von der Materie und von Raum und Zeit abhängig sind, leben sie und entwickeln sie sich ausschließlich aus ihren höchstentwickelten Seelenbewußtsein. Sie sind hellsichtig, hellhörend und hellfühlend.

Eine der schwierigsten Aufgaben unseres irdischen Daseins besteht darin, daß wir noch in vielen Leben zu lernen haben, die äußere Welt, und dazu gehört auch unser Körper, loszulassen. Menschen und Dinge, auch unser irdisches Leben, sind uns lediglich anvertraut, nichts gehört uns. Eines Tages werden auch wir als höher entwickelte Geistwesen Aufgaben wie unsere Helfer übernehmen. Die Hilfen unserer geistigen Führung sind gleichzeitig auch Hilfen für sie selbst. Inneres Wachstum ist unmöglich ohne die Bereitschaft, anderen zu helfen und auch Leid und Schmerz auf sich zu nehmen. Die Helfer sind geistige Kanäle, über die wir Menschen die göttliche Liebe und Verzeihung erfahren, so daß unser Mut und unser Vertrauen, unser Glaube und unsere Standfestigkeit gestärkt werden.

Viele geistige Helfer, nicht nur jene aus der sechsten und siebten Astraldimension haben die Ich-Erfahrung im Sinne der menschlichen Persönlichkeit überwunden. Aus ihren Seelenbewußtsein offenbart sich ihnen die Einheit allen Lebens, die alles durchdringende Schöpferkraft. In besonderer Weise werden sie von den Worten Jesu, die ja auch bestimmte Energien sind, durchströmt: *Ich und mein Vater sind eins, wer mich sieht, der sieht den Vater.* Dieses göttliche, sie durchströmende Bewußtsein ist eine gewaltige Lichtkraft, der Wegweiser, die Brücke, über die sie sich in andere Dimensionen hineinentwickeln. Wenn ein solcher Helfer als nächste Aufgabe wieder ein Leben in einem physischen Körper wählt, hätte er die Überzeugung und die Kraft, die Begrenzungen seines Körpers, seines Gemüts und seiner Gedanken in diesem nächsten irdischen Dasein zu transzendieren.

Wenn wir bewußt beten oder aber meditieren, ermöglichen wir durch die geistige Verbindung mit den Schutzengeln unseren weniger gut entwickelten Bewußtsein Entwicklung. Unsere feinstofflichen Freunde sind auch bemüht, unsere medialen Fähigkeiten, die in jedem Menschen vorhanden sind, zu fördern. Sie öffnen unsere inneren Sinne, und ihre Bewußtsein verbinden sich mit den unsrigen in Liebe. Sie versuchen, uns aus der Bewußtlosigkeit gegenüber den geistigen Kräften zu befreien. Da die uns zugeteilten Helfer immer unserer jeweiligen Struktur und unserer gesamtheitlichen Bewußtseinsentwicklung entsprechen, wechseln sie, wenn wir gewisse Lernprozesse abgeschlossen haben. Deshalb ist es ratsam, sich die feinstofflichen Freunde, die Schutzengel, nicht als «feinstoffliche Personen» vorzustellen, auch dann nicht, wenn sie uns einst bekannt waren, wie zum Beispiel die Großmutter oder die Eltern. Ohne personale Vorstellung von den geistigen Helfern ermöglichen wir uns und ihnen den freien Fluß und Austausch der Energien. Ohne eine solche begrenzende Vorstellung vermeiden wir auch die Gefahr, daß wir uns geistig mit Helfern in Verbindung setzen, die unserer Entwicklung schwingungsmäßig und energetisch nicht mehr angepaßt sind. Wir können unseren Schutzgeist mit den Worten: «du mein lieber Schutzengel» ansprechen. So bleiben wir auch für die kleinsten energetischen Veränderungen und auch für den Fall offen, daß sich uns ein Helfer zur Verfügung stellt, um nur eine bestimmte Aufgabe gemeinsam mit ihm zu lösen. Oft zeigen sich uns über die Intuition oder in traumähnlichen Wahrnehmungen Geistwesen in nebelartigen, dem menschlichen Körper ähnelnder Gestalt, damit wir sie erkennen können und Vertrauen zu ihnen fassen. In Wirklichkeit aber sind sie oft gestaltlos, reinste fließende Energien. Es ist für den menschlichen Verstand nicht ganz einfach, sich in diese Welten hineinzudenken. Durch regelmäßige Meditation jedoch helfen wir auch dem Verstand und seinen Bewußtsein, in die geistigen Dimensionen zu schauen und zu lernen, daß die körperliche Form nicht unser Wesen ist.

Unablässig senden Engel durch alle Welten und Sphären, durch alle sich entwickelnden Bewußtsein, hauptsächlich aber durch höher entwickelte Seelenbewußtsein, Lichtstrahlen aus. Sie bezeichnen diese unerschöpfliche Energie als die universelle Christuskraft, als den göttlichen Geist, der alles Existierende durchströmt und erhält. In ihr entwickelt sich jegliches Leben und Sein. Die Christuskraft ist das Licht, der göttliche Funke, auch in uns Menschen. Und durch die Auswirkung des göttlichen Prinzips im Menschen ist Licht sein Wesen, auch wenn der Mensch durch die Begrenzung von Zeit und Raum, von Verstand und Körper sich dessen noch kaum bewußt ist. Gerade in der Meditation vertiefen wir unsere Beziehung zu der Schöpferkraft, wir werden durchlässiger, und viele Bewußtsein im Kosmos, die uns in Geduld und Liebe zugetan sind, helfen mit, diese Lebendigkeit des Seins vermehrt zu erfahren. Alle feinstofflichen Helfer bemühen sich, uns Menschen mit der in uns manifestierten göttlichen Kraft zu verbinden, damit wir uns und durch uns Gott lieben lernen. Aus der Liebe heraus, und nur aus ihr, werden wir zu Lichtträgern auch in dieser Welt.

Wenn Gebet und Meditation über mehrere Entwicklungen und Leben hinweg zu einer Art notwendiger Lebenssubstanz geworden sind, vertieft sich die geistige Beziehung zu den Engeln und Helfern in unvorstellbarer Weise. Mehr und mehr wächst ein solcher Mensch in die unpersönliche, bedingungslose Liebe hinein. Und wenn die Liebe der göttlichen Strahlkraft die demütigen Herzen solcher Menschen berührt, erhöht sich die Frequenz in ihren Chakras derart, daß man sagen kann, sie leben und wirken nur noch aus Gott. Dieses sind die heilen Menschen, die Heiligen. Sie sind hingewendet zu Gott, nähren sich aus seiner Liebe und Weisheit. Der Geist Gottes und der Geist des Menschen sind zu einer Einheit geworden. Alle Bewußtsein befinden sich in harmonischen Schwingungszuständen, der verstandesmäßige Wille und der geistige Wille sind zu einem gewaltigen Liebesstrahl zusammengeschmolzen. Alle Sehnsüchte nach menschlicher Gemeinschaft haben sich aufgelöst, die geistigen Liebesbeziehungen zu Gott sind das einzige Streben dieser Menschen, was nicht bedeutet, daß sie sich von unserer Welt und ihren Anliegen zurückziehen.

Was ich in meinem Buch *Die Umpolung* als Texte meiner Helfer niedergeschrieben habe, erfahre ich auch heute noch in meinen Meditationen: daß eine gewaltige geistige Evolution auf unserem und auf anderen Planeten bevorsteht. Dadurch werden die Menschen der Zukunft ihre verstandesmäßige Isoliertheit und Angst überwinden und einen

Durchbruch zur geistigen Dimension erleben. Sie werden ihre Erkenntnisse und Einsichten aus den Seelenbewußtsein und ohne Qualen des Verstandes gewinnen. Viele spirituelle Lehrer, Heilige und inkorporierte Wesen aus anderen Welten eilen nach der Reinigung unseres Planeten den sich auf neue Weise entwickelnden Menschen zu Hilfe. Die in unserer Welt der Formen lebenden Menschen werden die Liebe, die Weisheit und die Kraft des Schöpfergeistes erkennen und alles tun,`um aus diesem Geist heraus zu leben. Egoismus, Machtstreben und die Gier nach materiellen Gütern werden sich bei der Umpolung dieser Welt auflösen.

Die Kinder des neuen Zeitalters werden schon in den Schulen die Meditation, die Entwicklung der geistigen Sinne und der medialen Fähigkeiten, lernen. Der Mensch wird nicht mehr nur das wissen, was er mit Hilfe seiner fünf Sinne und seines Verstandes wahrnimmt und erkennt. Seine geistige Entwicklung wird nicht mehr nur auf die gegenständliche Welt ausgerichtet sein. Die geistige Evolution wird ihn befähigen, die Kräfte aus den feinstofflichen Dimensionen zum Wohl und zum Heil seiner selbst und anderer zu nutzen. Der Mensch der Zukunft wird in neue Seinsweisen, in neue Lebensformen hineinwachsen. Auch wenn das Ego nicht mehr die Antriebskraft des Menschen sein wird, bleibt ihm der verstandesmäßige freie Wille erhalten. Die anfänglich paradiesischen Zustände nach der Umpolung werden nicht ewig dauern, doch wird die Entwicklung, auch wenn die Polarität von Gut und Böse sich wieder stärker bemerkbar macht, eine andere sein: sie konzentriert sich dann nicht mehr auf die materielle, sondern auf die geistige Ebene.

Wir, die wir heute leben, sind von unzähligen geistigen Helfern, aber auch von vielen uns zugehörigen Seelenbewußtsein aufgerufen, uns auf die bevorstehenden Veränderungen vorzubereiten. Wir werden alle von ihnen betroffen sein, unabhängig davon, wo wir uns zum Zeitpunkt der Wende gerade entwickeln. Bewußt gesprochene Gebete und die Meditation sind mögliche Wege, um einen lebendigen geistigen Prozeß in Gang zu setzen. Die durch Meditation erweiterten Bewußtsein sind nicht nur in diesem Leben Kraft- und Heilquellen, sie werden es auch in späteren Entwicklungsprozessen sein. Es braucht die innere Hinwendung zum eigentlichen Wesen, das wir sind, und die Sehnsucht nach Gott.

Von meinen geistigen Helfern erfahre ich immer wieder, daß jahrelange Bemühungen aus dem guten Willen des Verstandes oft weniger zum Ziel führen als eine einzige mit offenem Herzen ausgeführte Meditation. Da der gute Wille des Verstandes ein Bewußtsein der Person, des Egos, ist, bleiben zwangsläufig viele Anstrengungen aus diesem Willen heraus erfolglos, oder aber sie führen uns in Enttäuschungen hinein. Als ein Kind des Verstandes stößt er immer sehr schnell auch an die Grenzen des Verstandes. In der Meditation hingegen wenden wir uns der Seele und ihren grenzenlosen Kräften zu, unsere Bewußtsein öffnen sich dem geistigen Willen, der sich aus der Schöpferkraft nährt. Tiefe innere Erlebnisse in der Meditation helfen bald mit, verstandesmäßige Vorstellungen und Wünsche bezüglich des eigenen Lebens abzubauen. Unzählige Helfer sind in unermüdlicher Geduld und Liebe bemüht, uns die geistige Lebensverantwortung zu verdeutlichen, uns dem göttlichen Strom der Gnade anzuschließen, damit der Durchbruch zur Transzendenz als Durchbruch zur Seele erfolgen kann. Höchstentwickelte, von Gott erleuchtete Seelenbewußtsein verstärken die Energie in den Chakras derart, daß sie bis in die Schichten des Unterbewußtseins vordringt und auch Bewußtsein, die sich nur in Schwingungen der Angst ernähren, umzupolen vermag. So erfahren auch weniger entwickelte Bewußtsein eine Art Befreiung, einen Durchbruch zur Seele.

Gelegentlich fragen mich Menschen, ob Meditation nicht im Widerspruch zur Religion steht. Tatsächlich kann es vereinzelt sogar vorkommen, daß innere Konflikte entstehen. Welchen Auftrag haben denn die Kirchen im heutigen Zeitalter? Religionen sind oder sollten Wege sein zu Gott, keine kann Gott für sich allein beanspruchen. Wenn wir daran denken, daß sich im Namen Gottes Religionen bekämpfen, müssen wir da nicht hellhörig werden? Wenn religiöse Gruppen um mehr Macht streiten, geht es ganz offenbar nicht darum, den Menschen auf der Suche nach seinem Wesen, auf dem Weg zur Rückkehr zu Gott zu helfen. Wenn Religionen die Kräfte des Verstandes und der Macht einsetzen und nicht mehr, wie Christus es uns gelehrt hat, mit dem Herzen denken und handeln, tragen sie dann nicht dazu bei, daß die Menschen sich eher von der göttlichen Wahrheit entfernen? Müßten nicht die Religionen sich auf die Worte von Jesus Christus neu besinnen: *Bleibet in mir, und ich bleibe in euch, damit ihr viel Frucht bringt, denn ohne mich könnt ihr nichts tun.* Weshalb sind viele Früchte von Religionen Haß, Macht, Unterdrückung und Krieg?

In vielen religiösen Vorstellungen wird Gott personifiziert, so lange, bis die Bewußtsein der Menschen reif genug sind zu erkennen, daß der Geist Gottes unteilbar und unpersönlich ist. Ich glaube an einen Gott als den Geist jeglicher Schöpfung, allmächtig, allgegenwärtig und für das menschliche Begreifen unvorstellbar. Ich glaube auch daran, daß die Schleier, die den Menschen von Gott trennen, immer durchsichtiger werden und sich eines Tages durch die Gnade und die Liebe Gottes ganz auflösen. Der Mensch der Zukunft wird sich hauptsächlich seiner seelischen Entwicklung widmen und alles tun für die Rückbindung an Gott, für die re-ligio, im wahren Sinne des Wortes.

Ich möchte meine Ausführungen in einige praktische Übungen münden lassen, die mir meine geistigen Helfer für die Leser dieser Zeilen in Meditationen übermittelt haben.

Praktische Anleitungen zur Meditation

Übung 1

Stellen Sie sich mit leicht gespreizten Beinen hin. Lassen Sie Ihre Arme locker hängen. Atmen Sie tief ein und stellen Sie sich beim langsamen Ausatmen vor: Alle meine Gedanken und Empfindungen fallen in meine Mitte, die sich unterhalb des Bauchnabels befindet. Atmen Sie dann je dreimal die Worte *Reinheit, Freude* und *Frieden* langsam ein und aus. Versuchen Sie dann, aus Ihrer Mitte heraus folgenden Wortlaut zu sprechen:

Ich bin der Mittelpunkt meines Körpers.

Die im Mittelpunkt ruhende Kraft bestimmt mein Leben.

Ich bin der Mittelpunkt meines Körpers.

Die im Mittelpunkt ruhende Kraft fördert meine Harmonie.

Ich bin der Mittelpunkt meines Körpers.

Die im Mittelpunkt ruhende Kraft stärkt meine Gesundheit.

Ich bin der Mittelpunkt meines Körpers.

Die im Mittelpunkt ruhende Kraft bewirkt, daß ich jeder Situation gewachsen bin.

Ich bin der Mittelpunkt meines Körpers.

Übung 2

Gedanken sind, wenn wir sie langsam und bewußt aussprechen, auf den Körper und die Psyche wirkende Energien. Lesen Sie bitte mit halblauter Stimme eine Zeile so langsam wie möglich. Atmen Sie dann langgezogen ein und aus und wiederholen Sie den Satz gedanklich, ohne ihn diesmal auszusprechen. Vielmehr stellen Sie sich vor, wie Sie mit dem Atem in den Körper Liebe, Hoffnung usw. einstrahlen.

Ich strahle in meinen Körper Liebe   ein.
Ich strahle in meinen Körper Hoffnung   ein.
Ich strahle in meinen Körper Freude   ein.
Ich strahle in meinen Körper Zuversicht ein.
Ich strahle in meinen Körper Kraft   ein.
Ich strahle in meinen Körper Harmonie   ein.
Ich strahle in meinen Körper Gesundheit ein.

Mein Körper strahlt Liebe   aus.
Mein Körper strahlt Hoffnung   aus.
Mein Körper strahlt Freude   aus.
Mein Körper strahlt Zuversicht aus.
Mein Körper strahlt Kraft   aus.
Mein Körper strahlt Harmonie   aus.
Mein Körper strahlt Gesundheit aus.

Mein Körper und ich, wir sind durch die Verbindung mit den Kräften der Seele und des Geistes eine harmonische Einheit.

Schließen Sie bitte die Übung mit drei bewußt tief ausgeführten Atemzügen ab.

Übung 3

Lassen Sie die Muskeln Ihres Körpers ganz locker werden. Dies können Sie erreichen, indem Sie sich erst einmal strecken und dazu gähnen. Setzen Sie sich dann bequem hin, halten Sie Ihre Hände locker auf den Oberschenkeln und konzentrieren Sie sich auf die Mitte Ihrer Stirne. Atmen Sie nun dreimal, so langsam und tief wie möglich, Harmonie und Ruhe ein. Stellen Sie sich vor, daß mit jedem Ausatmen Ihre Spannungen von Ihnen wegfließen. Konzentrieren Sie sich, wie jeweils angegeben, und sprechen Sie den folgenden Wortlaut möglichst bewußt und langsam aus, und konzentrieren Sie sich dabei auf den Kopf, das Feuerelement Ihres Körpers:
Jeder Atemzug stärkt meinen geistigen Willen
(dreimal wiederholen).

Konzentrieren Sie sich dann auf den Brustraum, das Luftelement Ihres Körpers:
Jeder Atemzug stärkt die Kräfte meines Verstandes
(dreimal wiederholen).

Konzentrieren Sie sich auf den Bauchraum, das Wasserelement Ihres Körpers:

Jeder Atemzug stärkt meine seelische Standfestigkeit
(dreimal wiederholen).

Konzentrieren Sie sich auf die Beine, das Erdelement Ihres Körpers:
Jeder Atemzug stärkt mein Ich-Bewußtsein
(dreimal wiederholen).

Ich und mein Körper, wir sind durch die Harmonisierung der Elementekräfte untereinander eine harmonische Einheit.

Ich und mein Körper, wir sind verbunden und in Harmonie mit dem Unbegrenzten außerhalb und innerhalb unseres Selbst.

Ich und mein Körper, wir bauen auf die geistige Führung der Schutzengel.

Ich und mein Körper, wir lassen uns treiben im göttlichen Strom der Liebe und der Weisheit.

Bitte beenden Sie die Übung, indem Sie dreimal tief und bewußt *Harmonie* und *Ruhe* ein- und ausatmen.

Übung 4

Du meine Seele
atme
atme in Gott

Du mein Körper
atme
atme in Gott

Seele und Körper
atmet
atmet in Gott

Durch den Strom
des Atems
ist Seele und Körper
bin ich
eingebunden
im Kosmos

ist Seele und Körper
bin ich
in steter Verbindung
mit Gott.

Sprechen Sie bitte diesen Text möglichst dreimal hintereinander langsam und bewußt aus.

Keith Sherwood

kam 1949 in New York zur Welt. Er ist ein international bekannter Lehrer und Heiler. Seine Arbeit auf dem Gebiet der «Chakratherapie», einer Synthese aus westlichen Therapietechniken, taoistischem Yoga und Tantra, hat im Lauf der letzten zwei Jahre auch in Europa breiten Anklang gefunden. Er ist Verfasser von zwei Büchern, Art of Spiritual Healing und Power Centers of Life, die auch in deutsch erschienen sind, sowie von zahlreichen Artikeln, die in den Vereinigten Staaten wie auch in Europa veröffentlicht wurden. Bevor er nach Europa kam, war er Direktor der American Psychic Association und Herausgeber des Psychic Magazine. Häufig ist er in den Vereinigten Staaten und in Europa in Radio- und Fernsehsendungen aufgetreten.

Buchveröffentlichungen

Die Kunst des geistigen Heilens
Kraftzentren des Lebens

Keith Sherwood
Ökologie der Gesundheit
Aus dem Amerikanischen übersetzt
von Marianne und Norbert Wengerek

Im Westen wurde das Denken und das Streben nach Erkenntnis seit dem siebzehnten Jahrhundert von der cartesianischen Denkweise beherrscht. Descartes legte seine Methode, die zur Entdeckung der Wahrheit hinter den Phänomenen der materiellen Welt führen sollte, in seinem bekanntesten Werk nieder, der *Abhandlung über die Methode des richtigen Vernunftgebrauchs und der wissenschaftlichen Wahrheitsforschung,* deren Angelpunkt als «radikaler Zweifel» bezeichnet wurde. Descartes' Methode war analytisch; sie basierte auf von einem klaren, wachen Verstand formulierten Begriffen, einem Verstand, der die Dinge in eine logische Ordnung brachte, um sie analysieren zu können. «Der Begriff ‹Körper› beinhaltet nichts», so schrieb er, «was zum Geist gehört, und der Begriff ‹Geist› nichts, was zum Körper gehört.» Das war Descartes' *cogito.*

Die cartesianische Unterscheidung zwischen Geist und Körper, die man als radikale Objektivität bezeichnen könnte, war weitgehend für die Entwicklung der wissenschaftlichen Methodik verantwortlich, die, wie wir wissen, im Lauf der letzten beiden Jahrhunderte eine weltweite technologische Explosion herbeigeführt hat. Ungeachtet des heutigen technischen Fortschritts zeichnet sich jedoch ab, daß der Preis, den wir für diesen Fortschritt zahlen mußten, unangemessen hoch war – nicht nur angesichts der ungeheuren Zerstörung von Ökosystemen und Kulturen auf diesem Planeten, sondern auch im Hinblick auf seine Auswirkung auf das Bewußtsein des einzelnen Menschen und auf seine Beziehung zur geistig-körperlichen Ökologie, an der er wesentlichen Anteil hat. Darüber hinaus wirkte sich die Art der Wahrnehmung, die von Descartes propagiert wurde und bei seinen Anhängern das rastlose Jagen nach Wissen befeuerte, katastrophal auf uns, die wir Kinder unserer Kultur sind, aus; sie lehrte uns nämlich, die eigene Person als isoliertes Ego wahrzunehmen, das zwar in einem Körper existiert, aber scharf von ihm getrennt ist. Wir, eben die Menschen, von denen es in der Bibel heißt, sie seien nach Gottes Ebenbild geschaffen, wurden vom übrigen sinnlich wahrnehmbaren Universum getrennt. In der Folge dieser unnatürlichen Absonderung haben wir die Fähigkeit verloren, am vieldimensionalen Leben des Planeten in seiner Fülle teilzuhaben und erleben uns als etwas Isoliertes. Der Mensch von heute ist nicht mehr in der Lage, in einem Berg oder in einem Bach das unvergängliche Geistige zu erblicken, mit dem sein eigener Geist kommunizieren kann. Mit der Verdinglichung der natürlichen, auf allen Ebenen vor Leben sprühenden Umwelt kam ihre Entseelung – was bedeutet, daß der Mensch sie nicht mehr spürt und in entscheidender Weise den Kontakt zu ihr verloren hat. Das Dahinschwinden der subtilen Verbindung zu Myriaden von Lebensformen in unserem «Eckchen» des Universums und zu dem universalen Energie- und Bewußtseinsfeld, das sie erhält, verdinglichte auch die Beziehung der Menschen untereinander – ja sogar die Selbstwahrnehmung des einzelnen; damit ging der Verlust von Selbstvertrauen und Zuversicht einher, der unvermeidlich folgt, wenn jemand die Fähigkeit verliert, subtile Kontakte zu knüpfen, denn sie sind die Grundlage jeder Art von Intimität.

Wir müssen nicht weiter als bis zu Descartes und den anderen Denkern seiner Zeit zurückschauen, um eine historische Ursache für das Problem zu finden, mit dem wir jetzt konfrontiert sind. Für Descartes und seine Anhänger war das materielle Universum nichts anderes als eine Maschine. Vor allem Descartes glaubte, ein Mensch müsse außerhalb dieser Maschine stehen, weil er sie nur als externer Beobachter untersuchen und begreifen könne. Was ihm dabei allerdings entging, ist die Tatsache, daß in der Erscheinungswelt Glück und Gesundheit oder gar wirkliches Verstehen nicht möglich sind, wenn man nicht voll in ihr aufgeht. Um seine Position zu verteidigen, ging Descartes sogar so weit, eine fundamentale Wahrheit zu leugnen: die Existenz einer hierarchisch geordneten Ökologie von Verstand, Körper und Geist und eine wechselseitige Abhängigkeit allen Lebens und aller Erscheinungsformen auf diesem Planeten. Seine mechanistische Betrachtungsweise ließ keinen Raum für absichtsvolles Geschehen in der Natur oder für etwas ihr innewohnendes Geistiges (die Einheit allen Seins); wie hätte dies auch sein können, wo doch alles Geschaffene vom übrigen Geschaffenen getrennt werden konnte und nicht an der Essenz oder Lebenskraft anderer geschaffener Dinge teilhatte? Das Paradigma, dem er und andere Denker seiner Zeit sich verpflichtet fühlten und demzufolge grundsätzlich alles quantifiziert und qualifiziert und somit versachlicht wurde, hat nicht nur das wissenschaftliche Denken bis weit ins letzte Viertel des zwanzigsten Jahrhunderts dominiert, sondern ist heute zur vorherrschenden Weltanschauung geworden. Doch diese Weltsicht hat trotz ihrer Errungenschaften und Erfolge die Menschheit deformiert und wird auch weiterhin ihren Fortschritt behindern, denn sie hat die Beziehung der Menschen zu dem Planeten zerbrochen, auf dem sie leben und mit dem sie kooperieren müssen, wenn sie überleben wollen. Jedes Paradigma, das den Menschen vom Gesamtgeschehen abtrennt und ihn nicht zu einem aktiven Teilnehmer, sondern zu einem Zuschauer macht, muß ihn letzten Endes so weit von seinem eigentlichen Weg abbringen, daß er auf dem Planeten, der seine Heimat sein sollte, zu einem Fremden wird; schlimmer noch, er wird sich selber fremd, denn wenn das Universum mit seinem pulsierenden Leben auf das Niveau einer Maschine reduziert wird, muß nach dem Gesetz der Entsprechung auch der Mensch von seinem rechtmäßigen Status der vollen Teilhabe am Planeten in ein bloßes Maschinendasein absinken.

Wenn wir beispielsweise die Pflanzen und Tiere betrachten, finden wir keine derartige Absonderung und keinen derartigen Verlust an intimer Verbundenheit mit der Umwelt. Sie werden geboren, durchlaufen ihre Lebensspanne und sterben. Sie empfinden Freude und Mühsal ebenso wie wir, doch gibt es zwei Unterschiede, die selbst einem flüchtigen Betrachter auffallen müssen: Pflanzen und Tiere sind vollständig in ihre Umgebung eingebunden, und, was noch wichtiger ist, sie weichen niemals von dem ab, was sie sind, ganz gleich, in welche Situation sie geraten mögen. Indem sie diesem Tao des Bewußtseins instinktiv folgen, bleiben sie im stets gegenwärtigen Jetzt (einem Zustand, in dem es kein Mißtrauen, kein Gut und kein Böse und vor allem keine Vergangenheit oder Zukunft gibt); sie erhalten ihre Kontakte aufrecht und haben deshalb ungeschmälert Anteil an dem Segen, der in reichem Maß über sie ausgegossen wird, wie Jesus mit den folgenden poetischen Worten andeutete (Matth. 6, 28/29):

> «Schauet die Lilien auf dem Felde, wie sie wachsen: sie arbeiten nicht, auch spinnen sie nicht.
> Ich sage euch, daß auch Salomo in aller seiner Herrlichkeit nicht bekleidet gewesen ist wie derselben eins.»

Auch mit einem Minimum an Unterscheidungsvermögen ist erkennbar, wie weit wir uns vom Zustand vollständigen Teilhabens entfernt und wie sehr wir uns sogar den weltlichen, in der materiellen Umgebung, mit der wir interagieren müssen, wirkenden Kräften entfremdet haben. Damit spreche ich jetzt etwas so Offensichtliches wie die Körperhaltung und ihr Verhältnis zur Schwerkraft an.

Uns wird gesagt, die Menschheit habe sich durch die Aneignung der Gangart auf zwei Füßen einen entscheidenden Vorteil gegenüber den Tieren erworben, die sich auf vier oder noch mehr Füßen fortbewegen.

Während Säugetiere allein schon vierzig Prozent ihrer Energie dazu benötigen, sich aufrecht zu halten, ist der Mensch, mechanisch gesehen, bei weitem effizienter. Er braucht nur achtzehn Prozent seiner Energie, um auf zwei Beinen stehen zu können. Dies ist jedoch nur dann der Fall, wenn seine Haltung durch volle Integration ins natürliche Kräftespiel ausbalanciert ist und seine Körperteile harmonisch aufeinander abgestimmt sind: wenn jeder Körperteil den über ihm liegenden mühelos trägt und stützt. Einem Menschen, der sich richtig hält, helfen die Erde und die Schwerkraft, mit der sie ihn umfängt, aufrecht zu bleiben, und seine mechanische Energie wird mit der Schwerkraft in Einklang stehen.

Partizipiert ein Mensch andererseits nicht vollkommen an den elementaren Kräften der Erde, mit denen er zwangsläufig interagieren muß, und steht er nicht mit ihnen im Einklang, widersetzt er sich bewußt oder unbewußt der Schwerkraft, weil er ihr entfremdet ist, dann hat das eine andauernde Trägheit zur Folge: Sein Bewegungsapparat steht unter ständiger Belastung. Diese Angestrengtheit stört mit der Zeit die Organfunktionen sowie die chemischen Vorgänge im Körper und beeinträchtigt die Gesundheit des subtilen energetischen Systems, das den physischen Körper erhält und ernährt.

Nach meinen Beobachtungen hat der heutige Mensch im allgemeinen eine miserable Körperhaltung. Er sitzt, steht und geht mit hängenden Schultern, eingefallener Brust, gekrümmtem Rücken, vorgeschobenem Kopf. In einer solchen oder anderen Haltung, in der der physische Körper nicht ordentlich ausgerichtet ist, kann sich ein Mensch auch nicht gut auf die physikalischen Kräfte dieses Planeten einstellen oder sich in das energetische Gewebe einfügen, das ihn umgibt und durchdringt.

Wie so zahlreiche Beschwerden, mit denen sich die Menschen heutzutage herumschlagen, ist auch die schlechte Körperhaltung eine vor allem in den technisch hochentwickelten Ländern verbreitete Zivilisationskrankheit. In weniger technisierten Gesellschaften – und vor der Zeit der industriellen Revolution sogar im Westen – hatten die Menschen eine völlig andere Beziehung zur Umwelt. Sie waren wesentlich besser in ihre physisch-materielle (und auch subtil-feinstoffliche) Umgebung integriert und daher auch besser zentriert. Doch in der modernen Welt vertraut der Mensch, infolge der Verdinglichung und Entseelung, für gewöhnlich nicht auf die seinem Körper und dessen Bewußtseinszentren innewohnende Weisheit. Angst verdrängt sein Selbstvertrauen, und ohne es zu bemerken, verleugnet der Mensch seinen Körper und dessen Bewußtseinszentren immer mehr und «steckt» in den Schultern statt in seinem wirklichen Zentrum, dem Unterleib. Er wirkt wie eine Marionette, und entsprechend folgen auch seine Bewegungen, Gefühle und Gedanken marionettenhaft einer vorgefertigten Schablone, die für Spontaneität und volles Partizipieren keinen Raum läßt.

In diesem Zusammenhang meint Erich Fromm bedauernd, daß der moderne Mensch sich selbst, seinen Mitmenschen und der Natur entfremdet sei und zwischenmenschliche Beziehungen sich im allgemeinen automatenhaft abspielten; jedermann baue seine Sicherheit auf die Nähe zur Herde «Mensch» und darauf, daß er sich in seinen Gedanken, Empfindungen und Handlungen nicht von den anderen unterscheide. Während jeder versuche, seinen Mitmenschen möglichst nahe zu sein, bleibe jeder letztlich doch völlig allein, erfüllt von einem tief in seinem Inneren sitzenden Gefühl der Unsicherheit, Angst und Schuld, das immer dann entsteht, wenn ein Mensch seine innere Isolation nicht überwinden kann.

Im Osten, wo die Rationalität weder in den Gemeinden noch bei den Theologen so totale Triumphe feiern konnte wie im Westen, strebten die Adepten des Tantrismus nach Erkenntnis, das heißt nach Weisheit, die sie intuitiv über das Körperbewußtsein erlangen konnten. Die Genialität der frühen Tantriker war in der Tatsache begründet, daß sie den Menschen unter energetischen Aspekten betrachteten, nämlich als Konzentration von Energie und Bewußtsein innerhalb eines größeren Bereichs, den sie Brahma nannten. Sie ließen sich von den Versuchungen des deduktiven Denkens und den durch die Sinne erzeugten Illusionen nicht auf die gleiche Weise in die Falle locken wie Descartes und dessen Zeitgenossen; vielmehr vertrauten sie auf ihre Eingebungen und sahen den Menschen daher so, wie er im Kontext seiner Umgebung wirklich war. Intuitiv erkannten sie das Wesentliche, und sie spürten, daß die Wurzeln menschlicher Interaktionen grundsätzlich in einem subtilen Bereich liegen; auch wenn dies mit rational-deduktiven Mitteln objektiv nicht nachweisbar war, ließ es sich auf intuitivem und induktivem Weg zweifelsfrei verifizieren. Von daher kamen die Tantriker zu dem Schluß, daß jede Art der Herauslösung des Menschen aus seiner Umwelt mit wahrem Verstehen unvereinbar war. Der Mensch konnte nur in unmittelbarem Zusammenhang mit der vieldimensionalen Umwelt, an der er von Augenblick zu Augenblick teilhatte, verstanden werden. Dies bedeutete für sie, daß man den Menschen nicht allein auf physischer Ebene und als eine Maschine begreifen durfte, die man nach Belieben auseinandernehmen und analysieren konnte, sondern daß man ihn auch auf seelischer und geistiger Ebene erfassen mußte. Die Tantriker erkannten ganz richtig, daß alle Erscheinungsformen der dinglichen Welt miteinander verbunden waren und der Mensch in einem Netz von Beziehungen existierte, die ihrem Wesen nach komplex und in stetem Wandel begriffen waren. Sie studierten daher den Menschen aus ökologischer Sicht, als ein Energiewesen. Ihrer Überzeugung nach konnte er nur auf diese Weise wirklich verstanden werden.

Anders als die westlichen Denker, die dem Menschen einen Platz außerhalb des gesamten übrigen Universums zuwiesen, stellten ihn die Tantriker genau in dessen Mittelpunkt. Sie sahen ganz richtig, daß jedes Individuum unabhängig von seinen jeweiligen Lebensumständen ein Mikrokosmos war und zudem auch Mitschöpfer des subjektiven Universums, in dem es lebt, da Realität auf Partizipation und nicht auf Beobachtung beruht. Weiter erkannten sie, daß der Mensch nicht ausschließlich auf dem Hintergrund eines objektiven Universums erfaßt werden konnte, das vom rationalen Verstand, den Sinnen und der linearen Zeit beherrscht wird, einer Zeit, die in nur eine Richtung verläuft – aus einer unbegrenzten Vergangenheit in eine unendliche Zukunft. In subtilen Bereichen bricht, den Tantrikern zufolge, die lineare Zeit ebenso in sich zusammen wie der rationale Verstand. Sie glaubten, auf der Ebene der Seele und des Geistes gebe es keine Vergangenheit oder Zukunft. Intuitiv sahen sie, daß der Mensch nicht nur die Dimensionen, sondern in seiner Eigenschaft als Energiewesen sogar die Zeit überwinden kann. Dieser intuitive Erkenntnissprung lag außerhalb der Möglichkeiten von Denkern der Renaissance – wie Descartes –, die den Menschen beschnitten, indem sie ihn ausschließlich auf lineare Zeitabläufe beschränkten und ihn damit am bewußten Gewahrwerden seines Geistes und weitgehend auch seiner Seele hinderten.

Den Tantrikern hingegen war dieser gedankliche Schritt durchaus möglich; sie waren seit jeher der Überzeugung, daß Vergangenheit und Zukunft Bestandteile der ewigen Gegenwart sind und zu jener Umgebung gehören, an der ein gesunder Mensch teilhat. Die Tantriker bezeichneten dies als mythische Zeit. Vergangenheit und Zukunft tragen die Gegenwart in der gleichen Art, so meinten die Tantriker, wie der Hintergrund eines Gemäldes das zur Geltung bringt, was im Vordergrund zu sehen ist: Er bereichert das Bild, verleiht ihm Perspektive und Zusammenhang..., obwohl er sich auf derselben flachen Leinwand befindet. Vergangenheit und Zukunft quellen im Sinn dieser Analogie aus einer ewigen Gegenwart hervor, bereichern sie und verleihen ihr Struktur. Diese Betrachtungsweise rückt den Menschen direkt in den Mittelpunkt des Geschehens, insofern er und alles andere einschließlich der linearen Zeit im ewigen Jetzt aufgehoben sind. Vergangenheit und Zukunft werden zur Szenerie, die aus seinem Bewußtsein hervorquillt, und sie färben seine Welt. Die Vergangenheit scheint in weiter Ferne zu liegen, doch das ist nur deshalb so, weil sie perspektivisch geschickt gemalt ist; sie ist nicht weiter weg als der gegenwärtige Moment.

Durch meine Tätigkeit als Heiler habe ich gelernt, daß man, um vollkommene Teilhabe zu erreichen (und sie ist eine wesentliche Voraussetzung für Lebensfreude und Gesundheit), die Zeit «subjektivieren» und, den Ablauf der Zeit verlassend, in das immer gegenwärtige Jetzt, das heißt die ewige Zeit, eingehen muß. Dies kann bewerkstelligt werden, indem sich der Mensch einfach in seinem Körper reorientiert. Wie früher die Tantriker, habe ich versucht, Studenten und Lesern klarzumachen, daß das gesamte vierdimensionale Universum in unserem Innern existiert und daß das Auffinden der ewigen Zeit in uns nichts weiter als ein mechanisches Problem ist.

Auf volles Partizipieren, auf Lebensfreude und Gesundheit – dies zu begreifen ist wichtig – können wir uns besinnen, doch nicht, indem wir das vor uns liegende Universum, das im Zeitablauf gefangen ist und das wir mittels unserer fünf Sinne wahrnehmen, zu ergründen versuchen und uns auf es fixieren, sondern nur, indem wir das loslassen, was vor unserem Selbst liegt, und uns gewissermaßen rückwärts bewegen, in das Selbst hinein, wo wir das innere Universum entdecken.

Jahrelang studierte ich das Universum in mir, um das Selbst zu verstehen und den inneren Frieden und die Freude zu finden, die, wie ich glaubte, mein Geburtsrecht waren und die mir nach meiner festen Überzeugung gestohlen wurden, bevor ich noch in der Lage war, mich zu verteidigen. Was ich gelernt habe, werde ich Ihnen mitteilen, damit Sie sich in der Zeit neu orientieren können. Die Reise beginnt, wenn Sie die Tatsache akzeptieren, daß Sie viel mehr sind, als Sie bisher vermuteten. Sie und jeder andere Mensch sind nicht nur körperliche Wesen; jeder Mensch ist ein Energiewesen und setzt sich aus einer Reihe von Energiefeldern zusammen, die einander durchdringen und die miteinander und mit der Umwelt in Wechselwirkung stehen. Die Erscheinungswelt, in der wir alle leben, existiert innerhalb eines umfassenderen Energie- und Bewußtseinsfeldes – des sogenannten Universalfeldes –, und ein Mensch kann als eine Lokalisierung oder Konzentration von Energie und Bewußtsein innerhalb des Universalfeldes aufgefaßt werden.

Den Brennpunkt, von dem aus Energie in das Universalfeld ausstrahlt, erleben wir als das Selbst. Unser persönliches Energiefeld, unser Selbst, wie auch die persönlichen Energiefelder aller anderen Menschen sind im Universalfeld, das selbst neutral ist, angesiedelt und werden von diesem gespeist. Das Universalfeld dient in der gleichen Art als Medium für die Kommunikation, wie die Atmosphäre als Medium für Schallwellen dient. Darüber hinaus funktioniert das Universalfeld nicht nur als Medium, sondern indem es universales Bewußtsein zum Ausdruck bringt, beeinflußt es alle Interaktionen zwischen untergeordneten Feldern innerhalb seines Bereichs. Dies läßt sich mit Wirkungen vergleichen, die Wissenschaftler beim Studium der Quantenphysik festgestellt haben; sie sagen uns, der Forscher beeinflusse durch sein Beobachten und schon allein durch seine passive Teilnahme an einem Experiment dessen Ergebnis. Das ist der Fall, weil wir alle innerhalb des Universalfeldes leben und weil unsere gesamten Interaktionen durch das Mitwirken der Energie und des Bewußtseins des Universalfeldes ihre Färbung erhalten; wir alle stehen miteinander in Verbindung, und daher ist es unmöglich, uns selbst und unsere wechselseitigen Beziehungen zu verstehen, solange wir uns nicht als Teil des Universalfeldes begreifen.

Aus praktischen Gründen teilen die meisten westlichen Heiler und Lehrer jene Konzentration von Energie und Bewußtsein, die wir als Selbst bezeichnen, in vier einander durchdringende Felder oder Körper ein: den geistigen, den mentalen, den astralen und den physischen Körper. Auf der grobstofflichen Ebene erfahren wir, daß jeder Mensch einen *physischen Körper* besitzt, dessen er sich bewußt ist. Der physische Körper sendet und empfängt Informationen mittels der fünf Sinne, und er wird erhalten durch die Erde, die Sonne und die anderen Planeten sowie die ihnen innewohnenden Kräfte und durch die Nahrung, das Wasser und durch die Luft, die er atmet. Jeder von uns hat in seinem physischen Körper einen *Astralkörper,* der in Größe und Gestalt seinem materiellen Gegenstück genau angepaßt ist. Sie können sich seine Beziehung zum physischen Körper so vorstellen wie eine in einen Handschuh passende Hand.

Das Prinzip der wechselseitigen Durchdringung besagt, daß die Astralebene eher ein Zustand als eine Örtlichkeit ist, denn jedes materielle Atom oder Molekül und jeder Körper schwimmen in einem Meer von Astralmaterie. Die Astralmaterie durchdringt die grobstoffliche Materie, und Ihr Astralkörper durchdringt Ihren materiellen Körper. Das «subtile energetische System», das seinen Sitz im Astralkörper hat, reguliert dessen Energieabstrahlung. Es setzt sich aus den Chakras, den sieben Hauptenergiezentren, die entlang der Wirbelsäule und im Kopf liegen, und aus kleineren, über den ganzen Körper verteilten Energiezentren zusammen; durch die Meridiane (Nadis) werden sie miteinander verknüpft; dazu kommen drei Auras, die den grobstofflichen Körper umhüllen und ein schützendes, eiförmiges Energiereservoir um ihn herum bilden.

Der *Mentalkörper* durchdringt sowohl den physischen wie auch den astralen Körper. In ihm liegt das Denkzentrum, doch nicht das des rationalen Denkens, das ausschließlich mit dem Gehirn zu tun hat und andere Bewußtseinszentren des Körpers unberücksichtigt läßt, sondern das jenes Denkens, das dem Herzen entspringt – dem Zentrum des Selbst – und das sich mit dem Wohlbefinden des gesamten vieldimensionalen Wesens befaßt, nicht nur mit dem körperlichen Überleben.

Der *geistige Körper* ist der Körper mit der höchsten durchschnittlichen Schwingungsrate. Er durchdringt den Mentalkörper und nimmt, wie die anderen Körper, genau die Größe und Gestalt des von ihm durchdrungenen Körpers an. Von dieser geistigen Ebene, dem universalen Energie- und Bewußtseinsfeld, aus fließt auch die essentielle vitale Kraft, die jedes Wesen belebt, in das subtile energetische System des jeweiligen Lebewesens ein. Durch das subtile energetische System wird sie wiederum für den Gebrauch in den anderen Körpern transformiert. Die Beziehung zwischen einer Energiekonzentration (einem Selbst) und einer anderen wird innerhalb der Zeitabfolge nach dem Prinzip der Polarität – das die Hermetiker als Geschlechtlichkeit bezeichnen – reguliert. Die Beziehung zwischen einer Energiekonzentration (einem Selbst) und einer anderen ist im Grunde genommen eine Beziehung von Ausstrahlungen, die durch die betreffenden Selbste in Erscheinung treten.

Wo Einheit besteht, gibt es keine Polarität, denn die einander entgegengesetzten Kräfte befinden sich dann im Gleichgewicht. Doch innerhalb der Erscheinungswelt ist das Prinzip der Polarität am Werk, dieser bedeutsame Katalysator, der die Dinge zusammenbringt und wieder trennt. Die Beziehungen zwischen Dingen oder Personen ändern sich ständig, so wie der Pegel der maskulinen (stoßenden) und femininen (ziehenden) Energie innerhalb jeder Energie- und Bewußtseinskonzentration (Selbst) variiert. Diese ständige Veränderung wird im Tantra durch den Tanz von Shakti (weiblicher Pol) und Shiva (männlicher Pol) in liebender Umschlingung symbolisiert.

Das subtile energetische System jedes Menschen (Chakras, Meridiane und Auras) steuert die maskuline und feminine Energie, die jede Person ausstrahlt, so wie sich jeder Mensch auf die sich verändernde Umwelt einstellt, mit der er in Verbindung steht. Dies ist weitgehend ein unbewußter Prozeß, der reibungslos funktioniert, solange es keine Blockaden im System gibt und solange ein Mensch die Veränderungen seiner Persönlichkeit akzeptiert, zu denen es auf ganz natürliche Weise kommt, wenn sich die energetischen Umweltverhältnisse ändern. Die Fluktuationen der maskulinen und femininen Energie werden vom Energiefluß durch die Tore, die man *Chakras* nennt, in das menschliche Energiesystem hinein und aus ihm heraus bestimmt. Gelangt mehr Energie durch die Chakras hinaus als durch sie hereinfließt, ist ein Mensch eher *maskulin,* und fließt mehr Energie durch die Chakras herein als durch sie hinausfließt, ist ein Mensch eher *feminin.* Doch all dieses Vorwärts und Rückwärts oder Ziehen und Schieben vollzieht sich innerhalb der linearen Zeitabfolge und, mechanisch betrachtet, in der vorderen Hälfte des Körpers; und obwohl die Menschen auf diesem Weg versuchen, vollkommene Partizipation zu erreichen, ist das unmöglich, solange sich jemand mit jenem Ziehen und Schieben identifiziert und sich vor seinem «Selbst» zentriert. Durch die ausschließliche Identifikation mit Vorgängen und Handlungen, bei denen die Polarität eine Rolle spielt, schließt der Mensch die bewußte Teilhabe am dinglichen Universum aus, und volle Partizipation wird verhindert.

Angesichts dieser Tatsachen stellen wir natürlich die Frage: Was kann man tun, um den Prozeß der vollständigen Teilhabe zu fördern? Zunächst ist es wichtig zu erkennen, daß sich Energie auch an der Hinterseite des Körpers hinauf- und an seiner Vorderseite hinabbewegt und daß diese Energieströme an zwei Punkten, nämlich unmittelbar hinter dem Anus und oberhalb des Gaumens, miteinander verbunden sind. Wenn ein Mensch den Brennpunkt seiner Aufmerksamkeit auf die Rückseite seines Körpers lenkt, insbesondere hinter das Herzchakra – einen Punkt am Rückgrat direkt hinter dem Zentrum des Brustbeins –, kann er den auf- und abwärts gerichteten Energiefluß im Körper verstärken. Dies sorgt in kurzer Zeit für die Zirkulation der Energie und verhindert, daß sie direkt in die Chakras hinein- und aus ihnen herausfließt; das Ziehen und Schieben hört auf, und auch die Polarität schwindet schließlich dahin.

Sie sehen also, daß es möglich ist, die Position des «Selbst» im Körper mit etwas Übung mechanisch zu verändern; dadurch wird man mehr auf der Rückseite des Körpers zentriert, was wiederum dabei hilft, aus der linearen Zeit und aus der Polarität hinaus zur ewigen Zeit und zur vollkommenen Teilhabe zu gelangen. Zuerst muß man jedoch feststellen, ob man in polaren Beziehungen gefangen ist, indem man darauf achtet, ob man beim Einatmen die Vorderseite der Brust so mit Luft füllt, daß sie sich ausdehnt, oder ob man beim Einatmen die rückwärtige Seite der Brust füllt, indem man die Schultern anhebt. Die meisten von uns werden bemerken, daß sie beim Einatmen fast ausschließlich die Vorderseite des Körpers benutzen..., und wenn wir uns noch genauer beobachten, werden wir häufig feststellen, daß wir uns nicht nur beim Atmen, sondern auch beim Sprechen, Bewegen oder Denken vor den Körper begeben.

Die Tantriker haben zwei Hilfsmittel, die das Zentrieren auf der Rückseite des Herzchakras und das Verlassen der Abfolge der Zeit, und damit das Eingehen in die ewige Zeit, erleichtern. Das erste ist die mentale Aufmerksamkeit, und das zweite ist das Atmen. Wie ich bereits sagte, kann mit etwas Übung mechanisch eine Verlagerung herbeigeführt werden, indem man die mentale Aufmerksamkeit zur Rückseite des Herzchakras lenkt und sie dort hält, bis man ein vom Chakra ausgehendes Vibrieren spürt und dann von dem Punkt aus, an dem die Vibration ihren Ursprung hat, ein- und ausatmet.

Es gibt jedoch noch ein weiteres Mittel, das für die meisten Menschen unendlich viel leichter zugänglich und von Freude erfüllt ist. Jawohl, so ist es. Beobachten Sie sich, wenn Sie Freude empfinden oder an etwas Gefallen haben: Sie werden bemerken, daß dieses Gefühl normalerweise auf der Rückseite des Körpers etwa in der Mitte zwischen einem Punkt gerade oberhalb des Solarplexus und einem Punkt unmittelbar unter dem Adamsapfel zentriert ist. Sie werden ebenfalls feststellen, daß Sie nicht richtig genießen und sich freuen können, wenn ein Teil von Ihnen außerhalb dieser Empfindung steht und sie mit etwas anderem vergleicht, sie analysiert oder sie zu kontrollieren oder zu verändern versucht. Sie werden auch entdecken, daß Freude einen transzendenten Aspekt besitzt, der für ewig vorhanden zu sein scheint – das heißt, wenn ihm diese Dauerhaftigkeit gestattet wird. In diesem Fall führt er schnell zur Katharsis, nämlich dem bewußten Gewahrwerden der Tatsache, daß Sie und das, was Ihnen Freude bereitet, vollkommen aneinander und am universalen Energie- und Bewußtseinsfeld teilhaben. Nehmen Sie also alles mit Gleichmut an und freuen Sie sich darüber, und Sie werden feststellen, daß Sie an dieser außergewöhnlichen Welt voll partizipieren; und schon bald werden Sie sehen, daß sich bei jenen, die Gott lieben und nach seinem Ratschlag gerufen sind, alles zum besten auswirkt.

Louise Kirsebom

Geboren 1951 in Schweden. Dort ist sie auch aufgewachsen. Studien der klassischen Altertumswissenschaft an der Universität Zürich.

Mutter zweier Kinder. Einstieg in die Astrologie 1975. Seither Auseinandersetzung mit verschiedenen esoterischen Disziplinen.

Seit 1980 Beraterpraxis und Unterricht; Vorträge und Artikel über Numerologie, Astrologie und Handlesen. Mitverfasserin des Buches «Augenblicksastrologie».

Louise Kirsebom

Betrachtungen zu den Chakren aus der Sicht des Handlesers

Unter dem Titel *Die Hand – Spiegel des Lebens* erläuterte ich im *Jahrbuch der Esoterik (Band 1)* die Basisprinzipien im Handlesen. Wie der Leser sicher bemerkt hat, sind diese Prinzipien nicht etwa Erfindungen des Handlesens oder der Handleser, sondern universelle Gesetze, die sich auch in anderen Disziplinen wie der Graphologie, Psychophysiognomik und Astrologie, in verschiedenen Heilmethoden, wie z.B. Healing, Reflexzonentherapie und Chinesiologie, sogar in der Gehirnforschung finden lassen.

Ich führte die Begriffe Links/Rechts, Tagesbogen/Nachtbogen, Ichseite/Duseite ein und unterschied zwischen den drei Welten Himmel – Mensch – Erde oder Geist – Seele – Körper, die sich in den Händen durch Herzlinie, Kopflinie und Lebenslinie erkennen lassen. Am Schluß des Artikels brachte ich drei Beispiele von Handpaaren, bei welchen grundsätzlich nur die Lebenslinien und die Basis der Lebenslinien besprochen wurden. An jener Stelle möchte ich hier fortfahren, denn was an diesen Beispielen eigentlich untersucht wurde, war der Zustand der Wurzel oder, wie wir es jetzt benennen wollen, des *Wurzel-Chakras*.

In der praktischen Arbeit mit dem Handlesen, wo wir uns mit Ereignissen und Schicksalsthemen, aber auch mit der Psychologie oder Philosophie, die diesen Begebenheiten zugrunde liegen, befassen, hat es sich als sehr hilfreich erwiesen, auch den physischen Körper und seine Funktion als Träger der Psychosomatik mit einzubeziehen. Ich denke hier besonders an den therapeutischen Aspekt der Arbeit.

Mit entsprechender Erfahrung ist es zwar meist nicht schwierig, den Klienten auf ein gegebenes psychologisches oder geistiges unangebrachtes Verhalten aufmerksam zu machen, doch wird er oft die Gewichtigkeit des Problems nicht anerkennen, was praktisch bedeutet, daß die Motivation fehlt, sich wirklich für eine Veränderung einzusetzen. Es ist anstrengend und unbequem, konsequent zu sein, alte, vertraute Gewohnheiten hinter sich zu lassen und sich wirklich zu ändern. Außerdem kostet es oft, vielleicht Geld, die Stelle, eine Freundschaft oder gar die Ehe. Doch wenn man anfängt, vom autoritären Chef, von der aufsässigen Tochter oder vom Körper und seinen Symptomen zu sprechen, werden die Leute oft hellhörig: Wer wünscht nicht, seine Quälgeister oder körperlichen Beschwerden loszuwerden, und wer schreckt nicht vor dem Gedanken zurück, daß diese Unannehmlichkeiten möglicherweise noch schlimmer werden? Der Körper lügt nie, auch wenn die Seele und der Geist oft versuchen, sich mit vernünftigen oder gar «edlen» Erklärungen aus der Patsche zu ziehen.

Im folgenden will ich versuchen, in diesem Sinne verschiedene Verbindungen zwischen dem Körperlichen, dem Seelisch-Geistigen und dem Biographischen aufzuzeigen, wobei ich mich weniger medizinisch an den einzelnen Organen, sondern mehr an den Chakren und ihren Strahlengürteln, dem energetischen Nährboden der Organe orientiere, und zwar so, wie ich sie durch das Handlesen kennengelernt habe. Erfahrungen und Illustrationen aus dem Handlesen werden mit einbezogen, doch sollte noch betont werden, daß der Artikel nicht besonders für Handleser, sondern für jeden, der sich mit Menschen und Menschenleben beschäftigt, geschrieben ist. Denn auch die Chakren sind keineswegs eine Erfindung der Handleser, sondern Schlüssel, schon vor Urzeiten von Menschen gefunden, die den Geheimnissen der Welt und des Lebens auf der Spur waren. Ich möchte noch betonen, daß mir bewußt ist, daß es zu der Anzahl und zur Lage der Chakren verschiedene Auffassungen gibt. Die alten Veden berichten über sechs Chakren, andere sprechen von zehn oder mehr. Im Handlesen hat es sich praktisch erwiesen, mit sieben zu arbeiten. Das Wichtigste kann niemals die Methode an sich sein, sondern das Wichtigste ist doch, daß die jeweilige Methode funktioniert. Ich bringe auch Vorschläge zur Farbenwahl. Wir ordnen jedem Chakra der Reihe nach eine Farbe des Regenbogens zu. Auch hier möchte ich betonen, daß dies nicht die letzte Wahrheit sein sollte. Professionelle Heiler arbeiten oft nach viel spezifischeren Systemen. Mir gefällt das System mit dem Regenbogen, es ist naturgegeben, klar, einfach und logisch – und es funktioniert.
Zuerst eine Skizze, die die Chakrazentren in der Hand darstellt.

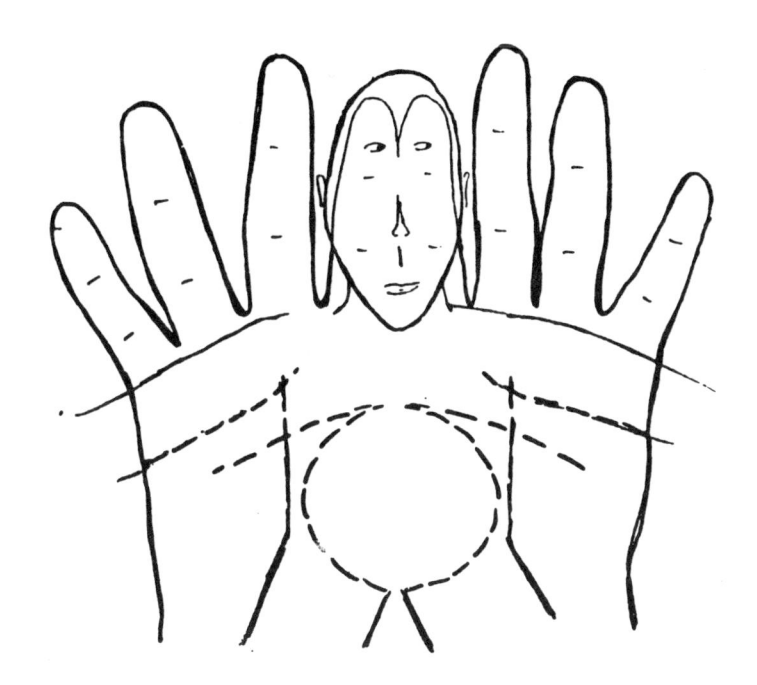

Hier eine Skizze, die den ganzen Menschen in den Händen abbildet.

Die Reflexzonentherapeuten, die Ohrenakupunkteure sowie andere, die sich mit alternativen Heilungsmethoden beschäftigen, werden diese Darstellung gleich wiedererkennen.

1. Wurzel-Chakra

Verankerung, Verwurzelung, Ursprung.
Grundausrüstung: der Wille zu überleben, die Sicherung des Existenzminimums.
Vorgeburtliche Erfahrungen.
Grundlegendes Geborgenheitsgefühl und Bodenständigkeit, im seelischen wie im materiellen Sinne. Das Erlebnis der Existenzberechtigung, fundamentales Selbstvertrauen.
Die fundamentalen Bedürfnisse: Nahrung, Kleidung, Wohnung.
Das gemeinsame biologische Erbe; Verhältnis zur Mutter Erde, Vorzeit, Traditionen, Heim und Familie.
Der Trieb, sich zu vermehren; «die Gattung Mensch» zu erhalten. Das Erlebnis von Gruppenzugehörigkeit und Schutz im vertrauten Rahmen und Umgebungen.

Erhalten und Erweiterung der Basis (auch seelisch); Stehen und Gehen, Bewegungsfreiheit.
Intuitiver Kontakt zur kosmischen Ordnung, außersinnliche Wahrnehmung, instinktsicheres Urteilsvermögen.

Körper

Geschlechtsorgane, Beine und das ganze Rückgrat.

Chiromantisch

Handgelenk, Handbasis; Lebenslinie unten, unterster Mondberg.

Stützende Farbe

Rot.

Das Wurzel-Chakra befindet sich im Damm, hinter den Geschlechtsorganen vor der Darmöffnung, seine «Herrschaft», seine Energie, verbreitet sich um dieses Gebiet herum und dehnt sich über die Beine bis hinunter zu den Füßen aus. Rein räumlich ist es somit das Mächtigste und ist auch, zumal nach meiner Auffassung, das Wichtigste für uns Menschen; es bezieht sich auf den Körper, die Inkarnation. Wenn die Wurzeln, das Fundament, nicht in Ordnung sind, können sich die anderen Chakren auch nur beschränkt günstig entfalten.

Im Wurzel-Chakra stehen wir eigentlich auf den Schultern unserer Vorfahren. Es herrscht über die Erbmasse, die physische Konstitution, das Gebäude, das Haus, das Fahrzeug unserer Seele. Wer eine gute Konstitution hat, kann sich auf seinen Körper verlassen, er hat selten wirkliche Angst, krank zu werden, und hat schon deshalb eine gute Voraussetzung, sich den Schwierigkeiten des Lebens entgegenzustellen. Lebte er außerdem in einer materiell gesicherten Kindheit, wird er auch ein Urvertrauen in die eigene Überlebensfähigkeit haben.

Das Wurzel-Chakra herrscht aber auch über die seelische Grundhaltung, über das Urvertrauen in die eigene Existenzberechtigung. Wer sich nicht willkommen und geborgen fühlt in der Welt, kann nie ein wirklich selbständiger Mensch werden, sondern wird in Abhängigkeit von Schutz und Bestätigung anderer leben.

Hinweise auf Schwächen im Wurzelbereich

Die nackte Basis, Heim, Kleidung, Essen fehlen. Der Betreffende kann nicht für sich selbst sorgen, wird auch nicht von anderen getragen.

Die Ehe funktioniert nur noch ausschließlich kompensativ. Der Ehepartner wird als grundlegend verschieden erlebt, man verachtet und plagt sich gegenseitig. Der einzige Grund, in der Beziehung zu bleiben, ist die Angst vor dem Alleinsein oder vor materieller Not.

Das Selbstvertrauen ist grundlegend angeknackst. Man hat Angst, daß einem der Teppich unter den Füßen weggerissen wird; Angst, in die Welt hinauszugehen, «um die Welt für sich zu erobern»; Angst, Neuland zu betreten, um den Horizont zu erweitern; Angst, den scheinbar sicheren Hafen zu verlassen (auch Wasserangst); Angst vor allem, was fremd ist, vor Reisen und vor irrationalen, okkulten Phänomenen.

Das Leben wird von Unruhe beherrscht. Der Wohnsitz wird oft gewechselt, ohne daß dabei eine Verbesserung der Lebensqualität erreicht wird. Man ist nicht imstande, seßhaft zu werden oder eine Familie zu gründen. Man geht der Verantwortung aus dem Weg, will sich nirgends verpflichten.

Typische Erlebnisse in der Kindheit (Beispiele)

Die Eltern lebten während der Schwangerschaft in schwierigen Umständen. Vielleicht war zuviel Unruhe (z.B. mehrere Umzüge) oder zuwenig an Materiellem da, vielleicht liebten sie sich nicht und fühlten sich durch das Kind «gefangen», vielleicht war die Mutter krank, hatte Angst vor der Geburt oder hat die Schwangerschaft gar gänzlich abgelehnt. Das Gefühl der Existenzberechtigung ist oft stark beeinträchtigt. Eine Sonderrolle nehmen Frühgeburten ein. Wird jemand im siebten Schwangerschaftsmonat geboren, sind zwar alle seine Organe voll entwickelt, doch fehlt ihm eben der letzte Monat, wo das Baby hauptsächlich nur noch größer wird. Dies, nämlich sich breitzumachen, wird ihm bis ins Erwachsenenalter hinein ein Problem sein. Es getraut sich nicht, einen angemessenen Raum für sich in Anspruch zu nehmen (betrifft auch das zweite Chakra). Erfahrungsgemäß gibt es oft eine Schwäche am rechten Bein.

Die Kindheit ist von Armut, Zwängen oder persönlicher Abweisung geprägt.

Die Mutter war krank oder wurde als sehr unstabil mit großen Stimmungsschwankungen erlebt. Auf sie war, psychisch gesehen, kein Verlaß.

Therapeutisch kann hier generell eine Körpertherapie empfohlen werden, am besten eine Massage, denn diese Menschen hungern nach

Zuwendung und Geborgenheit. Gesprächstherapien verlaufen wahrscheinlich erfolglos, denn hier genügt es nicht, Erklärungen zu finden und Ursachen zu verstehen.

Einige physische Symptome

Hämorrhoiden oder unfreiwilliges Wasserlassen. Wenn die Symptome direkt an der Wurzel erscheinen, ist anzunehmen, daß die eigenen Basisbedürfnisse – aus Angst alleingelassen zu werden – jahrelang unterdrückt wurden. Zudem herrscht oft uneingestandene Unzufriedenheit mit der Situation oder Umgebung. Der Beruf oder die Wohnung erfüllt nicht mehr die Bedürfnisse, vielleicht bestehen scheinbar unüberbrückbare Unterschiede zwischen den eigenen Zielvorstellungen und denjenigen des Partners.

Bei Symptomen an den Beinen, seien es Lähmungen, Verstauchungen, Knochenbrüche, Krampfadern oder Schürfungen, ist die Bewegungsfreiheit mehr oder weniger beeinträchtigt. Dafür kann es eine Unzahl an seelischen «Ursachen» geben, zuerst aber sollte man feststellen, ob es sich ums linke oder rechte Bein handelt.

Mit dem rechten Bein stehen wir in der physischen Wirklichkeit. Wenn das rechte Bein leidet, ist zu vermuten, daß auch etwas mit der physischen Selbständigkeit oder aber mit dem Standort nicht in Ordnung ist, daß das «Grounding» fehlt und daß man nicht die richtigen Schritte zur richtigen Zeit unternimmt, um im Leben weiterzukommen.

Vielleicht läßt man offensichtliche Möglichkeiten an sich vorbeigehen in der falschen Überzeugung, es fehle einem an Wissen oder Erfahrungen und man würde auf Glatteis geraten oder gar Konkurs gehen.

Mit dem linken Bein sind wir in der psychischen Realität verankert. Entsprechend dreht es sich hier weniger um den Mut, ein neues Geschäft zu eröffnen, eine Fremdsprache zu erlernen oder eine Weltreise zu machen, sondern vielmehr um den Mut, die weiten inneren Ufer aufzusuchen und zu erforschen. Kurzum sind Probleme am linken Bein oft ein Hinweis darauf, daß man davor zurückschreckt, eigene innere Leitbilder zu suchen und im individuatorischen Sinne einen eigenen inneren Weg zu beschreiten. Begleiterscheinungen sind Autoritäts- und Abergläubigkeit.

Im Einzelfall ist zudem wichtig zu unterscheiden, ob es sich um Oberschenkel (Kraft), Knie (Flexibilität), Unterschenkel (Ausdauer) oder Füße (Glauben) handelt.

Wie bei allen anderen Symptomen muß natürlich beachtet werden, ob es sich um eine chronische (durchgehendes Thema, karmisch angeboren) oder um eine akute (aktuelles Thema) Krankheit handelt.

Als stützende Farbe bei allen Wurzelschwächen empfiehlt sich Rot, bei den Beinen vor allem das Dunkelrot. Bezeichnenderweise wird der Betreffende eben diese Farbe meistens kräftig ablehnen.

Berufe, wo die Kräfte der Wurzel in Erscheinung treten

Seemann, Förster oder Waldarbeiter.
Tiefseetaucher, Entdeckungsreisende und Ethnographen.
Forscher, Geologen, Astronomen, Physiker, Chemiker; Familienforscher, Tiefenpsychologen, Hellsichtige.

2. Hara-Chakra

Territorium.
Lokalkultur und Zeitgeist.
Bank (Nahrung und Erfahrung), Reserven, Talente.
Nährboden, Schutz, Fruchtbarkeit, Produktivität.
Lebensfreude, Spontaneität, Experimentierfreudigkeit, Erlebnisdrang, Sinnlichkeit, Genuß, Vergnügen, allgemeines Wohlbefinden, Komfort, Lust und Unlust, unbewußtes Suggestionsvermögen.
Puls und Rhythmus.
Verdauung und Verarbeitung, Rationalisierung, praktisches Erfindertalent, Funktionstüchtigkeit.
Anpassungsvermögen im Alltag, der tägliche Umgang mit Familie und Haustieren, Brutpflege und Beschützerinstinkt.
Gewohnheiten und das Einarbeiten von Reflexen; Routine.
Assimilation und Verwertung, Servicementalität.
Konsolidierung und Vertiefung.
Handelswaren und ihre Qualität, Handelswert.
Besitz.
Lebensstil und Lebensqualität.
Sparen/Verschwenden, Geiz/Großzügigkeit.

Körper

Fortpflanzungsorgane, Gedärme, Nabelbereich.
Hände, Unterarme (können sich auch mit anderen Chakren verbinden).

Chiromantisch

«Gürtel» zwischen Handbasis und Kopflinie.

Stützende Farbe
Orange.

Wo das Wurzel-Chakra den Standort, den Aufenthaltsort oder die Kulissen bestimmt, handelt es sich im Hara-Chakra um die Gestaltung, das Wachstum, die Erweiterung und die Konsolidierung dieser Kulissen und um das Leben, das sich in diesen Kulissen abspielt.

Die Wurzel stellt den größten gemeinsamen Nenner der Menschheit dar. Alle, ob Schwarze oder Weiße, ob Christen oder Muslime, brauchen ein Heim und eine Gemeinschaft, und bei allen Völkern gibt es eine Religion und irgendeine Vorstellung vom Leben nach dem Tod.

Das Hara-Chakra ist viel persönlicher, im gewissen Sinne auch individueller. Hier herrscht die Lokalkultur: Wir im Westen haben z.B. andere Eßgewohnheiten als die Chinesen, einen anderen Lebensrhythmus, andere Feste, andere Feiertage, z.T. auch andere Berufe. Ebenfalls verschieden ist die Natur: der Erdboden, die Materialien, die Pflanzen, die Tageslänge, das Klima und das Wetter.

Auch der belebende und verändernde Aspekt der Lokalkultur, der Zeitgeist, geistige oder kulturelle Strömungen, das, was auf der kollektiven Ebene modern oder aktuell ist, gehört hierhin.

Im Hara-Chakra beginnt die Entwicklung des einzelnen. Die Art, wie wir uns gegenüber der Umgebung verhalten, ist verschieden. Die einen haben Lust aufs Kochen, andere wollen lieber schneidern, Fußball spielen, auf dem Sofa liegen oder Musik hören. Die einen sind kreativer veranlagt, finden neue Lösungen und haben Ideen, suchen Herausforderung in der Beschäftigung, wollen immer etwas dazulernen oder ausprobieren. Andere ziehen es vor, bei Routine und Gewohnheit zu bleiben. Einige sind ökonomisch, andere verschwenderisch; einige sorgfältig, andere nachlässig. Einige greifen praktisch oder gefühlsmäßig in ihre Umwelt ein, andere machen's sich schwer, aus sich herauszugehen. Einige nähren, pflegen und beschützen, andere warten auf Bedienung oder Versorgung.

Das Hara-Chakra herrscht übers Naturell, über die persönliche Veranlagung, die persönlichen Fähigkeiten und Talente, und vor allem über die Art, wie wir damit umgehen. Je nach Art von Begabung, je nach Neugier, Fleiß, Geschmeidigkeit und Ausdauer entwickeln wir im zweiten Chakra Kompetenz und bestimmen somit unsern «Handelswert» gegenüber anderen und der Gesellschaft.

Das Hara-Chakra ist so ähnlich wie eine Werkstatt: hier wird Rohmaterial verarbeitet, verfeinert, veredelt und vergrößert. Es ist der Wachstumsbereich. Jedesmal, wenn wir Lohnerhöhung erhalten, freut sich das Hara-Chakra, dann kann es sich ein neues Auto kaufen, sich weiter ausbilden, sich mehr Freizeit für Hobbys gönnen oder einfach besser essen. Was wir wertvoll finden und was uns Freude macht, ist eben verschieden.

Hinweise auf Störungen im Hara-Bereich

«Frauen, die zu sehr lieben» (Zitat eines Buchtitels). Man hat vordergründig eine allzu nährend-beschützend-pflegende Haltung zur nahen Umwelt, macht andere emotional oder materiell abhängig, läßt sich aufs gröbste ausnützen oder ausnehmen. Dahinter steckt außer der Angst, allein zu sein (ein Wurzelproblem), auch oft die Unfähigkeit, mit sich selbst etwas anzufangen, insbesondere was die eigene Talententfaltung betrifft.

Unfähigkeit, nein zu sagen, Grenzen zu setzen. Man kann nicht mehr über sein eigenes Territorium, über seine Zeit und seinen Raum verfügen, kann sich nicht schützen. Oder umgekehrt, man breitet sich über die Grenzen oder den Besitz anderer aus.

Aggressionshemmung. Man überlegt, anstatt zu reagieren. Man steht nicht im unmittelbaren Kontakt zu den eigenen Regungen und Kräften, tarnt sich und zeigt nicht, wer man eigentlich ist (bezieht sich auch auf Solar- und Herz-Chakra).

Angst, sich zu blamieren (steht auch mit dem Herz-Chakra in Verbindung). Man glaubt nicht an eigene Fähigkeiten, an eigenes Können.

Langeweile und Routine, die mit seelisch/geistiger Trägheit in Verbindung stehen.

Nachahmung und Reproduktion, die über eine abgegrenzte Lernphase hinausgehen. Fremdes Gedankengut oder Wissen wird unverdaut als eigene Weisheit weitergegeben. Man strengt sich an, Informationen in der inneren Bibliothek anzuhäufen, ohne sie im praktischen Alltag umzusetzen und auf Tauglichkeit zu prüfen (Papagei).

Übertriebene Absicherung (Anschaffen von Wachhunden, elektrischem Draht oder Alarmanlagen). Angst vor Diebstählen und anderen Übergriffen ist zwar in unserer Gesellschaft verständlich, kann aber auch ein Zeichen dafür sein, daß man allzusehr am Materiellen haftet.

Angst vor Plagiatoren. Man glaubt nicht an die eigene Originalität und schöpferische Kraft.

Geldprobleme; Unordnung im Alltäglichen.

Typische Erlebnisse in der Kindheit (Beispiele)
In der Kindheit gab es zuwenig Gelegenheit, sich spielerisch zu entfalten. Dafür kann es verschiedene Gründe geben. Zum Beispiel:

Der Schutz oder die Versorgung durch die Eltern ist ausgefallen (Krankheit/Abwesenheit oder «zu viele» Geschwister). Der Betroffene mußte selber zur Erhaltung der Familie beitragen. Oder: Wer seinen eigenen Interessen nachging, war «Egoist» und wurde aus der Familiengemeinschaft ausgeschlossen. Oder: Es herrschte Mangel an Lebensfreude, das Lustprinzip war verpönt, z.B. bei stark normgebundenem Denken oder dogmatisch/religiösem Klima. Oder: eine ängstliche und überbesorgte Haltung. Man konnte nichts für sich behalten; die Mutter hat das Tagebuch gelesen, die Geschwister das Spargeld geklaut.

Übergriffe auf die eigene Person, Gewalt oder Inzest.

Physische Symptome

Schlafstörungen gehören oft zu einer Überbelastung der Mentalebene auf Kosten des Hara-Chakras. Man gönnt sich zuwenig Entspannung, genießt zuwenig.

Darmstörungen können viele verschiedene seelische Ursachen haben, hängen aber meistens mit dem Alltagsleben zusammen:

Disharmonie oder unangemessene Arbeitsverteilung in der Familie, ungesundes Leben, zuwenig Bewegung (auch geistig), Überforderung des Verdauungssystems im übertragenen Sinne; d.h., man kann Informationen oder andere Eindrücke nicht richtig für sich umsetzen, geht nicht kreativ damit um, «brütet» zuviel.

Unterleibsstörungen beziehen sich auf das Schöpferische (es sind die Fruchtbarkeitsorgane) oder vielmehr darauf, daß zuwenig an schöpferischer Tätigkeit da ist.

Bei blockierter Energie im Hara haben bioenergetische Übungen sowie das Tanzen (rhythmisch/vergnügliche Entfaltung, auch Sex) oft eine heilende, verwandelnde Wirkung.

Als stützende Farbe für Beschwerden im Hara-Bereich empfiehlt sich generell das Orange oder seine Nuance, z.B. Aprikose.

Berufe, wo die Hara-Energie sichtbar wird

Produzenten und Fabrikanten.
Hoteliers, Restaurateure, Köche, Kellner.
Angestellte der Versicherungsbranche.
Pflegeberufe; Ärzte, Krankenschwestern, Kinderpflegerinnen.
Handwerker; Schreiner, Schneider, Spengler,
Erfinder, Künstler und Kunsthandwerker; Musiker, Maler, Töpfer,
Exponenten des Zeitgeistes; Stars, Modeschöpfer, Geschäftsleute.

Aus der Handlesepraxis wissen wir, daß die zwei untersten Chakren als Nachbarn eng miteinander verbunden und verstrickt sind. Wer mit der Wurzel Probleme hat, wird auch Schwierigkeiten haben, sich mit dem Hara zurechtzufinden. Die anatomische Entsprechung sehen wir darin, daß sich die Organe, Geschlechtsorgane und Gedärme über beide Gebiete ausstrecken. Therapeutisch sind für beide Natur und Naturerlebnisse sowie Körperarbeit zu empfehlen.

3. Solarplexus

Brennpunkt.
Kontrolle.
Gegenwärtigkeit (richtiges Wort am richtigen Ort, hier und jetzt), Situationenbewußtsein.
Durchsetzung in der physisch/praktischen und psychisch/emotionalen Realität; Initiativen, Kämpfe, gezielte Energieeinsätze.
Resultatorientierung und Konkurrenzdenken.
Konfrontation, Konzentration, Fokussierung.
Gleichgewicht.
Aktion und Reaktion, Angriff/Verteidigung, Gewinnen/Verlieren.
Harmonie-/Geltungsbedürfnis, Herren-/Sklaventhema.
Strategie, Manipulation, demagogisches Talent.

Körper

Leber, Magen, Nieren; Ellenbogen,
zum Teil auch Oberarm.

Chiromantisch

«Gürtel» im Raum der Kopflinie.

Stützende Farbe

Gelb; Sonnengelb oder Gallengelb.

Unterhalb des Brustbeins, dort, wo es schmerzt, wenn man plötzlich einer akuten Gefahr oder Bedrohung gegenübersteht und spürt, wie sich das Adrenalin in einem Schlag über den ganzen Körper ausschüttet, dort befindet sich das Zentrum des *Solarplexus.*

Auf deutsch nennt es sich *Sonnengeflecht,* doch ich benütze bewußt den lateinischen Namen, da er, diesem Chakra entsprechend, prägnanter und kraftvoller klingt. Das Wort «Geflecht» ist nur dann eine sinnvolle Bezeichnung, wenn damit an die strukturierte Ordnung eines Netzes gedacht wird oder wenn man sich darunter vorstellt, in einem Netz gefangen zu sein. Sonst erinnert «Geflecht» zu sehr an Verwirrung oder Verstrickung – Zustände, die sich auf die Arbeit des Solarplexus katastrophal auswirken.

Doch die Sonne ist das richtige Symbol, um dieses Chakra zu beschreiben. Astrologen verstehen unmittelbar, worum es geht – um die Manifestation und die Kraftausstrahlung der Persönlichkeit.

Chiromantisch befinden wir uns jetzt im Raum der Kopflinie, an der Grenze zwischen oben und unten, zwischen Kollektiv und Individuum, zwischen Vergangenheit und Zukunft, im Brennpunkt, im Jetzt. Es ist vielleicht gewagt zu behaupten, daß hier der Sitz unserer Freiheit ist, doch ich glaube, daß es so ist. Oberhalb findet sich Utopia, die erhoffte Zukunft, unterhalb Rohstoff und erworbene Fähigkeiten. Die Aufgabe des Solarplexus ist es, diese Welten konstruktiv und harmonisch miteinander zu verbinden.

Das Motto des Solarplexus ist «Kontrolle über die Situation». Seine Tugenden sind konzentrierter Willenseinsatz und angemessenes Reagieren auf die Impulse der Umwelt.

Die Art und Weise, Initiativen zu ergreifen, Ziele zu verfolgen und Resultate zu erreichen, ist individuell und hängt vom Zustand des Solarplexus ab oder, wie wir es im Handlesen ausdrücken, vom Aussehen der Kopflinie. Dazu ein paar Beispiele.

Bei einigen Menschen hat die Impulsivität die Oberhand. Sie neigen dazu, ihre Aufgaben zu unterschätzen bzw. sich selbst zu überschätzen. Andere hingegen bedenken zuerst sorgfältig den Umfang und die Konsequenzen dessen, was sie in Bewegung setzten. Manche Leute funktionieren am besten, wenn sie kurzfristige Aufgaben haben. Es sind dies die Ungeduldigen, die oft auch einen manischen Zug haben. Andere sind zäher und bedächtiger, können für längere Zeit am selben Draht bleiben, arbeiten dann aber weniger intensiv. Die einen ziehen die Zusammenarbeit vor, andere arbeiten lieber allein.

Hinweise auf Störungen im Solarplexus

Man übt Macht aus. Dies gilt bei physischer Überlegenheit (man schlägt einfach sein Gegenüber nieder oder bei Ausnützung einer anderen überlegenen Situation [der Hauptmann terrorisiert seine Soldaten; der Vorgesetzte reagiert seinen Frust bei Untergebenen ab]). Sie kann aber auch auf einer subtileren Ebene (Gefühlserpressung) erfolgen, z. B. wenn du mich verläßt, bringe ich mich um; durch Manipulation mittels Krankheit oder Charme oder durch hinterhältige und untergrabende Intrigen.

Die psychologischen Ursachen dieser Unterdrückungen sind recht verschieden:

Kinder benützen viele Waffen zur Manipulation. Nicht nur können sie oft ihren Charme einsetzen, durch Trotz und Geschrei können sie alle Erwachsenen um sich herum lahmlegen. Kinder haben nie und junge Menschen nur selten einen eigentlich funktionierenden Solarplexus, denn diese Energie kann nur konstruktiv eingesetzt werden, wo die unteren beiden Chakren entwickelt sind. D. h., es muß in irgendeiner Form eine Substanz oder wenigstens ein Können da sein, um diese Kraft einsetzen zu können. Kontrolle haben wir erst dann, wenn wir Geld oder Fähigkeiten erworben haben. Der Solarplexus hat seine Blütezeit etwa um das 35. Lebensjahr.

Man fühlt sich minderwertig. Man meint, die anderen seien besser, stärker, klüger und schöner. Dann versucht man kompensativ einen Ausgleich zu schaffen, versucht den anderen kleinzukriegen, damit die Balance stimmt. Man ist neidisch auf das Hara-Chakra des anderen, weil man selbst nicht seine eigenen Talente gesucht und entwickelt hat. Dieser Mechanismus läuft leider in vielen Ehen ab. Man wird immer irgendeinen Punkt finden, wo man sich minderwertig fühlt.

Hierhin gehört auch ein übertriebenes Konkurrenzdenken. Man will der Größte, Beste oder Schnellste sein. Die Maßstäbe der eigenen Stärke werden in der Außenwelt gesucht und gefunden. Konkurrenten werden gehaßt und direkt oder indirekt bekämpft. Da man zu sehr auf seine Wirkung in der Umwelt bedacht ist, sind die eigentlich eigenen

Wünsche (Hara-Chakra) verdrängt, d.h., man ignoriert, was einen persönlich anzieht oder fasziniert. Oft fehlt dazu noch der Sinn, im Jetzt zu leben. Man geht nicht auf die wechselnden Situationen ein, ist als Persönlichkeit unnahbar und geht mit Scheuklappen auf seine Ziele los. Es gilt herauszufinden, wozu man eigentlich Lust hat.

Man hat von Haus aus ein Klassen- oder Rassenbewußtsein mitgebracht; die Neger leben auf einer niedereren Stufe als wir, die Akademiker sind alle Snobs, hochnäsig und herablassend. Zu diesem Phänomen gehört auch eine Störung im Herz-Chakra, wo das Gesetz *Alle Menschen sind Brüder* zu Hause ist; es fehlt die Nächstenliebe.

Eine Machtanwendung liegt paradoxerweise auch in der Sklavenhaltung, wo man tatsächlich meint, die anderen sind größer usw. Das Spezielle ist hier, daß man sich selbst unterdrückt, die Kraft dieses Chakras destruktiv gegen sich selbst einsetzt.

Eine unrealistische Selbsteinschätzung ist es auch, wenn man sich in der Illusion wiegt, man könne alles aus dem Ärmel schütteln, entzieht sich aber jeglicher Konfrontation, weicht zurück, wenn es auf eine wirkliche Kraftprobe ankommt. Auch hier sind störende Einflüsse aus dem Herz-Chakra angezeigt.

Aus Scheu vor Konfrontation unterläßt man es, um des sogenannten Friedens willen, die eigene Ansicht zu sagen. Man steckt den Kopf in den Sand und hofft, daß sich die Situation von selbst auflöst oder gar verbessert. Es kann sich auch umgekehrt als «Angriff ist die beste Verteidigung» äußern.

Bei Hypersensitivität fühlt man sich schutzlos. Die Stimmungen und Gefühle anderer gehen einem unter die Haut. Der Selbstbehauptungstrieb sowie auch das Ego sind schwach (bei Männern oft homosexuelle Tendenz).

Physische Symptome

Leberschäden beziehen sich im weitesten Sinne auf das richtige Maß (kommt ja auch bei übermäßigem Alkoholkonsum vor). So stehen z.B. Aggressivität und Größenwahn mit der Leber in Verbindung.

Magenkrämpfe und Magengeschwüre beziehen sich besonders auf die Konfrontationsfähigkeit. Menschen mit Magenproblemen sind oft unfähig, sich zu wehren, krebsen zurück, werden traurig, beleidigt und sauer, anstatt klar zu melden, was sie meinen. Im Wirtschaftsleben, wo ein Übermaß an diplomatischem Geschick und Situationsoffenheit gefordert wird, gedeihen die Magengeschwüre.

Bei Nierenproblemen kann man unmittelbar an Partnerschafts- oder an andere Zusammenarbeitsschwierigkeiten denken. Die Balance ist gestört. Die Nieren liegen am gleichen Meridian wie das Ohr mit dem Gleichgewichtssinn. Astrologisch erkennen wir das Zeichen Waage. Man kann alte Frustrationen nicht ausscheiden (Anhäufung von Giftstoffen).

Bei Blockierungen oder Unterversorgung mit Energie im Solarplexus empfiehlt sich Gelb als stützende Farbe. Es ist interessant, daß Gelb in unserer Gesellschaft relativ selten getragen wird. Es ist offenbar eine gefährliche Sache, seine Persönlichkeit zu entfalten.

Berufe, die viel Solarenergie fordern

Verkäufer und Vertreter, Politiker, Diplomaten, Therapeuten, Spitzensportler.

4. Herz-Chakra

Soziales Bewußtsein, Mitmensch werden.
Ideale, Leitbilder, Zukunftsbilder.
Das Menschenbild und die Einstellung zum Leben. Empfänglichkeit für höhere Werte; Offenheit, Aufrichtigkeit, Nächstenliebe, Solidarität.

Körper

Herz, Lungen, Schultern.

Chiromantisch

Herzlinieraum, besonders unter Ring- und Mittelfinger.

Stützende Farbe

Grün.

Mit dem Herz-Chakra verlassen wir den rein instinktiven Raum und gehen in feinstofflichere Sphären des Daseins über. Rein körperlich sind die oberen Chakren durch einen kräftigen, querliegenden Muskel, das Zwerchfell, von der dunklen Bauchhöhle getrennt: Es dreht sich nicht mehr um die nackte Existenzbewältigung, um die Befriedigung elementarer Bedürfnisse und den Ausdruck persönlicher Emotionen, um das bloße Überleben. Mit den Lungen und mit den Armen treten wir hier mit der Außenwelt und mit einzelnen anderen in Kontakt und Verbindung.

Hier geht es um Ethik und Ideale, um die Einstellung zum Leben, um geistige Werte und um eine bessere Zukunft, nicht nur für den Einzelnen, sondern für die Allgemeinheit, die gesamte Menschheit. Das Herz-Chakra schwingt an sich mit einer emotionslosen, einer selbstlosen Energie, doch müssen wir uns vor Augen halten, daß ein Mensch mit einem betonten Herz-Chakra (chiromantisch gesehen mit kräftigen Muskeln oder Linien im entsprechenden Raum) nicht einfach als Heiliger auf die Welt kommt. So wie die Entfaltung des Solarplexus von der Entwicklung der beiden unteren Chakren abhängig ist, beruht auch das Herz-Chakra auf dem Zustand der «tieferen» Energien. Mit einem «guten Herz», mit kindischer Gutgläubigkeit, können wir die Weiterentwicklung der Menschheit nicht fördern. Jeder kann von sich sagen, er sei tolerant und idealistisch, gar nicht neidisch oder eifersüchtig, doch erst die konkreten Situationen und Reaktionen werden beweisen, ob sich die schöne Philosophie im praktischen Leben bewährt.

Es braucht Zeit, sich selbst und andere, die Welt der Emotionen und der persönlichen Psychologie kennenzulernen, so wie es Zeit braucht, Fertigkeiten zu entwickeln und eine Existenz aufzubauen. Idealismus und sogenannte Geistigkeit sind eitel und scheinheilig, wenn sie nicht von Tatkraft und Menschenkenntnis begleitet werden. Das Herz-Chakra kommt erst nach der materiellen Aufbauphase, durchschnittlich in den Vierzigern, zum Tragen. Der Begriff «Mid-life-crisis» gehört hierhin: Die Existenz ist gesichert, es gibt eine Basis, ein Heim, einen Beruf, eine gesicherte Position, Geld auf der Bank, die Kinder sind groß und ausgeflogen, der Ehrgeiz ist befriedigt – was nun? Soll man einfach weiterarbeiten, weiterausbauen, noch mehr an Materiellem anhäufen? In der gleichen Routine weiterleben, mit den gleichen Menschen die gleichen Feste feiern und einfach aufs Alter und den Tod warten? Oder lassen sich neue Werte, neue Interessen, neue Freunde, neue Entfaltungsbereiche finden? Die gleichen, großen Krisen entstehen aber auch, wenn diese traditionelle und uns anerzogene Gesellschaftsintegration nicht erreicht wird.

Im Handlesen lassen sich in bezug auf das Herz-Chakra zwei Hauptträume voneinander unterscheiden:

Apollo-Raum (unter dem Ringfinger), *Saturn-Raum* (unter dem Mittelfinger).

Apollo

Ethik und Humanismus.
Das kulturelle und politische Leben.
Freunde.
Pädagogik.
Die Bereitschaft zu teilen, Beziehungen einzugehen, sich in die Gesellschaft einzuordnen.
Das Klassenbewußtsein, das öffentliche Gesicht und Ansehen, Status und Prestigedenken.

Aus mythologischer Sicht war Apollo der Anführer der Musen, der Gott der schönen Künste, Wissenschaften und der Gesellschaftsordnung. Er mahnte zur Selbsterkenntnis, Mäßigung und Demut, verwarf Frevel, Blutrache und Unbeherrschtheit – er war Begründer des Humanismus.

Zum Apollo-Raum gehören die Umgangsform, die Etikette, die Art und Weise, wie wir uns mit anderen verbinden. Hier werden die gesellschaftliche Position und der Freundeskreis gewählt, hier sind wir mehr oder weniger auf «Wellenlänge», «schwingen» mit den Menschen, welche die gleichen Interessen oder Ideale haben. Hier beruht die Zugehörigkeit auf Wahlverwandtschaft im Gegensatz zum Hara-Chakra, wo die geographisch bedingte Verwandtschaft zu Hause ist. «Zeig mir deine Freunde, und ich sag dir, wer du bist.»

Durch die Wahl der Freunde signalisieren wir unsere Ideale und Interessen (Punks, Hippies, Rotaries, Antroposophen, Greenpeace usw.).

Wenn in diesem Raum Störungen auftreten, hat man Mühe, die jeweiligen Spielregeln einzuhalten, man fühlt sich immer als Außenseiter, ist nirgends voll dabei, fühlt sich in keinem Zusammenhang wirklich akzeptiert, nimmt eine Sonderrolle ein, ist der Klassenclown oder «der kleine Professor». Es geht um die sogenannte Identität und im weitesten Sinne darum, seine eigenen Ideale zu finden. Oft findet man hier auch Dekadenz, Snobismus und extrem stereotypisches Verhalten. Man klammert sich an seine Uniform, an sein Auto, an einflußreiche oder prominente Freunde, wobei wiederum die eigentlichen Ursachen mit einem schlecht funktionierenden Hara-Chakra im Zusammenhang stehen (Unterdrückung des persönlichen Stils, man weiß nicht, was einem eigentlich wohltut).

Physische Symptome

Aus psychosomatischer Sicht werden hier vor allem die Lungen oft in

Mitleidenschaft gezogen. Lungenkrankheiten treten häufig dort auf, wo man ohne Überzeugung in einem bestimmten sozialen Zusammenhang (kann auch Ehe sein) hängenbleibt. Der Aufenthalt in einem Sanatorium kann einem die Entschuldigung bieten, auszusteigen, andere Luft zu atmen.

Berufe

Der Apollo-Raum ist bei allen Berufen wichtig, wo es um Kunst, Stil, Form und Präsentation geht, z.B. Pädagogen, Dekorateure, Schneider, Galeristen.

Saturn

Pflicht.
Innere Stimme.
Demut, Widmung.
Kreuzigung, Schuld.
Schwelle.
Moralvorstellungen; der richtige und anständige Bürger.

Saturn stellen wir uns vor als alt, knochig, geizig, gnadenlos und morbid – als Sensemann schlechthin. Er ist der Lichtlöscher im Horoskop. Er tritt auf, wo es um die sauren Pflichten und Notwendigkeiten geht, immer dort, wo wir getestet werden, Prüfungen nicht bestehen in bezug auf Körper, praktische Aufgaben, Beziehungen oder geistige Einstellung.

Saturn ist aber auch das Kennen und Können, das Wissen aus Erfahrung, die geistige Klarheit und Transparenz, die Gerechtigkeit, der absolute Realismus. Es braucht Zeit, viel Arbeit, oft viel Schmerz und Entbehrung, um ihn ganz zu erfassen. Als Kinder wissen wir noch nichts vom Saturn in uns, da tritt er auf als Begrenzungen, die uns z.B. von den Eltern gesetzt werden – auch im beschützenden Sinn. *Saturn reift bei 35,* sagt die indische Tradition. Es ist auch schwierig, wenn man bei 35 noch nicht den Grundstein für die materielle Existenz gelegt hat, seine Grenzen und Möglichkeiten im Beruflichen noch nicht kennt und wenn Begriffe wie «Konsequenz» und «Notwendigkeit» noch keine erlebte Bedeutung haben.

Der Saturn im Herz-Chakra-Raum wird nach unserer Erfahrung bei etwa 46 Jahren ausgelöst. Es kommen hier oft ernsthafte Auseinandersetzungen mit dem Tod. Man wird sich bewußt, daß die physische

Existenz irgendwann zu Ende ist – und daß die Zeit vergeht. Man muß sich Rechenschaft über die Qualität seines Lebens und seiner Lebensführung ablegen. Vielleicht beschäftigt man sich vermehrt mit Werten, die über das eigene Leben und den eigenen Tod hinausgehen.

In diesem Raum des Herz-Chakras entsteht das Bewußtsein, daß wir im Dienst der ganzen Menschheit sind und als Einzelwesen im großen Plan unseren Platz und unsere Aufgabe haben. In unserem Kulturkreis, gibt es oft Sperrungen in diesem Raum: Unser «Pflicht-ich» (entspricht wohl dem Freudschen Über-ich) unterdrückt Lebensfreude. Durch moralisierende Gebote und Verbote verbauen wir uns die Möglichkeit, uns selbst kennenzulernen, um unsere eigenen Maßstäbe für richtig oder falsch zu halten. Als besondere Tugend gilt in unserer Gesellschaft die Aufopferung («ich kann mir keine Freizeit gönnen, die Firma kann ohne mich nicht existieren»; «ich habe keine Zeit, meinen eigenen Interessen nachzugehen, ich muß für die Familie dasein»). Mit solchen Sprüchen kommen wir leicht darumherum, für das eigene Leben und für die eigene Entwicklung die Verantwortung zu übernehmen. Es ist unbequemer und gefährlicher, der inneren Stimme zu folgen.

Physische Symptome

Auf der psychosomatischen Ebene kommen Herz- und Kreislaufstörungen (auch Angina pectoris) vor. Das Herz repräsentiert Authentizität, Echtheit und Ehrlichkeit (mit ganzem Herzen) unserer Handlungen. Der Kreislauf bezieht sich auf die Frage, ob der ganze Körper, das ganze System, versorgt und gebraucht wird, ob wir uns ganz einsetzen können oder ob nur Teile unserer Persönlichkeit zum Tragen kommen.

Berufe

Alle «Hüter der Schwelle» und Prüfer, z.B. Zollbeamte, Prüfer bei der Motorfahrzeugkontrolle, Lehrer in ihren Funktionen als Zensoren und Prüfer, Steuerprüfer, Kontrollbeamte.

5. Hals-Chakra

«Pforte zum Himmel», «der Todestunnel».
Verlassen der physischen Welt; Astralprojektionen, Todesangst.
Sich selber vergessen.
Vermittlungszentrale zwischen innen und außen, oben und unten.
Geistige Klarheit, gedankliche Ordnung und Einordnung.
Reihenfolgebewußtsein.

Organisation, Planung, Administration.
Unterscheidungsvermögen, Beurteilen, Unterscheiden, Beschreiben.
Differenzierte, sublime Erlebnis- und Ausdrucksfähigkeit, Nuancen, Humor, Arroganz.
Lehren und Lernen, Inputs und Outputs.
Gedächtnis im Sinne von computerhaftem Speichern (im Gegensatz zum Hara-Chakra, der Erlebnisbank, und zum Wurzel-Chakra, der genetischen oder kollektiven Erinnerung).
Die Bereitschaft zum Wachstum, zur Wandlung und Entwicklung.

Körper

Schilddrüse, Stimmbänder, Abschnitt der Luft- und Speiseröhre, Schultergürtel.

Chiromantisch

Herzlinie unter dem Zeigefinger, Venusgürtel und Fingeransätze.

Stützende Farbe

Hellblau/Türkis.

Wir haben gesehen, wie wir durch das Herz-Chakra zu Menschen werden. Erst dann sind wir imstande, über die bloße körperliche und emotionale Befriedigung hinauszugehen, um uns höheren, unpersönlichen Werten zuzuwenden. Das Herz-Chakra ist zwar frei vom Astralen, aber immer noch ein persönlicher Gefühlsraum.

Mit dem Hals-Chakra verlassen wir auch die persönlichen Gefühle und gehen in eine rein mentale Welt über. Der Körper hat hier einen sichtbaren Einschnitt, eine Enge, einen Hals. Im Handlesen befinden sich hier die sogenannten Fingerberge, der Übergang zwischen Handrumpf und Finger. Zwischen Fingern und Handrumpf findet die erste Integration der Eindrücke statt, die Informationen werden bewertet oder kategorisiert. Das Herz-Chakra bewertet nach ethischen oder gesellschaftlichen Maßstäben. Das Hals-Chakra hat eine kühlere und mentale Art zu unterscheiden. Es beurteilt. Es sagt nicht gut oder böse, richtig oder falsch, sondern eher brauchbar oder nicht brauchbar, annehmen oder nicht annehmen. Wir wissen alle, daß im Hals ein automatisches Relais «eingebaut» ist, das meistens auf Luftröhre steht, aber ab und zu auf Speiseröhre schaltet: Wir können nicht gleichzeitig essen und sprechen. Wir wissen auch, daß eine grobe Sortierung stattfindet, allzu große Stücke sind vom Schluckvorgang ausgeschlossen, weil wir sie gar nicht schlucken können.

Viele Menschen gelten als intelligent, wenn sie imstande sind, Informationen systematisch einzuordnen und ebenso systematisch aus dem inneren Computer wieder auszudrücken (guter Schüler). Doch es ist dies an sich eine Intelligenz, die nicht unbedingt im Kontakt mit dem organischen Leben steht, so wie sie nicht unbedingt im Kontakt mit Ethik oder Menschlichkeit ist. Sie sagt lediglich etwas darüber aus, daß das Hals-Chakra eben gut funktioniert. Das Hals-Chakra benützen wir, wenn wir organisatorisch und systematisch denken, Begriffe in Reihenfolge ordnen (sprechen), uns verbal oder schriftlich verständigen. Eine kurze Meditation wird dies illustrieren. Man disponiert die nächsten Stunden des Tages: Zuerst lege ich die Wäsche in die Maschine, dann kaufe ich ein, dann ist 10 Uhr, dann rufe ich jemanden an, dann arbeite ich an einer bestimmten Sache usw. Diese Energie spürt man im Hals, sie ist sehr praktisch.

Ein anderes Beispiel: Eine Musik ist rhythmisch, mitreißend, und man verspürt den Drang zu tanzen (Hara-Chakra), Text und Stimme drücken Sehnsucht aus (das Herz-Chakra, die Idealbilder werden aktiv, Herz und Schmerz). Vielleicht entsteht aber auch ein mentaler Genuß, man hört die Violine heraus, die Souveränität des Ausdrucks, das präzise Zögern, die Zusammensetzung der Instrumente, die Aufgabe des Einzelnen sowie die Zusammenarbeit, den Klang und die Tonart. Für diese Differenzierung des Bewußtseins ist das Hals-Chakra zuständig. Im Hals-Chakra geht es um Details und um Subtilität. Hals-Chakra-betonte Menschen sind kritisch, nur das Beste ist gut genug (schwierig bei Partnerwahl!).

Die Aufteilung und das Unterscheidungsvermögen des Hals-Chakras erlauben auch, Informationen und Situationen auf verschiedenen Ebenen gleichzeitig zu erleben. Humor ist hier angelegt, wobei Humor ein Zeichen des Überschusses ist. Witze wie auch Ironie und Sarkasmus sind oft ein Zeichen unerfüllter Emotionalität.
Neben diesen beurteilenden und sortierenden Funktionen hat das Hals-Chakra auch eine rein kommunikative Funktion. Durch den Hals werden Luft und Essen weitergeleitet. Der Hals verbindet Außen mit Innen und Oben mit Unten.

Sensitive haben mir erzählt, daß hinten am Hals der Punkt liegt, wo wir den Körper im Traum, bei der Astralprojektion und bei Todeserlebnissen verlassen. Es hat mir Eindruck gemacht, weil hier wieder auf einer weiteren, kosmischen Ebene Unten und Oben sowie Außen und Innen verbunden werden.
Von anthroposophischer Seite habe ich erfahren, daß nach dem Tode «alles umgekehrt» wäre, wobei ich mir nie etwas Konkretes darunter

vorstellen konnte. Doch ist mir beim Singen aufgefallen, daß sich die Vokallaute um den Kehlkopf spiegeln. Wenn man mit halbem Register singt (man benützt die Luft, die sich in der Mundhöhle befindet), liegt das U ganz vorne im Mund, das I ganz hinten, beim Vollregister (man holt Luft aus Brust und Bauch) hingegen kommt das U von ganz unten, das I von ganz oben. Irgendeine Umkehrfunktion liegt offenbar vor. Die Babys sehen ja in den ersten Monaten alles «upside-down» und betrachten erst allmählich aus der Frosch(Mensch)perspektive. Ich habe auch beobachtet, daß die Erstkläßler manchmal unbeschwert upside-down lesen können, was uns Erwachsenen doch ziemliche Mühe macht. Mein philosophischer Schluß daraus ist, daß das Hals-Chakra nicht nur mit dem Tod, sondern auch mit der Inkarnation des Geistes in Verbindung steht, wo ja das Wurzel-Chakra für die Inkarnation des biologischen Körpers zuständig ist. Am Anfang war das Wort.

Typische Störungen im Hals-Chakra

Das Hals-Chakra gehört zwar zu den geistigen Dimensionen des Daseins, darf aber nicht mit «geistiger Entwicklung» gleichgesetzt werden. Im Gegenteil: Eine Überbetonung dieses Raumes auf Kosten der unteren Chakren (im Handlesen sehen wir dies bei extremer Muskelentwicklung oder angespannten Linien unter den Fingeransätzen) geht oft mit einem fast roboterhaften Systemdenken einher, was praktisch bedeutet, daß das Leben – und die Liebe – nicht gelebt, sondern betrachtet und organisiert wird. Und das passiert groteskerweise eben gerade dort, wo von Geistigkeit und Sublimierung die Rede ist, nämlich bei den «studierten» Theoretikern! Psychologen und auch Astrologen sind häufig Hals-Chakra-betont, was zwar die präzise Kommunikation befördert, aber an sich nicht die Menschenkenntnis oder gar das Einfühlungsvermögen.

Wer Mühe hat, sich klar auszudrücken, sich zu verständigen, kann sich bei allem Üben, wo gedankliche Disziplin verlangt wird. Beziehen sich Kommunikationsschwierigkeiten besonders auf das Emotionelle, kann z.B. Gesangsunterricht heilend wirken.
Nach meiner Erfahrung empfiehlt sich generell die hellblau/türkise Farbe als Stütze zur Entwicklung der Kommunikation.

Berufe, wo sich das Hals-Chakra entfaltet

Alle Berufe, wo übergeordnete Struktur, kühles Überlegen und rascher Überblick gefordert werden.
Sekretäre und Sekretärinnen.
Direktoren und Direktorinnen.

Lehrer, Politiker.
Computerfachleute, analytische Wissenschaftler.
Fachschriftsteller und Verleger.

Dazu kommt natürlich, daß die Subtilität des Hals-Chakras allen Künsten und Künstlern den letzten «Pfiff und Schliff» verleiht.

6. Drittes Auge

Übergeordnete Koordinationszentrale.
Wahrnehmung, Selektion, Vorausschau.
Sehen, Hören, via Luft- und Speiseröhre auch Riechen und Schmecken.

Körper

Gehirn, Augen, Ohren.

Chiromantisch

Finger.

Stützende Farbe

Blau.

Wie die Betrachtungen zum Hals-Chakra andeuten, bewegen wir uns jetzt in Sphären hinein, die über Tod und Geburt hinausgehen. Dort war ich noch nie mit meinem Bewußtsein, ich muß mich also bei der Beschreibung des sechsten Chakras entweder auf Aussagen anderer verlassen oder auf meine Vorstellungen hinweisen und mich auf die konkreteren Aspekte beschränken. Ich appelliere an das Wissen und an die Phantasie des Lesers.
Das sechste Chakra hat sein Zentrum im Dritten Auge, auch *Pinealdrüse* genannt. Chiromantisch entsprechen dem die Wirbel an den Fingerbeeren, die ja eigentlich auch wie Augen oder Ohren aussehen. Interessant ist, daß wir im Handlesen acht (oder zehn, wenn wir die Daumen zu den Fingern zählen) berücksichtigen, das sagt Weiteres über die Komplexität der Aufgabe aus. Dieses Kapitel dreht sich darum, wie das Gehirn funktioniert. Ich befinde mich auf weitgehend unerforschtem Gebiet.

Die Finger haben an sich eine Tast- und eine Werkzeugfunktion. Der Tastsinn ist an sich ein Erkenntnisorgan wie das Sehen und das Hören auch. Ein Freund von mir hat durch Unfall den Nervenkontakt zu den

Fingerbeeren verloren. Seither können seine Finger nicht mehr «sehen», ob er ein Feuerzeug oder eine Zündholzschachtel in der Hosentasche hat.

Im Handlesen ordnen wir jedem Finger eine *Erkenntnisfunktion* zu: Der *Kleinfinger (Merkur)* nimmt die Details wahr, er sammelt Informationen ein; der *Ringfinger (Apollo)* sieht die Form und Ordnung, der *Mittelfinger (Saturn)* die Aufgaben, der *Zeigefinger (Jupiter)* den Sinn und den Inhalt.

Es ist bestimmt kein Zufall, daß die Finger Götter- und Planetennamen tragen, in unserem Kulturkreis eben griechische und römische Namen. Die Götter werden (oder sind) keine Menschen, sondern unsterbliche Wesen mit menschlichen Eigenschaften. Für den Handleser ist die Entsprechung zumindest in bezug auf die Finger offenkundig: Das dritte Auge sieht sowohl in geistige Dimensionen hinein, wie es auch dem irdischen Dasein dient.

Jeder Gott war für bestimmte Bereiche zuständig, hatte Herrschaft über spezielle Lebensgebiete. Entsprechend haben die einzelnen Finger eine Herrschaft sowie eine *Steuerungsaufgabe*. Sie sind wie Könige für die verschiedenen «Länder» des Handtellers.

Die *Dreigliedrigkeit der Finger* ist ein Symbol dafür, daß die einzelnen Götter in jeweils drei verschiedenen Welten herrschen. Wir unterscheiden zwischen der irdischen, der menschlich/zwischenmenschlichen und der geistigen Existenz.

Hinweise auf Störungen des Pineal-Chakras

Für den Laien mag das alles ziemlich abstrakt scheinen. Deshalb möchte ich durch ein paar Beispiele beschreiben, wie wichtig es ist, daß die übergeordnete Steuerungszentrale gut funktioniert:

Ich kenne eine Frau, deren Ringfinger an der Wurzel (Knöchel) beschädigt ist. Entsprechend hat sie große Mühe, sich im Raum zu orientieren, hat keinen Sinn dafür, ob sie von rechts oder von links kommt und ob es nach Osten oder Westen weitergeht. Sie hat auch Angst, Gäste bei sich einzuladen, weil es ihr fast unmöglich ist, acht Personen mit acht Gedecken zu kombinieren oder eine Reihenfolge beim Kochen einzuhalten. Der Ringfinger steuert eben Form und Ordnung.

Einem meiner Freunde fehlt ein Stück des rechten Mittelfingers. Er ist schon seit vielen Jahren freiwillig chronisch arbeitslos. Er schert sich nicht um Begriffe wie «die Verantwortung des rechtschaffenen Mitbürgers», er hat sich quasi abgemeldet. Hingegen ist er ein durchaus engagierter und fürsorglicher Familienvater. (Rechts ist die «offizielle» Person, links der Privatmensch, vgl. dazu meinen Artikel *Die Hand – Spiegel des Lebens* im *Jahrbuch der Esoterik, Band 1.)*

Farbenwahl

Bei Überbelastung der Mentalebene (die Gedanken schwirren wirr im Kopf herum) empfiehlt sich oft das Indigoblau zur «Abkühlung» und Beruhigung.

Zum Schluß wage ich mich noch kurz in die nicht nachweisbaren Sphären hinein. Nach meiner Überzeugung sind wir durch das sechste Chakra auch konkret im Kontakt mit der Götterwelt (Wahrnehmung, Sehen oder Hören der geistigen Führer). Allerdings muß ich nochmals betonen, daß ein Kontakt ohne die Teilnahme des Mondberges (siehe Wurzel-Chakra) nicht stattfinden kann.

7. Die Krone

Kontakt zum höheren Selbst und zur Teilnahme an dem «großen Plan».
Der innere Kompaß und Wegweiser.
Die Zielsetzung im weitesten Sinne.
Die auswählende Intuition.

Die Krone liegt eigentlich außerhalb des physischen Körpers, ist bei Kleinkindern die Fontanelle, «die kleine Quelle».

Im Handlesen sehen wir auf einen Blick, welches oder welche Chakren dominant sind. Das hängt davon ab, wo die Hand stark und breit ist, wo das Skelett oder die Muskeln gut entwickelt sind. Ebenso schnell sehen wir im Linienbild, wo es Störungen gibt, wobei es sich entweder um eine Blockierung oder um ein Abfließen der Energie handeln kann.

Ich hoffe, den Leser dazu inspiriert zu haben, die Chakren allein aus ihrer Erscheinungsform zu erkennen. Wer sich darauf einstellt, die verschiedenen Energien voneinander zu unterscheiden, wird viel mehr als das unmittelbar Sichtbare wahrnehmen und verstehen.

Kurt Tepperwein

wurde 1939 in Lobenstein geboren. Er war erfolgreicher Unternehmer und langjähriger Unternehmensberater. 1973 zog er sich vom Wirtschaftsleben zurück und wurde Heilpraktiker.

In seiner Naturheilpraxis in Bergisch Gladbach hielt er für seine Patienten Seminare ab – vorwiegend über den Sinn des Lebens und die wahre Ursache von Krankheit –, die so großen Anklang fanden, daß sie heute in vielen Ländern abgehalten werden.

Seit 1984 ist Kurt Tepperwein Dozent an der Akademie für geistige Wissenschaften, Triesen, für die er u. a. die Ausbildung zum Lebensberater leitet.

Heute ist Kurt Tepperwein Leiter des Instituts für MENTAL-TRAINING in Bergisch Gladbach. Die Anwendung der von ihm geschaffenen Technik des MENTAL-TRAININGS ist heute für viele Menschen – nicht nur für Topmanager und Spitzensportler – unverzichtbarer Bestandteil ihres erfolgreichen Alltags geworden.

Als Autor hat Kurt Tepperwein inzwischen etliche Lebens- und Selbsthilfebücher veröffentlicht, die in viele Sprachen übersetzt worden sind. Darüber hinaus sind bisher mehr als 60 Tonkassetten und Seminarmitschnitte von ihm erschienen.

Buchveröffentlichungen

Geistheilung durch sich selbst
Die hohe Schule der Hypnose
Die «Kunst» des mühelosen Lernens
Kraftquelle Mental-Training
Krankheiten aus dem Gesicht erkennen
Die Botschaft deines Körpers
Lebensweisheiten
Das Testbuch
Zahl und Schicksal
Huna
Nie mehr ärgern
Buch und 3 Kassetten
Selbstvertrauen
Buch und 3 Kassetten
Selbsthypnose
Buch und 3 Kassetten

Kurt Tepperwein
Der Weg zur Heilung – sei du selbst!

Wohl jeder Mensch möchte gern das Leben genießen, aber nur wenige genießen wirklich das Leben, denn genießen kann man das Leben nur bei bester Gesundheit. Wir aber laufen dem Genuß nach und treiben Raubbau mit unseren Kräften, anstatt die Gesetze der Natur zu beachten. Wir suchen Glück und ernten Krankheit. Belohnt wird nur der wahre Lebenskünstler, denn Leben ist wirklich eine Kunst.

Der Schlüssel zur Lebensfreude ist nicht Jugend, denn Jugend ist doch auch ein Mangel an Erfahrung, auf die kaum jemand wirklich verzichten möchte. Der wahre Schlüssel ist die Vitalität und die ist nicht an ein bestimmtes Alter gebunden, sie kann aufgebaut, gepflegt und gesteigert werden. Alle wollen alt werden, aber alt sein will niemand. Nun ist es sicherlich nicht der Sinn des Lebens, möglichst alt zu werden, um dann krank und unglücklich zu sein, aber die meisten Menschen leben heute nicht länger, sie sind nur länger krank. Solange wir unseren Vertrag mit der Natur einhalten, solange tut auch die Natur ihren Teil. Dazu gehört, daß wir den Körper pflegen, daß wir ihn richtig ernähren, daß wir richtig atmen und uns ausreichend bewegen. Was bedeuten dann schon die Jahre, die im Ausweis stehen, wenn wir gesund und lebensfroh sind?

Wir aber leben nicht unsere wahre Identität, sondern haben gelernt, bestimmte Rollen zu spielen. Wir haben gelernt, uns so zu verhalten, daß wir «Erfolg» haben, daß wir Anerkennung finden und daß wir gemocht werden. Wir sind so, wie wir sind, weil die anderen uns so haben wollen, und wir nennen das Ergebnis stolz «unsere Persönlichkeit». Dabei hat das Ganze mit uns kaum etwas zu tun, und wir spüren tief innen auch ganz deutlich, daß etwas nicht stimmt, daß wir an uns selbst vorbei leben. Wir fühlen uns unwohl, unzufrieden, unerfüllt, obwohl wir doch scheinbar Erfolg haben. Unsere Seele ist traurig, weil wir sie in Muster, Programme, Rollen und anerzogene Verhaltensweisen drängen, die in Wirklichkeit gar nicht zu uns gehören. Auf diese Weise vergewaltigen wir ständig uns selbst und wundern uns, warum wir krank und unglücklich sind. Aber unsere Seele schreit nach ihrem Recht sich selbst zu leben, denn es ist ihre Mission, sie selbst zu sein. Jede Krankheit, jedes Unglück ist immer nur ein Zeichen, daß wir nicht wir selbst sind. Es wird Zeit, daß wir uns endlich die Achtung, die Aufmerksamkeit und Liebe schenken, die wir verdienen.

Lassen wir die alten Rollen los und haben den Mut, «wir selbst» zu sein, dann sind wir endlich wieder ganz und damit heil!

Krankheit ist also nur ein äußerlich sichtbares Zeichen für fehlende Ganzheit. Solange wir die nicht erreicht haben, brauchen wir die Krankheit als Botschaft. Daher ist Krankheit auch nicht unser Feind, sondern unser Freund und Partner, der uns liebevoll, wenn auch schmerzhaft, auf den Fehler aufmerksam macht. Bevor wir körperlich krank werden, sind wir also schon in einem viel tieferen Sinne krank, und das, was wir Krankheit nennen, ist eigentlich schon der Versuch des Organismus, die Harmonie wieder herzustellen. Das, was wir Krankheit nennen, ist also nicht die eigentliche Krankheit, sondern im wahrsten Sinne des Wortes die *Information des Organismus*, daß da etwas nicht stimmt. Die Botschaft von der Störung der Harmonie ist in «die Form gegangen» und wird so zur Information. Was aber tun wir? Wir versuchen diese Information zu beseitigen und vergessen dabei, uns um die eigentliche Krankheit zu kümmern.

Es gibt allerdings eine Stufe geistiger Reife, die mich über die Naturgesetze erhebt, und es gibt auch einen einfachen Test, mit dessen Hilfe ich prüfen kann, ob ich schon soweit bin. Wenn ich ganz einfach jederzeit durch die Wand nach draußen gehen kann, wenn ich ums Haus schweben oder über Wasser laufen kann, dann ist meine geistige Reife so weit fortgeschritten, daß ich mich um die Einhaltung der Naturgesetze nicht mehr zu kümmern brauche. Wer jedoch diesen Test nicht jederzeit besteht, muß schon die Naturgesetze beachten, sonst wird er durch sein Fehlverhalten bestraft.

Dabei erlebt jeder seine Krankheit anders. Der Materialist erlebt seine Krankheit als sinnlos und seinen Körper als eine Art Spielverderber, mit dem er eben Glück oder Pech haben kann. Der Gläubige wird seine Krankheit als Folge von Übertretungen religiöser Gebote deuten und um Heilung bitten. Der Esoteriker wird dazu neigen, die Krankheit als eine Auswirkung von karmischen Gesetzen zu sehen, der Gebildete sieht die Krankheit als eine natürliche Folge einer Infektion durch Bakterien oder Viren.

Der geistig reife Mensch aber erkennt die Wirklichkeit hinter dem Schein und Krankheit als eine Wirkung, der eine entsprechende Ursache vorausging. Er weiß, daß es nicht sinnvoll sein kann, nur die Wirkung, also das Symptom, zu beseitigen, sondern daß das Symptom von selbst verschwindet, wenn die Ursache erkannt und beseitigt wurde. Er erkennt und achtet die Gesetze der Natur und weiß, daß dann auch die Natur ihren Teil zur Gesundheit beiträgt. Er weiß auch, daß weder der beste Arzt, noch das teuerste Medikament heilen können, sondern nur die Heilkraft in ihm selbst. Er weiß auch, daß sein Bewußtsein das tiefste Wissen über den eigenen Körper hat und fragt gezielt seine Intuition um Rat. Er ist ein mündiger Patient, und der Therapeut ist nur sein Ratgeber, dessen Fachwissen er nutzt, um in eigener Verantwortung seine Entscheidung zu treffen.

Wer ein Leben lang fit bleiben will, kann gar nicht früh genug damit anfangen, aber viele wissen gar nicht, was sie für sich tun könnten. Dabei ist das Einfachste schon immer das Beste gewesen.

Würden die Übergewichtigen weniger essen, die Trinker weniger trinken, die Raucher aufhören zu rauchen, die Faulen sich ein bißchen mehr bewegen und alle richtig atmen, positiv denken und Gutes lesen und anschauen, wir könnten mehr Leben retten und Krankheiten beseitigen, als mit all den teuren Verfahren der heutigen Medizin!!!

Wenn wir also gesund werden und bleiben und einen neuen Körper für den alten haben wollen, dann müssen wir zunächst alle Gedanken an Krankheit und Alter aus unserem Bewußtsein entfernen. Manche Menschen scheinen zu glauben, wenn man nur recht auf Gott vertraue, dann könne man seine Gesetze ruhig verletzen, ohne die Folgen tragen zu müssen. Das Heilsein von Körper, Seele und Geist ist unser geistiges Erbe, und wir hätten Krankheit nie kennengelernt, wenn wir schöpfungsgerecht gelebt hätten.

Es wird Zeit, daß wir zur Kenntnis nehmen, daß Krankheit weniger im Körper, als vielmehr im Geist und in der Seele ihre Ursache hat. Es sind unsere Gedanken und Gefühle, die uns krank oder gesund sein lassen. Jede Krankheit ist nur eine schmerzhafte Aufforderung, die geistige Fehlhaltung zu beseitigen und unseren Bewußtseinszustand zu verändern. Alle körperlichen Äußerungen und Zustände sind immer nur das Ergebnis unserer geistigen Einstellung und Haltung. Wer in seinem Bewußtsein ständig aufbauende und positive Gedanken trägt, dessen Körper ist auch gesund. Wir werden wieder «heil», indem wir die vier Naturen des Menschen, die wir alle in uns tragen, die spirituelle, mentale, emotionale und physische, zu einer harmonischen Einheit verschmelzen und aus dieser Einheit heraus handeln im Einklang mit der Schöpfung. Das heißt, sich erkennen, wie wir wirklich sind und leben, aus dieser inneren Einheit als wir selbst.

Gesund sein – heil sein – ganz sein

Aber was bedeutet es eigentlich *ich selbst* zu sein? Das ist eine ganz grundlegende Frage, die zu der Erkenntnis führt, daß ich nur *heil* sein kann, wenn ich mich *selbst* vollständig lebe. Wenn ich mich *selbst* so zum Ausdruck bringe, daß ich mit mir in Harmonie leben kann.

Immer wenn ich nicht *ich selbst* bin, lebe ich mit mir in Disharmonie – und damit in der Ursache für Krankheit.

Aber wie kommt es, daß es immer mehr Kranke gibt, daß es immer weniger Menschen gibt, die leben was sie sind?

Die meisten von uns leben eine Rolle, versuchen ein Ideal zu leben, von dem sie glauben, daß es besser ist als ihr jetziges So-Sein. So leben sie nie erfüllt, sind immer «schlechter» als sie glauben sein zu müssen und lehnen sich aus diesem Grunde ab, akzeptieren nicht mehr ihr So-Sein, geschweige denn, daß sie sich so lieben können, wie sie jetzt sind.

Und wenn wir dann auch noch krank sind, glauben wir noch mehr, daß etwas mit uns nicht stimmt, daß wir etwas falsch gemacht haben, daß wir bestraft werden mit der Krankheit für unsere Sünden.

Dabei ist es so einfach, gesund zu sein, wir brauchen nur *heil* zu sein, und das bedeutet: Wir brauchen nur wir *selbst* zu sein, ganz das leben was wir *jetzt* sind und leben so in Harmonie mit uns, mit dem Leben in uns und mit dem Leben überhaupt. Es gibt dann keinen Grund, keine Ursache mehr für Krankheit.

Warum haben wir aber den Mut verloren, ganz wir *selbst* zu sein? Warum können wir zu unserem So-Sein nicht mehr stehen und spielen statt dessen Rollen, erfüllen Klischees und Erwartungen und werden dabei immer unzufriedener und damit krank.

Wir leben nicht mehr nach unserer wahren Identität mit all unseren Schwächen. Wir wollen «gut» dastehen, etwas darstellen, ein gutes Bild abgeben, alles richtig machen und merken nicht, daß «gut» und «richtig» nur bedeuten kann, nach der Wirklichkeit zu leben, und das heißt, nach meiner Wahrheit so zu leben, wie es mir *jetzt* entspricht.

Aber wir haben gelernt, uns so zu verhalten, daß wir Erfolg haben, daß wir Anerkennung bekommen, daß wir gemocht werden... Wir verhalten uns so oder so, weil wir etwas dafür von außen erwarten, anstatt diese Dinge bei uns *selbst* zu suchen und zu finden.

Fangen wir doch damit an, vor uns Erfolg zu haben, uns selbst anzuerkennen und zu lieben. Haben wir endlich den Mut wir *selbst* zu sein, sonst nimmt die Zahl der Kranken immer mehr zu. Denn wir spüren ja, daß etwas mit uns nicht stimmt, daß etwas mit unserem Leben nicht stimmt. Wir sind unzufrieden, unerfüllt, fühlen uns unwohl, ungeliebt, obwohl wir schon so viel besitzen und erreicht haben. Aber wir spüren, es fehlt noch etwas. Wir fehlen uns *selbst!* Und das läßt uns in Disharmonie leben, das macht uns krank, und dort müssen wir einsetzen, wenn wir gesund, heil werden wollen!

Wir müssen aufhören, nach Mustern, Programmen zu leben und bestimmte Rollen zu spielen, denn unsere Seele schreit nach *Erlösung*, denn solange wir nicht wir *selbst* sind, verleugnen und vergewaltigen wir unsere Seele, die ein Recht und die Mission hat, uns zu uns *selbst* zu führen, zu dem was wir wirklich sind.

Jede Krankheit ist der Schrei unserer Seele, ist das Rufen von uns *selbst*, endlich so zu sein, wie wir *jetzt* und *hier* sind!

Solange wir nicht den Mut zu uns *selbst* haben, uns so anzunehmen, wie wir jetzt sind, um von unserem jetzigen So-Sein weitergehen zu können zu unserem wahren Selbst, solange leben wir in Disharmonie und damit in der Krankheit.

Erst wenn wir in jedem Augenblick authentisch sind, haben wir die Chance, unsere Muster und Blockaden zu erkennen und sie zu transformieren, sie überflüssig zu machen.

Und das genau ist der Sinn unserer Existenz, all das zu erkennen und loszulassen, was wir uns in vielen Inkarnationen angeeignet haben. Wir haben Erfahrungen gemacht, um zu erkennen, nicht um uns damit zu identifizieren. Wir müssen wieder zu uns *selbst* zurückfinden, wir *selbst* sein, deshalb leben wir, und dazu will uns Krankheit führen. Krankheit ist unser Freund!

Der Weg zur Heilung heißt also: *sei du selbst!*

Was bedeutet es eigentlich, *heil* zu sein? Heil sein bedeutet, daß ich *ganz* bin, vollständig, daß ich hier und jetzt ganz so bin, wie ich eben jetzt bin. Daß ich nichts von mir verleugne, ablehne, verstecke oder versuche zu vertuschen. Ich kann nur heil sein, indem ich mich ganz so lebe, ganz so bin, wie ich jetzt zu diesem Zeitpunkt an diesem Ort bin. Und gleichzeitig achtsam mir zusehe, ob ich wirklich mich *selbst* lebe, ohne Muster, Programme und Rollen. Und indem ich sie erkenne, habe ich die Chance, sie auch aufzulösen.

Heil sein bedeutet auch, in Harmonie zu sein. In Harmonie mit dem Leben, aber vor allem in Harmonie mit mir *selbst*, als Voraussetzung, um in Harmonie mit dem Leben sein zu können.

Was bedeutet es aber, in Harmonie mit mir *selbst* zu sein und zu leben. Es bedeutet vor allem, daß ich ich *selbst* bin, zu meinem *Selbst* stehe. Denn immer, wenn ich etwas anderes bin als ich *selbst*, lebe ich nicht in der Wirklichkeit und Wahrheit, lebe ich nicht in Harmonie, lebe ich disharmonisch zu mir *selbst*. «Schwinge» ich nicht im Einklang mit mir – es ist Disharmonie – eine Störung der Harmonie, eine Störung des Lebens in mir *selbst*, weil ich mich *selbst* nicht so leben lasse wie ich bin, mich *selbst* «störe». Ich kann also nur in Harmonie sein, wenn ich ich *selbst* bin und damit in Harmonie mit mir *selbst* bin und damit heil. Ich «stimme» mit mir im Hier und im Jetzt überein!

Heil sein bedeutet auch, wahr zu sein, rein zu sein. Das heißt, nicht in der Lüge zu leben. Zum Beispiel in der Lüge über mich *selbst*. Ich muß echt, klar und ehrlich sein und damit gesund. Gesund und damit heil zu sein kann ich nur, wenn es in mir keine Unklarheit, keine Unreinheit, keine Lüge und, was ganz wichtig ist, kein *Nein* gibt!

Ein *Nein* bedeutet immer, daß ich gegen das Leben bin, gegen mich selbst, und damit verhindere ich den freien Fluß des Lebens, damit kann ich nicht heil sein. *Nein* ist immer der Auslöser von Krankheit, es sei denn, es entspringt aus dem «Ja» zu mir *selbst*!

Wenn ich also mit mir im reinen bin, mir *selbst* entspreche, mit mir *selbst* in Harmonie bin und die Wahrheit meines jetzigen So-Seins lebe, lebe ich im Einklang mit mir und dem Leben und bin damit auch *heil*!

Die größte Heilkraft, die es im Leben gibt, und damit den Weg zu mir *selbst* zeigt, ist die LIEBE!

Wenn ich wirklich liebe, kann ich gar nicht krank werden, denn Liebe ist die reinste und heilsamste Energie, die es gibt. Und wenn ich mit dieser Energie – mit Liebe – erfüllt bin, ist kein Platz mehr da für Krankheit.

Ich kann aber erst wirklich lieben, wenn ich gelernt habe, mich *selbst* zu lieben. Wenn die Liebe zu mir – und damit in mir – ganz und ungehindert fließen kann, ohne Wenn und Aber.

Ich kann mich aber nur wirklich aus ganzem Herzen, aus voller Seele lieben, wenn ich ich *selbst* bin und damit mich «wert» fühle, meine Liebe zu empfangen.

Wenn wir wirklich lieben, sind wir *ganz* und damit heil und gesund. Denn die wahre Liebe ist das Heil(ig)ste und Vollkommenste, was es in der gesamten Existenz gibt.

Und wenn wir diese Liebe auf uns *selbst* richten können, weil wir wir *selbst* sind, kann sie auch überfließen auf andere, denn *ich selbst* bin die Liebe!

Dann kann Liebe frei fließen, ohne zu brauchen oder haben zu wollen, denn wir haben uns *selbst* gefunden.

Dann meinen wir mit Liebe auch nicht mehr einen Aspekt des anderen, den wir in uns vermissen, dann sind wir erfüllt von uns *selbst* und können dem anderen *wahren Selbst* unserer Liebe bedingungs- und vorbehaltlos geben.

Zu lieben heißt zu geben, uns *selbst* zu geben. Die Liebe zu sich *selbst* ist die Brücke zum wahren Glück. Und die Liebe zu jemand anderem bedeutet, ihn zu sich *selbst* zu führen, ihn zum Leben zu führen, sein Wachsen zu fördern, ihm zu helfen, zu sich *selbst* zu finden und zu sein.

Also: beginnen wir zu lieben! Geben wir uns eine Chance zu leben, indem wir wir *selbst* sind, indem wir beginnen, wir *selbst* zu sein und damit uns und das Leben immer mehr zuzulassen und damit immer heiler, ganzer, vollkommener zu werden.

Erst, wenn wir gelernt haben, ganz zu leben, ganz wir *selbst* zu sein, haben wir die Voraussetzung geschaffen, in der wahren Liebe zu sein und damit die größte Heilkraft in «Tätigkeit» zu setzen, d. h. fließen zu lassen.

Wenn wir gelernt haben, ja zu uns *selbst* zu sagen, schwingt das Ja wieder in unserem ganzen Sein, kann das Leben wieder frei fließen, und unsere Seele braucht unseren Körper nicht mehr als Botschafter, braucht ihn nicht mehr «krank» zu machen, um uns zu sagen, daß wir etwas falsch machen, uns *selbst* versäumen.

Wir erleiden Schmerzen physischer und psychischer Art, weil wir uns *selbst* Schmerz zufügen, wenn wir nicht uns *selbst* leben. Wir allein sind dafür verantwortlich, was wir erleben. Denn wir sind für uns *selbst* verantwortlich.

Wir *selbst* sind ein Teil des Lebens. Wenn wir gegen uns *selbst* verstoßen, verstoßen wir gegen das Leben *selbst*! Das Leben ist nur ein Spiegel, so wie unser Körper ein Spiegel ist, ein Ausdruck unseres So-Seins. Körper und Lebensumstände zeigen uns immer nur, inwieweit wir in Harmonie mit uns *selbst* leben, wir *selbst* sind. Habe ich mich frei gegeben, d. h. mir die Freiheit gegeben, so zu sein, wie ich wirklich bin, kann das Leben auch frei durch mich fließen, und ich bin heil.

Das Leben ist der einzige Helfer und Heiler, der uns zu uns *selbst* führen kann. Das Leben weiß, was ich brauche, um ich *selbst* zu sein, um wirklich zu leben. Wenn wir *hier* und *jetzt* leben, mit ganzem Herzen, mit allem was wir sind, im grenzenlosen Vertrauen, voller Liebe, Leidenschaft und Freude, kann das ewige Leben geschehen. Sich immer verändern, das ist Transformation, sich immer zu erneuern, in jedem Augenblick neu.

Wahres Leben heißt, gleichzeitig auch gesund zu sein. Wir lassen das Leben nur nicht zu, schränken es ein durch unsere Vorstellungen und leben damit im Mangel des Lebens, ein Ausdruck von Krankheit. Denn Krankheit bedeutet immer ein Fehlen von Leben. Zu leben heißt heranzureifen, sich *selbst* immer näher zu kommen. Dazu muß ich in jedem Augenblick offen sein, bereit sein, immer tiefer in das Leben einzudringen. Ich muß in jedem Augenblick als «altes Ich» sterben und als ein «neues Ich» geboren werden – und das in jedem Augenblick.

Also muß ich stets im Hier und im Jetzt leben, in der ständigen Veränderung.

Krank sein heißt: nicht heil sein

Krankheit kann immer nur entstehen, wenn . . .

. . . ich in einem Mangel lebe. Wenn ich nicht in der Fülle des Lebens lebe, nicht in der Ganzheit meines So-Seins.

Sobald ich etwas von mir *selbst* nicht zulasse oder verändere in Form von Rollen, Programmen, Mustern usw., lebe ich im Mangel meiner *selbst*, und ich bin damit nicht in Harmonie.

... ich glaube, einen «Fehler» gemacht zu haben und damit Gedanken des Urteils und Zweifels in mir habe.

Es gibt aber keinen wahren Fehler; denn wir leben, um zu lernen und um unseren größten Fehler zu erkennen, das Fehlen unseres Selbstseins.

Fehler bedeutet immer, daß etwas fehlt. Sorgen wir also dafür, daß wir den größten Fehler nicht ständig wiederholen, sorgen wir dafür, daß wir *selbst* nicht fehlen.

Denn wir *selbst* zu sein, ist unsere Aufgabe und zugleich Erfüllung. Ich lebe dann in der Gewißheit meines Seins, bin erfüllt, und nichts «fehlt» mehr, ich mache keine «Fehler» mehr.

... ich gegen etwas bin. Ich kann aber nur gegen etwas sein, wenn mich etwas an mir stört. Wenn ich also gegen etwas in oder an mir bin. In Wirklichkeit stört mich aber, daß ich nicht so bin, wie ich bin. Ich bin dagegen, so zu sein, wie ich gar nicht bin.

Ich bin gegen mein «falsches» Sein und in Wahrheit für mich *selbst*.

Wenn ich aber gegen mein So-Sein bin, weil ich nicht so bin, wie ich eigentlich bin, projiziere ich es meistens auf meine Umwelt und bin gegen den oder das andere. Dagegensein schließt immer auch das Leben ein, denn ich bin gegen das Leben und lebe damit in Disharmonie, im «Krieg» mit mir und dem Leben.

Krieg ist auch nur eine Form von Krankheit, von Disharmonie. Ich kämpfe gegen etwas anderes, weil ich nicht für mich *selbst* bin, nicht als ich *selbst* lebe.

... ich in Disharmonie bin. Wie schon gesagt, wenn ich nicht in Einklang mit mir *selbst* lebe und damit nicht in Harmonie mit meiner Umwelt und mit meinem Leben. Und das zeigt wieder nur, daß ich nicht ich *selbst* bin. Denn dann «klinge» ich nicht wie ich bin, ich spiele eine andere Melodie, schlage den falschen Ton an, bin nicht in Harmonie mit der Melodie des Lebens, mit dem Lied in mir. Immer wenn ich eine Rolle spiele, anstatt ich *selbst* zu sein, habe ich den falschen Ton angeschlagen.

... ich nicht lebe! Das heißt, wenn ich den Fluß des Lebens nicht ungehindert und frei durch mich fließen lasse. Wenn ich in mir Blockaden habe, wenn ich nach inneren Programmen lebe, Rollen spiele, nach dem Verstand und der Meinung anderer lebe, eben, wenn die Energien des Lebens in mir sich nicht frei entfalten können, nicht fließen können, wie es jetzt richtig ist.

Richtig leben heißt, ganz ich *selbst* zu sein mit allen Aspekten, die ich jetzt und hier bin ohne Einschränkung.

... ich die Aufgaben des Lebens nicht erfülle bzw. löse. Eine Aufgabe ist immer etwas, das das Leben mir aufgibt, um jetzt einen Schritt zu machen. Es sind Probleme oder Unklarheiten, die mich zwingen, einen Schritt auf mich *selbst* zuzumachen. Meine Hauptaufgabe ist es, ich *selbst* zu sein und in jedem Augenblick mir *selbst* näher zu kommen. Tue ich den jetzt notwendigen Schritt nicht, mahnt mich das Leben in Form von Krankheit und Leid.

... ich in Sünde lebe. In Sünde zu leben bedeutet, in der Trennung zu leben, nicht in der Einheit, sondern in der Dualität. In der Illusion von Getrenntheit, von Ich und Du, von Gut und Böse und in der Trennung von mir *selbst,* wenn ich nicht ich *selbst* bin. Immer wenn ich mich von meinem So-Sein distanziere, also trenne, lebe ich in Sünde und damit in Disharmonie und werde krank.

... ich nicht liebe! Denn wenn ich nicht liebe, liebe ich mich *selbst* nicht, nehme mich nicht so an wie ich bin, sage ich «nein». Jedes «Nein» aber verursacht Krankheit. In der wahren Liebe zu sein, bedeutet «ja» zu sagen, heißt zu leben und frei zu sein. Liebe aber ist das höchste Gebot Gottes und das erste geistige Gesetz, das alles beinhaltet.

... ich nicht erfüllt bin. Ich bin nicht erfüllt, wenn mir in mir *selbst* etwas fehlt, wenn ich nicht ganz so bin, wie ich eigentlich jetzt und hier bin. Nicht erfüllt sein heißt, daß es mir an mir *selbst* mangelt, daß ich nicht in der Fülle des Lebens bin, weil ich mich nicht ganz zulasse. Und das bedeutet «Schatten» und damit Krankheit.

... ich anders lebe, als ich *selbst* es eigentlich will und empfinde. Denn dann verleugne ich mich, lebe in der Unwirklichkeit und bin damit in Disharmonie mit meinem inneren So-Sein. Ich muß also den Mut haben zu mir *selbst* zu stehen.

... ich nicht im Frieden lebe, im Frieden mit mir *selbst* bzw. mit meiner Umwelt; wenn ich unzufrieden bin mit mir. Ich kann aber nur unzufrieden sein, wenn ich mit mir «kämpfe». Unzufriedenheit sagt mir auch, daß ich nicht so lebe, wie ich eigentlich bin. Wenn ich aber ich *selbst* bin, lebe ich mit mir auch im Frieden und kann diesen Frieden in meine

Umwelt hinaustragen, weil ich dann auch im Frieden mit anderen bin. Im Frieden zu sein heißt, in Harmonie zu sein und damit heil und gesund sein.

... ich nicht frei bin. Wenn ich mich nach Meinungen, Vorstellungen, Wünschen richte, wenn ich mich nicht so zulasse, wie ich jetzt und hier bin.

... ich im unreinen mit etwas bin, d. h. wenn ich jemandem etwas nicht verziehen habe oder etwas vorwerfe, vorhalte, ihn beschuldige. Wenn ich mit dem anderen nicht im reinen bin heißt das immer, daß ich mit mir nicht im reinen bin, d. h., daß ich Unreines in mir habe wie Muster, Rollen, Schuldgefühle, Verhaltensweisen, die ich nicht bin. Ich habe «Schatten» in mir, Stellen, wo ich nicht ganz ich *selbst* bin. Schatten sind aber immer die Ursache von Krankheit.

Also: wenn ich mit jemandem im unreinen bin, sollte ich mich gleich fragen, wo ich mit mir nicht im reinen bin, wo ich mir *selbst* etwas vorwerfe, mich schuldig fühle. Ich sollte mich fragen, wozu will es mich führen, welchen Aspekt von und in mir *selbst* lebe ich nicht so, wie ich eigentlich bin.

... ich nicht leicht und lebendig bin. Das bedeutet, daß mich irgend etwas belastet. Probleme, die ich nicht gelöst habe, Dinge, die ich nicht losgelassen habe, obwohl sie nicht mehr zu mir *selbst* gehören, Rollen, die ich spiele, aber nicht bin, Muster nach denen ich mich richte, die aber längst überholt sind und nicht mehr stimmen. Alles, was nicht mehr hier und jetzt zu mir gehört, ich aber noch lebe, festhalte, erfülle oder bin, belastet mich, weil es Energien an mich bindet, die wiederum das Leben am freien Fluß behindern. Die Folge sind Krankheit und Leid.

... ich versuche «normal» zu sein. Denn dann lebe ich nicht nach meiner inneren Wirklichkeit, sondern nach dem Außen. Das Außen ist aber nur ein Spiegelbild meines inneren Seins. Ich *selbst* präge das Außen. Deshalb muß ich mich nach mir *selbst* richten, sonst lebe ich in Disharmonie mit dem wirklichen Leben in mir.

... ich nicht im Hier und im Jetzt lebe. Denn nur in der Gegenwart findet Leben statt. Wenn ich aus der Vergangenheit lebe, lebe ich die Vergangenheit, die aber tot ist. Lebe ich aber schon in der Zukunft, lebe ich in einer Zeit, die noch nicht lebt. Leben kann ich nur *jetzt*, denn Leben *ist*, es fließt und verändert sich von einem Augenblick zum anderen Augenblick.

Wenn ich an anderen Orten lebe, als an dem, an dem ich *jetzt* bin, also im *Hier*, dann sind meine Gedanken auch nicht bei mir *selbst*, sondern bei anderen Personen oder Dingen, die mich daran hindern ich *selbst* zu sein. Wenn ich aber mit meinem Bewußtsein nicht ganz in mir *selbst* bin, kann das Leben auch nicht in dem Maße durch und in mir sein und fließen, wie es lebensrichtig ist.

Immer, wenn ich nicht im Hier und im Jetzt bin, habe ich auch nicht die Chance, mich so wahrzunehmen, wie ich jetzt bin und so zu sein, wie ich jetzt in diesem Augenblick, hier an diesem Ort, bin. Das Leben aber muß fließen, sonst sind Hindernisse und Grenzen da, die das Leben behindern, und das macht krank.

Krankheit ist nichts anderes, als ein Ausdruck eines Problems. Es ist nur eine Möglichkeit, die das Leben benutzt, um uns zu sagen, daß etwas nicht stimmt, daß wir nicht so sind, wie wir eigentlich sind. Verstehen wir aber die Sprache und Botschaft des Körpers nicht bzw. reagieren gar nicht darauf, so hat das Leben noch andere Formen von Problemen, die es für uns ins Leben ruft, um uns aufzuwecken, damit wir nachforschen, wach werden und beginnen, mit der Suche nach dem Sinn des Lebens und damit uns auf den Weg machen zu uns *selbst*.

Aber nicht nur der Körper kann krank werden, Krankheit zeigt sich auch im Beruf, in der Partnerschaft, in der Familie, in meiner wirtschaftlichen Situation oder meiner religiösen Einstellung, im Verstand oder im Gemüt. Krank sein kann man auf vielen Ebenen, aber immer will Krankheit zeigen, daß das Leben in irgendeinem Bereich nicht harmonisch fließen kann, daß irgendwo ein Stau oder ein Mangel ist.

Probleme sind also Aufgaben, und sie fordern uns auch immer auf, etwas aufzugeben! Aufgeben kann ich aber nur etwas, das nicht zu mir *selbst* gehört. Also muß ich immer fragen, wenn ich ein Problem habe, gleich welcher Form und auf welcher Ebene, wo sollte ich jetzt etwas aufgeben bzw. loslassen, das mich daran hindert so zu sein, wie ich jetzt eigentlich bin.

Ein Problem, sei es nun eine Krankheit oder etwas anderes, sagt mir also immer, daß ich nicht ich *selbst* bin. Durch das Problem fordert mich das Leben auf, das Nicht-ich-Sein aufzugeben, das heißt zu erkennen, und mich für mich *selbst* zu entscheiden, das «Alte» zu transformieren, und damit die Ursache von Krankheit aufzulösen.

Ein Problem ist außerdem immer für mich, für mein wahres *Selbst*. Es hilft mir zu mir *selbst* zu finden, indem es mich mit etwas konfrontiert, mir hilft, es bewußt zu machen, damit ich einen Schritt auf mich *selbst* zumachen kann.

Das Leben kann sich verschiedene Arten von Problemen ausdenken. Es kann z. B. in Form eines Partners auftreten, eines Lebensumstandes oder eben auch einer Krankheit. Aber es konfrontiert uns immer mit der Energie (man begegnet), die einem jetzt hilft, den möglichen Schritt auf uns *selbst* zuzumachen. So hat der Partner zum Beispiel bestimmte Eigenschaften, die uns gefallen und die auch zu unserem wahren Sein gehören. Wir leben sie aber noch nicht. Oder er besitzt Eigenschaften, die wir nicht so sehr schätzen, die wir ablehnen, weil sie uns stören oder uns ärgern. Das macht uns aber immer nur auf einen Mangel, auf ein Problem in uns aufmerksam, das wir in uns ansehen und überprüfen sollten, damit es in uns in Harmonie kommen kann. Wir werden also durch ein Problem vom Leben «gezwungen», einen Teil in uns zu erkennen, um mehr ich *selbst* zu sein.

Ist der notwendige Schritt getan, hat sich also die Energie erfüllt, mit der uns das Leben konfrontiert hat, dann ist sie frei und hat keine Wirkung mehr auf uns. Das heißt, das Problem ist nicht mehr existent und wiederholt sich auch nicht mehr, weil es seine Wirkung auf uns verloren hat, es hat schon etwas bewirkt, nämlich den Schritt zu unserem *Selbst*. Es kann auch der Partner sein, der für eine bestimmte Zeit ein *Teil* unseres Lebens war, um uns zu helfen, zu uns *selbst* zu finden. Das ist zugleich auch der Sinn einer Partnerschaft, nämlich uns mit einem Teil von uns *selbst* zu konfrontieren, um ihn zu erkennen und zu leben. Hat sich die Aufgabe aber erfüllt, das heißt, ist das Problem gelöst, dann müssen wir sie wieder freilassen (loslassen). Das gilt auch für einen Partner. Wenn die Partnerschaft sich erfüllt hat, d. h. der andere nicht mehr einen Teil von mir spiegelt, den ich entweder loslassen oder integrieren sollte, muß ich ihn loslassen, denn das Leben hat einen anderen, jetzt passenderen, stimmigeren Teil (neuen Partner) vorgesehen. Lassen wir das Leben nicht frei fließen, führt das zu einer gewaltsamen Trennung, die das Leben dann hervorrufen muß. Dies kann auch in Form einer Krankheit geschehen.

Alles bedingt sich, d. h., es bringt sich *selbst* hervor! So lange, bis wir wieder alles in uns vereint haben, ganz wir *selbst* sind und damit wieder in der Einheit des Seins leben. Dann hat sich dieser Teil des Lebens erfüllt, und es braucht kein scheinbares «Du» mehr, um uns mit uns *selbst* zu konfrontieren, damit wir uns *selbst* erkennen – erkennen, daß es in Wahrheit nichts anderes gibt, als das *ich bin*! (Und Gott sprach: *ich bin der ich bin – es gibt nichts außer mir!*) Wir können nicht halten, was nicht zu uns gehört. Das ist ein Gesetz, das immer wirkt.

Auch Krankheit ist etwas, das in Wahrheit nicht zu mir *selbst* gehört. Wenn wir krank sind, heißt das, daß wir noch an etwas festhalten oder etwas darstellen, was wir aber gar nicht in Wirklichkeit sind. Und die Art der Krankheit zeigt uns, was wir noch nicht losgelassen haben, was uns nicht uns *selbst* sein läßt. Krankheit gehört nur so lange zu uns, solange wir noch Dinge, d. h. Aspekte usw. mit uns herumschleppen, die nicht zu uns gehören. Sind wir ganz wir *selbst,* sind wir auch so, wie wir in Wirklichkeit sind: heil, gesund und vollkommen.

Es kann uns auch nur das genommen werden, was jetzt nicht zu uns *selbst* gehört. Mich *selbst* kann man mir nicht wegnehmen, denn mein *Selbst* ist mein wahres Leben. Alles andere ist Schein und Illusion und wird eines Tages von mir abfallen müssen, bis es nur noch mich *selbst* gibt: rein, unverfälscht, vollkommen transformiert, nur noch das *ich bin!*

Wir sollten aufhören zu kämpfen, denn wenn wir im *Selbst* sind, brauchen wir nicht mehr zu kämpfen, dann brauchen wir nichts mehr festzuhalten. Wir können das Leben frei fließen lassen. Jedes Wollen zeigt uns, daß wir uns *selbst* noch nicht gefunden haben bzw. zulassen. Wenn wir selbst sind, gibt es nichts mehr zu finden, nichts anderes zu besitzen oder zu sein. Wenn ich ich *selbst* bin, bin ich erfüllt, brauche ich nichts anderes mehr, sind alle Wünsche überflüssig, denn jeder Wunsch ist nur eine Projektion meines wesentlichen Wunsches, der Wunsch nach mir *selbst*. So wie jede Sehnsucht immer nur die Suche nach mir *selbst* ist.

Ich *selbst* bin das Ziel und der Weg.

Ich *selbst* bin die Erfüllung all meiner Wünsche und Sehnsüchte.

Ich *selbst* bin die Lösung all meiner Probleme.

Ich *selbst* bin das beste Medikament.

Ich *selbst* bin das Leben, und das Leben ist Gott.

Wenn ich mich *selbst* lebe, bin ich in Harmonie mit dem Sein, wenn ich mich *selbst* gefunden habe, habe ich Gott gefunden. Deshalb zeigt mir jedes Wollen, daß ich noch auf der Suche bin, daß ich mich *selbst* noch nicht ganz lebe und daß ich damit das Leben noch nicht vollkommen zulasse. *Das Wollen steht zwischen mir und der Erfüllung.*

Solange ich noch will bzw. festhalte, sind meine Hände – bildhaft gesprochen – noch geschlossen. Ich kann die Fülle des Seins gar nicht empfangen, bin gar nicht offen für die Geschenke des Lebens, bin nicht bereit für mich *selbst*. Wenn wir aber wir *selbst* sind, dann sind wir offen und bereit für die Fülle des Lebens, dann fällt uns der Erfolg in den Schoß, denn ich bin mit mir *selbst* erfüllt, und die Fülle *folgt* auf mein So-Sein (Gesetz der Resonanz).

Immer, wenn ich nicht erfüllt bin, heißt das also, daß ich nicht ich *selbst* bin, sondern gefangen bin in Mustern, Rollen und Vorstellungen. Ich lebe nicht bewußt als ich *selbst* im Hier und im Jetzt. Das Schöne ist jedoch, daß wir in jedem Augenblick eine neue Chance bekommen, das ist das Gesetz der Gnade, denn in jedem neuen Augenblick gibt es ein neues Hier und Jetzt und eine neue Möglichkeit, *ich selbst* zu sein.

Es gibt ein schönes Beispiel, das für unser *Selbst* steht:
Es ist das Auto, denn *Auto* heißt ja *selbst*. Das Auto selbst ist tote Materie, es bewegt sich nicht von allein. Es ist existent, aber es braucht jemanden, der es in Besitz nimmt und in Betrieb setzt. So ist es auch mit unserem *Selbst*. Ob wir leben, entscheiden wir *selbst*. Ich muß mich *selbst* in Besitz nehmen, muß in mich gehen, ich *selbst* sein, so wie ich mich ins Auto setzen muß, um es überhaupt anlassen zu können. Deshalb fordern so viele Meister, den Weg nach Innen zu gehen, um dann *fahren* zu können. Das heißt, aus der Mitte heraus, als ich *selbst* zu leben. Und ich muß, wie beim Autofahren, stets achtsam sein, mich auf die Umstände und Situationen einzustellen. Beim Autofahren kann ich auch nicht in der Vergangenheit leben oder schon in der Zukunft fahren. Ich muß ganz im Hier und im Jetzt sein, sonst kommt es zu einem Unfall. Krankheit ist nichts anderes als ein Unfall.

Dieses Beispiel zeigt uns also, daß wir ein Teil des Lebens sind und daß wir im Einklang mit unserer Umwelt sein müssen. Wir müssen uns in jedem Augenblick auf das Hier und das Jetzt einstellen und wir *selbst* sein, denn nur die Umstände werden durch unser So-Sein geprägt. Wenn ich also ein aggressiver Autofahrer bin, werde ich auch aggressiven Verkehrsteilnehmern begegnen bzw., wenn ich die Aggression unterdrückt habe, begegne ich meinem *Schatten*. Wenn ich mit mir *selbst* in Harmonie bin, ist auch die Umwelt mit mir in Harmonie nach dem geistigen Gesetz: *wie innen, so außen.*

Leider ist es heutzutage so, daß unsere Medizin, die sich ausschließlich mit Krankheiten befaßt, wie ein Mechaniker in der Werkstatt arbeitet. Sie reparieren, wenn etwas kaputt ist. Es ist aber der Autofahrer, der daran schuld ist, wenn etwas kaputt geht. Man sollte sich mit ihm unterhalten, daß er nicht so «wild» fahren oder rechtzeitig Öl nachfüllen soll. Daran denkt niemand. Es ist auch nicht die Aufgabe des Mediziners aus bisheriger Sicht.

Sie kümmern sich nur um die *Materie*, das Auto, den Körper. Aber das Auto ist nicht schuld, wenn es rostet. Der Besitzer hat es einfach zu wenig gepflegt. Genauso ist es mit dem Körper.

Auch der Heilpraktiker verfährt so, als gehöre er zu einer umweltfreundlichen Werkstatt. Es werden Naturmittel verwendet, um das Auto, den Körper des Patienten wieder in Ordnung zu bringen. Es ist im Prinzip die gleiche «Feuerwehrmedizin», wie bei der traditionellen Schulmedizin. Um das Wesentliche kümmern sich alle nicht: um das innere Wesen, um das *Selbst* des Menschen, seine Seele, den göttlichen Funken, um das, was wir wirklich sind, um uns *selbst*. Die gewohnte Art der Hilfe macht aber alles nur schlimmer, weil man nach der Reparatur denkt, jetzt sei alles wieder in Ordnung. Man macht weiter wie bisher, ohne sich zu ändern. Manche haben schon erkannt, daß das Ziel nur sein kann, das Gesundheitsbewußtsein der Menschen zu stärken. Sie meinen aber immer noch das «Auto», anstatt einfach *gesund* zu leben, heil zu sein, indem sie ganz sie *selbst* sind. Es ist im Grunde so einfach und doch für viele so schwierig, den Mut zu haben, *sich selbst* zu sein. Wir können Körper und Psyche, Auto und Fahrer, nicht trennen. Das eine würde ohne das andere nicht «fahren» können. *Ich selbst* und mein Körper bilden eine Einheit. Der Körper ist nur der sichtbare Ausdruck meines *Selbst*-Bewußtseins. Jedes Gefühl, das ich *selbst* empfinde, spiegelt sich in meinem Körper wider, findet seinen Ausdruck in dieser Projektionsfläche. Der Körper macht sichtbar, welche Energien ich in mir *selbst* bewege.

Einige Beispiele:

Wir bekommen eine Gänsehaut bei einer erregenden Vorstellung (die Haare stehen uns zu Berge), oder die bloße Vorstellung einer anstrengenden Tätigkeit läßt unseren Blutdruck steigen, obwohl ich sie physisch gar nicht ausgeführt habe.

Eine schlechte Nachricht schlägt uns auf den Magen. Wir können sie nicht verdauen. Eine andere geht uns an die Nieren, belastet unser So-Sein. Es «zieht» an uns *selbst,* an einem *Teil* von uns, denn die Nieren sind die Projektionsfläche für *Partnerprobleme*.

Beim Ärgern kommt uns die Galle hoch, versteckte Aggressionen müssen raus, stoßen uns bitter auf, weil wir dagegen sind.

Das Herz schlägt uns vor Freude bis an den Hals oder rutscht uns vor Schreck in die Hose. Unser *Selbst*-Bild geht rauf und runter, wir ruhen nicht in der Mitte unseres *Selbst*.

Die Aufgabe besteht also darin, wir *selbst* zu sein, in allen Bereichen unseres Seins, im beruflichen wie im privaten, im gesellschaftlichen und im körperlichen Bereich. Dort, wo ich nicht ich *selbst* bin oder glaube nicht sein zu können, bin ich krank. Und diese Krankheit tritt im Außen als Störung, Mangel oder Disharmonie in Erscheinung.

Wir müssen die Freude über unser *Selbst* wiederfinden, indem wir so sind, wie wir sind. Damit finden wir zurück zur Lebensfreude und zum Glücklichsein. Das Leben ist nicht mehr nur Pflicht und Arbeit, sondern Freude und Erfüllung, weil wir mit uns *selbst* erfüllt sind, mit der Lebendigkeit unseres Seins und damit das wahre Glück gefunden haben.

Wir werden zum Architekten unseres Lebens, indem wir jeden Augenblick so gestalten, wie wir Hier und Jetzt sind. Dann erst werden wir das Leben erleben, das unserem wahren Sein entspricht. Dann brauche ich auch keinen Lebensplan mehr zu machen. Ich lebe nach dem Plan meines *Selbst* und damit nach dem Plan der Schöpfung, in jedem Augenblick erfüllt, neu und glücklich. Mein Leben wird zum Abenteuer auf der Reise zu mir *selbst*.

Zum Glück steigt unsere Wissenschaft immer tiefer in das Geheimnis des Lebens ein. Die Grenzen der Physik sind erst dort, wo die Religion (Rückbindung) beginnt. Da Physis (Physik) und wir *selbst* (Religio) eine Einheit sind, ist es fast gleich, von welcher Seite man den Weg geht. Die Quantenphysik beschreibt den lebenden Organismus als ein Energiefeld, wodurch die uralte Überlieferung vom Energiekörper des Menschen seine Bestätigung findet. Die Energie sind wir selbst!

Es ist erwiesen, daß der pulsierende, lebende und in jedem Augenblick sich verändernde Energiekörper aus Licht (unser wahres *Selbst)* alle biochemischen Vorgänge in unserem Körper steuert. Ich *selbst* bestimme mein So-Sein. Krankheit und Leid entstehen, wenn ich nicht richtig stimme. Stimmt aber die Energie, d. h., bin ich ganz ich *selbst*, herrscht Harmonie und damit Gesundheit, weil ich heil bin! Auch die Wirkung von Medikamenten beruht darauf, daß die innewohnende Energie das Energiefeld des Organismus beeinflußt. Deshalb bin *ich selbst* mein bestes Medikament, weil *ich selbst* genau die Energie *selbst* habe, die *ich selbst* bin und die mir fehlt (=Krankheit), wenn ich nicht *ich selbst* bin. Mein *Selbst*-Bild teilt sich meinem Körper durch elektromagnetische Schwingungen mit. Wenn ich nicht *ich selbst* bin, ein falsches Bild von mir habe bzw. etwas anderes lebe und darstelle, ist mein Körper auch «anders», d. h. verändert, entartet, und das nennt man Krankheit.

Mit dieser Erkenntnis läßt sich jetzt natürlich auch die Wirkung der Geistheilung erklären als eine Übertragung einer bestimmten Schwingung auf den Energiekörper. Ich gebe dem anderen die Energie, die ihm fehlt, wo er nicht ganz er *selbst* ist. So wird auch verständlich, daß allein die Anwesenheit eines Menschen heilen kann (der Therapeut als Medikament). Wenn ich heil bin, also *ich selbst* bin, teilt sich das dem anderen mit. Er wird automatisch auch heiler, weil er *selbst* von meinem *Selbst* (automatisch) angestoßen wird. Im Außen wirke ich als das Vorbild, so daß der andere auch den Mut hat, zu sich *selbst* zu stehen, er *selbst* zu sein, ich gebe mein «heiles Bild», mein heiles *Selbst*, an ihn als *Information* weiter.

Ich kann mich *selbst* nur finden, indem ich mich *selbst* zulasse, mein *Selbst* lebe. Dann erfahre ich mich in jedem Augenblick neu, erkenne und lebe, denn nur so kann ich reifen und wachsen hin zu einem immer klareren, reineren und damit heileren Ausdruck meines *Selbst*. Sobald ich aber versuche, anders zu sein, als ich jetzt und hier bin, lebe ich in Disharmonie mit meinem wahren und echten *Selbst* und verursache damit Krankheit und Leid. Der einzige Weg ist, in jedem Augenblick sein, wie ich *jetzt* bin. Mit jedem Schritt habe ich mich zu entwickeln, meine individuelle Art, mein einzigartiges Sein herauszufinden, meinen individuellen, einzigartigen Weg zu finden und zu gehen. Es gibt keinen allgemeingültigen Weg, denn jeder Mensch ist einzigartig. Und so hat jeder nur eine Möglichkeit, zurück zur Quelle zu finden, zurück zu sich *selbst*, zum wahren Heil-Sein. Dies bedeutet, dem Weg seines Herzens zu folgen, auf sich *selbst* zu hören. Das aber ist nur möglich, wenn ich in jedem Augenblick *ich selbst* bin.

Unsere Einzigartigkeit ist unsere Besonderheit. Das ist das Geschenk des Lebens an uns. Daraus wird zugleich die Aufgabe des Lebens an uns, unser *Selbst* zu entfalten. Das Leben und die Welt brauchen uns so, wie wir wirklich sind. Deshalb ist jeder anders. Es ist unsere Aufgabe und Pflicht, unsere Individualität und Einzigartigkeit zu leben und anderen zu helfen, ebenso zu ihrer Einzigartigkeit ihres *Selbst* zu stehen.

Gestatten wir uns deshalb, wir *selbst* zu sein. Gestatten wir uns zu leben, gestatten wir uns, den Teil der Schöpfung zu werden und zu sein, den wir sind – *uns selbst*. Es ist unsere Pflicht und unser Auftrag. Es ist der Sinn unseres Lebens, für den wir die Verantwortung übernommen haben und tragen. Immer, wenn wir versuchen, etwas anderes zu sein, weil wir glauben, daß es besser wäre, oder weil es andere von uns erwarten, leben wir an *uns selbst* vorbei. Wir versäumen dann die Erfüllung unseres Lebens, das Leben *selbst*. Jeder einzelne hat die

Verantwortung übernommen, er *selbst* zu sein. Nur jeder kann für sich allein sein *Selbst* erfüllen. Niemand anderes kann es für ihn tun.

Meinen Platz kann kein anderer für mich einnehmen und ausfüllen. Keiner kann die Arbeit tun, die ich zu tun habe, denn nur ich *selbst* kann sie in dieser Art und Weise tun, wie sie jetzt und hier mir aufgegeben ist. Das *ich bin* zeigt, daß ich einzigartig bin. Ohne diese Einzigartigkeit, ohne mein *Ich-selbst-Sein* wäre die Schöpfung nicht ganz, wäre sie nicht vollkommen. Vollkommenheit ist also, meine individuelle Einzigartigkeit meines wahren *Selbst* ganz zu leben, in ewiger Erneuerung und Wandlung.

Am Anfang wird es nicht ganz leicht sein *ich selbst* zu sein, aber es wird uns leichter gemacht, weil es uns immer mehr befreit von den Lasten unseres «falschen» Seins. Energien können frei werden, und es wird damit auch immer leichter für mich *selbst*.

Wir werden in unseren Anfängen unseres *Selbstseins* immer wieder auf Ungnade und Mißfallen der Umwelt stoßen. Das ist die Schwierigkeit und zugleich die Herausforderung, denn jeder, der nicht *er selbst* ist, ist unzufrieden mit sich, ist gegen sein So-Sein und damit besonders gegen denjenigen, der lebt, was er ist, ihm so den Spiegel seines «falschen» Seins vor Augen hält. Das bringt Aggressionen zum Vorschein, ist aber zugleich eine Chance, den Mut zu entwickeln, zu sich *selbst* zu stehen und sich *selbst* zu sein.

Damit kristallisiert sich der Sinn unseres Lebens heraus: Wir leben, um uns s e l b s t zu finden und unser S e l b s t zu sein. Dann haben wir anderen zu helfen, ebenfalls sich s e l b s t zu finden und das S e l b s t zu leben. Das ist der Sinn unseres Erdendaseins, unsere Pflicht und Mission, unsere Verpflichtung gegenüber uns selbst, dem Leben und allem, was existiert.

Hans-Dieter Leuenberger

Geboren 1931 in Thun (Schweiz) als Sohn eines protestantischen Pfarrers. Studium der Theologie. Anschliessend mehrere Jahre Theaterregisseur an Bühnen in der BRD und der Schweiz.
Ab 1964 im kirchlichen Dienst als Pfarrer und kirchlicher Beauftragter für Fernsehen. Nach Ausscheiden aus der Kirche Ausbildung mit Diplomabschluss zum Psychotherapeuten (Bioenergetik). Seither tätig als Psychotherapeut und Schriftsteller mit ausgedehnter Vortrags- und Kurstätigkeit.

Buchveröffentlichungen

Die Schule des Tarot
3 Bände
Das Rad des Lebens
Der Baum des Lebens
Das Spiel des Lebens

Das ist Esoterik
Eine Einführung in esoterisches Denken und die esoterische Sprache

Sieben Säulen der Esoterik
Grundwissen für Suchende

Hans-Dieter Leuenberger
Die Magie des Tarot

Als in den siebziger Jahren dieses Jahrhunderts im Westen das Interesse an Esoterik fast sprunghaft anstieg, waren es vor allem die Astrologie und der Tarot, denen das besondere Interesse des Publikums galt. Der Grund dieser Bevorzugung liegt ganz offensichtlich darin, daß sowohl Astrologie wie Tarot einen ausgesprochen divinatorischen Aspekt haben. *Divination* (abgeleitet von lat. divinus, gotterfüllt) bedeutet eine Technik, die zur Weissagung, als Orakel eingesetzt werden kann. In der allgemeinen Orientierungslosigkeit unserer Gegenwart wird nach Möglichkeiten gesucht, die erlauben, das eigene persönliche Leben zu hinterfragen. So betrachtet heißt Astrologie für die meisten Menschen, die sich mit ihr beschäftigen, Horoskopie, und der Tarot wird allgemein nur unter dem Blickwinkel betrachtet, mittels Kartenlegen die persönliche Zukunft zu erfahren. Wer sich nur von dieser Seite dem Tarot nähert, ist sich meist nicht bewußt, daß er damit nur eine degenerierte Praxis des Tarot anwendet und daß das *Buch des Thot,* wie der Tarot auch oft genannt wird, ganz andere Möglichkeiten des praktischen Gebrauchs bietet als bloße Wahrsagerei, deren Resultate in den meisten Fällen höchst zweifelhafter Natur sind.

Folgendes ist allerdings dabei zu bedenken: Als der Tarot im 18. und 19. Jahrhundert neu entdeckt wurde, war für die damaligen Esoteriker, die sich damit befaßten, eben nur dieser Aspekt mit dem Tarot verbunden und greifbar. Ganz offensichtlich haben so hervorragende Autoren wie Papus (1865–1916) und Arthur Edward Waite (1856–1941) sich bei den in ihren Büchern und Schriften gegebenen Anleitungen zum praktischen Gebrauch des Tarot auf Praktiken professioneller Kartenleger gestützt, wie sie damals wohl üblich waren. Nur so läßt sich die Diskrepanz erklären, die zwischen den esoterischen Interpretationen der Tarot-Bilder und den meist recht primitiven Instruktionen zur praktischen Anwendung besteht. Dazu muß noch berücksichtigt werden, daß die im 19. Jahrhundert vorherrschende materialistische Denkrichtung vor allem an handfesten, greifbaren Resultaten auch in der Esoterik interessiert war, und dafür boten die verschiedenen Methoden der Divination am ehesten Gewähr. Die bereits erwähnte populäre Verbreitung der Astrologie und des Tarot in der heutigen Zeit als die esoterischen Disziplinen, die vordergründig am leichtesten den Zugang zur Divination ermöglichen, zeigt, daß sich bis heute wenig daran geändert hat. Das ist eigentlich schade, denn auf diese Weise koppeln sich Menschen, die aufrichtig an der Esoterik interessiert sind, von Möglichkeiten der Praxis ab, die weit interessanter und auch effizienter sind als jede Divination. Zwar gab es auch im neunzehnten Jahrhundert Gruppierungen, die sich mit Tarot-Magie befaßten, aber die Kenntnis der entsprechenden Techniken gelangte bis Mitte des zwanzigsten Jahrhunderts nicht bis in eine breitere Öffentlichkeit.

Eine solche Gruppierung war der 1888 in England gegründete esoterische Orden *The Golden Dawn (Orden der goldenen Morgendämmerung)*, der in seinen höheren Graden Techniken der Tarot-Magie lehrte (siehe Israel Regardie, Das magische System des Golden Dawn, Verlag Hermann Bauer, Freiburg i. Br.). Zur damaligen Zeit waren diese Methoden noch weitgehend ungewohnt. Der heutige Praktiker, der sich ihrer und ähnlicher bedient, wird sofort die Verwandtschaft oder gar die Übereinstimmung mit Techniken finden, die von manchen Schulen der modernen Psychologie des zwanzigsten Jahrhunderts ohne esoterischen Bezug entwickelt worden sind, so z. B. die *Aktive Imagination* nach C. G. Jung und das *Katathyme Bilderleben* nach Leuner. Solche Beziehungen erleichtern uns auch die Beschäftigung mit Tarot-Magie und tragen namentlich zur Entmythologisierung des Wortes Magie bei.

Das Wort «Magie» ist kulturgeschichtlich belastet und weckt nur allzuleicht Assoziationen zu blutigen Ritualen, Dämonenbeschwörung usw. Dabei muß beachtet werden, daß das Wort «Magie» zweifellos etymologisch mit dem Begriff «machen» verwandt ist. Der Magier ist also der Macher, der durch sein magisches Handeln Resultate hervorbringt. Eine klassische Definition von Magie lautet denn auch: Magie ist, durch bewußtes Handeln eine Veränderung zu bewirken. So gesehen wird recht vieles zur «Magie», was wir nicht ohne weiteres mit Esoterik und damit Verwandtem in Beziehung bringen. Zugleich wird auch ersichtlich, wodurch sich die Tarot-Magie von der Divination unterscheidet. Die Tarot-Divination ist vorwiegend passiv und ereignisbezogen. Das heißt, der Praktiker, der den Tarot zum Zwecke der Divination heranzieht, verharrt in einer vorwiegend passiven, schicksalserwartenden Haltung, ohne die Möglichkeit in Betracht zu ziehen, die persönliche Lebensgestaltung aktiv handelnd zu bestimmen. Diese aktive Gestaltung ist das Anliegen der Tarot-Magie, welche zu diesem Zwecke die in den einzelnen Tarot-Bildern enthaltenen Energien einsetzt.

Eines der wichtigsten Gesetze der Esoterik lautet: Alles im Kosmos ist reine Energie, aber der Mensch kann mit reiner Energie nicht umgehen, es sei denn, er kleide sie in ein Bild. Ganz besonders gilt dieser Satz für psychische Energie. Jedes esoterische Wissensgebiet, jeder Mythos kann auf dieses Gesetz zurückgeführt werden. Auch die moderne Tiefenpsychologie wendet dieses Gesetz bewußt an, vor allem in der Trauminterpretation. Gerade da wird deutlich, in welchem Maße die Psyche des Menschen in ihren tiefsten Schichten von Bildern geprägt ist. Die Bilder unserer Träume sind Informationen, die in der Form von Bildern zu uns gelangen und dementsprechend in die verbale Ausdrucksweise übersetzt werden können. Mit diesem Sachverhalt ist denn auch gleichzeitig das Wesen des Tarot umschrieben. *Der Tarot ist Ausdruck kosmischer Energien, die in der Form von Bildern festgehalten sind.* Damit wird der Tarot selbst zu einem Modell des Kosmos mit allem, was im Kosmos enthalten ist.

Das esoterische Weltbild beruht auf der Wechselbeziehung von Kosmos und Mensch. Dies wird in der esoterischen Sprache so definiert, daß der Mensch ein Mikrokosmos ist, ein genaues Abbild des Makrokosmos mit allem, was im Universum enthalten ist. Somit kann gesagt werden, daß der Tarot nicht nur Modell des Kosmos, sondern ebensosehr ein Modell des Menschen ist. Dies wird besonders deutlich im Bild des sogenannten *Baum des Lebens,* der in der Tradition der Kabbala ebenfalls ein Modell des Universums wie des Menschen darstellt. Der Baum des Lebens besteht aus zehn *Sephiroth* genannten Energiemanifestationen. Je drei davon stehen zueinander in einem gegensätzlichen, polaren Verhältnis, während die restlichen vier die Synthese aus den jeweiligen polaren Spannungen ergeben.

Die Namen der einzelnen Sephiroth sowie die zugeschriebenen Energiemanifestationen sind folgende:

Name:	*Energiemanifestation:*
Kether	Göttlichkeit, Urbeginn
Chockmah	Emanation, Belebung
Binah	Formgebung
Chesed	Mehrung
Geburah	Begrenzung
Tipharet	Harmonie, Balance
Nezach	Fließen, Verfließen
Hod	Struktur
Jesod	Lebendigkeit
Malkuth	Erdreich, Materie

Kabbalistic Tree of Life

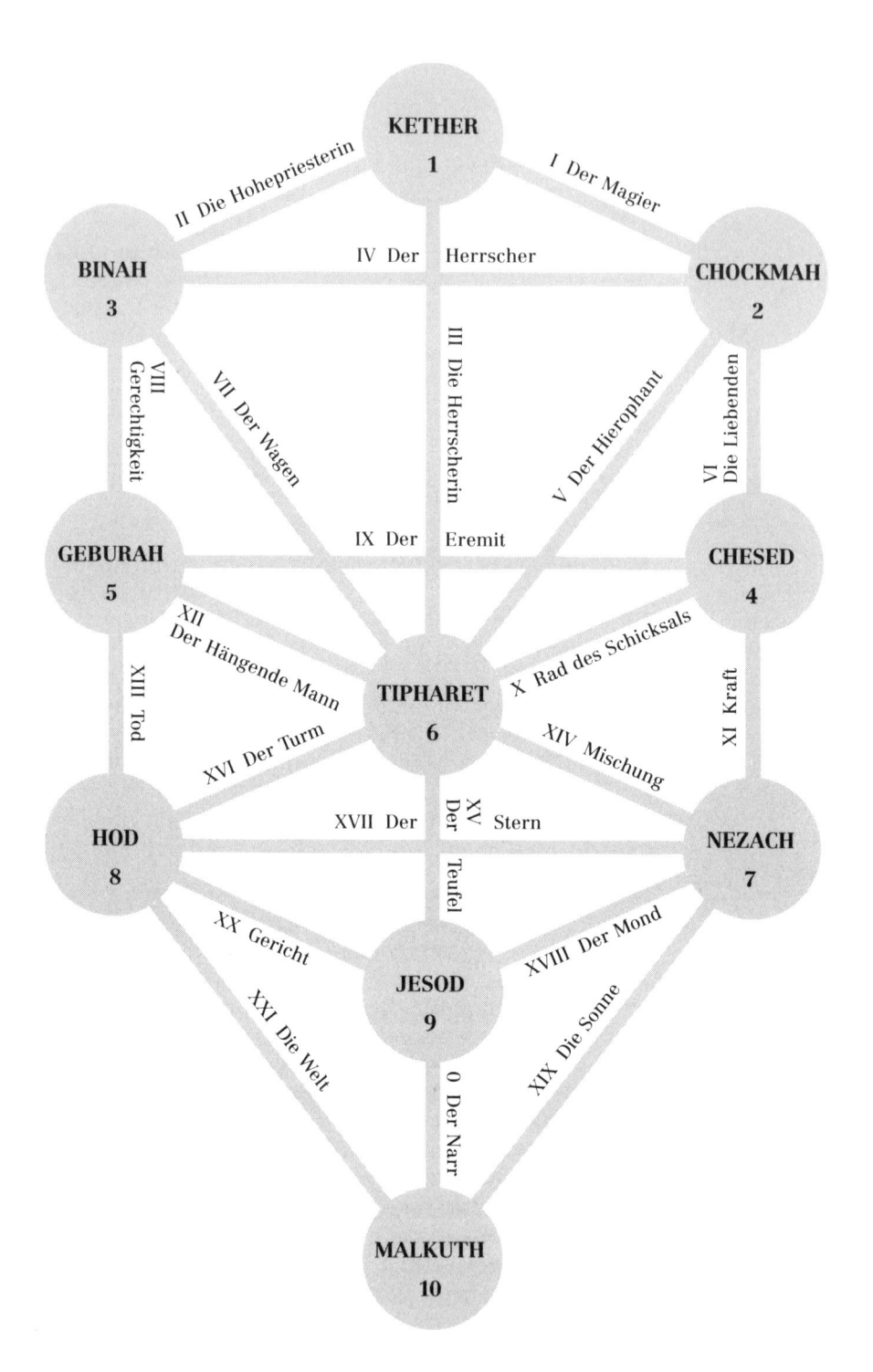

- **KETHER** 1
- **CHOCKMAH** 2
- **BINAH** 3
- **CHESED** 4
- **GEBURAH** 5
- **TIPHARET** 6
- **NEZACH** 7
- **HOD** 8
- **JESOD** 9
- **MALKUTH** 10

Paths:
- I Der Magier
- II Die Hohepriesterin
- III Die Herrscherin
- IV Der Herrscher
- V Der Hierophant
- VI Die Liebenden
- VII Der Wagen
- VIII Gerechtigkeit
- IX Der Eremit
- X Rad des Schicksals
- XI Kraft
- XII Der Hängende Mann
- XIII Tod
- XIV Mischung
- XV Der Teufel
- XVI Der Turm
- XVII Der Stern
- XVIII Der Mond
- XIX Die Sonne
- XX Gericht
- XXI Die Welt
- 0 Der Narr

Jede der zehn Sephiroth kann durch je vier Energiequalitäten wahrgenommen oder zum Ausdruck gebracht werden. Diese vier Energiequalitäten werden die vier *Elemente* genannt mit den Namen Feuer (Durchdringung), Wasser (rhythmischer, zyklischer Fluß), Luft (gestaltende Aktion), Erde (Verfestigung). Somit gibt es von jeder Sephira vier Aspekte, zusammen vierzig. Diese vierzig Aspekte werden im Tarot durch die vierzig *Zahlenkarten* Stäbe (Feuer), Kelche (Wasser), Schwerter (Luft), Münzen oder Scheiben (Erde) dargestellt. Die einzelnen Sephiroth im Baum des Lebens sind untereinander durch sogenannte *Pfade* verbunden, deren Anzahl zweiundzwanzig ist, die Anzahl der im Tarot vorhandenen sogenannten *Großen Arkana*. Somit kann jeder Pfad mit einem Bild aus der Reihe der Großen Arkana belegt werden. Zusätzlich verfügt der Tarot noch über die sogenannten *Hofkarten,* so genannt, weil auf ihnen die hierarchische Ordnung eines Königshofes dargestellt ist: König, Königin, Ritter, Page oder Prinzessin. Mit dieser hierarchischen Ordnung werden vier Bewußtseinszustände bezeichnet, die in der Sprache der Kabbala als die *vier kabbalistischen Welten* bezeichnet werden. Ihre hebräischen Namen sowie in deutscher Sprache ihre Funktion sind folgende: *König,* Atziluth, Wahrnehmung; *Königin,* Briah, Definition; *Ritter,* Jezirah, Aktion; *Page,* Assiah, Konkretisierung. Da jeder dieser vier Bewußtseinsebenen ebenfalls unter dem Aspekt der vier Elemente gesehen werden kann, ergeben sich daraus insgesamt sechzehn Möglichkeiten, die durch die sechzehn Hofkarten des Tarot ausgedrückt werden.

Das System ist auf den ersten Blick nicht leicht zu erfassen, aber ein gründlicheres Studium wird die selbstverständliche Logik zeigen, die darin enthalten ist. Der Tarot als Modell des Kosmos kann in drei Gruppen eingeteilt werden. Die vierzig Zahlenkarten stellen modellhaft vierzig reine kosmische Energien dar. Die sechzehn Hofkarten stehen für sechzehn Ebenen, von denen aus diese vierzig Grundenergien wirken können. Die zweiundzwanzig Großen Arkana sind bildhafter Ausdruck für die subjektiven Erfahrungen des Menschen in der Konfrontation mit den Auswirkungen dieser Energien. Das Modell des Baums des Lebens mit den hineinprojizierten Tarot-Bildern kann nun als magisches Werkzeug dienen. Ein wesentlicher Bestandteil der kabbalistischen Magie besteht in der Zuordnung von sogenannten Korrespondenzen zu den einzelnen Sephiroth des Baums des Lebens. Diese Korrespondenzen bestehen hauptsächlich aus Bildern, wozu man auch reine Farben und Buchstaben zählt unter Berücksichtigung der Tatsache, daß das hebräische Alphabeth noch relativ leicht erkennbar aus einer Bilderschrift entwickelt worden ist. Keines der Bilder ist zufällig gewählt, sondern drückt in seinen Einzelheiten wie auch als Ganzes die betreffende Energie aus.

Betrachten wir als Beispiel das sogenannte magische Bild der Sephira *Kether,* deren Energie mit den Worten Göttlichkeit, Erhabenheit, Urbeginn umschrieben werden kann. Das betreffende magische Bild besteht in einem uralten König mit einer Krone auf dem Haupt, der dem Betrachter das Profil zeigt, mit weißem Bart und Haar und in ein weißes Gewand gekleidet. Der König als solcher drückt Erhabenheit aus, die Krone setzt den Bezug zum Wort Kether, das in deutscher Sprache Krone heißt. Das hohe Alter des Königs schafft die Beziehung zum Urbeginn (vergl. Urahne), und die weiße Farbe, die in der kabbalistischen Symbolik Kether zugeteilt ist, enthält alle anderen Farben in sich und strahlt sie ab (das Prinzip der Offenbarung), so wie Kether alle Energien in sich enthält. Die Bedeutung des Profils liegt darin, daß das Göttliche letzlich in seinem Wesen nie vollständig sichtbar wird. Es ist unschwer zu erkennen, daß dieses magische Bild von Kether ziemlich genau der kindlich-archetypischen Vorstellung vom «lieben Gott» entspricht.

Der Pfad, der die Sephira Kether mit *Tipharet* verbindet, trägt in der kabbalistischen Zählung die Nummer 13 und ist mit dem dritten Bild der Großen Arkana besetzt, das «Die Herrscherin» genannt wird. (Im Sepher *Jezirah,* der kabbalistischen Schrift, die sich mit dem Baum des Lebens befaßt, werden die zehn Sephiroth als die Pfade 1 bis 10 bezeichnet, so daß der erste der Verbindungspfade die Zahl 11 hat, der zweite 12 usw. Um das jeweilige Tarotbild herauszufinden, das dem Pfad zugeordnet ist, braucht man also nur die Zahl 10 zu subtrahieren.) Die Sephira Tipharet verkörpert Harmonie, Ausgewogenheit, Schönheit. Sie ist die Übertragung des göttlichen Prinzips von Kether in die Welt der Materie. Auf dem Pfad nach Tipharet erweist sich dieses Göttliche von Kether in der Form des schöpferischen Prinzips, der Mütterlichkeit, der Kreativität allgemein. «Das Wort ward Fleisch» wäre demnach die christliche Formulierung des Bedeutungsinhaltes von Tarotbild III bzw. des 13. Pfades. Eines der magischen Bilder von Tipharet ist ein kleines Kind. Die Kindwerdung, das Geborenwerden durch eine menschliche Mutter ist die subjektive Erfahrung, ausgedrückt durch Tarotbild III, der sich Gott bei seiner Herabkunft zu dem Menschen unterziehen muß. Eine meditativ-magische Betrachtung des Tarotbildes III ist somit dazu geeignet, den Betrachter in Kontakt mit den Energien der Erneuerung, der Kreativität wie auch des Christusprinzips zu bringen. Diese Energien werden dadurch im Betrachter als einem Mikrokosmos geweckt oder invoziert, wie der entsprechende Ausdruck lautet, und können entsprechend magisch (d. h. machbar) eingesetzt werden. So und ähnlich waren die Techniken, die im Rahmen des Golden Dawn mit verschiedenen Variationen entwickelt und ausgeübt wurden.

Jede magische Arbeit dieser Art umfaßt drei Phasen. Als erstes kommt die Herbeiführung eines veränderten Bewußtseinzustandes meist in Form einer mehr oder weniger tiefen Trance, dann erfolgt der Kontakt mit den Bildenergien und als dritte Phase die Umsetzung der invozierten Energien in die stoffliche Ebene. Besonders dieser dritten Phase muß bei Praktizierung dieser Technik besondere Aufmerksamkeit geschenkt werden, da invozierte Energien, die nicht bewußt und kontrolliert umgesetzt und verwirklicht werden, dazu neigen, sich selbständig zu machen und sich in einer oft verwirrenden, wenn nicht gar destruktiven Weise zu verwirklichen. Diese magische Technik wird mit dem englischen Wort «pathworking» (abgeleitet von den Pfaden des *Baums des Lebens*) bezeichnet. Da im deutschen Sprachgebiet diese Technik praktisch nicht bekannt ist, und auch bis jetzt keine Publikationen darüber vorliegen, gibt es auch noch keinen entsprechenden Ausdruck dafür. Das Wort «Pfadarbeit» kann indessen dafür verwendet werden. Kreative Visualisierung und die Psychosynthese arbeiten zwar mit ähnlichen Techniken, sie können indessen nicht ohne weiteres als Pfadarbeit bezeichnet werden, da sie keine Beziehung zur Symbolik der Kabbala und des Tarot aufweisen. Ein kurz skizziertes Beispiel einer Pfadwanderung unter Heranziehung von Tarot und des *Baums des Lebens* könnte etwa folgendermaßen aussehen:

Nehmen wir an, der Praktizierende will den 26. Pfad erkunden. Dieser Pfad verbindet die beiden Sephiroth *Hod* und *Tipharet,* und ihm ist das Tarotbild XVI *Der Turm* zugeordnet. Zuerst kreiert der Praktizierende in seinem veränderten Bewußtseinszustand das Energiefeld von Hod, dessen Eigenheit die Struktur ist. Struktur ist eine konsequente Weiterführung des Formprinzips und besteht hauptsächlich in einer Festlegung und Konservierung von vielen Einzelheiten. Dieser Prozeß geht meist parallel einher mit dem Absterben oder der Verunmöglichung von Kreativität. Struktur gibt zwar Schutz und eine gewisse Sicherheit für das Bestehende, vermindert aber gleichzeitig ein gesundes Lebendigsein und eine positive Entwicklung sowie organische Erweiterung bestehender Grenzen.

Dieser Zustand wird nun mittels bewußter, kreativer Imagination in Bilder umgesetzt, entweder unter Verwendung der seit vielen Generationen erfahrenen und dementsprechend magisch aufgeladenen kabbalistischen Bildern und Symbolen oder mit Bildern, die dem eigenen Erfahrungsbereich, dessen, was Struktur ist, entstammen. Der 26. Pfad, der in gleicher Weise bildhaft konstruiert werden muß, unter Verwendung des Bildes XVI, bringt nun die Erfahrung, daß Ausgeglichenheit, Harmonie, Findung seiner Mitte nur erreicht werden kann, wenn hindernde Strukturen gesprengt und aufgelöst werden. Dies geht meist nicht ohne schmerzliches Erlebnis ab, das durchaus einem Verlieren des Bodens unter den Füßen mit nachfolgendem Fall in die Tiefe gleichen kann. Daraus folgt die magische Erkenntnis, daß die Errichtung von Strukturen, die nicht mit der großen kosmischen Schöpfungsordnung im Einklang stehen, wie sie durch Tipharet repräsentiert wird, mit Gottesnähe und dem Finden der eigenen Mitte unvereinbar ist. Diese Erkenntnis muß der Praktizierende in seinem persönlichen Alltag in die Tat umsetzen. Da Bilder viel tiefere Schichten der menschlichen Psyche erreichen als jede Formulierung der verbalen Sprache, besteht die Möglichkeit, daß eine solchermaßen gefundene magische Erkenntnis sich mit der Zeit wie von selbst immer stärker verwirklicht, ohne daß dazu ständige verbale Affirmationen auf intellektueller Ebene gebildet werden müssen.

Der 27. Pfad verbindet die Sephiroth *Nezach* und *Hod* und ist mit dem Tarotbild XVII *Der Stern* besetzt. Zwischen Nezach und Hod besteht eine ausgeprägte polare Spannung. Ist Hod Struktur mit allen bereits beschriebenen Eigenschaften, so muß Nezach, um der strengen Strukturierung von Hod entgegenhalten zu können, eine jeder Strukturierung entgegengesetzte Energie verkörpern. Nezach ist demnach reines Fließen, die Summe unzähliger Einzelbewegungen, die jede für sich einen Ausgangspunkt und eine Richtung haben, die aber in keinem Zusammenhang mit einem größeren Ganzen stehen und somit in jeder Beziehung konturlos sind. Die Erfahrung des 27. Pfades besteht in der Erkenntnis, daß Leben nur als Synthese von beiden Energiemanifestationen, sowohl Nezach wie Hod, sein kann, und letztlich weder reine Bewegung ohne Kontur, noch Struktur für sich allein auf die Dauer Bestand haben können. Dies zeigt sich in den beiden Krügen, womit die Frau aus dem Wasser des Lebens schöpft; Wasser zur Erde als Symbol der materielle Form bildenden Fruchtbarkeit und Wasser zu Wasser als Fließen um des Fließens willen, das zur Belebung dieser materiellen Form dient.

Wichtig bei dieser Technik ist, daß intellektuelle Überlegungen und Formulierungen während der Imaginationsarbeit soweit wie möglich ausgeschaltet und oder nur spärlich verwendet werden, und nur das Bild selbst in seiner energetischen Schwingung zur Wirksamkeit gelangt. Nur so werden auch die tiefsten Schichten des Unbewußten erreicht.

Eine solche Pfadarbeit gleicht einem inversen Traum. Im Unterschied zu diesem wird er trotz der leichten Trance bewußt erlebt und zudem noch aktiv gestaltet, statt passiv aufgenommen. Diese aktive Gestaltung ist es, was den Bildern ihre magische Wirkung verleiht.

Als der Golden Dawn vor einem Jahrhundert diese magischen Techniken entwickelte, gab es noch keine Möglichkeit, sie in einem größeren Zusammenhang zu erblicken und ihre Wirksamkeit auf einer wissenschaftlichen Basis näher zu untersuchen. Dies wurde erst möglich durch die Entwicklung der modernen Psychologie und ihrer analytischen Methoden durch Sigmund Freud und vor allem durch C. G. Jung. Ihre Forschungen und Beobachtungen schufen nicht nur die Möglichkeit, gewisse magische Phänomene mittels der von ihnen geschaffenen Bewußtseinsmodellen zu verstehen und ihre Wirkungsweise nachzuvollziehen, sondern sie schufen auch eine Basis, auf welcher die bestehenden Techniken variiert und in einzelnen Fällen auch weiterentwickelt werden können.

Eine solche Weiterentwicklung der Tarot-Magie gelang dem Amerikaner Edwin. C. Steinbrecher. Im Rahmen seiner Jungschen Analyse arbeitete und experimentierte Steinbrecher mit der *Aktiven Imagination* und fand eine Methode, um in direkten Kontakt mit den Archetypen der Psychologie C. G. Jungs zu treten. Steinbrecher übertrug seine Methode auch erfolgreich auf die Bilder des Tarot. Er entdeckte dabei, daß die Bilder der Großen Arkana des Tarot in der Lage sind, innere magische Kräfte zu geben oder freizulegen, die dann dem Praktizierenden zur Verfügung stehen. Ferner zeigte sich, daß die Tarotbilder, so wie sie materiell z. B. auf Karten fixiert sind, nicht unbedingt unveränderlich und starr sind, sondern daß sie sich jedem individuellen Menschen auch individuell verschieden zeigen können. Die Bilder, so wie sie uns auf Karten und anderem Trägermaterial überliefert sind, wären demnach eine Art gemeinsamer Nenner für das *Kollektive Unbewußte*.

Ein Ziel der *Inner Guide Meditation* (Meditation des Inneren Führers), wie Steinbrecher seine Methode nennt, besteht darin, mit Hilfe eines Inneren Führers – Steinbrecher definiert sie als Wesen, die früher auf der Erde gelebt haben und sich jetzt auf einer geistigen Ebene befinden – den Weg zu diesen archetypischen Kräften zu finden. Die dabei angewandte Technik hat große Ähnlichkeit mit einer schamanistischen Reise und geht etwa folgendermaßen:

Der Praktizierende läßt in der Imagination das Innere einer Höhle entstehen, in der sich der Praktizierende erlebt. Er schreitet dann nach vorwärts, biegt links ab und dann wieder rechts, bis er eine Türe findet, die aus der Höhle hinaus in eine Landschaft führt. Dort ruft er einem Tier, das für jeden Menschen individuell verschieden erscheint, es kann ein Reh, Löwe, Hund oder eine Katze sein, und das ihn zum Inneren Führer bringt, der erfahrungsgemäß am Anfang immer in männlicher Gestalt von rechts her erscheint. Steinbrecher macht darauf aufmerksam, daß gelegentlich auch falsche Führer in Erscheinung treten können. Sie lassen sich aber leicht als solche erkennen, wenn man sie bittet, «die Sonne am Himmel der inneren Welt» zu zeigen. Entweder weigern sie sich dann oder verschwinden einfach. Der echte Führer wird den Praktizierenden zu dem von ihm gewünschten Tarotbild führen, das, wie bereits erwähnt, nicht unbedingt mit dem Bild der Tarotkarten übereinstimmen muß, aber in jedem Falle die betreffende Energie verkörpert in einer für den Praktizierenden, und in diesem Falle nur für ihn, gültigen Form. Auch hier ist es wichtig darauf zu achten, daß die durch diese Methode invozierten Energien nicht einfach sich selbst überlassen werden, sondern vom Praktizierenden in einer geeigneten Form magisch umgesetzt und verwirklicht werden müssen.

Es ist klar, daß im Rahmen dieses Aufsatzes über die Techniken der *Tarot-Magie* nur skizzenmäßige Informationen gegeben werden können. Zur Vertiefung und namentlich zur praktischen Erprobung wird auf die weiterführende Literatur verwiesen. Aber schon so dürfte klar werden, daß die Tarot-Magie in der geschilderten Form weitaus mehr Möglichkeiten bietet und für den Praktizierenden viel interessanter ist als die Divination.

Weiterführende Literatur

Regardie, Israel, Das magische System des Golden Dawn, 3 Bände, Verlag Hermann Bauer, Freiburg i. Br., 1987/88.

Leuenberger, Hans-Dieter, Der Baum des Lebens, Schule des Tarot, Band 2, Verlag Hermann Bauer, Freiburg i. Br., 1982.

Fortune, Dion, Die magische Kabbala, Verlag Hermann Bauer, Freiburg i. Br., 1987.

Drury, Nevill, Der Schamane und der Magier, Reisen zwischen den Welten, Sphinx, 1989.

Ashcroft-Nowicki, Dolores, Highways of the Mind, The Art and History of Pathworking, Aquarian Press, 1987.

Steinbrecher, Edwin C., The Inner Guide Meditation, A Transformational Journey to Enlightenment and Awareness, Aquarian Press, 1982.

Richardson, Alan, Gate of Moon, Mythical and Magical Doorways to the Otherworld, Aquarian Press, 1984.

Richardson, Alan, Dancers to the Gods, The Magical Records of Charles Seymour and Christine Hartley, 1937–1939, Aquarian Press, 1986.

Arnold Keyserling

Geboren 1922, zweiter Sohn des Philosophen Herrmann Graf Keyserling. Nach zehnjährigem Auslandaufenthalt in Italien und Indien sowie nach umfangreicher Reise- und Vortragstätigkeit im Fernen Osten seit 1962 in Wien lebend.

Professor an der Hochschule für angewandte Kunst mit Vorlesungen auf den Gebieten der Philosophie, Geschichte, Religionsphilosophie, Musik, transpersonaler Psychologie sowie über die Synthese von esoterischem und exoterischem Wissen in der Wassermannzeit. Neben seinem Vater und der Jugendbegegnung mit Ramana Maharshi prägten den Ansatz seiner Arbeit die Studien mit Gurdjieff Mitte der 40er Jahre in Paris sowie seine Studienzeit bei dem Zwölftonmusiker Josef Matthias Hauer. 1985 gründete er in Anknüpfung an die vergessene sokratische Tradition zusammen mit seiner Frau, der Yoga-Lehrerin und Autorin Wilhelmine Keyserling, die «Maieutik», die neue Wiener Schule des philosophischen Handwerks. Außerdem führt ihn eine umfangreiche Lehrtätigkeit mit Vorträgen und Seminaren in fast alle europäischen Länder.

Autor von 27 Büchern,
2 Fernsehfilme:
«Das Menschentier emanzipiert sich» und **«Mystik»**, im Auftrag des ORF

Buchveröffentlichungen

Das Rosenkreuz
Geschichte der Denkstile
Weisheit des Rades
Gott, Zahl, Sprache, Wirklichkeit
Durch Sinnlichkeit zum Sinn

In Vorbereitung:
Lehrbuch der Holistik, das Weltbild des ganzheitlichen Lebens

Arnold Keyserling
Vom Kampf ums Dasein zum globalen Dorf
Wege kollektiver Heilung

Eine der entscheidenden Entwicklungen der Gegenwart ist die mathematische Dynamik von Ralph Abraham. Er beklagt sich mit Recht, daß die Fortschritte auf diesem Gebiet von den meisten Geistes- und Gesellschaftswissenschaftlern nicht zur Kenntnis genommen werden, weil die mathematischen Formeln dem unvorbereiteten Leser zu schwer erscheinen. Damit aber werden wesentliche Ansätze der Erkenntnis verdunkelt, die ohne Mathematik auf Intuition und Hypothese beruhen, mit ihrer Hilfe aber eine neue Ordnung offenbaren, die die systemische Forschung der Gegenwart befruchten könnte.

Abraham unterscheidet vier Schritte des dynamischen Verhaltens: periodisch, chaotisch, global und bifurkal.

Periodisch ist die Dynamik von Galilei. Ihr Prototyp ist die Maschine: mittels einer von außen zugeführten Kraft wird eine energetische Bewegung geschaffen, wie etwa eine Lokomotive durch Dampf angetrieben. Das System ist geschlossen; hört die Erhitzung auf, bleibt die Lokomotive stehen. Diese Dynamik gilt vor allem für den festen Zustand.

Das *chaotische* Verhalten hat sein Urbild in der brownschen Bewegung der Moleküle des Wassers, welche George Gamow mit einem Betrunkenen verglich, der versucht, sich an einer Laterne festzuhalten. Ihre Ordnung ist statistisch und läßt sich auf drei Faktoren zurückführen: Anziehung, Abstoßung und Sattelpunkte als Mitte zwischen den beiden.

Die *chaotische Dynamik* gilt auch für lebendige Systeme, wo Anziehung und Abstoßung zum Angriffs- oder Fluchtverhalten werden. Das chaotische Verhalten der Triebe – Nahrung, Sicherung, Reproduktion und Aggression, um die großen vier von Konrad Lorenz zu zitieren – hat die Sattelpunkte in der Sättigung, die den entsprechenden Trieb in einen periodischen Zustand zurückführen. Ist der Hunger gestillt, dann existiert er eine Weile nicht und tritt erst dann wieder als inneres Signal auf, wenn das Triebgleichgewicht sich gewandelt hat.

Das chaotische Verhalten aufgrund der Triebstruktur betrifft Einzelwesen, auch den Menschen, wenn er durch seine Selbsterhaltung, seinen persönlichen Profitwunsch gelenkt wird. Die *globale Dynamik* dagegen läßt sich hauptsächlich im Verhalten von Arten zueinander beobachten. Das Beispiel von Abraham ist die Interaktion von Heringen und Haifischen. Nehmen die Heringe zu, so vermehren sich die Haifische. Fressen diese zu viele Heringe, so können sich weniger Haifische ernähren und ihre Bevölkerung nimmt ab. Darauf nehmen die Heringe wieder zu und der Zyklus beginnt von neuem.

Für das periodische Verhalten muß die Struktur und die Absicht bekannt sein, etwa eine Lokomotive zum Transport zu verwenden. Für das chaotische Verhalten gilt es, Anziehungs-, Abstoßungs- und Sattelpunkte zu erkennen und zu bestimmen. Für das *globale* Verhalten müssen wir den Wechsel zwischen Ausdehnung und Zusammenziehung verstehen, wie er im menschlichen Organismus dem Atem zugrunde liegt. Die chinesische Philosophie bezeichnet ihn als dauernden Wechsel der Weltprinzipien Yang und Yin.

Der Zugang zum globalen Verhalten verlangt die Kenntnis aller in das Wechselspiel eingreifenden Parameter. Alle drei geschilderten Dynamiken werden bei der Arbeit mit Computern verwendet und gehen von der globalen Programmierung aus; tritt ein neuer Faktor hinzu, so wird die Voraussage des Verhaltens falsch.

Die vierte Dynamik ist die *Bifurkation*, verwandt der Katastrophentheorie. Es besteht nicht ein statisches Gleichgewicht wie bei Buridans Esel – der bekanntlich verhungerte, weil zwei Gefäße mit Nahrung in gleicher Entfernung von ihm standen und er sich daher mechanisch nicht für eines von beiden entscheiden konnte –, sondern die eine oder die andere Handlung wird vorgezogen. Ein Hund wird bei Gefahr entweder fliehen, die Ohren zurücklegen oder angreifen, die Zähne fletschen. Tut er gleichzeitig beides, dann ist er neurotisch und gehört ins Tierspital.

Viele der heute gängigen gesellschaftlichen Vorstellungen vergessen das bifurkale Handeln und suchen eine Weltanschauung in einem System totaler mechanischer Sicherung (periodisch), im Kampf ums Dasein (chaotisch), im Sinne des Sozialdarwinismus oder im Rückzug auf ein grünes globales alternatives Paradies im Sinne ewiger Wiederholung. Doch die Tatsache ist, daß der Mensch zu Wahl und Entscheidung nicht nur begabt, sondern gezwungen ist. Die drei ersten Dynamiken kann er verwenden, die globale in der Theorie der wirtschaftlichen Schwankungen. Aber ihm selbst obliegt es, seine Intuition nach Kenntnis aller ermittelbaren Parameter zu einer Entscheidung zu bringen und damit erst überhaupt seine Freiheit und Selbstbestimmung auszuüben.

Hierzu müssen wir erst einmal den Unterschied zwischen menschlicher und tierischer Existenz herausschälen, wie er durch die Arbeit von Norbert Elias verständlich wurde. Durch die vergleichende tierische Verhaltensforschung wissen wir, daß jedes Tier zwischen Arterhaltung und Selbsterhaltung in einem Ritual lebt, das durch männliche und weibliche Rollen bestimmt ist:

Arterhaltung

weibliche Rolle   RITUAL   männliche Rolle

Selbsterhaltung

Jede Art existiert so lange wie sie im Ökosystem ihre positive Rolle behält. Das Ritual scheint das eigentliche Ziel der Tierwelt zu sein, von welchem jedes artgemäß festgelegt ist. Der Kampf ums Dasein ist also nicht letztentscheidend, sondern die Teilnahme an einem kosmischen Spiel, das aber seit Beginn der Gattung abläuft und nur von Zeit zu Zeit durch Mutationen in der Erdgeschichte abgewandelt wird.

Beim Menschen müssen wir nun den Jäger und Sammler der Altsteinzeit vom Viehzüchter und Ackerbauer der Jungsteinzeit unterscheiden. Durch Jahrmillionen war der Mensch ein Tier unter anderen. Er unterschied sich von diesem durch seine Fähigkeit des Feuermachens und der Werkzeugbenützung: Der Mensch ist das technische Tier, homo faber. Anstelle des arteigenen Rituals identifizierten sich die altsteinzeitlichen Sippen mit einer Tierart, dem Totem, ahmten etwa dessen Tanz nach.

Mit der Jungsteinzeitlichen Revolution vor 11 000 Jahren – der Erfindung von Ackerbau, Viehzucht, Keramik, Weberei, soziokultureller Tradition und Familie – kam es zu einer geistigen Mutation. Sobald der Homo sapiens erkannte, daß er Laute und Zeichen als Werkzeuge in der Kommunikation verwenden kann und damit die Zivilisation begründete, traten die vorsprachlichen Instinkte in den Hintergrund und wurden unterbewußt. Aus biologischer Sicht kann man Religion als den Versuch bezeichnen, die verlorene Eingebundenheit in die Natur auf sprachlicher Ebene wiederzufinden:

Arterhaltung
soziokulturelle Tradition
Ackerbau   ZIVILISATION   Viehzucht
Gemeinschaftsform
Selbsterhaltung

Während das Ritual der Tiere fixiert ist, wird es in der Zivilisation historisch gewandelt. Sowohl männliche und weibliche Rollen als auch soziokulturelle Tradition und Gemeinschaftsform unterliegen der Evolution. Elias bezeichnet dies als die Verschiebung der Schamgrenze: Während im 15. Jahrhundert noch öffentliche Tortur und das Verschlingen ganzer Ochsen ohne Messer und Gabel üblich waren, verschob sich die Vorstellung der «bienséance», dessen, das sittsam ist, und wurde immer weiter verfeinert, bis es zum heutigen Ideal der Menschenrechte und der bürgerlichen Kultur gekommen ist.

In Religion und ethischer Tradition – in Europa bei Kirche und Adel – wurde der Bezug zum Jenseits und zur Triebwurzel rituell aufrechterhalten. Mit der Aufklärung, die alles nicht sprachlich kodifizierte und mathematisch zähl- und meßbare Verhalten verneinte und zerstörte, gingen die beiden Wurzeln des Menschen verloren und wurden ins Unbewußte verdrängt.

So wesentlich der Rationalismus für die Befreiung des Menschen und zur Entfaltung der Demokratie gewesen ist, so schädlich hat sich die Trennung von Transzendenz und Triebwurzel ausgedrückt, so daß heute die meisten Propheten der Zivilisation an den unvermeidlichen Untergang des ganzen Lebens auf der Erde glauben, sei es durch Umweltzerstörung, sei es durch Atomkrieg.

Aber das Verdrängte läßt sich wieder einbringen; es ist in der unterbewußten Erinnerung noch zugänglich. Daher können die Mittel des Denkens in Psychologie und Bewußtseinsforschung uns einen Fingerzeig geben, wie wir die bisher mythischen Formulierungen all dessen, was dem Leben früher Sinn gab, auf kritischer Ebene begreiflich machen können. Der Einstieg hierzu ist die Gehirnforschung von Pribram und McLean. Arthur Koestler charakterisierte die Erkenntnis dieser Pioniere über das dreifältige Gehirn und das vierfältige Bewußtsein mit den Worten: «Jede Nacht gehe ich mit einer Giraffe und einem Krokodil zu Bett. Im Gehirn hat der Mensch am Reptil und am Säugetier teil, doch darüber hinaus über das Großhirn an der Fähigkeit der sprachlichen Kommunikation und Zivilisation.» Betrachten wir nun die Gehirnzonen schematisch:

3 Großhirn, menschlich
2 limbisches System, Säugetier
1 Stammhirn, Reptilhirn.

Das *Stammhirn* oder Reptilhirn bedeutet die Teilhabe an der Schwerkraft der Erde; die Schlange ist fähig, sich aufzurichten. Erst in den letzten Jahren ist über Yoga und Tai-Chi allgemein bewußt geworden, daß Energie nicht muskulär ist, sondern verlangt, sich der Kraft der Erde zu öffnen. Dazu ist die aufrechte Achse erforderlich, wie Feldenkrais gezeigt hat. Das Stammhirn ist meistens gesund, Krankheiten kommen von den übergeordneten Systemen. Erreicht man etwa im Yoga die Stille einer Asana, so sagt einem der Körper, was sein nächster Wunsch ist.

Das *limbische System* lernt über die Erfahrung des bedingten Reflexes: Wiederholung von Lust und Vermeidung von Schmerz. Seinetwegen lassen sich Tiere und Menschen abrichten. Es bildet die transaktionale Ebene des Bewußtseins, Arterhaltung und Selbsterhaltung treffen zusammen. Hierbei ist Lust für den Menschen nicht nur der Selbsterhaltung zugehörig; die höchste Lust, der geschlechtliche Orgasmus, ist auf die Art bezogen.

Das *Großhirn* ist vierfältig. Die *linke Hemisphäre* ist zeitgebunden, bestimmt das Wachen und die Erfahrung des Nacheinanders. Es besteht in der Gegenwart, die Vergangenheit ist nicht mehr, die Zukunft noch nicht. Die räumliche Wirklichkeit ist zu gestalten.

Die *rechte Hemisphäre* ist die Welt des Traumes und des Raumes; der Mensch nimmt analog über den Traum die Möglichkeiten wahr. Als REM-Traum ist er ergänzend – man träumt während einer Fastenkur von großartigen Speisekarten –, als Tiefentraum prognostisch; er bezieht sich auf eine Intention der Arterhaltung, eine künftige Handlung in der Gemeinschaft.

Hinter dem Großhirn ist die Welt der Sprache, welche den Traum mit den Assoziationen der Triebe und das Wachen mit der Wahrnehmung der Sinnesdaten vereint. Entweder sieht man Bilder beim Lesen eines Buches, oder Bilder und Intuitionen der Traumwelt werden vom Dichter in Worte verwandelt.

Schlaf

Wachen   Traum

Reflexion

In der linken Großhirnhemisphäre befinden sich zwei Sprachzentren, das konzeptuelle Wernikezentrum und das kommunikative Broccazentrum. Der amerikanische Psychiater Julian Jaynes in Princeton fragte sich einmal: «Was geschieht, wenn man in der rechten raumbezogenen Großhirnhemisphäre jene Punkte aktiviert, die den Sprachzentren der linken entsprechen?» Er aktivierte bei den Patienten diese Punkte, und zu seinem Erstaunen schrieben alle prophetische Texte. So kam er zu der launigen Feststellung: *Das Subjekt der linken Hemisphäre heißt ich, das der rechten aber Gott.*

Die Tatsache, daß uns die Stimme der Gattung genauso zugänglich ist wie die der persönlichen Individualität, ist seit zweitausend Jahren in Vergessenheit geraten. Jaynes verdeutlicht es an folgendem Beispiel: Wenn der Kapitän einer amerikanischen Fußballmannschaft vor dem Spiel Gott um den Sieg bittet, nennt man das Gebet. Wenn es hingegen Gott einfiele zu antworten, dann heißt man es Schizophrenie.

Die Aufmerksamkeit entstammt, wie Eccles nachgewiesen hat, dem Stammhirn und ist beim Menschen in Selbstzuwendung und Sachzuwendung getrennt. Im Vorderhirn entwickelt sich daraus der Rhythmus der Schwingung der Aufmerksamkeit: Eine Sekunde ist der Beobachtung, eine der Erinnerung zugewandt. Das Gewahrsein, das aus dem Schlaf, der inneren Leere der Aufmerksamkeit ansetzt, ist also nicht eine photographische Linse, wie es die kantische Philosophie, vom erkennenden Subjekt glaubte, sondern eine dauernde Schwingung 0-1: ja zur Erinnerung, nein zur Beobachtung und umgekehrt. Daher ist das menschliche Bewußtsein durch einen binaren Computer nachzuahmen. Es kann aber nur dann funktionieren, wenn es seine Entscheidung aus dem Wesen, das heißt aus dem Stammhirn des Körpers, der Aufmerksamkeit, trifft. Laut neuesten Forschungen – zitiert von Marilyn Ferguson im Brain-Mind-Bulletin – ist das Gehirn ständig durch Bereitschaftswellen von drei Hertz bewegt, die entweder eine Motivation oder eine Intention im Sinne der beiden Instinkte nahelegen. Doch erst, wenn das Gewahrsein zu einem Bild ja sagt, dann wandelt sich die Schwingung in sieben Hertz, und das Bild wird zur Entscheidung. Mathias Alexander bezeichnete daher als Voraussetzung des Gewahrseins die Inhibition: Ich muß zu einem Motiv oder zu einer Intuition erst nein sagen und dann ja, sonst werde ich von meinen Assoziationen manipuliert und mitgerissen; es müssen also im Bewußtsein beide, das Ja und das Nein, vorhanden sein – eines davon wird dann zum Ansatz für den nächsten Schritt.

Mathias Alexander war der erste, der die positive Rolle der Vorstellung für die Gesundung des Körpers untersucht hat und in seiner «Alexandertechnik» einen Weg zur Normalisierung zeigte. Inzwischen ist die Zahl der Techniken gewachsen, und alle haben ein ähnliches Ziel: das Stammhirn als Zugang zur Aufmerksamkeit, zur Kraft und zur Motivation aus seiner Versklavung an das limbische System zu lösen.

Wie kommt es nun zu dieser Versklavung? Das Kind lebt am Anfang in der Phantasie und im Stammhirn, das im Kleinhirn alle Bewegungsabläufe speichert. Es lernt spielerisch, tanzt etwa die erste grammatikalische Entdeckung des Singulars und des Plurals: Papa – Papas. Kommt es aber mit sechs Jahren in die Schule, so tritt an die Stelle des freien Spielens die Forderung der Erzieher, den «local cultural consensus» über Belohnung und Bestrafung zu erlernen. Hiermit wird der spielerische Zusammenhang mit den eigenen Trieben verschlossen; der Jugendliche befriedigt nur jene Wünsche, die im freudschen Sinn durch das Über-Ich der Zivilisation gestattet werden.

Während der ganzen Ausbildungszeit bleibt der Zugang zu den Instinkten verschlossen. Versuche, die kindliche Spontaneität durch die Adoleszenz aufrechtzuerhalten wie in den antiautoritären Erziehungsversuchen von Summerhill und Maria Montessori, ergaben keinen Erfolg; die meisten Absolventen suchten die Anpassung später.

Wird die Triebhaftigkeit verdrängt, dann geschieht das gleiche mit der Intuition. Man glaubt nur noch an das, was die Gesellschaft rechtfertigt. Der Geist wird zur Welt Drei im Sinne Poppers, als verbalisierte Kultur, und die Möglichkeit der rechten Großhirnhemisphäre, intuitiv neue Möglichkeiten zu finden, verkümmert.

Im Sinne der früheren Beschreibung des Vorderhirns ist die Richtung der Aufmerksamkeit des Kindes als dauernder Wechsel Erinnerung –Beobachtung organisch richtig. In der Schule, wo die Aufmerksamkeit zwangsweise auf gegebene äußere Themen gerichtet ist, schwindet die Fähigkeit des Wechsels zwischen Beobachtung und Erinnerung. Im späteren Leben des mechanisierten Menschen tritt an dessen Stelle die ewige Wiederholung des Hades, Erinnerung, Erinnerung, Erinnerung: Der Mensch hat sich in einen Computer verwandelt, der von außen her lenkbar ist.

Im Mittelalter wurde der nächste Schritt der Menschwerdung, das Erreichen der selbständigen Kompetenz als Baccalaureus, als Stockträger oder Zepterträger durch eine Initiation gefeiert. Der Lehrling bis zur Verleihung des Stockes erlernt das Wissen; der Geselle wendet es an, und der Meister lehrt es. Heute sind diese Übergänge nicht mehr bewußt, da seit John Locke der menschliche Geist von der Aufklärung als tabula rasa beschrieben wurde, auf welcher der Erzieher den Charakter einprägt.

Die Welt der rechten Hemisphäre ist unterbewußt; der Schlaf, der für das Gewahrsein dem Tode gleicht, ist unbewußt. Der losgelöste Mensch der Aufklärung lebt in einem erzwungenen Computerdasein; er kann durch entsprechende psychologische Methoden adaptiert und manipuliert werden, wie es dem amerikanischen Psychologen Skinner vorschwebt. Die mythischen Initiationen zur Meisterschaft, die «rites de passage» der Stämme und Klans werden nicht mehr geübt. Das bürgerliche Bewußtsein ist ein Fremdkörper in der Welt; vielleicht deswegen, weil im Überschwang des Glaubens der Aufklärung an die Wissenschaftlichkeit des Daseins die Vorstellung entstand, der Mensch sei tatsächlich Herr der Natur, und für Gott gäbe es keinen Platz, so wie Laplace zu Napoleon sagte: «Ich habe keine Notwendigkeit für eine solche Hypothese.»

Der Gödelsche Beweis, daß jedes rationale System auf irrationalen Axiomen beruhen muß und das Bellsche Theorem, daß alles mit allem in Wechselbeziehung steht, geben uns nun die Möglichkeit, anhand der Dynamik von Ralph Abraham eine Lösung dieses Dilemmas zu formulieren. Die Gehirnzonen entsprechen den vier Dynamiken:

Schlaf
Aufmerksamkeit
b i f u r k a l

Wachen	Traum
Zeit	Raum
p e r i o d i s c h	g l o b a l

Reflexion
Sprache/Zahl
c h a o t i s c h

Rationalismus ist kein Weltgesetz, sondern die Systematik aller Sprachen; zwischen einer Wissenschaft und etwa Französisch besteht nur ein Unterschied in der Wahl von Wortschatz und Syntax. Das Rationale bedeutet die Bezugsfähigkeit des Menschen, die Kommunikation, nicht das Wesen, welches auf allen Ebenen der Natur, vom Atom bis zu den Sternen unvoraussehbar ist. Der verstiegene Rationalismus beruht auf dem alten Grundfehler der europäischen Philosophie, den Raum als die Grundlage der Zeit zu betrachten – als die ehernen Gesetze, die dem Wandel zugrunde liegen. Was uns als Ruhe erscheint, ist letztlich nur periodische regelmäßige Bewegung. Daher kann allein die Dynamik bewirken, daß der Mensch einen Schlüssel zum Verständnis des Bewußtseins findet.

Die Welt des Wachens ist in der Zeit. Zeit ist periodisch, die Rhythmen fließen gleichmäßig. Sowohl die Energie, die wir beobachten, als auch die Verhältnisse der Mechanik in der Beziehung von Masse, Beschleunigung und Widerstand gehören der Welt des Körpers und des Empfindens zu. Sie bilden die Hardware des Computers und sind die einzige Welt, die wir gestalten können, in der wir körperlich leben, während unser Bewußtsein über diese Welt hinausgeht. Die Welt der Reflexion reagiert chaotisch auf Anziehung und Abstoßung, zwischen denen sich die Sattelpunkte als Orte labilen Gleichgewichts ergeben. Während die Gesetze der Sinne – hören, sehen, riechen, schmecken, tasten – uns die periodische Welt offenbaren, ist in der chaotischen Welt des Denkens immer ein Problem der Ansatz, welcher über Analyse und Synthese, Einzelheit und Zusammenhang im Urteil geklärt und damit der Erinnerung zugeordnet wird. Ich kann den pythagoräischen Lehrsatz nicht zweimal verstehen. Sobald ich etwas verstanden habe, ist es gleichsam ein Sattelpunkt der Erinnerung geworden, von dem aus ich mich einem neuen Problem zuwende. Die Gesetzlichkeit der Wissensbildung, der persönlichen und wortgewordenen Erinnerung ist dynamisch; sie geht von Bedürfnissen aus, die befriedigt werden. Hier ist auch der Bereich der Seele, der persönlichen Beziehungen und ebenfalls die Welt des Tieres, das in seinen Instinkten nach Stellung in der Hierarchie und nach Territorium strebt, aber nicht über den Punkt des labilen Gleichgewichts hinaus: Jedes Tier gibt sich mit dem einmal erreichten Territorium und der Stellung in der Horde als Wirkwelt zufrieden. Seine Merkwelt umfaßt nur das, was es angeht, und in diesem Bereich wird alles wahrgenommen.

Auch diese tierische Gedächtnisbildung kann von Computern nachvollzogen werden; er lernt aus Irrtümern, kann reagieren. Im soziologischen menschlichen Bereich werden die Parameter zu den Bedürfnissen von Macht und Geld und bilden eine falsche Bifurkation, weil sie manipulierbar, also nicht subjekthaft sind. Das Streben nach unendlichem Wirtschaftswachstum oder dauernder Vollbeschäftigung, um zwei der Ausdrücke von Geld und Macht zu bestimmen, geht von der Illusion aus, daß diese Richtungen unendlich wären. Daher erweisen sich die Philosophien des Kapitalismus und des Sozialismus als gefährlich, wenn sie absoluten Wahrheitsanspruch erheben. Ihr Wechselspiel bestimmt das Milieu des Menschentiers, das zu jenem Gleichgewicht erwachsen sollte, wo der einzelne sich wohl fühlt und seine persönliche Entwicklung bis zur Fülle erreicht.

Bis zum chaotischen Denken – also der Gedächtnisbildung, die immer von neuen Zielen ausgeht – ist die offizielle Philosophie vorgedrungen. Doch das globale Denken der ewigen Schwankungen, wie wir es früher am Beispiel von Heringen und Haifischen veranschaulichten, geht darüber hinaus. Auch menschliches Leben folgt den Schwankungen der Kreisläufe, und deren Sinn wird zum Bereich der Religion und Astrologie.

Ich kann räumlich das ganze Leben eines Menschen veranschaulichen, und diese Orientierung gibt seinem Dasein Sinn. Dies kann aufgrund der historischen Nachfolge geschehen, indem ich ein vorgegebenes Schema verwende wie das fünfstufige christliche: Paradies, Sündenfall, Erlösung, Jüngstes Gericht und Neues Jerusalem, oder das marxistische: Urkommunismus, Privateigentum, Bewußtwerdung des Arbeiters, Weltrevolution und klassenlose Gesellschaft. Beide sind zu linear, und die Vorstellung einer ewigen Seligkeit ohne Tun widerspricht sowohl der Erfahrung als auch der Erwartung.

Für die Computer ist das globale Denken, das Vorhersagen und Durchspielen möglicher Schwankungen, das Hauptfeld der Anwendung. Wenn ich eine neue Firma aufmache und einen Produktionszweig beginne, dann muß ich für einen Kredit nachweisen, welche Erfolge ich nach der Computerrechnung zu erwarten habe. Zwar gibt es immer wieder Menschen, die entgegen der bestehenden Voraussetzungen etwas Neues erfinden, das nicht eine vorgegebene Marktlücke ausfüllt. Ein Beispiel war Richard Crane, der am Anfang dieses Jahrhunderts die Orangen in Kalifornien heimisch machte; zuerst schuf er in einer Werbungskampagne ein «Orangeconsciousness», und dann begann er mit der Pflanzung; er handelte also bifurkal.

Die Aggression aller Vertreter von Geld und Macht, zu denen auch das akademische Establishment gehört, richtet sich gegen die Vorstellung, daß das persönliche Leben von kosmischen Rhythmen im Sinne der Astrologie geprägt sein könnte. Doch nur jene Kulturen, die wie die chinesische die Qualität der Zeit in die Regierung einbezogen haben, sind dauerhaft gewesen. Die menschliche Zivilisation entspricht der tierischen Merkwelt. Sie ist eine Projektion der Menschennatur auf die Umwelt, und nur in dem Maße, wie sie diesen organischen Ursprung nicht verliert, kann sie auch imstande sein, den menschlichen Rhythmen wie Jugend, Erwachsensein und Alter Rechnung zu tragen. Zwischen diesen drei Generationen besteht notwendig immer ein dialektisches Verhältnis, das der Hauptmotor jedes Fortschritts ist.

Das falsche Unendlichkeitsstreben von Geld und Macht ist unmenschlich; es verwandelt den Menschen in eine Maschine, einen Computer.

Geist, Seele und Körper, globales, chaotisches und periodisches Verhalten sind nicht nur simulierbar, sondern tatsächlich Lebensmittel und nicht Lebensziel. Das Lebensziel ist der Mensch selbst in seinem Gewahrsein, dessen Bewußtsein und Wollen nur durch die Bifurkation und die Katastrophentheorie denkerisch zu begreifen ist.

Maturana hat nachgewiesen, daß die stärksten Emotionen des Menschen Liebe und Haß sind. *Liebe* schließt die geschlechtliche Vereinigung als Ausdruck des Arterhaltungsinstinktes ein, aber sie geht darüber hinaus: Sie setzt immer vom Augenblick an und will dem anderen wohl. *Haß* dagegen ist falsche Vereinzelung, und Geld oder Macht als Ziel führt immer wieder in Haß; es kann gar nicht anders, da die Bedürfnisse nicht unendlich sind und ihre Verabsolutierung den Menschen in das Chaos des berechnenden tierischen Denkens herunterreißen.

Religion bedeutet, den Menschen zu erwecken, daß er die Liebe und nicht den Haß zur Triebfeder seines Lebens erhebt. Trachtet nach dem Reich Gottes, und der Rest wird euch zuteil: Dieses christliche Wort hat auch für das Wirtschaftsleben seine Gültigkeit. Ein unethischer Geschäftsmann, dem der Profit über alles geht, wird auch letzteren verlieren, weil bald niemand ihm mehr vertraut, wie Koestenbaum so anschaulich beschreibt.

Der Mensch ist ein Wesen, für welches gut und böse absolute Kategorien sind. Gut ist, was der Potentialität des anderen hilft, so wie der Verliebte nur das Beste für seinen Partner will. Der sogenannte *Realismus*, daß nur Geld und Macht zählen, ist böses Denken. Immer wieder, durch sein ganzes Leben steht der Mensch vor der Entscheidung, daß er Liebe und nicht Haß will. *Kampf* als Ziel des Lebens ist falsche Romantik; handeln aus vergangener Demütigung ist zwar begreiflich, aber böse. Das indische Ahimsa, nicht Unrecht tun, das chinesische Wu-Wei, wirken, ohne zu streiten, leuchten jedem ein.

Wir befinden uns im Wandel von der pluralistischen Gesellschaft mit vielen Machtzentren, letztlich bestimmt durch die zwei Supermächte als Inkarnationen von Geld und Macht, zum globalen Dorf. Und so müssen wir als letztes die Verwirklichung dieser entstehenden Weltgesellschaft jenseits der Pseudoideologien des Westens und des Ostens berücksichtigen.

Kehren wir wieder zu den Kategorien von Norbert Elias zurück. Die Zivilisation, gekennzeichnet durch Anheben der Schamgrenze – dessen, was man nicht tun darf –, hat in der Arterhaltung immer jenen

Horizont gehabt, der den Menschen erfahrbar war. Zuerst gab es die Religion der Klans, der abgeschlossenen Familienverbände, wie sie heute noch in Australien bestehen. In der folgenden Epoche vereinten sich die Klans zu nomadischen Stämmen, deren Wanderungen der Vision folgten. Stämme schlossen sich zusammen zu Städten, die eine Funktionalisierung des Berufs brachten. Die Sprachgemeinschaft der Städte erweiterte sich zu Gottesvölkern wie der Juden, der Inder und der Chinesen, die durch ein verpflichtendes Gesetz vereint waren. Die Völker schließlich in der letzten Epoche vereinten sich zu Reichen wie den römischen, dem russischen oder dem englischen Empire.

Heute sind diese Reiche den wirtschaftlichen Interessen gewichen; das revolutionäre Pathos nationaler Ideologien wirkt lächerlich. Damit stellt sich aber die Frage, wie die entstehende Weltgesellschaft die falsche Dynamik von Geld und Macht, die durch die Computer überwunden wird, in die echte Kommunion der Liebe überführt, wo das kantische Ideal verwirklicht sein könnte, daß der Mitmensch nicht nur das Mittel, sondern auch das Ziel des Handelns werde.

Im globalen Dorf hat jeder Mensch seinen Klan in einer Gruppe von etwa 40 Leuten, seinen Stamm in seinem Bekanntenkreis von etwa achthundert; so viele Adressen haben die meisten im Telephonbuch. Seine Stadt ist die statisch anerkannte Rolle in der Gesellschaft, etwa Rechtsanwalt oder Arzt, Installateur oder Eisenbahner. Seine Volkszugehörigkeit hat er nicht national, sondern kulturell in der für ihn verpflichtenden Sprach- und Geschichtsgemeinschaft, seine Reichszugehörigkeit in der Anerkennung weltbedeutsamer Menschen wie Einstein, Picasso oder Gandhi. Doch im globalen Dorf gehört seine Loyalität der Erde, für deren Fortbestand er heute die Verantwortung trägt.

Für jeden ist es eine persönliche Entscheidung, sich zur Liebe anstatt zum Haß zu bekennen. Vergangene Religionen hatten ihren Schwerpunkt im Traum, im globalen Denken und damit in einer Ideologie. Hier war die marxistische Kritik berechtigt, daß religiöse Ideale und Festlegungen von Gut und Böse der Hauptanlaß für Versklavung und Vernichtung von Menschen gewesen sind. Im globalen Dorf, das die Netzwerke der Kommunikation so beherrscht, daß die notwendigen Informationen jedem zur Verfügung stehen, der sie benötigt, wird die Bifurkation entscheidend. Es könnte heute jene Ökumene entstehen, die Papst Johannes im zweiten vatikanischen Konzil als Zukunftsmöglichkeit erschaute. Vielen Menschen ist nun diese Tatsache bewußt, und sie bemühen sich, gleich den Wissenschaftlern in den geistigen Bereich vorzustoßen, um neue Wege zu schaffen. Manche glauben einen solchen gefunden zu haben und halten sich daher für Führer und

Heiler, wie die Gurus der Jugendreligionen. Aber tatsächlich ist das Wissen, das uns ermöglicht, auf höherer Ebene zur Lebensganzheit zurückzukehren, nicht etwas neu zu Schaffendes: Es ist das Wissen der Offenbarung, welches seit jeher und zu allen Zeiten denen zugänglich gewesen ist, die sich darum bemühten, und das immer nur neu in zeitgemäßer Weise formuliert werden muß. Krishna sagt im vierten Kapitel der Bhagavad Gita: «Dieses Wissen habe ich einst dem Vishavat gegeben, von diesem ging es zu Manu, bis es sich in der Folge der Generationen verlor. Doch jedesmal, wenn es verloren ist, komme ich in neuer Form auf die Erde mit einer neuen Botschaft, und über diese letzte Form braucht niemand zurückzugehen.»

Vom Wesen der Esoterik

Das Wissen der Ganzheit und der Offenbarung heißt Esoterik. Das Wort Esoterik stammt von Pythagoras; während *Exoterik* ein Wissen bezeichnet, das man von außen erlernen kann, wie in der Mittelschule oder der Universität, ist das *esoterische Wissen* an das Erlernen einer Sprache gebunden, die das Bewußtsein verändert und eine neue Einstellung zum Leben bringt.

Die *Esoterik* wurde seit der Verdammung des Origines, 540, in Alexandria untersagt; nur was durch die Bibel erklärbar war, galt als Teil der Heilswahrheit. Als im zweiten Konzil von Konstantinopel 876 die ursprüngliche Dreiheit von Körper, Seele und Geist dem Menschen abgesprochen wurde und sich auf Körper und Seele beschränkte, wurde es unmöglich, die Esoterik im Rahmen der Kirche neu zu formulieren. Seither bestand der Mensch aus dem Körper, der dem Kaiser untertan, und der Seele, die dem Papst gehorcht. Geist hatte nur Gott allein.

Diese Zweiheit wurde von Thomas von Aquin als Natur und Übernatur, Vernunft und Gnade interpretiert. Sie zieht sich wie ein roter Faden seither durch die folgende Geistesgeschichte, um schließlich in der Neuzeit in der Dualität von Kraft und Stoff, Masse und Energie zu münden, die ihren Triumph mit dem deterministischen Materialismus und Rationalismus des ausgehenden 19. Jahrhunderts feierte. Doch gerade dann kam es zum Umschwung: Physiker erkannten, daß die Welt nur über die Dreiheit von Masse, Energie und Information zu beschreiben ist, welch letztere nichts mit Energie zu tun hat, sondern die systemische Struktur von Ereignissen und Wesen bestimmt.

In der Renaissance tauchte die Esoterik als okkulte Philosophie bei Pico della Mirandola wieder auf. Er behauptete, alle Religionen seien eine Einheit, und machte sich erbötig, diese in neunhundert Thesen in Rom mit allen Gelehrten der Welt zu diskutieren. Das Unterfangen wurde vom Papst verboten, da einige der Thesen häretisch klangen, und so ging die Esoterik wieder in den Untergrund, aus welchem sie erst seit dem letzten Jahrhundert wieder aufzutauchen beginnt.

Gnosis, Kabbala, Reinkarnation, Numerologie, Astrologie, I-Ging, Tarot, Yoga, die chinesischen Kriegskünste und viele andere Disziplinen gehören zur Esoterik. Es gibt heute kein spirituelles Zentrum, das sie nicht in irgendeiner Synthese oder Auswahl lehrt. Die Psychotechnologien helfen vielen Menschen; aber letztlich stellt sich die Frage, wie sie mit dem Alltagsweltbild von Naturwissenschaft, Sozialwissenschaft und Pädagogik in Einklang kommen können.

In Indien, das die Esoterik nie in den Untergrund verdrängt hatte, heißt es, daß nur wenige Menschen fähig sind, einen geistigen Weg zu gehen: den der Erkenntnis (Jnana), den der Nachfolge (Bhakti), oder den der selbstlosen Tat (Karmayoga). In der heutigen Zeit sind, wie gesagt, die Computer imstande, die Zusammenhänge des periodischen, chaotischen und globalen Bereichs zu manipulieren. Ich behaupte aus diesem Grunde, daß in der künftigen Wassermannzeit niemand mehr fähig sein kann, unterhalb eines geistigen Weges einen Sinn im Leben zu finden. *Daher verlangt unser Zeitalter von jedem, die Esoterik zu erlernen und selbst den Sinn seines Lebens zu schaffen.*

Für die christlichen Gnostiker war der jüdische Gott ein Archont, ein Erzengel, der wahre Gott dagegen der Große Mensch, der weder allmächtig ist noch richtet, sondern nur liebend und ewige Potentialität. Öffnet man sich ihm, so erfährt man den eigenen nächsten Schritt. Der Archont Jahwe hat nur eine ganz bestimmte historische Aufgabe gebracht, nämlich das jüdische Volk auf die göttliche Stimme zu eichen. Auch in der jüdischen Esoterik ist der Große Mensch durch die Kabbala zugänglich. Er offenbart sich in der Welt der Zahl, der heiligen Mathematik. Deshalb ist auch die Mathematik für uns der Schlüssel zum Verständnis der neuen Zeit; das *Rad als Urbild allen Verstehens* ist der Zusammenhang aller geometrischen und arithmetischen Urgesetze als System von Bewußtsein und Welt. Ich habe seine Bedeutung in vielen Büchern geschildert. Kritisch geordnet, als Wissen hinter dem Wissen und als Gesetz der Sinne hat es folgende Form:

DAS RAD

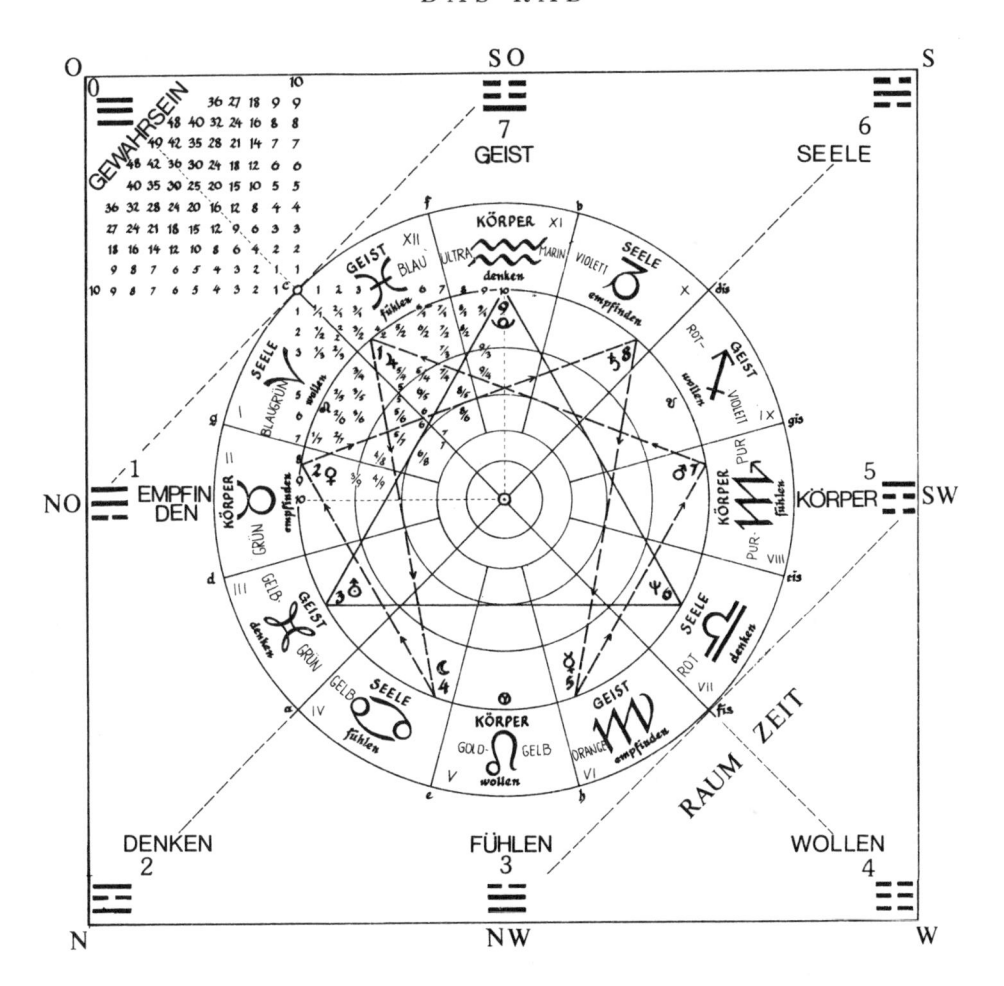

Meine bisherigen Bücher zeigten das Rad als Schlüssel sowohl zur Geschichte als auch zu verschiedenen esoterischen Disziplinen. Erst jetzt komme ich dazu, die Beziehung des Rades auf die neue Einstimmung in die Wassermannzeit zu erkennen. Durch die Dynamiken von Abraham komme ich zu folgendem Schluß: Körper, Seele und Geist, zugänglich durch die periodische, chaotische und globale Dynamik, sind verschiedene Welten, zu denen ein Mensch entweder Zugang hat oder nicht. Allein die Welt des Körpers und der Periodik ist der wissenschaftlichen Methode zugänglich, sie läßt sich bis zu einem gewissen Grad objektiv studieren. Aber die Welt der chaotischen und globalen Dynamik, von Seele und Geist, verlangt den initiatischen Zugang; der

Mensch muß sie aus der bifurkalen Möglichkeit des Gewahrseins wollen und wählen. Dann ist die seelische Welt nicht aus der äußeren Wirklichkeit abzuleiten, sondern aus dem Karma der früheren Existenzen; die geistige Welt ist nicht die Summe der Schriften und Institutionen wie die Welt Drei Poppers, sondern die Brücke zum Paradies, der neuen Erde. Daher ist die Esoterik hermetisch gemäß der Lehre von Hermes Trismegistos, der sich in allen Welten zuhause fühlt und mit seinen geflügelten Füßen von einer zu anderen eilt. Der Grundtext der Hermetiker waren die Smaragdtafeln:

«Es ist wahr, ohne Zweifel und gewiß: das Untere ist gleich dem Oberen, und das Obere gleich dem Unteren, zur Vollendung der Wunder des Einen. Wie alle Dinge aus dem Wort des Einen gekommen sind, werden auch alle Wesen vermöge der Entsprechung aus dem Einen geboren.
Sein Vater ist die Sonne, seine Mutter der Mond.
Der Vater hat es in seinem Bauch getragen, seine Amme ist die Erde.
Es ist Vater aller Wunderwerke im Weltall.
Seine Macht ist vollkommen.
Fährt es nieder auf Erden, wird es die Erde vom Feuer scheiden, das Feine vom Groben.
Mit großen Spürsinn steigt es sanft von der Erde empor.
Dann fährt es wieder hernieder zur Erde und vereint in sich die Kraft des Oberen und des Unteren.
So wirst du das ruhmreiche Licht der Welt besitzen, und alle Dunkelheit wird von dir weichen.
Dies ist die stärkste aller starken Kräfte, denn sie überwindet alles Feine und durchdringt alles Grobe.
So wurde die Welt erschaffen, die kleine Welt nach dem Vorbild der Großen.
So, auf diese Weise, kommen wunderbare Entsprechungen zustande.
Darum heiße ich Hermes der Dreimalgrößte, denn ich besitze die drei Teile der Weisheit des Weltalls.
Vollendet ist, was ich verkündet habe vom Werke der Sonne.»

Dieser Text kann auf mannigfaltige Weise entschlüsselt werden. Der eine ist der Mensch im All, Poimandres, wie er in anderen Schriften des Hermes als Dialogpartner auftauchte und die Hauptinspiration des Pico della Mirandola gebildet hat. Wir wollen nun versuchen, die Weisheit über eine der esoterischen Disziplinen darzustellen.

Die drei Welten sind der *Mikrokosmos*, der *Kosmos* in der Größenordnung des Lebens und der *Makrokosmos*. Heute wissen wir im Unterschied zu Aristoteles, der den Menschen als Mikrokosmos betrachtete, daß es die drei Welten physikalisch tatsächlich gibt. Die *Welt der Quanten, Photonen, Elektronen, Atome* und *Moleküle* ist mikrokosmisch, nur über das Mikroskop zu sehen. Die *Welt des Alls*, der *Galaxien, Sonnen, Planeten* und *Monde* ist makrokosmisch, durch das Makroskop zu erschauen. Die *Welt des Lebens, der Steine, Pflanzen, Tiere und Menschen* bildet mathematisch genau die Mitte in einer Symmetrie von Makrokosmos und Mikrokosmos. Der Mensch ist also in seiner Größe die Mitte des Alls und erfährt das Göttliche als sein Gegenüber.

Die wahre Welt des Menschen ist nicht die physikalische, sondern die existentielle, die sinnlich kinästhetische. Ausgehend von den Sinnen – sehen, riechen, schmecken, hören, tasten und ihren aktiven Gegenformen –, hat jede der Welten eine andere Bedeutung:

1. Die *Welt der Erfahrung* ist die körperlich-kosmische, sie ist die Art und Weise, wie ich mich auf der Erde zurechtfinden kann. Sie verlangt Einsatz für praktische Ziele, Schaffen des Wohlstandes und Mitarbeit an der Erde. Sie ist der eigentliche *Kosmos*, und die beiden anderen Welten erscheinen dem Bewußtsein in gleicher Größe: der Traum und das nachtodliche Limbo, das Paradies oder die Neue Erde.

2. Die *Welt des Mikrokosmos* enthält die Parameter des Traumes, der Emotionen und des Todes. Im Tod geht der Mensch in die mikrokosmische Form zurück, weil er sich nur über die molekulare Größe wiederverkörpern kann, wenn das Wesen sich mit Same und Ei vereint.

3. Die *Welt des Makrokosmos* ist der Himmel; die Sonne, die Sterne, der Tierkreis und die Planeten sind die Parameter des Paradieses, der Neuen Erde.

Das Gegenüber des Menschen ist in allen Schichten der Mensch im All, Adam Kadmon, Mahapurusha, in allen Überlieferungen der Freund, die inkarnierte Liebe. So zeigt der *Tierkreis* in seinen Entsprechungen vom Kopf in Widder bis zu den Fischen in den Füßen die mögliche menschliche Vollendung, die nur in der Zeit erreicht werden kann.

In der *Welt des Körpers* muß man seine Position erreichen, um der Familie eine Heimstatt zu geben und an der Gesellschaft mitzuwirken. In der *Welt der Seele* gilt es die nachtodlichen Vorgänge, die einem über die Einbildungskraft des Mondes erkennbar werden, von Identifikationen in Aufgaben zu verwandeln; also zu erkennen, daß Charakter und

Schicksal nicht Gegebenes, sondern etwas zu Schaffendes sind. In der *Welt des Geistes* schließlich sollte man aus dem Entwurf, der Möglichkeit heraus leben, die durch die Mythen und Offenbarungen verbildlicht wurden. Hierbei sind die Lichtpunkte der Sterne die geometrischen Schriftzeichen, welche die verschiedenen Kulturen unterschiedlich interpretiert haben. Für die Inder ist der Große Bär der Ort der sieben heiligen Rishis, und Patanjali ist die Inkarnation des Sternbildes der Schlange. Die Sterne können beliebig zu Figuren zusammengefügt werden, wie wir aus der vergleichenden Mythenforschung wissen, aber der Sinn der Konstellationen ist immer der gleiche. Man muß nachts in den Himmel blicken, das geometrisch-arithmetische Urbild entschlüsseln, um den seelischen Problemen der Unterwelt gewachsen zu sein.

In Europa und Indien haben die drei Welten ihre Verkörperung in den drei Ständen oder Kasten gefunden. Der Bürger – Handwerker, Bauer und Händler – war für den allgemeinen Wohlstand verantwortlich und sollte reich werden. Der Adel durfte sich nicht um persönlichen Reichtum kümmern. Ihm oblag es, für das Gute und gegen das Böse zu kämpfen, seine Triebe und Süchte zu zähmen, also die Zivilisation der Höflichkeit im Sinne von Elias zu verwirklichen. Noch heute wird in England jemand geadelt, weil er einerseits ein tadelloses moralisches Leben geführt hat und andererseits etwas Wesentliches für die Entfaltung beitrug. Der Priester hatte die Aufgabe, die Wege zum Paradies, wie sie von den Heiligen gelebt und von den göttlichen Inkarnationen verkündet worden waren, in den Kultus einzubeziehen, so daß niemand vergißt, zu welchem Ziel er auf die Welt gekommen ist.

Das Licht ist der Träger des Makrokosmos, die Kraft und Sexualität jener des Mikrokosmos. Bürger, Adel und Priester wurden verbunden durch die doppelte Rolle von Kaiser und Papst, der Kaiser als Vertreter der Kraft und des Reichs, der Papst für Licht und Kirche. Selig war jener, der die Welt des Limbo durchstand, katholisch das Fegefeuer; geistig der, welcher auf der Erde Wunder tat, also nachwies, daß er eine echte Brücke zum Paradies geworden war, welcher Nachweis durch den Heiligsprechungsprozeß erbracht wurde.

Mit der bürgerlichen Revolution von 1798 wurden Adel und Priester in ihren Welten vernichtet. Aber auch der Bürger, der damals als dritter Stand über die beiden triumphierte, wurde im 20. Jahrhundert in den beiden Ideologien des Kapitalismus und Sozialismus durch den vierten Stand (Arbeiter) entmachtet.

Mit der *Wassermannzeit* kommt eine neue Ethik. Jeder ist Arbeiter, Wassermann ist die sechste Epoche der Menschheitsgeschichte, also das Haus der Arbeit. Bürger, Adel und Priester sind Facetten seines Seins, in der Astrologie folgendermaßen zu bestimmen: körperlich als Häuserkreis, seelisch als Konstellationen der Planeten und geistig als Tierkreis. Die technologische Zivilisation als Verkörperung des Denkens ersetzt den Frohn. Die ständische Gliederung war für die Gesellschaftsformen der Stadt, des Volkes und des Reiches unumgänglich, ist es aber nicht mehr für den Menschen des globalen Dorfes.

Heute ist die Menschheit der einzig mögliche gesellschaftliche Rahmen. Dieser verlangt zu seiner Verwirklichung nicht politischen Kampf, sondern eine gemeinsame Sprache der Verständigung, die von allen anerkannt wird und den Reichtum der drei Welten umfaßt. Sie muß die hauptsächlichen kulturellen Strömungen einschließen, neben der abendländischen Kultur die Körperlichkeit Afrikas, das kosmische Verständnis Chinas, das indische Wissen des inneren Weges und die Natureinstimmung der Indianer.

Wir stehen mit der Menschheit und dem globalen Bewußtsein, mit den geistigen Revolutionen in West und Ost, Human Potential Movement und Perestroika, in der Zeit der Schaffung des globalen Dorfes, da sich das Streben von der horizontalen Ausdehnung wieder in die vertikale Läuterung verwandelt. Damit verändert sich die Esoterik vom Untergrund der prophetischen Religionen zu allgemeinen Nennern des Verständnisses.

Die Voraussetzung des globalen Bewußtseins ist die Anerkennung des Körpers als Keim der möglichen Entfaltung zur Unsterblichkeit. Die Christen sprachen von der Erlösung der Seele, aber der Auferstehung des Fleisches. So ist heute die vordringlichste esoterische Disziplin die Körperarbeit, vom Yoga über den afrikanischen Tanz bis zu den modernen Methoden.

Adel bedeutete früher, daß man sich gewisse Schwächen nicht zubilligt. Daß diese Überwindung der Schwächen erlernbar und nicht an Geburt oder äußere Umstände gebunden ist, haben die analytische, die humanistische und transpersonale Psychologie gezeigt. Jedem Interessierten sind Wochenendkurse oder Ausbildungen auf dem Gebiet der Gestalt, des NLP (Neuro-Linguistic-Programming), der Rückführung in Rebirthing und in frühere Inkarnationen zugänglich. Es gibt niemanden mehr, der hier die Autorität einer Kirche bedingungslos akzeptiert. Vielleicht ist der positive Sinn des neuen Konservatismus der Kirche, daß diese sich nicht für die geistige Avantgarde, für das New Age verantwortlich fühlt, sondern für jene, die die Gnadenmittel auf ihrem Weg brauchen, weil sie sich geistlich als Kinder betrachten.

Der entscheidende religiöse Unterschied zwischen Fischezeit und Wassermannzeit ist aber, daß der Weg zur Neuen Erde jedem offensteht, der kreativ an der Welt aus der eigenen geistigen Inspiration mitarbeitet. «Wer keinen Namen sich erwarb, gehört den Elementen an», sagte Goethe. Heute scheint jeder auf die Welt gekommen zu sein, um seinen eigenen Weg zu schaffen. Daher ist die Esoterik nicht traditionell, sie ist systemisch; sie bestimmt die Erkenntnis der Urgegebenheiten von Welt und Bewußtsein.

Esoterische Geheimhaltung ist ein Unsinn, es sei denn, sie geschehe aus politischen Gründen wie bei den Alchimisten, um nicht dem Bann der Kirche zu verfallen. Jeder kann die Offenbarung in sich entdecken. Doch das Vertreten einer Ideologie, die persönliche Wahl einer Weltanschauung im Gegensatz zu anderen, wirkt in der Wassermannzeit verderblich. Jeder ist in seinem Dorf Kaiser und Papst, vereint seine Merkwelt und Wirkwelt und braucht hierzu die Hilfe des anderen; in der Prüfung am Mitmenschen und am göttlichen Gegenüber findet er seinen Weg, weil für den Esoteriker jeder Zufall, jedes Begebnis und jeder Traum zum Anlaß des nächsten Schrittes wird.

Als Buchautor ist Hartmut Radel, der 1940 in Pforzheim geboren ist, mit sieben Reiseführern, einem Großband über seine Heimat, den Schwarzwald, hervorgetreten. Es folgten mehrere Abhandlungen über Astrologie.

Hartmut Radel

ist ausgebildet in Astrologie, Philosophie und Psychologie. Er leitet in Baden-Baden eine astrologisch-psychologische Beratungspraxis. Vorträge im In- und im Ausland, Seminare an Volkshochschulen und Abendakademien sowie Ausbildungen in seinem Lehrinstitut verbreiten und vertiefen esoterisches Wissen.

Hartmut Radel ist Vorstandsmitglied des Schweizer Astrologenbundes, zu dessen Gründungsmitgliedern er zählt.

Bevor er sich mit seiner psychologischen Tätigkeit selbständig machte, hatte er die Vertriebsleitung an großen Verlagshäusern in Stuttgart, Hamburg, Zürich und Genf übernommen.

Als freier Mitarbeiter in der Reise- und Kulturredaktion des Norddeutschen Rundfunks hat er sich durch Länder- und Städteporträts einen Namen gemacht.

Buchveröffentlichungen

Astrologie und Astronomie
Abbild und Wirklichkeit

Abenteuer Zukunft
Astrologie als eine Orientierungshilfe

Keine Angst vor Saturn

Psychologische Astrologie – Sternenglaube oder praktische Lebenshilfe

Jahrbuch der Esoterik
(Herausgeber)
Band 1 und 2

Hartmut Radel
Die Transsaturnier
Uranus, Neptun, Pluto in der Deutung

Wir haben es mit drei Sonderlingen in unserem Planetensystem zu tun. Dabei wissen wir noch wenig über sie, wenn wir die Zeit, in der wir sie kennen, vergleichen mit den Tausenden von Jahren, in denen Sonne, Mond und die fünf Planeten Merkur, Venus, Mars, Jupiter und Saturn bekannt sind.

Uranus wurde am 13. März 1781 von dem Astronom Friedrich Herschel entdeckt. *Neptun* folgte am 23. September 1846. Der Astronom Johann Gottfried Gull von der Sternwarte in Berlin war der Entdecker.

Und schließlich folgte als vorerst letzter Planet in unserem Sonnensystem *Pluto,* der im Lowell-Observatorium von Clyde Tombaugh am 18. Februar 1930 auf fotografischen Aufnahmen vom 21., 23. und 29. Januar 1930 zum erstenmal registriert wurde. Die Entdeckung wurde offiziell erst am 13. März 1930, dem Geburtstag von Percival Lowell, der bis zu seinem Tod 1916 nach diesem Planeten forschte, mitgeteilt. Nach komplizierten mathematischen Berechnungen und Bahnabweichungsuntersuchungen des Neptuns hat der Forscher nach zwanzigjähriger Sucharbeit tatsächlich Erfolg gehabt.

Aus der Art, wie diese Neuen entdeckt wurden und wie ihre Gravitationslage ist, können wir einiges aussagen über die Deutungsqualität im astrologischen Sinn.

Uranus wurde ganz zufällig entdeckt. Keiner hat nach ihm gesucht. Er war plötzlich da. Die Astronomen wurden mit dem Unerwarteten konfrontiert. Seine eigenwillige Lage seiner Polachse – sie liegt in der Ebene der Ekliptik und nicht aufgerichtet wie bei den anderen Planeten – zeigt die Besonderheit dieses Planeten. Er hat seinen eigenen «Stil» und zeigt doch, daß er mit seinem ungewöhnlichen Verhalten das solare Kraftfeld nicht stört. Exzentrisch und originell zieht er seine Bahn.

Neptun läuft fast kreisförmig. Die anderen Planeten haben viel ausgeprägtere Ellipsenbahnen. Durch diese harmonische Kreisbahn schiebt sich Neptun durch das Sonnensystem in einer Art und Weise, die ihn streckenweise zu einem «Geisterfahrer» im Planetenverkehr macht. Das Unvorstellbare wird durch ihn wahr. Sein Geheimnis bleibt, wie das alles funktioniert.

Pluto hat eine exzentrische Bahn. Die Bahnneigung beträgt 17 Grad. Außerdem schlägt er Haken wie ein Hase auf der Flucht. Das ist vielleicht im Bild zu stark übertrieben, verdeutlicht aber das Ungewöhnliche seiner Bewegung. Man nimmt deshalb an, daß er ein «entsprungener Mond» des Neptuns ist. Seine Instabilität und seine ungewöhnliche Bahn machen auch ihn zu einem Fremdling in unserem Planetensystem. Seine Zuordnung in den Skorpion zeigt an, daß Pluto einen Aufbruch zu neuen Ufern zeigen kann. Zwischen November 1988 und August 1989 läuft Pluto dreimal über seinen sonnennächsten Bahnpunkt.

Nun wird in der Astrologie vielfach die Meinung vertreten, die drei transsaturnischen Planeten würden sich nur auf Gruppeneigenschaften beziehen. Darin inbegriffen sind Generationsentwicklungen und Massenschicksale. Man kann die drei Planeten aber nicht einfach ausschließen von ihrer Wirkung auf das individuelle Kosmogramm. Nach den Regeln der astrologischen Methodik symbolisieren die Planeten psychologische Verhaltensweisen in uns. Es ist demnach nur folgerichtig, wenn Uranus, Neptun und Pluto als Bausteine unserer Psyche miteinbezogen werden. Sicherlich muß noch viel geforscht, zusammengetragen und frei von Vorbehalten ausgetauscht werden, denn rund 200, 150 und 60 Jahre Erfahrungswissen, wie es seit der Entdeckung der drei erst möglich ist, reichen in der Astrologie noch nicht aus, um wirklich verläßliche Deutungen zu geben.

Alle drei sind ausgesprochen langsam laufende Planeten. Pluto benötigt 246 Jahre auf seinem Weg um die Sonne, Neptun 165 und Uranus 84 Jahre. So liegt es auf der Hand, daß die Auswirkungen dieser Prinzipien nur wenige Male – je nach Aspektierung – im individuellen Kosmogramm spürbar sind, dann aber für eine längere Periode. Gleichzeitig ergibt sich, daß alle Menschen, die in einem Zeitraum von rund 1 bis 3 Jahren geboren sind, einen dieser drei Planeten in ihrem Kosmogramm oder zumindest nahe beieinander stehen haben. Man spricht von einem *Generationsaspekt*. Zeitströmungen kündigen sich an. Generationen stehen unter einer bestimmten Zeitqualität und haben sich in ihr zu bewähren. Als Beispiele nenne ich jene Generationen, die zwei Weltkriege erlebt haben, oder die Nachkriegsgeneration, die zwischen 1939 und 1942 geboren wurde. Mode, Ideale, Lebensführung, gesellschaftliche Tendenzen oder wirtschaftliche Entwicklungen werden durch Generationsaspekte verändert. Auch Jahre der Kriege oder Naturereignisse sind in Zusammenhang zu bringen mit dem Stand der drei Transsaturnier.

Zusammenfassend ist festzuhalten, daß Uranus, Neptun und Pluto im kollektiven Geschehen in der Menschheit und auf Erdteilen als miteinander zusammenhängende Energien gesehen werden müssen. Dies gilt auch für den Einzelmenschen. Diese Potenzen schaffen grundlegende Veränderungen. Beim Einzelmenschen geschieht dies durch äußere Ereignisse wie Berufs- oder Ortswechsel, Trennungen, Angebote, rätselhafte Begegnungen oder Fügungen ebenso wie durch eine langsam sich vollziehende Veränderung des Bewußtseins, des Denkens und der gesamten Identität, die sich auch äußerlich völlig neuorientiert präsentieren kann.

So klassifiziert man Menschen mit starken *Uranus*-Positionen als Weltverbesserer. Ihnen geht es um die Verbesserung allgemeiner Zustände. Wer ihren Reformgedanken nicht folgen will, riskiert, sie auf die Barrikaden zu treiben. Dann werden sie zu Revolutionären, welche die Welt mit Gewalt verändern. – Menschen mit einem stark gestellten *Neptun* werden entweder medial begabt sein – das kann von heilenden Kräften bis zu medialer und künstlerischer Begabung reichen –, oder sie neigen zu Betrug und zum Mißbrauch von Suchtmitteln. Wenn *Pluto* durch wichtige Aspekte eingebunden ist, wird sich ein Mensch einflußreichen Gruppierungen anschließen. Er sucht über den Einfluß seine Position zu stärken, indem er Macht ausübt. Zu solchen Gruppierungen können politische Parteien oder soziale bzw. kirchliche Verbände ebenso gehören wie im Extremfall auch kriminelle Vereinigungen. Das hängt von der Güte des Aspekts und vom Milieu des Geborenen ab.

Auf jeden Fall haben die drei transsaturnischen Planeten damit zu tun, im Bewußtsein Veränderungen herbeizuführen, die in neue Dimensionen führen. Die Höherentwicklung kann damit ebenso angesprochen sein wie die völlige Auflösung oder Zerstörung der eigenen Persönlichkeit. Dane Rudhyar bezeichnete die drei als «Botschafter der Galaxis». Uranus, Neptun und Pluto sind so weit von der Mitte unseres Sonnensystems entfernt, daß sie zu Brückenköpfen werden für kosmische Dimensionen, die unsere Vorstellungskraft übersteigen. Auf die Psychologie des Menschen übertragen, bedeutet dies, daß wir mit diesen Prinzipien Zugang finden zu Bewertungen, die außerhalb unserer subjektiven Wahrnehmung liegen. Das subjektive Ego erhöht sich und geht auf in einem kollektiven Ego, was immer man darunter verstehen mag – das Menschheitsganze, sich verströmende Liebe.

Arroyo wählt für diesen Vorgang bei Neptun den Begriff des «mystischen Bewußtseins» und bei Pluto die «spirituelle Wiedergeburt». Damit versucht er deutlich zu machen, wie der Mensch Zugang findet zu diesen kosmischen Energien. Die transsaturnischen Prinzipien sind die Antriebskräfte für die uns unbekannte Fortentwicklung unserer Persönlichkeit. Wir neigen dazu, schnell große Worte zu benutzen; Karma, Evolution, geistige Höherentwicklung, Weg zur Vollkommenheit, Selbstverwirklichung. Sie sagen letztlich nichts, sondern bleiben ein kläglicher Versuch, etwas zu beschreiben, was wir ebensogut auch als die Tragödie des Menschen bezeichnen könnten. Denn wir wissen in Wirklichkeit gar nicht, wohin die Reise geht. Wir sehen nur, daß wir immer an uns selber scheitern. Wir nehmen uns viel vor. Wir fassen gute Vorsätze. Wir besuchen psychologische Kurse, versuchen es über autosuggestives Training, gehen in die Kirche – und ändern doch nichts an unserer Unzulänglichkeit, die dem Menschen quälend ins Bewußtsein kommt.

Wenn es tatsächlich ein Thema in unserem Leben gibt und wenn uns die astrologische Lehre nicht narrt, dann erkennen wir es an der Position von Uranus, Neptun und Pluto. Aber auch dort sind die Lebensformeln nicht zu finden. Es gibt keine Möglichkeit, auch nur einen einzigen Punkt im Kosmogramm wichtiger zu machen als den andern. In dieser vollendetsten geometrischen Figur, die der Kreis ist, gibt es keine Prioritäten. Das Ganze schwingt. Dennoch finden wir mit den drei transsaturnischen Symbolen Anhaltspunkte für das, was uns in diesem Leben prägt und auch eine Ausrichtung gibt – wir mögen darüber glücklich sein oder nicht. Die Kraft, die hinter dieser Führung steckt, läßt sich durch die Transsaturnier annähernd beschreiben. Nach astrologischer Erfahrung gibt es kein Mittel, durch Wille, Vorsatz oder Ignorieren diese Energien aufzuhalten. Schicksalhafte Geschehnisse zeigen uns, wie machtlos wir wirklich sind.

So bleibt eigentlich nur der Weg nach vorn. Wir müssen uns aus dem Kosmogramm bewußt machen, was diese Energien an uns bewirken. Ihnen müssen wir folgen. Nur so können wir sie auch wirklich nützen. Im andern Fall würden sie uns überwältigen und durch Lebensereignisse zwingen, der vorgegebenen Richtung zu folgen. Auf dieser höheren Oktave, auf der Uranus, Neptun und Pluto sich hörbar machen, nehmen wir unser Lebensthema wahr. Auf der irdischen Ebene werden wir es mit den persönlichen Prinzipien von Sonne, Mond, Merkur, Venus, Mars, Jupiter und Saturn verwirklichen müssen.

Uranus – Motivation und Handeln

Uranus ist das Symbol für eine Energie, die vehement und plötzlich von außen oder von innen aufbricht. Ereignisse wie Unfälle, Stellenwechsel durch äußere Umstände, wie z. B. beim Konkurs einer Firma, Berufswechsel, Umzug in eine andere Region und auch Trennung von nahestehenden Personen sind solche äußeren Formen, durch die sich diese Energie ausdrücken kann. Freilich müssen es nicht allein erschreckende Anlässe sein. Da gibt es ebenso wichtige Begegnungen, Angebote beruflicher Art oder phantastische Gelegenheiten, um in eine schöne Wohnung oder in ein Haus zu wechseln. In jedem Fall aber ist die Energie zwingend. Der Mensch kann nicht mehr ausweichen.

Wenn die Impulse aus dem Innern kommen, dann wird ein Mensch von Reiselust gepackt. Er sucht die Unabhängigkeit. Seine originellen Ideen bescheren ihm ein unkonventionelles Leben. Er wendet sich Zeitströmungen zu, folgt der Mode oder macht Mode. Der Aktionsdrang von Uranus gibt dem Menschen zu den Ideen auch die Kreativität. Uranus reorganisiert das Bewußtsein und leitet so eine völlig neue Lebensführung ein.

Es gibt in der Astrologie viele Rätsel. Ich empfinde dies nicht als Unzulänglichkeit der Methode, sondern eher als geniales Zusammenfügen transzendentaler Strukturen. Wie dieses Wissen zu den Menschen gekommen ist, weiß niemand. Und alles nur mit jahrtausendealter Erfahrung zu rechtfertigen, ist mir persönlich zu wenig. Nein, es geschehen vordergründig Dinge, die ganz tief in der Uridee unseres Seins ihre Ursachen finden. Natürlich werden wir niemals bis dahin rekonstruieren können. Vieles in der Astrologie sieht nach Zufälligkeit aus. Zufall aber ist das letzte Glied einer Kette von Ursachen. Er tritt folgerichtig ein. Losgelöst betrachtet ist das Zufallsereignis nicht einzuordnen. Man muß die ganze Ursachenkette kennen, um es zu verstehen.

Zwei dieser Zufälle, die ich mir nicht erklären kann und wo ich doch glaube, daß er einer Folgerichtigkeit entspricht, sind die Entdeckung der Planeten und vor allem die Namen, die ihnen von Astronomen gegeben wurden. Diese Wissenschaftler hatten und haben selten mit astrologischer Deutungslehre zu tun. Die Zeiten sind lange vorbei, wo ein Astronom Mathematiker und Astrologe zugleich war. Johannes Kepler beispielsweise war einer von ihnen.

Der Astronom Herschel hat Uranus entdeckt und ihm auch seinen Namen gegeben. Wie er dazu kam, weiß niemand. Wie sich jedoch Name und astrologische Deutung über die Brücke der Mythologie begegnen, ist ein unglaublicher Zufall:

In der griechischen Mythologie war Phanes der erste Weltherrscher. Er war ein Gott mit zwei Geschlechtern. Er lebte in einer Höhle. Das Zepter übergab er an die Nacht. Sie gab es an Uranus weiter, denn Uranus war ein Kind der Nacht. Er vermählte sich mit Gaia, der Erde. Uranus ist der Herrscher des gestirnten Himmels. Uranus ist gleichzusetzen mit dem Blick in den Kosmos, den wir nur bei Nacht in seiner Größe wahrnehmen können. Dies ist mit ein Grund, weshalb die Astrologie Uranus zugeordnet ist.

Uranus soll das Weltall erzeugt haben. Er ist der Gott der unfassbaren Weite. Und damit ist er auch der Gott der Intuition, der Ideen und der Kreativität. Über Uranus erhält der Mensch göttliche Eingebungen. Uranus symbolisiert demnach auch die Idee und den großen Plan, der den Kosmos zuerst gedacht und gewollt hat, bevor er erschaffen wurde. Mit Gaia zeugte Uranus mehrere Kinder. Er haßte sie. Im Dunkel der Erde hat er sie versteckt. Die Göttin Gaia mußte so ihre Kinder behalten. Die Last war ihr jedoch unerträglich geworden, da sann sie nach einer Lösung. Sie fertigte eine Sichel an und gab sie einem ihrer Söhne, dem Kronos. Als Uranus zu Gaia kam, um sie erneut zu begatten, und sie mit der Nacht umfaßte, da stürzte Kronos hervor und schnitt Uranus mit der Sichel sein zeugungsbereites Glied ab. Er warf es ins Meer. Dort vermengte sich der Samen des Himmelsgottes mit dem Meer, und es wurde Aphrodite, die Göttin der Schönheit, geboren. Aus den Blutstropfen des sterbenden Uranus aber entstanden die Eschennymphen, aus denen das Menschengeschlecht entstanden sein soll.

Uranus ist also ein Fruchtbarkeitsgott. Sein Samen ist schöpferisches Denken. 1781 die Entdeckung, und schon 1789 brach die Französische Revolution aus, die die Welt verändern sollte. Die Idee von Freiheit und Unabhängigkeit pflanzte sich um die Welt. Die Demokratie der Neuzeit war geboren. Lange hat diese Idee in den Völkern gewirkt, ehe sie durch ein elementares Ereignis sich zu verwirklichen suchte. So ist es auch mit den Uranus-Strömungen in uns. Uranus-Ideen kommen aus der Tiefe unserer Psyche. Wenn die Zeit reif ist, stehen sie plötzlich vor uns und verändern alles, was ihnen nicht entspricht.

Und dies gilt nach astrologischer Auffassung auch für die Entdeckung der Planeten. Der Mensch entdeckt einen neuen Planeten, wenn die gesamte Menschheit ihre Bewußtheit so weit entwickelt hat, daß sie aus der Erweiterung heraus ein neues psychologisches Prinzip oder neue Strukturen der kosmischen Energien wahrnehmen kann.

Er werden Künstler, Propheten und Wissenschaftler sein, die am ehesten neue Zeitströmungen erfühlen können und so Zugang finden zu uranischen Ideen, die die Welt der Gegenwart verändern. Dane Rudhyar, einer der bedeutendsten Astrologen unserer Zeit, bezeichnete Uranus als «Kraft des universellen Geistes». Wenn er allerdings an anderer Stelle davon spricht, daß Uranus als «Stimme Gottes» verstanden werden darf, ist mir dies zu hoch gegriffen. Ich meine, daß dies zu gleichnishaft ist. Das wirklich Göttliche offenbart sich uns in allem und durch alles. Es ist durch nichts einzugrenzen.

Uranus beginnt dort, wo saturnische Lehre aufhört. Saturn schafft Strukturen. Über seine Ordnungsprinzipien baut er an Sicherheit und Stabilität. Langzeitlösungen sind sein Ziel. Im Gegensatz dazu liebt das Uranische jede Art von Risiko. Uranus setzt alles auf eine Karte. Neue Impulse wollen das Überkommene ablösen.

Anatomisch hat Uranus eine Entsprechung im Nervensystem. Die Symptome haben oft mit Krämpfen oder Lähmungen zu tun. Kreislauf und Blutdruck werden ebenfalls mit Uranus-Einflüssen in Verbindung gebracht. Der Astromediziner Ferhow behauptet, daß auch Rückenmark und Hirnhaut angesprochen sind. Im pathologischen Krankheitsbild verstärken sich Neurosen und Psychosen, vor allem Hysterie, unter dem Einfluß des laufenden Uranus.

Im Psychologischen gibt das Uranus-Prinzip Geistesgegenwart, evtl. auch nur Sprunghaftigkeit. Der Tendenz, sich zu verzetteln, muß entgegengewirkt werden. Der Wissensdrang ist groß. Betonter Uranus gibt dem Horoskopeigner die Fähigkeit, sich blitzschnell auf Situationen oder Stimmungen einzustellen. Dann ist der Mensch nicht nur originell, sondern zaubert alles hervor, was die Lage erfordert. Uranus verleiht auch Talente für Grenzgebiete des Wissens. Technische Begabung ist mit Uranus-Eigenschaften verbunden. Das bezieht sich besonders auf Elektronik, Maschinen und Motoren. Die Erregbarkeit und Nervosität eines disharmonisch aspektierten Uranus zeigt sich auch in dem Typus des Reformers und mehr noch beim Revolutionär. Ein extrem gut postierter Uranus weist auf geniale Begabung und auf erfinderische Fähigkeit hin.

Zusammenfassend möchte ich Uranus beschreiben als Prinzip, das uns im Vergleich zu den anderen Verhaltensprinzipien als einziges die Chance und auch die Kräfte vermittelt, uns über das erdgebundene Ego zu erheben und dem Selbst zu folgen. Der Sprung kann erfolgen, wenn der umlaufende Uranus ein Prinzip aspektiert oder wenn der Geburts-Uranus durch ein anderes Transit aktiviert wird. Man kann sich vorstellen, daß die Wirkung potenziert wird, wenn der laufende Uranus den Geburts-Uranus durch einen Aspekt einbindet.

In der *Dissonanz*, die stets in der astrologischen Deutung auf besondere Dynamik hinweist und deshalb bei allen drei Prinzipien gesondert angesprochen wird, zeigt sich zusammen mit *Merkur* eine starke Nervenanfälligkeit. Es ergibt Oppositionslust gegen jede Art von Autorität bei einem Spannungsaspekt zur *Sonne*. Übertriebene Phantasie bei *Mond*-Aspekten kann bis zur Perversion und Exzentrik führen. Der Mensch ist ständig überspannt. Verkannte Genies und Sonderlinge haben häufig einen dissonanten Aspekt zwischen Uranus und Merkur. Zusammen mit *Mars* kommt der Mensch in eine Phase überstürzten Handelns. Im Gefühlsbereich ist bei einer Kombination mit *Venus* viel Exaltiertes zu entdecken. Man will alles kennenlernen und wagt sich in fragwürdige Beziehungen zum andern Geschlecht vor. Zu *Jupiter* wird sich ein uranischer Aspekt in übertriebener Haltung in Religions- oder Rechtsfragen äußern. Alles ist überspitzt und fanatisch stur. Mit *Saturn* bilden sich Konflikte zwischen revoltierenden und konservativen Blickpunkten. Bei einer Verbindung zu *Neptun* droht Verzettelung der Kräfte und Täuschung in den Motiven. Ein dissonanter Aspekt zu *Pluto* bringt Auflehnung gegen jede Art von Autorität und gleichzeitig die Tendenz zu Intoleranz und neurotischer Hochspannung.

Neptun – das entpersönlichte Wollen

In der Mythologie hat *Neptun* mit dem Wasser zu tun. Der Beherrscher der Meere regiert über ein Reich, das in der Symbolwelt mit dem Unbewußten und der Gefühlswelt verbunden ist. Das Wasser ist eines der wichtigsten archetypischen Bilder in der Vorstellungswelt des Menschen. In den meisten Träumen kommt in irgendeiner Form Wasser vor – als Meer, Fluß, stiller See, aufgewühlte See, klares oder trübes Wasser, fließend oder ruhend, wildbewegt oder rhythmisch. Das Wasser ist ein lebensschöpfendes Element. In ihm soll der Ursprung allen Lebens zu finden sein. So wird auch der Name *Meer* oder *mare* mit dem Namen der Muttergottes in Verbindung gebracht. Maria wird zum Symbol des Urleibs, dem das Leben entwächst.

Das Symbol Neptun taucht auch in Märchengestalten auf, die mit dem Wasser zu tun haben. Meerjungfrauen oder Wassergeister sind Beispiele. Neptunisch ist auch die Geschichte von der Loreley, weil in ihr tatkräftige Männer, deren Stärke ihre Nüchternheit und Kraft gewesen war, sich durch ihren Anblick derart verwirren ließen, daß sie die Gegebenheiten der irdischen Welt völlig außer acht ließen und so in den Rheinstrudel gezogen worden waren.

Neptun hat in unserer Psyche einen Bezug zur Vorstellungskraft. Die wird angeregt durch Emotionen, Sehnsüchte und Träume. Die Astrologie hat erstaunlich schnell dieses Prinzip beschreiben können, obwohl es erst seit rund 150 Jahren bekannt ist. Als man den Planeten 1846 entdeckt hatte, war gerade das Telefon erfunden worden. Mit ihm können wir alle Grenzen überschreiten. Wir können uns sprechen, ohne uns zu sehen, und wir können mit unserer Stimme weiteste Entfernungen überbrücken.

So wirkt das Prinzip auch in uns: Es überwindet die Grenzen unseres gegenwärtigen Bewußtseins. Es drängt uns, alle Beschränkungen abzulegen. Die Lebenssituation baut sich überdeutlich vor uns auf. Unzufriedenheiten werden bedrohlich. Wir wollen heraus aus dem Alltäglichen. Unter Neptun-Einfluß beginnt der Mensch, alles in Frage zu stellen. Es zählt nicht mehr, was er aufgebaut hat. Es genügt ihm nicht mehr. Er sieht überall Begrenzungen, die die Entfaltung seiner Persönlichkeit behindern. Dieser Vorgang vollzieht sich jedoch nicht in einem objektivierten Zustand. Der Betreffende ist darin hin und her geworfen. Zeiten großer Verwirrung setzen ein. Unter dissonanter Aspektierung kann man sich selbst nicht leiden. Dann wird es schwierig zu wählen zwischen selbstzerstörerischer oder konstruktiver Handlungsweise.

In der griechischen Mythologie schleuderte Kronos (Saturn) seine Söhne Hades in den Tartaros, Poseidon (Neptun) in die Meerestiefe und wußte dabei nicht, daß er noch einen dritten Sohn hatte. Dieser war Zeus. Auch Poseidon wurde von seiner Mutter Thea lange vor Kronos versteckt. Sie wählte dazu eine Schafherde, die sich bei der Quelle Arne niedergelassen hatte. Arne bedeutet «Schaf», aber auch «verleugnen». So wird bildhaft veranschaulicht, daß Poseidon bzw. seine lateinische Entsprechung *Neptun* mit Geheimhalten verbunden ist. Die saturnische Realität weiß nichts von der ihr verborgenen Existenz des Neptunischen. In einem Artikel von Fritz Gehre habe ich die sehr treffende Formulierung «das empfindsame, in sich hineingehende Schweigen von Neptun» gefunden. – Poseidon hat in der griechischen Göttergeschichte sich als Widder verwandelt, um so heimlich heiraten zu können. Seine Braut verzauberte er in ein Schaf. Dies ist ebenfalls ein Bild für die Verwandlungsfähigkeit und Verstellungskunst des neptunischen Prinzips. Neptun kann zur Maske des Menschen werden, hinter der er sein wahres Selbst versteckt.

Interessant ist in der Mythologie auch, daß in einem anderen Bildnis Poseidon sich in einen Hengst verwandelt hatte, um so heimlich Demeter zu heiraten. Die beiden haben dann das Pferd Arion gezeugt. Nun ist das Pferd in alten Naturreligionen ein Wesen, das mit Mächten des Lebensschöpferischen und auch des Zerstörerischen in Verbindung steht. Das Pferd verkörpert unkontrollierte Triebhaftigkeit. Wenn es mit Flügeln ausgestattet ist, dann wird es zum Symbol für Licht und Vergeistigung. Der Dreizack des Poseidon symbolisiert die Strahlen der Sonne. Im Sinnzusammenhang macht das Prinzip Neptun in uns deutlich, daß unbewußte Schichten ins Leben drängen. Darunter sind auch unsere animalischen Triebe. Das Tier in uns will sich zeigen und sucht die Vereinigung mit den Strahlen der Sonne. Im Neptunischen hat der Mensch die Chance, alles Unbewußte, alle Schatten und ungelebten, auch ungeliebten Tiefen unserer Persönlichkeit ins Licht zu bringen. So erhellen wir uns bis in die tiefsten Schichten unserer Psyche und erreichen darin eine neue Bewußtheit, weil alle Bereiche unserer Ganzheit ausgelebt werden.

Neptun in den Zeichen und Feldern zeigt uns im astrologischen Meßbild, wo ein Mensch aufgerufen ist, bewußter zu leben. Hier zeigt sich, was wir wie ändern sollten.

Die überhöhenden Prinzipien Uranus, Neptun und Pluto haben in sich eine starke Ausrichtung auf allgemeinere, grundsätzlichere und umfassendere Sachverhalte. Dies gilt für die Psyche des Menschen, wo diese Prinzipien vom Ego wegführen und den tiefen Hintergrund des Selbst offenlegen, ebenso wie für räumliche und zeitliche Großregionen. So bilden diese drei Prinzipien Zeitströmungen, Massenverhalten und Kulturepochen. Aspekte, die sich untereinander ergeben, können über Jahre andauern. So haben Menschen, die zwischen 1971 und 1991 geboren werden – bis auf wenige Unterbrechungen – ein Sextil von Neptun und Pluto in den Zeichen Schütze zu Waage bzw. später Steinbock zu Skorpion. In diesem Generationsaspekt steckt eine neue Geisteshaltung, die wir tatsächlich um uns herum vehement aufbrechen sehen. Umweltbewußteres Verhalten, Bemühungen, das Waldsterben aufzufangen, Luftsäuberung, Abwenden von Atomkraft, engagiertes Auftreten gegen militärische Aufrüstung, die Gründung der grünen Partei, zunehmendes Interesse an Esoterik, die Verbreitung von Greenpeace, die Bewegung zu alternativer Lebensweise auf dem Land, alle Bio-Unternehmungen von Weleda bis Demeter, Veränderungen in der Einstellung zur Arbeit, Frauenbewegungen, verstärkte Sozialarbeit und Lebensberatung in völlig neuen Berufsbildern und auch eine Umorientierung der erstrebenswerten Ziele in der persönlichen Lebensführung – all dies wird noch stärker, als wie wir es heute registrieren, wenn diese Generationen der siebziger und achtziger Jahre ihre Lebensqualität selbst bestimmen.

Neptun bildet in den Generationen Geisteshaltungen heraus, die man etwas kühn als «Mythos des Jahrhunderts» bezeichnen könnte, weil die Menschen dann blind und oft auch illusionär, aber geführt durch eine starke Intuition, sich bestimmten Denkrichtungen anvertrauen. Das gilt für Modeströmungen ebenso wie für politische Meinungsbildung. Neptunisch sind auch schwärmerische Kunst, massensuggestive Unternehmungen, wie wir es bei Baghwan erlebt haben, magische Zirkel, stimulierende Genußmittel wie z.B. Aroma, Parfüm oder direkt wirkende Rauschmittel wie Drogen, Alkohol oder Medikamente.

Da Neptun immer auch mit Auflösung zu tun hat, wird man diesen Begriff auf allen Gebieten anwenden müssen. Ich greife einen Lebensbereich heraus – unsere soziale Struktur. Soziale Auflösung zeigt sich demnach in Spionage, Sabotage, Terrorismus, Korruption, Arbeitslosigkeit, Pennermilieu und asozialem Verhalten im weitesten Sinn.

Wenn die Astrologie Uranus mit Platin, strahlender Materie, Stickstoffverbindungen und Bernstein verbindet, dann gilt für Neptun die Zugehörigkeit zu Gasen, Ölen, Petroleum und Giften.

Zum Verständnis des Prinzips Neptun ist es besonders wichtig zu erkennen, daß der Mensch in der Schöpfung den Schöpfer entdecken kann. So wird Neptun zum Schlüssel für das Verständnis des Göttlichen. Maßstäbe werden aufgelöst, grenzüberschreitend wendet sich der Mensch der alles umfassenden Einheit zu. Er sucht die innere Einheit des Lebens im Ganzen. Was er herausfindet, zeigt ihm einen Weg, der wegführt vom Ego mit seinen vordergründigen, materiellen Interessen. Der Mensch entdeckt sein Selbst, das sich erfahren wird, wenn eine universelle Menschenliebe und das Erlebnis geheimnisvoller Beziehungen zwischen Menschen und vom Menschen zu allen organischen Formen auf dieser Welt sich vollzogen hat. Neptun ist hohes Liebesideal. Das Prinzip fordert uns auf, unsere Liebesfähigkeit von der Erfüllung persönlicher, egoistischer und körperlicher Bedürfnisse auszuweiten auf Verstehen, Güte und Zuwendung. Motivation ist die innere Nähe und Gleichheit des Empfindens von Mensch zu Mensch. Auch im andern Menschen entdecken wir Gottes Schöpfung.

In Neptun vereinigen sich wirkliche Transzendenz, aber auch illusionäre Vorspiegelung. Hellsichtigkeit, mediale Fähigkeiten und visionäre Wahrnehmungen sind Eigenschaften, die unter Konjunktionen, Sextilen und Trigon-Aspekten nachgewiesen werden können. Das Problem bei Neptun ist, daß die Grenzen verwischen. Also verwischen sie auch in den transzendentalen Botschaften, wo Wahrhaftigkeit und Glaubwürdigkeit oft fragwürdig werden.

Wahr-schein-liche Zusammenhänge kündigen sich über Neptun an. Ahnungsvermögen formuliert sich. Allerdings schleichen sich auch selbsttäuschende Überzeugung und falsche Vorhersagen ein. Wahnvorstellungen können in Halluzinationen übergehen. Bei Neptun-Aspekten im Geburtsbild geht es immer um die Problematik, Sein und Schein zu unterscheiden. Bei Transiten werden Phantasie und Medialität auf der harmonikalen Aspektseite, aber auch Verwirrung, Konfusion, Täuschung und Selbsttäuschung auf der dissonanten Aspektseite zu beschreiben sein. Deshalb kann es hexisch werden, wenn Neptun-Aspekte für magisch-okkulte Praktik herangezogen werden.

Andererseits wird auch deutlich, daß Neptun für künstlerischen Selbstausdruck geradezu unerläßlich ist. Harmonikale Neptun-Aspekte zur Sonne belegen, daß der Künstler seine Vorstellungen auch in die Tat umsetzen kann. Mancher geniale Roman wird nie geschrieben, weil der Schriftsteller nicht das manuelle Durchhaltevermögen hat, 400 Seiten in die Schreibmaschine zu hämmern. Die harmonikalen Aspekte zwischen Sonne und Neptun geben kreative, ideenreiche Gestaltungskraft. Der Wille zur Durchformung ist groß und ruht erst, wenn das Werk vollendet ist.

Bei dissonanten Aspekten zwischen Sonne und Neptun kann – vor allem bei der Opposition – Gestaltungskraft aus kritisch zu sehender Dynamik erzeugt werden. Der Astrologe muß dann Brücken schlagen zu anderen Aspektachsen, beispielsweise zu Venus, Mars oder Jupiter, um den Neptun-Aspekt treffend zu beschreiben.

Im Künstlerischen wird Neptun den Menschen in die Nähe von Märchen, Mystischem, Dämonischem und Visionärem rücken. Tanz, Schauspielkunst, Dichtung, Musik und vor allem Malerei sind künstlerische Ausdrucksformen, die von Neptun unmittelbar beeinflußt werden.

Bei allen Transsaturniern liegen die Extreme sehr nah beieinander. Bei Neptun spannt sich der Bogen von prophetischer Vorausahnung bis zu degenerierender Trickserei.

Menschen mit starken Neptun-Aspekten (Konjunktion, Quadrat, Opposition, Sextil) fühlen sich vom Unaussprechlichen angezogen. Naturphänomene, Symbole, rätselhafte Begegnungen, telepathische Erlebnisse werden für diese Menschen zu einer neuen Realität, obwohl sie nicht logisch nachvollziehbar ist.

Und eines ist mir zur Abrundung eines Neptun-Bewußtseins noch wichtig: Nach klassischen Deutungsformeln zeigen dissonante Neptun-Aspekte das Lügnerische im Menschen. Man könnte einem Menschen jedoch sehr unrecht tun, wenn man ihn als Betrüger abqualifiziert.

Neptun-Lügen sind fast nie Zwecklügen. Sie wollen keinen Profit auf Kosten eines andern, sondern entstehen aus dem Wunsch, einen Nimbus um sich zu verbreiten, um die eigene Person aus dem Grau des Alltags in eine aufregende Phantasiewelt hochzujubeln. Minderwertigkeitskomplexe oder Unvermögen, die angestrebte Identität zu erreichen, werden damit kompensiert. Es ist dann nur noch ein kleiner Schritt zu Hochstapelei oder leicht zu durchschauender Selbsttäuschung.

Anatomisch steht das Prinzip Neptun im Zusammenhang mit dem vegetativen Nervensystem, den Nervenbahnen im Rückenmark, allen Narkosemitteln, Drogen, Vergiftungen. Neptun zeigt Medikamentenempfindlichkeit bzw. -unverträglichkeit an. Außerdem gibt Neptun Hinweise auf Augenschwäche. Suchtgefahren sind ebenfalls durch Neptun-Aspekte zu erkennen.

In der *Dissonanz* werden Neptun-Aspekte zur *Sonne* mit Verlust an Identität belastet. Natürlich werden bei Neptun-*Mond*-Aspekten, wenn sie disharmonikal sind, verschwommene Gefühle und unklares Verhalten verstärkt. Zu *Merkur* zeigen sich Probleme zwischen Realität und Wunschvorstellungen. Bei *Venus* entsteht eine problematische Empfindsamkeit. Die Dissonanz zu *Mars* zeigt die Gefahr von unüberlegtem, chaotischem Verhalten an. In *Jupiter*-Kombinationen verschleiert sich die Lebensperspektive. Der Mensch weiß nicht, wozu er auf der Welt ist und welchen inneren Werten er nachleben soll. Bei *Saturn*-Aspekten wird der Bezug zur realen Umwelt gestört sein. Das kann in Haltlosigkeit und asoziale Lebensführung abgleiten. Bei *Uranus* überwiegt Glücklosigkeit, weil der Mensch sich treiben läßt und durch Lebensereignisse nach allen Seiten geschleudert wird. In *Pluto*-Aspekten wird der dissonant eingebundene Neptun zu großer Verwirrung führen. Instinktlosigkeit bringt Desorientierung. Eine abenteuerliche Lebensführung trägt großes Risiko in sich.

Pluto – Wegbereiter zum Selbst

Pluto ist der exzentrischste Planet in unserem Sonnensystem. Er gilt als entsprungener Mond des Neptuns. Seine Bahn ist nicht von jener Gleichförmigkeit wie bei den anderen. Auch seine Geschwindigkeit ist unregelmäßig. Deshalb läuft er unterschiedlich lang durch die Tierkreiszeichen. Seit man ihn entdeckt hat (1930), konnte man nur den Durchlauf in Krebs, Löwe, Jungfrau, Waage und jetzt Skorpion beobachten. Im Krebs hat sich Pluto rund 30 Jahre aufgehalten. In der Waage waren es nur 13 Jahre. Im Skorpion werden es zwölf Jahre sein. Insgesamt benötigt Pluto 246 Jahre für seinen Durchlauf durch den Tierkreis und 248 Jahre für seine Umlaufbahn um die Sonne.

Pluto ist in der griechischen Mythologie der Gott des Reichtums, der tief in der Erde seinen Wohnplatz hat. Er wurde oft auch gleichgesetzt mit Hades, dem Herrn des Totenreiches und der Unterwelt. In seinem Reich leben die Seelen freudlos. Dann weiß man bis heute nicht wirklich verbindlich, ob Pluto nicht eine weibliche Göttin war. Wir kennen eine Textstelle, wo es heißt: *Seine (Tantalos*) Mutter war Pluto, die Reiche, eine Tochter des Kronos (Saturn) und als berekyntische Nymphe Tochter der Großen Mutter.* – Eine andere «Entstehungsgeschichte» von Pluto erzählt, daß sich die Göttin Demeter einem kretischen Mann mit Namen Iasion in einem dreimal gepflügten Acker hingegeben hatte. Sie gebar Pluto, den «Reichtum». Darauf gab es auf der Erde lange Zeit vielfachen Ertrag. Die Ernten waren üppig. Pluto ist also der «Reichtum Spendende».

Beim Prinzip Pluto geht es immer um die tiefsten Schichten in uns. Pluto ist gleichbedeutend mit Unterbewußtsein. Dort ist unser Selbst am deutlichsten vernehmbar. So folgt unser Unterbewußtsein den Erfordernissen der Evolution unseres Selbst. Es gibt Signale nach oben ins Bewußtsein, die wir als Instinkt, Eingebung oder innere Stimme definieren.

Mit Pluto ist der Mensch ohne Maske. Alle äußeren Zwänge werden allmählich beseitigt. Langsam, aber unaufhaltsam weden durch Pluto Änderungen herbeigeführt, die not-wendend sind für unseren Weg in die Evolution.

Ob wir auf dem richtigen Weg sind, erkennen wir an dem Lebensgefühl, mit sich im reinen zu sein. Daraus erwächst Gelassenheit. Wer gelassen ist, kann auch los-lassen. Deshalb folgt als weitere sichtbare und lebbare Haltung die Toleranz. Mit sich im reinen sein, Gelassenheit, Loslassen und Toleranz schaffen die Grundlagen für Demut vor der kosmischen Ordnung. Kosmische Gesetze, die gleichzusetzen sind mit alles durchdringender Energie, greifen in unser Leben ein. Wir stehen unter dem Gesetz – ob es uns paßt oder nicht. Wer sich willig einordnet durch die oben genannten Eigenschaften, wird die Energien als kraftvolle Unterstützung in seinem Leben verspüren. Wir sprechen dann von Harmonie, Erfolg, Glück, Gesundheit. Andere Menschen, die sich gegen das Gesetz auflehnen, werden notfalls mit Gewalt zur Korrektur ihres Eigenwillens gezwungen. So wird Demut als Folge der genannten Tugenden zur offenen Hand, zu Fingerspitzen, zu Antennen, zum ganz

---

* Pluto hatte einen Sohn. Das war Tantalos. Heute ist Tantalos einer der beiden Monde, die Pluto umkreisen.

persönlichen Gral eines jeden von uns, wo kosmische Energien aufgefangen und in Kraftquellen verwandelt werden.

Die Astrologie weiß noch wenig über Pluto. Was sind schon fünfzig Jahre in der ältesten aller Weisheitslehren? Es wird also gut sein, Pluto-Ausdeutungen kritisch zur Kenntnis zu nehmen. Wie alle Transsaturnier, so ist auch Pluto in erster Linie dem Kollektiv zuzuordnen. Aus seiner Wirkung auf das Kollektiv ergeben sich dann auch Wirkungen auf das Individuum. So ist Pluto zugeordnet zu Erdbeben, Vulkanausbrüchen, Überschwemmungen und Naturkatastrophen. Wenn dabei Menschen ihr Leben lassen müssen, dann ist das Einzelschicksal betroffen, weil es einem Kollektivereignis ausgeliefert ist.

Bei Pluto geht es immer um Macht, Einflußnahme oder Gewalt, Zerstörung. Pluto ist zu verstehen wie ein riesiges Schwungrad. Erst mal in Bewegung geraten, ist es kaum noch anzuhalten und kann selbst bei langsamer Eigenbewegung seiner Schwungmasse über Keilriemen seine Kraft auf Maschinen übertragen und diese antreiben. Pluto in sich aufhalten zu wollen, ist ein selbstvernichtendes, hoffnungsloses Unterfangen.

Und was heißt «aufhalten»? Warum sollte man? In der Beschreibung von Pluto sagt Bruno Huber: «Pluto duldet keine ichhafte Motivierung. Es geht nicht um mich oder andere Personen, sondern um Erkenntnis, Erfahrung, Wachstum im geistigen Sinne. Wo ichhafte Motivierungen auftreten, da wirkt er zerstörend.»

Eine unserer Aufgaben in diesem Leben wird sein, uns von unserem Ego weg und hin zu unserem Selbst zu bringen. So ist auch der Mensch in seinem tiefsten Innern in Bewegung und folgt damit einem der kosmischen Gesetze: *Alles ist Bewegung*. In der Schwingung vollzieht sich die Veränderung.

Pluto als das *gestaltwandelnde Prinzip* (Thomas Ring) beseitigt das Alte, läßt Gewöhnung zersplittern, damit Platz geschaffen wird für das Neue. Dies ist für uns mit Risiko verbunden. Im Augenblick, wo das Alte uns genommen wird, ist das Neue noch nicht sichtbar. Dies erfüllt uns mit Angst. Wir klammern uns am Bewährten fest. Wir wollen unsere Sicherheiten nicht loslassen. Aber im selben Moment, wo wir sie wirklich festschreiben könnten, würden wir gegen die kosmische Gegebenheit verstoßen, wonach zur Ruhe die Bewegung, zur Entspannung die Anspannung gehören. In der Tragik des Menschen, fortwährend Dinge tun zu müssen, die er nicht will, wird Pluto zum Anwalt unseres Selbst und klagt den Eigenwillen des Ego an.

Pluto verwandelt auf unserer Lebensreise mehrere Male unsere Motive. Werte purzeln, Ideale fallen. Unser Wachstum vollzieht sich, indem wir scheinbar auf Null zurückgeworfen werden. Pluto korrigiert vor allem zu weltlich gewordene Zielsetzungen. In große Not kommen Menschen bei Pluto-Konjunktionen, Oppositionen oder Quadraten. Ein Mensch erlebt in seinem Leben nur einmal einen dieser äußerst kritischen Aspekte.

Pluto hat auch mit Macht zu tun – außen und innen. Sie können sich vorstellen, daß es ungeheuer viel inneren, festen Willen braucht, um eine schöpferische Transformation in seinem Leben vorzunehmen. Der Mensch muß sich aufbäumen, wenn durch Lebensereignisse alles um ihn herum zersplittert. Unter Pluto geschehen Scheidungen, Todesfälle, Krankheiten, Berufs- und Stellenverlust oder Verlust materieller Sicherheiten. Solche Tatsachen schleudern den Menschen in die dunkelsten Ecken seines Lebens. Von dort erneut zum Licht zu streben wird zu einer bedeutenden Leistung, die ohne intensiven Lebenswillen nicht zu erbringen ist. Genau diese Dynamik will das Prinzip wecken. Es führt den Menschen an den Rand seiner äußersten Belastbarkeit, um genau dort seine letzten und stärksten Energien zu mobilisieren. Pluto sucht das Bild des höheren Menschen. Es ist unser *Selbst*.

Nach außen zeigt sich Pluto magisch-bedeutsam. Seine Suggestivwirkung auf andere Menschen ist offensichtlich. Diese Menschen haben Führungsqualität und, oft mehr als das, auch demagogische Fähigkeiten. Deshalb finden sich Pluto-Positionen besonders häufig in den ich- bzw. du-betonten Feldern eins und sieben bei Staatsmännern, Gurus oder Großindustriellen. Goethe, Karl Marx oder der Tänzer Harald Kreutzberg hatten Pluto im ersten Feld. Bei Lenin, Gandhi, Churchill, Mussolini, Göring, Rudolf Steiner oder dem Philosophen Martin Heidegger steht Pluto in Feld sieben.

Sehr gegensätzliche Positionen nimmt Pluto auch in den Feldern vier und zehn ein. Im einen schöpft der Mensch aus seinen tiefsten Lebensschichten, und im andern geht es um seine Einflußnahme in der Öffentlichkeit. Schauspieler und Politiker haben des öfteren diese Positionen. Allerdings finden wir hier auch auffallend viel «Doppelleben» bzw. kriminelle Lebensläufe. Robespierre oder Richard III. von England haben Pluto im zehnten Feld. Die Verbundenheit zu Volk, Glaube und Herkunft dokumentiert sich mit Pluto im vierten Feld bei Karl dem Großen oder Napoleon. Die negativen Entsprechungen bei Pluto in zehn sind Mißbrauch von Macht und Gewaltsamkeit. Bei Pluto in vier gleitet in negativer Entsprechung die Persönlichkeit ab in die Sphäre des skrupellosen Betrügens oder schwarz-magischer Praktiken.

Anatomisch wird Pluto mit den Regenerationskräften des Körpers verbunden. Die Keimdrüsen sind ihm zugeordnet. Die Zellbildung hat ganz offensichtlich mit Pluto-Einflüssen zu tun. Überall, wo im Körper der Instinkt für den Normalrhythmus verlorengeht, sind Bezugspunkte auf Pluto nachzuweisen. Bei Zellwucherungen ist dies am auffälligsten. Da Pluto auch im weitesten Sinn mit der Fortpflanzung in Zusammenhang gebracht wird, sind auch die Eierstöcke bei der Frau und die Hoden beim Mann durch Pluto einbezogen.

Dissonanzen mit der *Sonne* ergeben die Neigung zu Brutalität, zu *Mond* sentimentale Ausuferung und bei *Merkur* nörglerische Besserwisserei. Dissonante Aspekte zur *Venus* steigern das sexuelle Verlangen bis zum Exzeß. Bei *Mars* entsteht eine latente Unfall- und Verletzungsgefahr durch kurzschlußähnliche Hartnäckigkeit. Mit *Jupiter* dissonant eingebunden, wird Pluto unkalkulierte Risikobereitschaft sichtbar machen. Bei *Saturn* überwiegt tyrannisches Verhalten. In einem Aspekt zu *Uranus* wird Unrast, Ruhelosigkeit und Instabilität überwiegen. Schließlich bringt eine Dissonanz mit *Neptun* Verwirrung und Desorientierung. Man sucht verzweifelt etwas und weiß nicht was.

Nachdem das Tierkreiszeichen *Skorpion* das Haus des Pluto ist und dieses Prinzip jetzt in seinem eigenen Haus für zwölf Jahre steht, ist mit einer Zeitströmung zu rechnen, welche der Qualität des Skorpions entspricht. Das *Stirb und Werde* wird überall in unsere Lebensreise eingreifen. Aus kollektiven Veränderungen werden auch individuelle Konsequenzen erfolgen. Unser Leben wird sich radikal ändern. Wir werden uns wegbewegen von der Materialisierung und Ausbeutung unserer Welt. Die eigentliche Bestimmung des Lebens wird zum Hauptanliegen. Die Erde wird sich wehren gegen eine für sie lebensgefährliche Dominanz menschlichen Tuns. Jeder einzelne sucht viel konsequenter als in den Jahrzenten zuvor nach neuer Lebensqualität. Werte ändern sich, Tabus verschwinden, soziale und familiäre Strukturen werden verändert, eine neue Gesellschaftsordnung wird geschaffen. Ein neuer Mensch entwickelt sich. Wir stehen am Wendepunkt einer neuen Ära in der Menschheitsgeschichte. Jeder von uns muß Stellung nehmen zur Gegenwart und sich entscheiden, welchen Weg er gehen will. Festhalten am Überkommenen ist jetzt tödlich. Es wird in der Vernichtung und in persönlichem Leid enden. Mit der Aufdeckung nicht mehr tragbarer Mißstände draußen und drinnen beginnt ein neues Leben mit neuem Bewußtsein und auch mit neuen Verantwortlichkeiten des Menschen zu seinem Lebensraum und zu seinem Beitrag in der Gemeinschaft. Mit Pluto im Skorpion treten die Menschen endgültig ein in das Wassermannzeitalter. In unserer Zeit wird Platz geschaffen für die Aufbaukräfte in der Natur und im Menschen. Sie werden das Neue schaffen, von dem wir nie ein wirkliches Wissen haben werden, wie es aussieht. Denn die Aufgabe der heutigen Generationen kann nur sein, Fehlentwicklungen zu erkennen und konsequent abzubrechen. Nur dann wird Platz sein für einen Werdegang der Menschheit und einen Werdegang für jeden einzelnen. Dann werden kosmische Energien in uns fließen. Wer es an sich erlebt, wird Lebensglück erfahren.

Tom Johanson

Tom Johanson kam in South Shields, einer Stadt mit Kohlebergbau und Schiffbauindustrie im Nordosten Englands, in einer Familie zur Welt, zu der bereits acht Kinder zählten – fünf Brüder und drei Schwestern.

Als das «Geistheilen» in Toms Heimat noch völlig unbekannt war und lange, bevor es zu einem gängigen Begriff wurde, arbeitete sein Vater, von Beruf ein Maurer, mit natürlichen Heilmethoden. Hunderte von kranken Menschen, darunter auch Kinder und sogar Tiere wurden kostenlos von ihm behandelt. Das war viele Jahre vor der Einführung des Free National Health Service (kostenfreies staatliches Gesundheitswesen), zu einer Zeit also, in der sich die Bevölkerung größtenteils keinen Arzt leisten konnte.

Tom, heute selbst ein weltbekannter Heiler, stand in enger Verbindung mit seinem legendären Kollegen Harry Edwards. Zwar war es ein Franziskanermönch, der Tom als erster geduldig und mit sanfter Überzeugungskraft dazu bewegte, als Heiler tätig zu werden; doch Harry Edwards ist es zu verdanken, daß Tom seine Fähigkeiten als Heiler vor einem großen Publikum unter Beweis stellte.

Die erste öffentliche Demonstration von Toms Heilweise wurde zu einem landesweit beachteten Ereignis. Es war die größte Demonstration auf dem Gebiet des Geistheilens, die es je gab. Sie fand auf Londons berühmtem Trafalgar Square vor etwa fünfeinhalbtausend Menschen statt.

Buchveröffentlichungen

Hände, die heilen
Leben und Philosophie von Tom Johanson
Zuerst heile den Geist
Heilkraft, die von innen kommt
Durch Schatten zum Licht

Tom Johanson
Beweise für die Heilung durch den Geist

Aus dem Englischen von Marta Jacober

Als Hippokrates erklärte, wir sollten den Körper des Menschen vergessen und uns auf den *ganzen* Menschen konzentrieren, verwirrte er die gesamte Ärzteschaft. «Den *ganzen* Menschen?» fragten sie. Meint er alle Teile und alle Organe des Körpers? Ist ihm nicht klar, daß keiner von uns wirklich alle Körperteile und ihre Funktion versteht? Aber Hippokrates meinte nicht die unzähligen Teile des Körpers, sondern Verstand, Seele, Geist *und* den Körper.

Der Körper ist wie ein Präzisions-Chronometer und besteht aus zahllosen Mechanismen, deren Funktion weitgehend unbekannt sind und *jenseits* der Sphäre des Intellekts und der Logik liegen. Mit anderen Worten: Wissenschaftler können beobachten, was geschieht, aber nicht verstehen, *warum* und *wie* es geschieht.

Diese unbewußten oder unsichtbaren Vorgänge sollen sicherstellen, daß der Körper Veränderungen gegenüber, seien sie umweltbedingt oder auf gefühlsmäßige oder seelische Schocks zurückzuführen, geschützt bleibt und wieder so angepaßt wird, daß er in Frieden und Harmonie bleibt. Das ist das natürliche Immunsystem des Körpers. Aber es ist keine Seltenheit, daß die schützenden Kräfte nicht ausreichen und eine Krankheit chronisch wird. Das Immunsystem ist die erste Verteidigungslinie des Körpers, aber wenn ungünstige physische, intellektuelle, gefühlsmäßige Bedingungen herrschen – Furcht, Sorge, Angst, Zorn Streß, Übermüdung – oder die Nahrung zuwenig Minerale, Salze, Proteine und Vitamine enthält, dann bricht die erste Verteidigungslinie schließlich zusammen, und Krankheit und Disharmonie stellen sich ein.

Bei richtigen und günstigen Bedingungen jedoch ruft der Körper verschiedene Reserven zuhilfe, die ihn ohne Mitwirkung des logischen Verstandes automatisch zur normalen Gesundheit zurückbringen. Diese geheimen Reserven werden von der Psyche mobilisiert. Bis zu einem gewissen Grad helfen Medikamente und Chirurgie dem Körper, indem sie ihm Entspannung und Ruhe verschaffen. Antibiotika helfen, indem sie die Vermehrung der Bakterien verhindern. Aber die Psyche ist die Lebenskraft oder die letzte Verteidigungslinie, die hinter jeder Gesundung steht.

Was ist diese Macht der Psyche? Sie ist das Geheimnis des Lebens, und zwar nicht nur die Lebenskraft, sondern auch die in jedem Lebewesen wirksame Heilkraft. Sie ist die Kraft der Geistheiler, die, geübt in der Kunst der Meditation, der Konzentration und des Gebets, in die Tiefen der Seele vorstoßen. Diese geheimnisvolle Lebenskraft wirkt auch in den tausend Millionen Zellen, aus denen der menschliche Körper besteht. Die mikroskopisch kleine, lebende Zelle ist eine physikalisch-chemische Fabrik, in der gleichzeitig und ohne gegenseitige Störung Hunderte von komplexen Vorgängen endlos ablaufen.

Soviel über die Kraft, die hinter der Heilung durch den Geist steht. Man kennt diese Art der Heilung und hat sie seit Hunderten, vielleicht Tausenden von Jahren in vielen Formen ausgeübt. Gegenwärtig wird das Geistheilen von gewöhnlichen Männern und Frauen in Stadt und Land vielleicht häufiger angewendet als je zuvor. Sehr oft finden Heilungen in Organisationen – auch nichtkirchlichen – statt, aber häufiger geschieht dies in Privathäusern. Trotzdem wird das Geistheilen von sehr vielen Menschen beargwöhnt, ohne daß man sich ernsthaft bemüht hätte, die Echtheit oder die Erfolge dieser Heilkunst zu prüfen. Die äußerst skeptische Einstellung ist seltsamerweise am meisten bei den Ärzten verbreitet. Im Lauf der ganzen Geschichte haben Ärzte und Wissenschaftler Wunder wie die Heilung durch den Geist oder das heilkräftige Wasser von Lourdes verhöhnt, weil sie sie nicht begreifen konnten. Sie hatten keine physikalische Formel, der sie hätten folgen können. Der Heiler hatte kein wortreiches medizinisches Diplom an der Wand hängen, noch konnte er Instrumente oder Medikamente vorweisen.

Vor kurzem nahm ich an einer Zusammenkunft teil, bei der eine Reihe von erfahrenen Ärzten anwesend war. Ein berühmter Arzt sagte zu mir: «Meine Frau hält große Stücke auf Sie. Sie hat mir oft von Ihren Heildemonstrationen und Ihren Erfolgen dabei erzählt. Ich lachte stets über ihre Naivität und sagte: ‹Meine Liebe, ich bin Wissenschaftler. Niemand kann ohne Medikamente oder Instrumente heilen.› Aber sie überredete mich, eine Ihrer Veranstaltungen zu besuchen. Eine Dame aus dem Publikum meldete sich; sie hatte einen großen, gut sichtbaren Kropf. Ich bat um die Erlaubnis, das Gewächs zu untersuchen, und erhielt sie. Sie nahmen es dann in die Hand, und während Sie mit der

Dame sprachen, spielten Sie behutsam mit dem Kropf. Dann fragten Sie: ‹Wie lange haben Sie das schon?› Die Frau antwortete: ‹Elf Jahre.› Darauf sagten Sie: ‹Nun, jetzt ist es weg.› Sie eilte sofort zur Damentoilette, um sich im Spiegel anzusehen. Ich stellte mich vor die Tür und wartete auf sie. Als sie herauskam, sagte ich zu ihr: ‹Ich bin Arzt. Erlauben Sie mir bitte, Ihren Hals zu untersuchen.› Sie war einverstanden, und zu meiner Verblüffung konnte ich nichts finden. Und von diesem Augenblick an begriff ich, daß es eine andere Kraft gibt, von der wir Ärzte nichts wissen.»

Seltsamerweise gibt es viele, sehr viele Menschen, die krank sind, sich aber weigern, sich von ihrem Leiden befreien zu lassen, wenn die Behandlungsweise ihrem religiösen Glauben oder den Regeln der Schulmedizin widerspricht. Vor Jahren, als die Elektrizität und die Röntgenstrahlen entdeckt und neue, umwälzende Untersuchungsmethoden möglich wurden, glaubte man, diese wundervollen Möglichkeiten würden die meisten Krankheiten der Welt ausschalten, aber das war nicht der Fall.

Natürlich konnte der Röntgenapparat den Sitz der Seele oder des Geistes nicht ausfindig machen, und daher hatte die Welt keine Möglichkeit, die große Heilkraft, die im Inneren schlummert, zu begreifen. Das war ebenso seltsam wie bemerkenswert, denn viele Jahrhunderte lang wurde das natürliche Heilen in verschiedenen Formen in der ganzen Welt praktiziert.

Soweit wir in der Geschichte der Menschheit zurückgehen können, gab es offenbar immer einzelne Männer oder Frauen, die die Intuition oder die natürliche Gabe besaßen, Leute durch vielerlei Methoden von Schmerzen und Krankheit zu heilen. Am bekanntesten ist die Praxis des Handauflegens auf die betroffenen Körperteile. Andere hatten außergewöhnliche Kraft, mittels Gebeten und Beschwörungen zu heilen, die oft von komplizierten religiösen Ritualen begleitet wurden. Dann gibt es den Fall des berühmten Edgar Cayce in den Vereinigten Staaten, der stets in tiefe Trance versank und in diesem Zustand das Problem und seine Ursachen beschrieb. Nachher teilte er dem Arzt des Patienten mit, wie er diesen behandeln solle. Seine Erfolge waren phänomenal. Zahlreiche Bücher wurden über Cayces bemerkenswerte Heilungen geschrieben und in der ganzen Welt gelesen. – Ich habe andere Heiler gesehen, die ein großes Aluminiumhörrohr auf den kranken Teil des Patienten setzten und dann die «Kraft» in dessen Körper bliesen. Es gibt viele andere seltsame und manchmal sogar belustigende Techniken: Zum Beispiel befestigt man Wachspuppen am Körper des Kranken und betet, Krankheit und Schmerz möchten den Körper verlassen und in die Wachspuppe übergehen. Nachher wurden die Wachspuppen auf den Altar der Kirche gelegt, wo, so glaubte man, die Krankheit endgültig vertrieben wurde.

Das Erstaunliche an diesen bizarren und merkwürdigen Techniken war, daß sie fast alle erfolgreich waren und dem Patienten große Erleichterung verschafften, ja, ihn oft ganz heilten. Aber wie sonderbar die Methoden auch waren, so gab es doch in *jedem* Fall einen wichtigen menschlichen Faktor... *das Zustandekommen einer geistigen Verbindung* oder Einstellung auf den Kranken. Geistige Verbindung läßt sich nicht trennen von Mitgefühl oder Liebe.

Durch die ganze Geschichte hindurch haben Medizinwissenschaftler unorthodoxe Heilmethoden verlacht und verhöhnt, aber wie unlogisch solche Behandlungen dem «ausgebildeten» Arzt auch erschienen, so ist es doch jetzt unvoreingenommenen Beobachtern in der ganzen Welt klar, daß dauerhafte, manchmal wunderbar anmutende Heilungen von Menschen vollbracht wurden und werden, die nichts besaßen als tiefes Mitgefühl, Liebe und geistige Verpflichtung.

Die Skepsis der Mediziner wird verstärkt durch die Unfähigkeit der Heiler, das Wesen der heilenden Energie zu erklären. Die menschliche Aura, obschon unsichtbar und unfühlbar, ist wissenschaftlich als ein elektromagnetisches Feld nachgewiesen worden, aber nicht die Heilkraft. Immerhin haben viele Patienten in der ganzen Welt beschrieben, wie eine intensive, vibrierende Hitze von den Händen des Heilers ausgegangen sei. Ich erinnere mich lebhaft, wie in meiner Anfangszeit als Heiler in drei Fällen die Patienten plötzlich mit einem Schmerzensschrei aufsprangen: «Sie haben mich verbrannt!» Und als ich die Stelle, auf die ich mich konzentriert hatte, anschaute, waren deutliche rote Flecken auf der Haut, wo meine Finger geruht hatten.

Man kann die heilende Energie nicht intellektuell analysieren oder beschreiben. In meiner mehr als 30jährigen Tätigkeit als Geistheiler, in welcher Zeit ich ein breites Spektrum von Krankheiten behandelte, hat sich, vielleicht intuitiv, die Überzeugung entwickelt, daß die Heilkraft mehr, viel mehr ist als Energie. Ich bin sicher, daß die Energie, die der Kranke erlebt, von einer Art übergeordneter Intelligenz gesteuert wird.

Diese Sicherheit vertieft sich, wenn ich über die vielen Jahre zurückblicke und bestimmte Fälle überprüfe, zum Beispiel den Fall eines sieben Jahre alten Mädchens in Vancouver. Ich hatte verzweifelt wenig Zeit, und mehrere Leute warteten auf Behandlung. So beschloß ich, jedem ein paar Minuten Heilung zu geben. Als das kleine Mädchen an der Reihe war, fiel mir auf, daß sie sehr wenig Haare hatte; sie war praktisch kahlköpfig. Sofort dachte ich: «Sie braucht mehr Haare», und ich konzentrierte mich ausschließlich auf den Kopf, betend, daß sie mehr Haare bekommen möge. Sechs Monate später kam ich wieder nach Vancouver. Die Mutter des Kindes rief mich an und dankte mir überschwenglich, weil ich ihr Kind, ihre Kleine, geheilt hätte. Ich fragte, ob das Mädchen jetzt genug Haare habe. Die Antwort der Mutter erstaunte mich. «Ihr Haar war nicht das Problem. Am Tag, an dem Sie sie behandelten, wurde sie im Krankenhaus erwartet, wo man ihr eine funktionsuntüchtige Niere operativ entfernen wollte. Aber als man sie nochmals untersuchte, hatte sie zwei völlig gesunde Nieren, und man sagte die Operation ab... Die Ärzte standen vor einem Rätsel, sie hatten noch nie so etwas erlebt.» Worauf es mir hier ankommt, ist, daß ich mich auf das Haar konzentriert hatte, aber die heilende Intelligenz wußte, wo das wirkliche Problem lag.

Eines Tages, als ich bei einem Freund, der in der Nähe von Freiburg wohnte, zu Mittag aß, erzählte er mir, ein Arzt habe ihn mehrmals angerufen und von den schrecklichen Rückenschmerzen berichtet, die er seit zwei Jahren habe. Mein Freund sagte ihm, ich würde bei ihm essen, und er solle an diesem Abend anrufen. Als er das tat, vereinbarten wir, daß ich ihn in ein paar Tagen treffen würde. Als ich zum Treffpunkt kam, war mein Freund dort und teilte mir mit, der Arzt werde nicht kommen, denn kaum habe er den Hörer aufgelegt, seien seine Schmerzen verschwunden gewesen und nicht wiedergekommen. Ein paar Monate später war er immer noch schmerzfrei.

So verblüffend das für den Leser sein mag – die folgenden Fälle sind noch viel erstaunlicher. Vor 1957 hatte ich nie daran gedacht, Heiler zu werden; ich spürte keinerlei Verlangen, diese Gabe zu erwerben. Heilung durch den Geist, fand ich, überließ man am besten den Menschen, die geistig begabt waren, fest an die Macht Gottes glaubten und ein ungewöhnliches Mitgefühl für ihre Mitmenschen empfanden – sie waren die Heiligen der Welt. In keinem Augenblick und auf keine Weise betrachtete ich mich als einen Heiligen.

Eines Abends betrat ich aus reiner Neugier das Hauptquartier der «Spiritualist Association of Great Britain» (Spiritualistische Vereinigung Großbritanniens). Zufällig – oder war es vorbestimmt? – kam ich mit einem sehr gütigen, angenehmen Mann ins Gespräch. Es stellte sich heraus, daß er ordinierter Mönch war. Um es kurz zu machen: Wir wurden gute Freunde, und er lud mich zu mehreren seiner Versammlungen/Treffen ein. Mr. Harold Sharp, so hieß der Mönch, erwies sich als einer der führenden Heiler der Vereinigung. Nach ein paar Monaten sagte er zu mir: «Tom, es ist dir vielleicht nicht bewußt, aber du bist ein natürlicher, starker Geistheiler, und ich möchte, daß du in meine Heilklinik eintrittst.» Ich lehnte sofort ab, überzeugt, ich sei kein Geistheiler. Aber er beharrte ruhig und geduldig auf seinem Vorschlag. Eines Tages beschloß ich, der einzige Weg, um ihn von seinem Irrtum zu überzeugen, sei, in seine Klinik einzutreten und ihm mit meinen sicherlich armseligen Leistungen zu beweisen, daß ich wirklich kein Heiler sei. Der erste Patient, den er mir zuwies, war ein etwa zehnjähriger Junge. Er wurde auf einer Tragbahre in mein Zimmer gebracht, getragen von seinem Bruder, seinem Vater und seiner Mutter.

«Er kann nicht gehen», sagte die Mutter, «und die Ärzte haben keine Ahnung wieso. Sie glauben, irgend eine Störung im Gehirn beeinträchtige sein Nervensystem.» Die Wirkung dieser Worte auf mich war traumatisch, ich geriet beinahe in Panik. Das war viel schlimmer, als ich erwartet hatte. Ich fühlte mich völlig hilflos und albern, als ich meine Hände auf den Kopf des Jungen legte. Alles, was mir einfiel, war, ein Gebet zu sagen. Dann bewegten sich meine Hände zu seinen Schultern, Armen, Händen, zur Brust, zu den Knien und den Füßen.

Ich schaute auf den Jungen hinunter und dachte «welch ein Fiasko». Wie ich erwartet hatte, ein totales Versagen. Wie konnte ich das diesen bekümmerten, sehr hoffnungsvollen Eltern erklären? Dann, zu meiner allergrößten Verblüffung, schaute der Junge zu mir auf und sagte: «Ich glaube, ich kann aufstehen», und er stellte sich unsicher auf die Füße. Seine Beine waren schwach, aber er stand und machte die ersten Schritte. Der Anblick dieser Leute, wie sie davongingen mit der Tragbahre unterm Arm, berührte mich tief. Ein wirkliches Wunder war geschehen, aber nicht *ich* hatte es vollbracht. *Etwas hatte mich benutzt,* etwas, das ich unmöglich verstehen konnte. Etwas Ehrfurchterregendes und Allmächtiges. Dieses Etwas hatte das Problem verstanden, während ich selbst nicht einmal wußte, was dem Jungen gefehlt hatte. Von diesem Augenblick an war ich ein anderer Mensch – und ein Heiler.

Geistheilen beruht nicht auf einer Kraft oder Energie, die vom Körper des Heilers ausgeht. Es ist seinem Wesen nach das Wirken einer *Intelligenz,* die sich selbst mittels Liebe und Mitgefühl Energie schafft. Es genügt nicht, sich den menschlichen Körper einfach als physiologisches Wunder vorzustellen. Es ist lebenswichtig, die unendliche geistige Bedeutung des Menschen in Betracht zu ziehen. Das ist die allwissende, allmächtige Essenz des Lebens. Diese geistige Essenz ist überall vorhanden und kann alles bewirken – der *Atem* Gottes. Natürlich sind sich die Heiler uneins über die richtige Methode des Heilens, aber in einem Punkt sind sie sich alle einig: *Die Quelle der Heilkraft strömt aus Gott...* also aus einer «Superintelligenz».

Diese Wahrheit wird schlüssig bewiesen durch die unglaublich häufigen Fälle, in denen eine Heilung geschah, ohne daß der Heiler wußte, welche Krankheit vorlag, und ohne daß der Heiler irgendwo in der Nähe des Patienten war. Allein ein *Gedanke* hatte genügt!

Wenden wir uns dem nächsten Fall zu. Ich wurde von einer Londoner Radiostation eingeladen, mich an einer «call-in»-Sendung zu beteiligen: Leute aus dem Publikum konnten direkt im Rundfunkstudio anrufen. Viele der Anrufer wünschten, ich solle ihre körperlichen Beschwerden beschreiben. Ich antwortete korrekt und sofort, bevor mein Hirn noch Zeit hatte, sich mit der Frage zu befassen. Eine Dame telefonierte, die ein schweres Rückenleiden hatte. Seit mehr als zwei Jahren hatte sie deswegen Tag und Nacht Schmerzen. Mehrere Ärzte und Spezialisten hatten versucht, ihr zu helfen – ohne Erfolg. Wieder sprach ich automatisch, als hätte sich eine höhere Intelligenz in meinem Verstand eingenistet: «Stellen Sie sich aufrecht hin, entspannen Sie sich, und Sie werden im Kreuz Wärme empfinden. Jetzt entspannen Sie sich und berühren Sie Ihre Zehen; Sie werden keinen Schmerz empfinden.» Plötzlich hörten wir einen Freudenschrei: «Ich habe meine Zehen berührt und keinen Schmerz empfunden.» Drei Tage später rief man die Dame vom Radiosender aus an, und sie bestätigte, daß die Schmerzen nicht zurückgekommen seien.

1980 forderte mich eine deutsche Fernseh-Filmgesellschaft auf, bei einem speziellen Film über Geistheilen mitzumachen. Etwa dreizehn Patienten waren beteiligt. Eine Anzahl davon hatte äußerst schmerzhafte Beschwerden in der Wirbelsäule und dies seit mehreren Jahren. Alle diese Fälle sprachen erstaunlich gut auf die Behandlung an. Bemerkenswert waren aber die Nachwirkungen dieser Heilungen, als der Film ausgestrahlt wurde. Der Sender und ich selbst erhielten zahlreiche Berichte von Menschen, die den Film angesehen und Rückenbeschwerden gehabt hatten: ihre Schmerzen seien plötzlich verschwunden.

Diese ungewöhnlichen Begebenheiten wiederholten sich, als ich in Perth (Australien) bei einer Radiosendung mitmachte, bei der die Leute ebenfalls anrufen durften. Eine Dame bat mich telefonisch, ihre Beschwerden zu beschreiben. Ich sagte ihr, sie habe furchtbare Kopfwehanfälle und könne ihren Hals nicht bewegen. Die Wirbelsäule schmerze und sei unbeweglich... sie könne kaum die Arme über den Kopf heben. Schließlich höre sie in ihrem Kopf Geräusche. Sie bestätigte sofort diese

Diagnose. Ich sagte ihr dann, sie solle aufrecht stehen und sich entspannen, dann werde sie Wärme sich über ihren Körper verbreiten fühlen. Dann forderte ich sie auf, Hände und Arme über ihren Kopf zu erheben, sich nach vorn zu bücken und ihre Zehen zu berühren; sie werde keine Schmerzen empfinden. Wieder war der Erfolg unglaublich. Sie bewegte ihren Körper, was sie seit Jahren nicht mehr hatte tun können.

Aber das war nicht das Bemerkenswerteste an diesem Experiment. Am folgenden Tag bekam ich in meinem Hotelzimmer einen Telefonanruf. Eine Dame hatte die Radiosendung gehört und erklärte aufgeregt, daß die von mir dort gegebene Diagnose auch auf sie zugetroffen habe. Sie folgte meinen Anweisungen, und zu ihrem Erstaunen verschwanden nach einer Viertelstunde alle ihre Symptome. Auch sie konnte Hals, Arme und Rücken ohne Schmerzen bewegen.

Schulmediziner bezeichnen solche unorthodoxen Heilungen häufig als Ergebnisse von Autosuggestion oder Selbsthypnose oder als psychologische Reaktion. Es stimmt, daß das vorkommen kann und vorkommt, aber damit ist nicht erklärt, warum Säuglinge, Kleinkinder und Tiere auf Geistheilen mit Körperkontakt sehr gut ansprechen. Viele erfahrene Heiler sind sich der Tatsache bewußt, daß der menschliche und der tierische Körper über ein Selbstheilsystem verfügen, das man psychologisch und sogar suggestiv aktivieren kann. Aber nicht jeder Fall läßt sich so leicht erklären. Da war zum Beispiel die Dame, die mich in höchster Besorgnis anrief, weil ihr Hund drei Tage nichts gefressen und nichts getrunken hatte. Er lag einfach in seinem Korb und reagierte auf die schmeichelnden Bitten seiner Herrin überhaupt nicht. Der Tierarzt war mehrere Male dagewesen und sagte der Dame schließlich, der Hund sei sehr krank, leide Schmerzen, und es sei zweifelhaft, ob er wieder gesund werde. Er schlug vor, das Tier «einzuschläfern». Er gebe ihm noch 24 Stunden, und wenn der Hund bis dahin keine Reaktion zeige, müsse er das Nötige veranlassen. Da rief die Dame mich an. Ich ging sofort in den Meditationsraum und konzentrierte mich auf den Namen des Hundes. Schon am nächsten Morgen rief die Dame an, um mir zu berichten, daß der Hund, als sie aus dem Schlafzimmer herunterkam, sein Futter aufgefressen und etwas Wasser getrunken habe; anschließend ging sie mit ihm auf einen langen Spaziergang. Ich hatte weder die Dame noch den Hund je kennengelernt.

Quantenphysiker sagen uns, das Material oder die «Masse», aus der unser Planet und unsere Körper bestehen, sei einfach dynamische Energie. Deshalb ist alles, was wir sehen, berühren, hören, riechen und schmecken Energie, die in einer bestimmten Frequenz vibriert. Theoretisch sollte es leicht sein, die Schwingungen jedes Lebewesens zu empfangen. Das zeigt sich klar, wenn wir die Fähigkeiten von Aborigines und anderen Buschmännern betrachten. Sie spüren, wann Fremde kommen, lange bevor sie sie sehen. Sie entdecken Veränderungen in der Atmosphäre schneller, als es mit Instrumenten möglich wäre. Tiere und Vögel haben ebenso hoch entwickelte Instinkte. Viele Sensitive – Hellseher und Mystiker – sprechen über Vorahnungen oder «Gefühle». Viele Handwerker, zum Beispiel auch Gärtner, entwickeln ein Gefühl für das Material, mit dem sie arbeiten. Sie befinden sich «in Übereinstimmung» mit den Lebensformen oder Stoffen, mit denen sie arbeiten. Sie benützen keine übersinnlichen Kräfte, sondern haben sich auf eine Ebene der «Wahrnehmung» eingestimmt, die andere Leute nicht kennen. Erfahrene Heiler können sich einstimmen. Wenn alles ständig sich bewegende Energie ist, wird es möglich, die Schwingungen jeden Lebewesens aufzufangen. Oft wurde ich aufgefordert, den Schmerz im Körper einer andern Person zu lokalisieren. Das tue ich, indem ich die Finger erst die Wirbelsäule entlang und dann die Vorderseite hinuntergleiten lasse. Heiler sprechen davon, sich auf einen Patienten «einzustimmen», und wenn die Einstimmung erfolgt ist, wird dem Körper eine Form von Energie vermittelt. Zum Beispiel wünschten vor einigen Jahren in New York Laboranten, ich solle meine Hände in ein Gefäß voll Wasser tauchen und mich «einstimmen», als wollte ich heilen. Das Wasser wurde dann wissenschaftlich untersucht, und zu ihrem Erstaunen fanden sie, daß sich die Molekularstruktur des Wassers verändert hatte.

Es gab auch ein Experiment, das ein Mediziner in Deutschland anregte. Er brachte vier Blumentöpfe, einen Sack Erde und ein Paket Samen. In den ersten Topf pflanzte man Samen, den ich nicht berührt hatte, beim zweiten Topf hatte ich lediglich das Wasser behandelt. Für den dritten Topf hatte ich nur den Samen behandelt; der vierte Topf aber enthielt Erde, Samen und Wasser, die alle der Heilenergie ausgesetzt gewesen waren. Alle Töpfe wurden an einen Ort gestellt, an dem sie genau gleichviel Sonnenlicht empfingen. Die Resultate zeigten zweifelsfrei, daß die Heilenergie eine dynamische Wirkung auf Lebewesen hat: Pflanze Nr. 4 war dreimal höher als die anderen; Pflanzen Nr. 2 und 3 waren nicht so hoch, aber immer noch deutlich größer als Nr. 1.

1981 wurde mit Hilfe eines Pathologen des St.-Bartholemews-Spitals in London eine Demonstration der Heilkraft veranstaltet, bei der eine «Kultur» von Krebszellen Verwendung fand. Diese Zellen lebten und vermehrten sich in einem speziell konstruierten Glasbehälter. Die richtigen atmosphärischen Bedingungen waren errechnet worden, ebenso die angemessene, notwendige Nährlösung. Alle Bedingungen entsprachen denjenigen des menschlichen Körpers. Mit Hilfe eines Computers konnte der Arzt genau feststellen, wie viele Zellen lebten. Ich wurde gebeten, meine Hände *in die Nähe* des Behälters zu bringen, ihn aber nicht zu berühren, und mich auf das Heilen einzustimmen. Nach fünf Minuten «Heilung» wurden die Zellen mittels Computer gezählt: 50 % waren tot. Nach nochmals fünf Minuten «Heilung» waren fast alle tot. Man stellte dann fest, daß nach acht Stunden alle Krebszellen tot waren.

Wir können die Heilenergie vielleicht nicht verstehen, aber sie steht offensichtlich zur Verfügung, um allen Lebewesen zu helfen. Ich bin seit 30 Jahren Heiler, und es gibt viele Dinge, die ich «spüren», aber nicht mit intellektuellen Begriffen erklären kann. Zum Beispiel ist der Begriff «Heilenergie» zu einfach und vielleicht irreführend. Viele Heiler arbeiten auf ganz verschiedene Weisen, und manche sind viel «stärker» als andere. Daraus kann man schließen, daß Heiler auf unzähligen Frequenzen arbeiten. Es kommt mir vor wie Hochspannungsstrom aus dem Kraftwerk, der herabtransformiert werden muß, ehe er Haushaltgeräte und Fabriken betreiben kann. Ich bin darum sicher, daß die Heilenergie modifiziert werden muß, um bestimmten Heilern und Patienten zu entsprechen. Ich erinnere mich an meine ersten Tage als Heiler, als ich einigen Patienten Verbrennungen zufügte. Zum Glück hat «jemand» daraus gelernt, denn es kam seither nicht mehr vor.

Ich bin jedoch überzeugt, daß die Heilenergie eine «Intelligenz» besitzt, die über den einfachen Begriff «Energie» hinausgeht. Ich weiß zum Beispiel, daß sie eine «geistige Verbindung» schaffen kann, die sich dann auf meine mentalen Fähigkeiten überträgt. Als ich in Australien vor etwa 500 Leuten eine Heildemonstration gab, spürte ich, daß jemand schreckliche Rückenschmerzen hatte. Ich fühlte mich auf unerklärliche Weise zu einer bestimmten Frau hingezogen. Dann wurde ich zu dem Mann hingezogen, der neben ihr saß. Meine (von mir so genannte) «intuitive» Stimme gab mir Anweisungen. Ich wandte mich an den Mann und sagte: «Würden Sie bitte Ihre Hand langsam den Rücken der Dame hinunter bewegen und aufhören, wenn ich es sage.» Das tat er. «Jetzt», sagte ich, «lassen Sie die Hand an dieser Stelle ruhen, bis Sie fühlen, wie sie heiß wird.» Als dies der Fall war, wies ich die Frau an, aufzustehen. «Jetzt», sagte ich, «biegen Sie Ihren Rücken nach hinten, nach vorne und seitwärts. Fühlen Sie irgendwelche Schmerzen?» Ihr glückliches Gesicht machte jede verbale Bestätigung überflüssig. Sie war vollkommen schmerzfrei.

Dieses Experiment und viele ähnliche überzeugten mich zweifelsfrei, dass sich, wenn ein Heiler oder eine Heilerin sich auf die Heilenergie einstimmt, auch automatisch eine unabhängige, übergeordnete Intelligenz einschaltet. Diese zwei Faktoren sind nicht trennbar. Jede religiöse Schrift der Welt, einschließlich der Äußerungen vieler großer Philosophen und Mystiker, besagt, daß Gott die Welt erschaffen habe, alle Lebewesen samt den Pflanzen. Deshalb muß der Ursprung *allen* Lebens nicht nur geistiger Natur, sondern auch unendlich sein. Das beweist auch, daß der Mensch viel mehr ist als nur eine Ansammlung bewegter materieller Zellen.

Alle Lebewesen sind miteinander verbunden und unterstehen einem höchst komplexen, strengen und unwandelbaren Organisationsplan, der auf eine äußerst hochstehende kosmische Intelligenz hinweist.

Von diesem kosmischen Plan zu *wissen* oder einfach zu *glauben*, Geistheilen beruhe auf der Kraft der Liebe, ist nicht genug. *Alle Heiler, einschließlich der Mediziner, müssen selbst die große Macht der Liebe werden.* Das ist nicht nur möglich durch Einzelmeditation, sondern auch in einer Gruppe hingebungsvoller Leute, die sich miteinander *einer* geistigen Sache widmen. In einer solchen Versammlung wird eine mächtige spirituelle Aura erzeugt, die sich nicht nur auf die Atmosphäre auswirkt, sondern ganz klar das Bewußtsein aller Teilnehmer intensiviert und erhöht.

Diese geistig hochgeladene Atmosphäre ist stets sehr spürbar nach meinen zweitägigen Seminaren über spirituelle Philosophie und Meditation. Wir beschließen sie immer mit einer Massenheilung. Erst werden alle Leute, die Kopf oder Hals nicht bewegen können, gebeten, sich zu erheben. Diejenigen, die sitzen bleiben, werden angewiesen, «nach innen zu gehen», lautlos zu beten, zu meditieren und dann ihre Gedanken auf die stehenden Kranken zu richten. Obschon sie niemand berührt hat, sind die Resultate stets erstaunlich. Eine Dame, die ihren Hals seit 32 Jahren nicht hatte bewegen können, zeigte, wie fröhlich und kräftig sie ihren Hals von einer Seite zur andern drehen konnte. Als nächstes bitten wir die Leute mit Rückenproblemen aufzustehen, und schließlich solche mit steifen Armen oder Beinen. Bei jeder Veranstaltung kann man bemerkenswerte Heilungen und Besserungen überall im Saal feststellen.

Ein weiteres Beispiel kollektiver Heilkraft ergab sich bei einem spirituellen Anlaß in London. Zwei Männer brachten eine im Rollstuhl angegurtete Frau und hoben sie auf die Bühne. Sie litt seit sieben Jahren an einer seltenen Form von Lähmung. Alle medizinischen Methoden, die man kannte, waren angewendet worden, hatten aber nichts gefruchtet; seit fast sieben Jahren war sie an den Rollstuhl gefesselt. Immer mußte jemand dabeisein, um sie zu Toilettezwecken aus dem Stuhl zu heben, sie ins Bett zu legen, sie wieder in den Stuhl zu setzen.

Ich erklärte der Versammlung die Kunst der einfachen Meditation und des Gebets. Dann bat ich, jeder möge sich auf die Frau im Rollstuhl konzentrieren. Nach etwa 15 Minuten kamen die beiden Pfleger zurück, hoben den Stuhl von der Bühne und brachten die Frau nach Hause. Scheinbar hatte sich nichts geändert. Ein Jahr später wurde ich zu einem Dinner von Leuten eingeladen, die sich für das Übersinnliche interessierten; am Schluß wurden die Teilnehmer eingeladen zu tanzen. Die Aufmerksamkeit der meisten Anwesenden richtete sich bald auf eine Dame mitten auf der Tanzfläche; sie führte einen sehr beweglichen und dynamischen Tanz vor. Ihre Bewegungen drückten große Freude aus. Als ich sie erstaunt ansah, bemerkte sie mich, kam zu mir und fragte: «Erkennen Sie mich wieder?» Ich verneinte; darauf erklärte sie, sie sei die Frau im Rollstuhl. Ihre Geschichte verblüffte mich. Sie erzählte: «Man führte mich nach der Behandlung immer noch im Rollstuhl heim und legte mich ins Bett. Am nächsten Morgen erwachte ich mit schrecklichen Schmerzen, die meinen Körper durchliefen. Sie waren so schlimm, daß ich den ganzen Tag im Bett blieb und nicht wagte, mich zu bewegen. Ich schwor mir, ich würde es nie wieder mit Geistheilen versuchen. Am folgenden Morgen wachte ich auf im klaren Bewußtsein, daß ich ganz schmerzfrei war. Ich fühlte mich sehr seltsam, so leicht, daß ich hätte fliegen können. In diesem Augenblick wußte ich, daß ich das Bett verlassen und gehen konnte. Das tat ich, und zum erstenmal in sieben Jahren ging ich die Treppe hinunter. Ich brauchte nie mehr den Rollstuhl.»

Als seit langem bekannter Geistheiler wurde ich gebeten, praktisch alle Arten körperlicher Krankheiten zu behandeln. Zum Beispiel werden Wirbelsäulenverkrümmungen, besonders arthritische, oft nach wenigen Minuten Kontakt behoben. Ich erinnere mich an einzelne Fälle. Zwei Fälle schwerer Wirbelsäulenverkrümmung wurden zuerst von zwei Medizinern untersucht, und dann sahen sie selbst, wie die Wirbelsäulen geradegerichtet wurden. Der dritte Fall wurde eben von einem Spezialisten behandelt, der schließlich befand, es bliebe nur eine Operation. Die Eltern waren nicht einverstanden und brachten das Mädchen zu mir.

Der erste Fall wurde von mir in Perth (Australien) vor etwa 400 Leuten behandelt. Die Kranke war ein 14jähriges Mädchen, dem eine Operation bevorstand. Die Krümmung, sagte man mir, betrage 42 Grad. Meine persönliche Heiltechnik besteht darin, die Finger in die Mitte der Krümmung zu legen. Nach ein paar Minuten spüre ich eine leichte

Erweichung des Knochens. Genau in diesem Augenblick ziehe ich mit Muskelkraft den Knochen gerade. Während dieses Vorganges saß ein Arzt in der ersten Reihe. Er kam sofort herauf und verlangte, den Rücken des Mädchens untersuchen zu dürfen. Die Überraschung in seinem Gesicht sprach für sich. Er sagte: «Das Erstaunlichste ist, daß sie nicht aufhörte zu lächeln, als der Knochen geradegerichtet wurde. Sie spürte nichts. Wenn wir das im Krankenhaus machen müßten, ginge das nicht ohne Betäubung des Knochens. Aber auf seltsame Weise müssen Ihre Finger ein Schmerzmittel verströmen.» Das leuchtete mir ein, denn in allen diesen Fällen klagten die Kranken ein paar Stunden nach der Behandlung über Rückenschmerzen. Diese verschwinden natürlich bald. Ich erfuhr später, daß die Operation abgesagt wurde.

Der nächste Fall spielte sich in Basel in der Schweiz ab. Es waren etwa 100 Ärzte anwesend. Die Patientin war wiederum eine junge Frau. Wieder wurde eine schwere Wirbelsäulenverkrümmung von einer Ärztin diagnostiziert, die den ungefähren Grad der Verkrümmung angab. Ich wandte meine übliche Technik an. Nachher erklärte ich, die Wirbelsäule sei jetzt zu 80 Prozent gerade. Die Ärztin kam wieder und bestätigte, die Wirbelsäule sei stark verändert. Sie fügte hinzu: «Was er getan hat, können wir im Spital nicht ohne Operation erreichen.»

Der dritte Fall betraf eine weitere junge Frau, die laut Arztbericht eine 45prozentige Verkrümmung hatte und operiert werden sollte. Nach nur einer Behandlung berichtete der Spezialist, die Verkrümmung betrage nur noch 25 Prozent. Eine Operation sei deshalb nicht nötig.

Es gab noch viele ähnlich gelagerte Fälle, aber die obigen Berichte beweisen zur Genüge die Vorteile des Geistheilens ohne Chirurgie.

Unter den Vorfällen, die gerne mit Geistheilung in Verbindung gebracht werden, figuriert das Auflösen von Tumoren und Krebsgeschwüren. Dies geschieht normalerweise langsam, wobei Schwellungen, falls sie sichtbar sind, während der Behandlung allmählich zurückgehen. Aber es gab einen bemerkenswerten Fall mit einem jungen Mann aus Zürich. Seine Hoden waren geschwollen und taten ihm weh. Im Krankenhaus diagnostizierte man ein Krebsgeschwür, das äußerst gefährlich sei und eine sofortige Operation nötig mache.

Er lehnte diese aber augenblicklich ab und sagte den Ärzten, er werde in London einen Heiler, nämlich mich, aufsuchen. Trotz ihrer Bitten und Warnungen, er werde sterben, traf er am gleichen Tag in London ein. Wir begannen sofort mit der Behandlung. Er blieb drei Tage und wurde jeden Tag eine halbe Stunde lang behandelt. Am dritten Tag reiste er nach Zürich zurück. Am folgenden Tag meldete er sich im Spital, wo die Ärzte ihn wieder untersuchten. Nachdem sie lange miteinander diskutiert hatten, gestanden sie dem jungen Mann, sie seien verblüfft und verwirrt. Alles scheine wieder normal zu sein, sogar der Hormonspiegel. Sie verstünden das nicht und würden gerne operieren, um sicher zu sein, daß alles gesund sei. Außerdem wüßten sie nicht, was passiert sei, es sei ein großes Rätsel, sie hätten noch nie ein Krebsgeschwür so schnell verschwinden sehen. Es sei aber möglich, daß noch einige Krebszellen vorhanden seien, und es wäre gefährlich, diese Möglichkeit auszuschließen.

Zuerst lehnte das der junge Schweizer ab, denn er war sicher, daß der ganze Krebs verschwunden war. Schließlich war er einverstanden, meine Meinung einzuholen. Ich sagte, sie sollten nur aufmachen, um sicher zu sein, daß keine Gefahr mehr bestehe. So geschah es, und ich erfuhr später, daß man keine Spur von Krebs gefunden hatte.

Sollte der Leser glauben, die Heilung sei vorübergehend gewesen, so möge er bedenken, daß sich dies alles vor sechs Jahren abgespielt hat. Ich habe noch Kontakt mit diesem Mann, und er ist immer noch bei guter Gesundheit. Es gibt viele Fälle, in denen Geschwüre durch Heilung aufgelöst wurden, aber hier war der Krebs von Spezialisten entdeckt und die Heilung von denselben Spezialisten bestätigt worden.

Andere Probleme, die auffallend schnell auf Geistheilen ansprechen, sind Knochenverwachsungen, Bandscheibenvorfall, Kropf, Zwölffingerdarmgeschwüre, schlechtes Sehen und Hören sowie Nierenbeschwerden.

Eine der dramatischsten Heilungen durch den Geist, bei der die ganze Zeit ein Arzt anwesend war, betraf eine junge Frau aus der Schweiz. Was diesen Fall so besonders machte, war, was ich die innere *intuitive Stimme* des Heilers nenne. Der Leser möge daran denken, daß der erfahrene, verläßliche Heiler nicht nur mit hohem Respekt vor den Anweisungen und Befunden des für den Patienten verantwortlichen Arztes arbeitet, sondern auch *stets* aufs äußerste bemüht sein und jede Vorsichtsmaßnahme ergreifen soll, wenn es um Leben und Gesundheit eines Kranken geht.

Dieser Fall war einzigartig; ich hatte noch nie so etwas gesehen. Das Problem lag *innerhalb* der Wirbelsäule an der Schädelbasis. Ein kleines Knochenfragment drang ins Innere und näherte sich dem Rückenmark. Es bestand die Gefahr, daß infolge einer plötzlichen Kopfbewegung der vorstehende Knochensplitter ins Rückenmark drang und es durchtrennte. Dies hätte den sofortigen Tod der Patientin bedeutet. Die Frau wurde aus Zürich hergeflogen, fest auf eine Tragbahre gegurtet. Sie hatte drei Plätze im Flugzeug bezahlen müssen, weil die Bahre quer auf die Sitze gelegt werden mußte. Ihr Arzt begleitete sie auf dem Flug.

Als sie für einen viertägigen Aufenthalt in meinem Londoner Heilzentrum ankam, lag sie angegurtet auf der Tragbahre und fürchtete jede Bewegung, weil der vorstehende Knochen ins Rückenmark dringen konnte. Ich begann die Behandlung, indem ich einfach meine Hände sanft auf den unteren Teil ihres Halses legte. Drei Tage setzte ich diese sanfte Behandlung fort und machte keinen Versuch, den Kopf zu bewegen. Aber am vierten Tag, aus reiner Inspiration, begann ich, ihren Kopf zu bewegen. Das befähigte mich, ihren Zustand zu «spüren». Solche intuitiven oder übersinnlichen Lenkungen haben es mir stets möglich gemacht, das Richtige zu tun, ohne dem Patienten zu schaden. Dann, am Nachmittag des fünften Tages, bekam ich den sehr deutlichen, intuitiven Eindruck, daß die Patientin jetzt ohne Hilfe aufstehen konnte. In Gegenwart ihres Arztes und ohne zu zögern, sagte ich mit fester Stimme: «Stehen Sie bitte auf.» Augenblicklich wechselten Arzt und Patient Blicke der Überraschung und Angst. Wieder sagte ich, noch bestimmter, sie solle aufstehen. Der Arzt spürte die Überzeugung in meiner Stimme, schaute seine Patientin an und bat sie aufzustehen. In den nächsten Sekunden erhob sich die Patientin langsam und zögernd auf die Füße. Ich sagte ihr, sie solle den Kopf rundherum bewegen, dann aufwärts und abwärts. Das tat sie. Dann bat ich sie, im Zimmer herumzugehen. Hierauf sagte ich ihr, sie könne jetzt den ganzen Weg zu ihrem Hotel gehen. Auch dies tat sie, und am nächsten Morgen kam sie zu Fuß in mein Heilzentrum. Sie war, wie sie sagte, völlig schmerzfrei.

Das Ende dieser Geschichte war, daß die Frau ihren Flug nach Zürich verschob, um mit mir zurückfliegen zu können. Sie saß in einem Einzelsitz wie jeder andere Passagier. Ich sah die Patientin mehrmals in Zürich, und jedesmal berichtete sie mir, sie genieße ein normales, aktives Leben. Sie gehe einkaufen, verrichte Haushaltsarbeiten, und einmal gehe sie sogar tanzen.

Bemerkenswert an diesem Fall ist die Tatsache, daß ich trotz der großen Gefahr während der ganzen Behandlung und bis ich sie aufforderte, sich auf die Füße zu stellen, keinen Augenblick der Furcht oder des Zweifels erlebte. Die «stille» Stimme, die zu mir «sprach», war nicht meine, aber sie gehörte zu mir. Es war die Stimme der *inneren Intelligenz,* die alle erfahrenen und eingestimmten Heiler lenkt.

Viele Mystiker in der ganzen Welt haben tief über den Ursprung und den Sinn des Geistheilens nachgedacht. Wenn es einen Gott oder einen Schöpfer gibt, haben alle Lebewesen, Mensch, Tier und Pflanze, teil an derselben göttlichen Quelle. Alles Leben muß EINS sein. Die ganze Schöpfung ist sowohl ein geistiger Entwurf als auch ein körperlicher Ausdruck. Wenn Gott die Erde und alle Lebewesen auf ihr schuf, muß der Ursprung geistig sein. Der Mensch ist deshalb entweder ein göttliches, geistiges Wesen, das sich durch vergängliche, stoffliche Körperlichkeit ausdrückt, oder er ist ein kosmischer Zufall, der vergängliche Roboter einer unverständlichen Gottheit.

Wenn er nicht mehr ist als eine Ansammlung körperlicher Zellen, die von elektrischen Impulsen bewegt werden, hat das einzelne Leben keinen wirklichen, dauerhaften Sinn. Man braucht in diesem Fall keine persönliche Ethik und keine Moral zu beachten. Philosophie wäre überflüssig. Es gäbe keine Quelle und keinen Anreiz für Güte und Mitgefühl. Die höchsten Ziele des Menschen wären tatsächlich sinnlos.

Aber in Wirklichkeit sagt dem denkenden Menschen jede Faser, daß er mehr ist als eine Ansammlung gallertartiger Zellen – er ist die höchste Form einer Lebenskraft, die wir GEIST nennen.

Jede religiöse Lehre und Schrift betont, der Mensch sei ein geistiges Wesen. Mystiker, Heilige und große Philosophen haben nicht nur die individuelle Natur dieses unendlichen, geistigen Aspekts verkündet, sondern auch einhellig akzeptiert und bekannt, daß der Geist den Tod des Körpers überlebt. Der große Sri Krishnan Prem schreibt:

> *«Vorbei ist das Gefühl, man sei ein getrenntes, endliches Selbst mit seinem individuellen Gewinn und Verlust, seinen persönlichen Hoffnungen und Ängsten. Statt dessen kommt die Erfahrung des EINEN ATMAN, der in allen Wesen wohnt; alle Wesen schwimmen in diesem allumfassenden Ozean von Glück.»*

Diesen Glauben an die Ewigkeit und die Fortdauer des Geistes teilte auch Goethe, den die Vorstellung des Todes nicht schreckte, weil er fest überzeugt war, daß der Geist unzerstörbar sei. Der Geist wirke von Ewigkeit zu Ewigkeit; er sei wie die Sonne, die für unsere sterblichen Augen unterzugehen scheint, aber in Wirklichkeit ewig scheine.

Entgegen der populären Auffassung ist die Wissenschaft kein Feind der Religion, denn die Wissenschaft entfaltet nur die Wahrheit. Geistheilen ist ein Teil der Wissenschaft, ein Teil der Religion, ein Teil der Ethik.

Wenn Wissenschaft für die Leiden der Welt eingesetzt wird, bringt sie häufig Lösungen. Aber vor ihr liegt noch ein weiter Weg. Noch ist sie in einem Stadium, da sie für die Behandlung von Individuen eingesetzt wird, aber die Zeit ist nahe, da sie die Krankheiten der Völker, die Krankheit der ganzen Welt überwinden wird.

Furcht ist eine Krankheit, Mißtrauen und Eifersucht sind Krankheiten, Haß und Mangel an Sicherheit sind Krankheiten, und alle diese werden durch Geistheilen erfolgreich behandelt.

Der unglaubliche Fortschritt der Kern- und Quantenphysik verschafft der Welt nicht nur Glück und die Bewältigung der Krankheit, sondern hat auch erstaunliche Erkenntnisse über das eigentliche Wesen des Menschen ermöglicht. Professor F. Allen Wolf, ein berühmter Physiker an der San Diego State University, machte die erstaunliche Feststellung: «Es mag phantastisch klingen, aber die *neue* Physik, Quantenmechanik genannt, hat bewiesen, daß neben der uns bekannten Welt eine zweite besteht, ein paralleles Universum, ein Duplikat, das irgendwie leicht von unserem abweicht und doch das Gleiche ist. Und nicht nur zwei Welten, sondern drei, vier und sogar mehr. Unendlich viele Welten. In jedem dieser Universen werden du, ich und alle anderen, die leben und gelebt haben, existieren, lebendig sein.»

Die überwältigende Menge von Erfolgsmeldungen durch Geistheilen, die praktisch in jedem Land vorliegen und zugänglich sind, zeugt ohne Zweifel von der Existenz über-/paranormaler Kräfte, die für praktisch jedes körperliche und psychische Gebrechen eingesetzt werden können. Der echte Geistheiler, bewandert in der Kunst der Meditation, ist sich des geistigen Reiches (das unsere Welt durchdringt und sie erhält) klar und intuitiv bewußt. Er spürt keine Trennung zwischen der inneren, geistigen Welt und der sinnlich wahrnehmbaren Außenwelt. Hier befindet sich der Heiler in direktem Widerspruch zum Arzt, der so stark auf eine materialistische Auffassung der Welt konzentriert ist, daß er für das geistige Reich völlig blind und deshalb unfähig ist, auf seine unbeschränkten dynamischen Einflüsse zu reagieren und sich auf sie einzustimmen.

Helmut Hark

Geboren 1936 in Pommern, abgeschlossenes Theologiestudium und volle psychoanalytische Ausbildung, verheiratet, 4 Kinder, evangelischer Pfarrer und Psychotherapeut in Karlsruhe, Landesbeauftragter in Baden für Lebens-, Ehe- und Erziehungsfragen, freier Mitarbeiter am Südwestfunk in der Sendung «Ratgeber Lebensfragen».

Buchveröffentlichungen

Der Traum als Gottes vergessene Sprache
Traumbild Baum
Vom Kirchentraum zur Traumkirche
Träume vom Tod
Jesus der HEILER

Helmut Hark

Die zehn Heilkräfte im Sefiroth-System

Gesundheit und Heilung sind für uns Menschen ein zentrales Anliegen. Viele bringen es im Slogan zum Ausdruck: Hauptsache die Gesundheit! Doch in unserer Gesellschaft ist die Gesundheit zu einem kaum noch zu bezahlenden Gut geworden. Über die Kostenlawine im Gesundheitswesen ist schon viel gesagt und geschrieben worden. Weil die Gesundheit unser höchstes Lebensgut ist, gibt es seit Jahrzehnten eine Neubesinnung auf alte Heilweisen, die sich in anderen Kulturen und Zeitepochen bewährt haben.

Besonders im Bereich der Esoterik und der New-Age-Bewegung bemüht man sich um alternative Heilmöglichkeiten. Ich selbst studiere seit 20 Jahren das Heilsystem der zehn Heilkräfte, wie sie uns im *Sefiroth-System* der jüdischen Kabbalah überliefert sind, und berücksichtigte die Kenntnisse in meiner therapeutischen Praxis. Durch Seminare bei Friedrich Weinreb und durch das Studium seiner Schriften und denen von Gershom Scholem habe ich mir ein vertieftes Wissen über dieses Heilsystem angeeignet.
Bei der Durchsicht der kaum zu überblickenden Literatur über das Sefiroth-System ist mir eine gewisse Lücke aufgefallen, die ich durch meinen Beitrag und meine therapeutischen Erfahrungen ergänzen möchte. Ich möchte die zehn Begriffe und Symbole des Sefiroth-Systems durch Beispiele aus der therapeutischen Praxis erschließen und damit dem heutigen Menschen einen Erfahrungshorizont eröffnen für die Ganzwerdung und Individuation. Wenn einleitend die Begriffe Gesundheit und Heilung im Mittelpunkt standen, dann erfolgt hier mit der Ganzwerdung der Person und ihrer Individuation eine für mich wesentliche Ergänzung. Etwas provozierend möchte ich sagen, daß die *Ganzwerdung* für mich noch wesentlicher ist als die Gesundheit. Jeder von uns kennt viele Menschen, die nach der allgemeinen und kollektiven Norm gesund sind oder nach einer körperlichen Erkrankung als medizinisch geheilt entlassen wurden. Doch es ist auch bekannt, daß viele Menschen zwar körperlich gesund sind, aber in ihrer seelischen Erleb-

nisfähigkeit und Wahrnehmungsfähigkeit weit hinter ihren Möglichkeiten zurückbleiben. Besonders drastisch, aber zutreffend hat dies ein östlicher Meditationslehrer einmal sinngemäß so gesagt: *Ihr westlichen Menschen habt mit eurer außerordentlich entwickelten Intelligenz zwar Atombomben und Raketen gebaut und könnt ins Weltall fliegen, aber von der inneren Welt habt ihr bisher wenig entdeckt. In eurem Seelenleben sind viele von euch primitiv und wie Barbaren.* Mag diese kritische Deutung über unsere seelische Entwicklung auch für manchen pauschal klingen, sie deckt jedoch einen wunden Punkt auf, der mit den Fragen nach Ganzwerdung und Heilung sehr viel zu tun hat.

Weil diese beiden Begriffe für mich der Ausgangspunkt für die Deutung des Sefiroth-Systems sind, will ich sie hier zunächst nach meinem therapeutischen Verständnis und nach der Tiefenpsychologie C. G. Jungs definieren. Häufig spricht Jung von der Verwirklichung des ganzen Menschen im Individuationsprozeß. Mit Ganzheit oder mit Ganzwerdung ist keine Vollkommenheit gemeint, sondern eine zunehmende Integration all jener Persönlichkeitsanteile, die viele auf andere Menschen projizieren und an jenen die eigenen Schattenseiten bekämpfen. Der Weg zur menschlichen Ganzwerdung ist nicht eindeutig und rational zu beschreiben, sondern kann manchmal auch durch scheinbare Umwege und Schicksalsschläge zum Ziele führen. Wesentlich ist für die Ganzwerdung, die verschiedenen Persönlichkeitsanteile zu verbinden und die krankmachenden Gegensätze zu überwinden und zu versöhnen. Wenn wir an dieser Ausgewogenheit und Balance unseres Lebens arbeiten, kommt es zu einem annähernden Gleichgewicht von Freude und Leid. Werden dagegen seelische Leiden jeglicher Art grundsätzlich bekämpft oder verdrängt, können sie sich in Gestalt der Neurose ins Leben hineindrängen. Die Ganzwerdung wird gefördert durch archetypische Bilder und Symbole, die die heilenden Kräfte des Selbst und der Seele in das Bewußtsein und das ganzheitliche Leben integrieren.

Heilung geschieht dann, wenn ein gehemmter und neurotischer Mensch wieder den Anschluß findet an die Wurzeln seines Lebens und damit die heilenden Kräfte aus der Tiefe integrieren lernt. Für den psychischen Heilungsprozeß ist auch die vertrauensvolle Beziehung zu einem Therapeuten wichtig. Durch den Beistand des Therapeuten, dessen Einfühlung und Verstehensmöglichkeiten, wird es auch dem Patienten wieder möglich, sich mit seinen angsterregenden Gefühlen und seinen traumatischen Komplexen auseinanderzusetzen. In diesem vielschichtigen Heilungsprozeß darf der Therapeut nicht seine eigenen Heilungsabsichten und Überzeugungen dem Patienten aufzwingen, sondern muß dessen Entwicklungsmöglichkeiten beachten und akzeptieren. Im Heilungsprozeß verhelfen die archetypischen Bilder und Symbole dazu, das Innerste des Menschen in eine positive Schwingung zu versetzen und damit die heilenden Kräfte aus der geheimnisvollen Seelentiefe ins Leben zu integrieren.

Wichtig für die psychische Ganzwerdung und Heilung ist, daß die genannten Lebensenergien nicht nur wahrgenommen und angenommen werden, sondern auch zu einer Änderung des Lebens und zur Neugestaltung des Lebens führen.

Weitere Aspekte und Gesichtspunkte für die Ganzwerdung und Heilung werden bei meiner Deutung der zehn Sefiroth als therapeutische Heilkräfte gegeben.

Für diejenigen, die sich bereits mit den zehn Sefiroth ausführlicher beschäftigt haben, möchte ich hier besonders hervorheben, daß ich den historischen Kontext und die Bedeutung dieses Systems in seinem kulturellen und religiösen Zusammenhang bewußt außer acht lasse, weil es mir hier eben um Neuentdeckung für heutige therapeutische Prozesse in der Praxis geht. Für die Therapie und den Gesundungsprozeß sind insbesondere Bilder, Symbole und Träume mit mythischen Vorstellungen wichtig, weil diese uns mit den seelischen Tiefen verbinden, die eine neue Orientierung und Wandlung der Persönlichkeit ermöglichen. In der Tiefe unserer Person, in der Seele und im Unbewußten, besonders im kollektiven Unbewußten, nach dem Verständnis von C. G. Jung, schlummern für uns die hilfreichen Heilkräfte. Zum Geheimnis dieser Tiefe gehören auch die mythischen Vorstellungen und Überlieferungen der Menschheit, von denen C. G. Jung schreibt: *Die mythischen Vorstellungen nämlich mit ihrer eigentümlichen Symbolik greifen in die Tiefe der menschlichen Seele, in historische Untergründe, wohin unsere Vernunft, der Wille, die gute Absicht nie gelangen, denn sie stammen auch aus jenen Tiefen und sprechen eine Sprache, welche unsere heutige Vernunft zwar nicht versteht, die aber sozusagen das Innerste des Menschen in Schwingung versetzt. Es gibt darum nicht wenige Psychotherapeuten, die in letzter Linie, d.h., wenn alle Stricke reißen, zu einer der bekannten Religionen oder vielmehr Konfessionen ihre Zuflucht nehmen. Es liegt mir fern, diese Bestrebungen ins Lächerliche zu ziehen. Ich muß vielmehr hervorheben, daß ihnen ein sehr richtiger Instinkt zugrunde liegt, enthalten doch die heutigen Religionen noch die lebendigen Reste eines mythischen Zeitalters (GW 16, 19).*

Mit diesem Geheimnis in der Tiefe der Seele werden wir uns besonders bei der achten Sefirah, genannt *Hod*, ausführlicher befassen. Doch durchschreiten wir das Sefiroth-System der Reihe nach und beginnen mit der ersten Sefirah.

Die therapeutischen Kräfte im Sefiroth-System

In einem ersten Überblick lernen wir jetzt die verschiedenen Aspekte und Dimensionen der Heilkräfte im Sefiroth-System kennen. Ich begrenze mich dabei auf die therapeutischen Erfahrungen und Gesichtspunkte, die ich im letzten Jahrzehnt in meiner therapeutischen Praxis kennengelernt habe.

1. *Kether* als Wille zur Ganzwerdung und Heilung

In der therapeutischen Arbeit tritt Kether nicht gleich am Anfang in Erscheinung, sondern verweist uns auf eine jenseitige Wirklichkeit, die wir in der Tiefenpsychologie das Selbst nennen. Die bewußtseinstranszendenten therapeutischen Kräfte in Kether treten in jenen besonderen Augenblicken in Erscheinung, wenn der Patient etwas zu ahnen beginnt von seinem Adel und von seiner königlichen Herkunft als Krone der Schöpfung. Während durch die Selbstentfremdung der Mensch in die neurotischen Verstrickungen versklavt ist, arbeiten wir in der Analyse an der Auflösung der neurotischen Lebensmuster und öffnen damit den Weg in die persönliche Freiheit. Indem wir in der gezielten therapeutischen Arbeit unseren Willen auf das Selbst als Krone des Seins ausrichten, sind unser Ich und das Bewußtsein auf den Empfang der therapeutischen Kräfte eingestellt. Nicht, daß wir mit dem Willen Gesundheit und Heilung erzwingen könnten oder sie machen würden, sondern es geht hier lediglich um die Erweckung des Willens zum Empfang und zur Integration der therapeutischen Heilkräfte.

Kether ist der Anfang und Ursprung der therapeutischen Heilkräfte in unserem Selbst. Wir könnten auch philosophisch sagen, daß es das absolute Sein ist, das schon immer vor unserem Dasein vorhanden ist. Durch Kether kommt wieder Bewegung in unser verhärtetes Lebensmuster. Wenn wir in das Wirkungsfeld und die Kraftsphäre von Kether eintreten, werden unsere dissoziierten Lebenskräfte wieder auf ein Ziel, nämlich auf das Selbst hin, geordnet und strukturiert. Die Psychodynamik, die durch die neurotischen Blockaden versiegt war, fängt wieder an zu strömen und übt einen belebenden Einfluß auf unsere Erlebnisfähigkeit aus.

Kether ist der Wille zum Gesundwerden und zur Heilung. Jeder Therapeut bespricht in den ersten Stunden mit dem Ratsuchenden oder dem

Patienten dessen Motivation für die Therapie. Die Prognose für die Therapie ist meistens ungünstig, wenn ein Patient nicht motiviert ist, an der Auflösung seiner neurotischen Verstrickung mit aller ihm möglichen Willensanstrengung zu arbeiten. Dieser Wille zur Heilung ist keine neue Entdeckung in der heutigen Therapie. Nach meinen Forschungen arbeitete bereits Jesus als Heiler und Therapeut seinerzeit nach dem Heilsystem der zehn Sefiroth. In den verschiedenen Heilungsgeschichten der Bibel finden wir häufig am Anfang der Begegnung zwischen Jesus und einem Kranken seine Frage: «Willst du gesund werden?» Oder einen anderen Kranken fragte Jesus als Heiler: «Was willst du, das ich dir tun soll?» Dieser Wille zur Heilung muß natürlich auch beim Heiler selber vorhanden sein oder aktiviert werden. Auch dies spiegelt sich in den biblischen Heilungsgeschichten wider, wenn z. B. ein Aussätziger Jesus bittet: «Wenn du willst, kannst du machen, daß ich rein werde!» Auch in dem antiken griechischen Heilsystem bei Asklepios in Epidaurus haben der Wille zum Gesundwerden und die Motivation zur Heilung einen ganz zentralen Stellenwert.

2. *Chockmah* als Wissen und Weisheit der eigenen Seele

In der Tiefe der eigenen Seele, im Selbst, schlummert die Weisheit und kann zu einem persönlichen Wissen erweckt werden. Im Grunde ahnt und weiß jeder Mensch, was für ihn gut und hilfreich ist. Die Aufgabe und das Problem bestehen für viele jedoch darin, wie diese Ahnungen und das esoterische Wissen in das reale Leben integriert werden können. Hier erweist sich nun die aktive Kraft und Energie von Chockmah als therapeutische Kraft. In den therapeutischen Prozessen dringt sie mit überzeugender Macht in das Bewußtsein ein und durchbricht die neurotischen Fassaden.

In der Jungschen Tiefenpsychologie und Therapie bezeichnen wir diese Weisheit als *Anima* im Manne und als *Animus* in der Frau. Diese Symbolgestalten haben eine vermittelnde Funktion, indem sie Männern und Frauen das esoterische Wissen ins Bewußtsein heben. In diesem Zusammenhang möchte ich das Bewußtsein als Wirkstätte des Wissens bezeichnen und das Selbst als Quelle der Weisheit.

Mancher wird nun vielleicht fragen, wie er die Weisheit seiner Anima bzw. seines Animus im Bereich seines Bewußtseins begreifen und erfassen kann. Die Weisheit der Anima/des Animus teilt sich uns mit in unseren Ahnungen. Diese Ahnungen bewirken häufig in unserem seelischen Erlebnisbereich bestimmte Stimmungen oder Schwingungen. Wenn wir auf die innere Stimme zu lauschen beginnen, können wir sie mit etwas Übung auch in Worte kleiden und damit die Botschaft aus der

Tiefe vernehmen. Die Anima bzw. der Animus sind nicht nur Symbolgestalten unseres persönlichen Seelenlebens, sondern sind darüber hinaus zugleich Grenzgänger in dem Bereich des kollektiven Unbewußten. Ähnlich wie Hermes als grenzüberschreitender Gott der Griechen die oftmals kleinkarierten menschlichen Begrenzungen überwindet, so können wir mit unserem Gespür für das esoterische Wissen auch die Schätze der Weisheit aus dem kollektiven Unbewußten zu therapeutischen Zwecken nutzen.

3. *Binah* fördert die Wandlung und Wiedergeburt

Die therapeutische Funktion von Binah offenbart sich in allen Symbolen der Wandlung und der Wiedergeburt. Alle Gefäße und Formen, in denen Stoffe und Inhalte umgeformt und verwandelt werden können, sind Sinnbilder für Binah. Als Matrix und Grundmuster für diese therapeutischen Wandlungsprozesse können wir die Gebärmutter und den Geburtskanal ansehen. In den therapeutischen Prozessen der Träume erscheinen diese Wandlungsvorgänge häufig in den Bildern eines Tunnels oder einer Röhre, die mit Mühen und Qualen durchkrochen werden. Häufig verengt sich der Wiedergeburtskanal zum Ausgang hin, so daß sich die Träumer oder die Träumerinnen auf dem Bauch liegend hindurchschlängeln müssen.

Weitere Nachbildungen für die Gebärmutter als Symbol der Wiedergeburt sind der Brunnen, die Zisterne und die Höhle zu nennen. Viele Patienten spüren, daß sie an diesen Orten den entscheidenden Durchbruch für ihre innere Wandlung erleben werden. Das Wissen und die Weisheit der Märchen mit diesen Wandlungssymbolen sehe ich in dem Brunnen bei Frau Holle oder in der Bedeutung des Brunnens im Märchen vom Froschkönig. Die gleichen Symbole finden wir auch bei Joseph dem Träumer im Alten Testament. Wegen seiner archetypischen Träume und seiner kommenden Bedeutung für die Familie und sein ganzes Volk warfen die eifersüchtigen Brüder den Joseph in die Zisterne und verkauften ihn später nach Ägypten. Im Brunnen begann die Introversion des Joseph und der Prozeß seiner Verinnerlichung und Individuation. In der therapeutischen Arbeit begegnen mir die Wandlungssymbole auch zunehmend in technischen Bildern aus unserer modernen Industriegesellschaft. So blicken manche Träumer mit besonderer Aufmerksamkeit in einen arbeitenden Motor oder in das Düsengetriebe eines Flugzeugs. Auch manche anderen Bilder von Energiezentren oder von Transformatoren sind Bilder für das gestalterische und formgebende Prinzip von Binah. Während in den psychoneurotischen Konflikten und Schwierigkeiten die Lebensenergien aufgerieben oder für unnütze Zwecke verbraucht werden, wird durch das formgebende Prinzip von Binah diese Lebensenergie wieder auf positive Ziele und Funktionen im Körper und in den menschlichen Beziehungen gelenkt.

4. *Chesed* als Gnade des Neubeginns und der Selbstliebe

Im therapeutischen Prozeß wird Chesed als die Gnade des Neubeginns und als Durchbruch der heilenden Kräfte erfahren. Nach der Systematik von Leuenberger beginnt mit Chesed das sogenannte esoterische Dreieck, indem die folgenden drei Sefiroth jene therapeutischen Heilkräfte aus dem vorausgehenden mystischen Dreieck im Erfahrungsbereich des Menschen verwirklichen und konkretisieren. In Chesed werden die therapeutischen Heilkräfte, die wir bisher im Sefiroth-System kennengelernt haben, ausgerichtet auf die Ganzwerdung und Heilung der Person. Dazu gehört vor allem, daß das Bewußtsein und das Ich des Menschen wieder den Anschluß finden an die kollektive Lebensquelle und das kollektive Unbewußte.

In Chesed strömen die kosmische Schöpfungsordnung und die Schöpfungskräfte in die persönliche Lebensgeschichte ein. Nach dem Kabbalisten Friedrich Weinreb ist Chesed die Sefira des ersten Schöpfungstages, und sie bezeichnet nach der Überlieferung das Grundverhältnis, wie sich das Schöpfungsverhältnis in der Welt und in jedem einzelnen Menschen fortsetzt. Chesed wird damit zum Anknüpfungspunkt, zum Landeplatz der Schöpfungskräfte im Menschen. Vom einzelnen wird dies als Gnade und als schenkende Liebe erlebt. Chesed ist auch der Ausgangspunkt und die Basis für die persönlichen Begnadungen und Begabungen. Wenn wir nach langem Suchen und nach manchen Irrwegen endlich unsere wahre Berufung erkennen, so ist dies ein Geschenk von Chesed.

Chesed ist auch der Ort und das Symbol für unsere geistige oder spirituelle Orientierung. Im Tarot steht für diese Bedeutung und Funktion der Hohepriester (Karte 5). Der Hohepriester ist ein Symbol für die religiöse Funktion der Seele und für die persönliche spirituelle Orientierung. Wir können dabei auch an das Priestertum aller Menschen denken, das durch die Reformation Martin Luthers wieder in das Bewußtsein aller Menschen gehoben worden ist. Wenn wir Chesed durch das Symbol des Hohepriesters betrachten und deuten, dann erinnert uns der Schlüssel in der Hand des Hohepriesters an die Öffnung des Menschen für die therapeutischen Heilkräfte und das Heil. Wenn auf anderen Tarot-Karten der Hohepriester das ägyptische Lebenszeichen in der Hand hält, so weist auch diese Symbolik auf die gleiche Bedeutung hin.

Aus dem bisher Gesagten dürfte für den Esoteriker schon angeklungen sein, daß in Chesed esoterische Aspekte und Inhalte für die Therapie enthalten sind. Besonders Menschen, die einen Einblick in die Rätselhaftigkeit des Lebens suchen oder nach dem Sinn ihrer Schicksalsschläge fragen, sollten sich um Chesed bemühen. Jeder kann den tieferen Sinn seines Lebens erkennen und finden, wenn er sich tiefer mit den drei therapeutischen Heilkräften gerade des esoterischen Dreieckes im Sefiroth-System einläßt.

5. *Geburah* verhilft zur Überwindung der Gegensätze

Geburah ist ein besonders therapeutisches Energiefeld, weil es alles das korrigiert und strukturiert, was in unserem leiblichen und seelischen Erleben aus der Balance geraten ist. Das therapeutische Energiesystem, das den Namen Geburah trägt, verhilft zur Überwindung der Gegensätze in uns. Wir können uns die therapeutische Bedeutung und Funktion von Geburah auch mit den Worten von Goethe verdeutlichen, wenn er schreibt: *Gestaltung, Umgestaltung des ewigen Sinnes, ewige Unterhaltung!* Dieser therapeutische Gestaltungsprozeß und die Formgebung für alle Lebensvorgänge ist kein leichtes Spiel, sondern gleicht eher einem Kampf und wäre vielleicht am besten als Überlebenskampf zu bezeichnen. Von daher erscheint es auch nur folgerichtig, wenn in den therapeutischen Prozessen der Träume, Imaginationen und Phantasien der Menschen dieser Lebenskampf zur Überwindung der Gegensätze in Symbolen wie z. B. Schwertern, Speeren oder in anderen Sinnbildern des Kampfes, der Stärke sowie des Sieges erscheint. Wenn die therapeutischen Heilkräfte in den Traumsymbolen in Gestalt von Medizin, Antibiotika oder Desinfektionsmitteln erscheinen, dann können wir annehmen, daß wir im Sefiroth-System im Energiefeld von Geburah angekommen sind.

Wo sich das Leben neu bildet und organisiert, muß auch Altes oder Krankhaftes abgebaut werden. Nach dieser Erfahrung sollten wir nicht erschrecken, wenn in den therapeutischen Prozessen und Träumen Bilder von Zerstörung oder Chaos erscheinen. Alles, was die Neuwerdung behindert oder die Heilung beeinträchtigt, muß im inneren Erleben beseitigt oder zerstört werden. Besonders erschreckend und für viele Menschen völlig unverständlich ist das archetypische Zerstückelungsmotiv. So sehen z. B. Menschen, die im therapeutischen System von Geburah angelangt sind, daß Leichen oder Tierkörper zerstückelt werden. Manchmal wird der Träumer auch dazu genötigt, sich an dieser Zerstückelung zu beteiligen. Mit normalem Menschenverstand betrachtet, dürfte es einleuchtend sein, daß sich dabei Gefühle von Ekel und Schauer einstellen. Doch wenn wir dieses archetypische Wandlungssymbol mit Hilfe von Geburah deuten, dann offenbaren diese Schreckensbilder ihren tieferen therapeutischen Sinn. Es geht darum, daß das alte und abgestorbene Leben in uns beseitigt und zerstückelt wird. Diese Bedeutung und die Funktion der schaurigen Traumbilder werden uns vielleicht auch einleuchten, wenn wir uns vorstellen, daß ein Regisseur im Theater den Zuschauern die Erfahrung vom Tod des alten und neurotischen Menschen vor Augen führen sollte. Ähnlich wie drastische oder sogar schockierende Bilder auf der Bühne des Theaters Menschen zum Nachdenken veranlassen, so verhelfen auch die archetypischen Traumbilder unserer Seele zur Wandlung und zur Heilung.

6. *Tiferet* als symbolbildende Funktion der Seele

Die besondere therapeutische Bedeutung von Tiferet sehe ich in der symbolbildenden Funktion der Seele. Im Wirkungsbereich von Tiferet geschieht fortwährend ein symbolbildender Prozeß zum Ausgleich der psychosomatischen Lebenskräfte. Nach tiefenpsychologischer Deutung werden in einem lebendigen Symbol die geistigen Vorstellungen und Bilder mit den seelischen Erlebnismöglichkeiten sowie den körperlichen Lebenskräften zu einer neuen Gestalt der Lebendigkeit zusammengefügt. Wegen dieser gespeicherten Inhalte wohnt den Symbolen eine besondere therapeutische Kraft inne. Aus allen Lebenssphären in uns wird mit Hilfe der symbolbildenden Funktion Tiferet ein Heilmittel geschaffen, das wiederum hilfreich und therapeutisch auf die verschiedenen Lebenssphären einwirken kann. Wenn wir im therapeutischen Prozeß das Heilsystem des Sefiroth-Baumes durchschreiten und bei Tiferet angekommen sind, dann sind wir zu unserer Mitte gelangt. *Tiferet ist das entscheidende Symbol der Mitte und der Zentrierung in unserer Person.* Im Energiefeld unseres Körpers ist es das *Sonnengeflecht*, in dem sich die Lebensströme in uns konzentrieren. Mit dem Sonnengeflecht, mit Tiferet, nehmen wir auch die vielen positiven und negativen Schwingungen um uns und im zwischenmenschlichen Bereich wahr. Jeder von uns kennt die Erfahrung, daß wir in einer Gruppe von sympathischen Menschen uns wohl fühlen und sich daher sogar ein Gefühl der Wärme und des Wohlbehagens im Sonnengeflecht einstellen kann. Umgekehrt können wir uns in diesem Bereich auch sehr schnell verhärten und damit so etwas wie einen Schutzpanzer bilden, wenn es um aggressive Auseinandersetzungen und um negative Schwingungen geht. Tiferet ist unser besonderes Wahrnehmungsorgan und ermöglicht ein tiefes Mitgefühl mit den Freuden und Leiden anderer Menschen. Die Weisheit des Körpers und das esoterische Wissen haben in Tiferet einen besonderen Ort in unserer Mitte. Wenn wir aus dieser Mitte heraus wieder zu leben beginnen oder lernen, aus dieser Quelle zu leben, dann wird unser Leben ganz und heil.

Nach esoterischem Verständnis fließen die therapeutischen Kräfte von Tiferet und Geburah in Tiferet, in unserer Mitte, zusammen. Besonders die Überwindung der Gegensätze in allen psychosomatischen Prozessen, mit denen wir uns schon im Energiefeld von Geburah befaßt haben, kommt in Tiferet zur vollen Auswirkung. In meiner Deutung des Sefiroth-Systems als therapeutischem Energiefeld ist Tiferet der zentrale Wirkungsbereich für die Heilung.

Die Ganzwerdung der Person und die Heilung unserer neurotischen Dissoziationen geschieht durch eine neue Zentrierung auf eine Mitte hin. Wirkungsvolle therapeutische Sinnbilder und Symbole sind daher das Mandala, das Kreuz oder die Pyramide. Auch Erscheinungsbilder von Frauen oder Männern, die ihren Animus bzw. ihre Anima integriert haben und in denen die leidige Geschlechtspolarisierung überwunden ist, sind Sinnbilder dieses therapeutischen Prozesses.

7. *Nezach* als therapeutischer Augenblick und Höhepunkt der Heilung

Wenn in den vielschichtigen und komplexen therapeutischen Prozessen die Heilkraft voll zum Durchbruch kommt, dann ist ein Mensch in den Wirkungsbereich von Nezach eingetreten. In jenen therapeutischen Augenblicken scheint sich die Zeit besonders zu verdichten und zu gerinnen. Einige meiner Patienten haben diese besondere Erfahrung als ein Gefühl von Ewigkeit beschrieben. Im esoterischen Sinne können wir diese therapeutischen Augenblicke als Einwirkung oder Einstrahlung der göttlichen Heilkräfte in die Zeitlichkeit des Menschen ansehen. In den biblischen Heilungsgeschichten findet sich wiederholt die Formulierung: *Und im selben Augenblick war(en) er/sie geheilt . . .* Gerade die biblischen Schriftsteller waren wenig orientiert über die zeitaufwendigen Voraussetzungen für die Heilung von psychogenen Störungen; sie richteten ihr Augenmerk von vornherein auf diesen besonderen therapeutischen Augenblick mit dem Höhepunkt der Heilung.

Das besondere Zeiterleben im therapeutischen Prozeß möchte ich durch folgende Beobachtungen weiter erläutern: Die neurotischen Blockaden und Hemmungen führen bei vielen Menschen dazu, daß sie sich von belastenden Ereignissen in der Vergangenheit nicht lösen können. Dies beeinträchtigt die Lebensfreude und das Zeiterleben in der Gegenwart insofern, als daß man gar nicht richtig am Leben teilnehmen kann. Viele Patienten haben mir geklagt, daß sie sich wie isoliert fühlen und keine Hoffnung sowie keine Zukunftsperspektive haben. Wenn dagegen die Zeit im Wirkungsbereich von Nezach zu strömen beginnt, dann erhält unser Zeiterleben eine besondere Intensität. Wir können sagen, daß diese Intensität ein Ausdruck ist für das therapeutische Energiefeld von Nezach. Während den Menschen infolge ihrer Blockaden viele Dinge langweilig erscheinen und sie den Geschmack am Leben verloren haben, bringt der Eintritt in die erfüllte Zeitlichkeit neue Lebensfreude.

8. *Hod* – den Ängsten und Gefühlen einen Namen geben

Im Sefiroth-System ist Hod der Ort der Theoriebildung und Systematisierung der therapeutischen Heilkräfte. Die emotionale Ergriffenheit ist jetzt mit theoretischen Begriffen zu erfassen. Hod können wir auch als Sefirah der Ordnung und der Gestaltung ansehen. Leuenberger hebt an Hod insbesondere die Funktion und Bedeutung der Ordnung, Formulierung, Systematisierung und Kodifizierung hervor. Diese Begriffe sind in unserem Zusammenhang im esoterischen Sinne zu verstehen. Im Hinblick auf die therapeutische Deutung des Sefiroth-Systems, ist Ordnung als das rechte Maß für die Gesundheit zu sehen. Wenn in unserem Körper oder in unserem seelischen Erleben die rechte Balance besteht, z. B. zwischen Spannung und Entspannung, zwischen roten und weißen Blutkörperchen und den vielen anderen Gegensätzen, dann ist unser Leben in Ordnung. Die Formulierung menschlicher Erfahrung und die Systematisierung von therapeutischen Vorgängen hat etwas zu tun mit einteilen, unterscheiden und in Worte kleiden.

Die hilfreichen Kräfte von Hod werden im Bereich der Therapie besonders dann wirksam, wenn ein Patient anfängt, seine Schwierigkeiten in Worte kleiden zu können. Die Namengebung und die Begriffsbildung sind die geheimnisvollen Vorgänge, die uns Menschen Macht geben für die Krankheit und die Kraft zur Gesundung. Der Name in dem hier verwendeten Sinne steht in engstem Zusammenhang mit dem *Mantram,* das besonders in der östlichen Welt eine wichtige Bedeutung hat. Die therapeutische Funktion von derartigen Leitsätzen können wir uns vorstellen am Beispiel der wirkungsvollen Sätze im autogenen Training. Viele kennen die entspannende und wohltuende Wirkung derartiger Vorsätze wie z.B.: *Ich werde ganz ruhig!* oder *Mein Herz schlägt gleichmäßig und ruhig!* Ähnlich verhält es sich mit der Namengebung und bestimmten Formulierungen in der Therapie. Wenn ein Patient seinen Ängsten oder seinen neurotischen Schwierigkeiten einen Namen geben kann, lernt er sie leichter beherrschen. Ebenso wichtig ist es, die Botschaft der Träume oder die gewonnenen therapeutischen Einsichten in einem hilfreichen Leitsatz zu formulieren.

Die Sefirah Hod erinnert uns daran, daß auf die Ergriffenheit das Begreifen folgen sollte. Das Begreifen der Ängste und anderer Gefühle geschieht im Begriff. Zur bewußten Gestaltung unbewußter Lebensvorgänge gehört deren Einordnung in unser ganzheitliches Erleben. Wenn wir die therapeutischen Kräfte von Hod in unser Leben integrieren, dann erlangt unser Leben etwas vom ursprünglichen Glanz, von Hoheit und Herrlichkeit. Die letztgenannten Begriffe stehen im biblischen Sprachgebrauch in engster Verbindung mit Hod und beleuchten dessen weiteren Bedeutungsgehalt. Im biblischen Sprachgebrauch gehören zu diesem Begriff ferner die Erfahrungen von Staunen und Freude. Aufgrund eigener Erfahrung können wir vielleicht ermessen und verstehen, daß der Sieg über die Krankheit den Menschen mit Freude und Staunen erfüllt.

Hod erinnert uns daran, daß die Ganzwerdung und Heilung auch immer etwas zu tun hat mit der Begegnung mit jenseitigen Mächten. Von daher hat es eine besonders tiefe Bedeutung, wenn dieser Sefirah dem Erzengel Raphael zugeordnet ist. Sein Name bedeutet *Gott heilt!* In der jenseitigen Welt ist der Erzengel Raphael das höchste Symbol für die therapeutische Kraft. Alle Therapeuten, Ärzte und Seelsorger sollten mit Raphael in einer persönlichen Beziehung stehen und ihn als ihren Supervisor ansehen.

Die Gestaltung der Lebenskräfte und die Systematisierung im Bereich von Hod erhält durch die Symbolbildung im therapeutischen Prozeß noch einen weiteren Akzent. Durch die in den Träumen erscheinenden Symbole und durch die in uns aufsteigenden Bilder, Imaginationen oder Phantasien werden die neurotischen Symptome zu Symbolen verwandelt. Indem wir unsere Aufmerksamkeit, unsere Wahrnehmungen auf diese Bilder und Symbole richten, üben wir einen therapeutischen Einfluß auf das Unbewußte aus. In den Symbolen ist das zerstreute Leben und das neurotisierte Erleben wieder zusammengefügt. Wenn wir die psychischen Energien und geistigen Kräfte im Bereich von Hod ins Bewußtsein heben, dann ist die Zeit der geistigen Dürre und Depression vorüber, und die Lebenskräfte regen sich von neuem.

9. *Jesod* ist die Balance und das Geheimnis unseres Lebens

Mit Jesod kommen wir zur Beschreibung der Grundlage und des Fundaments unseres Lebens und jeder menschlichen Beziehung. Wenn wir die Begegnung zwischen den Menschen und insbesondere die therapeutischen Beziehungen nicht nur im rationalen Bereich beachten, sondern darüber hinaus auch die unbewußten Kräfte im Sinne der Tiefenpsychologie beschreiben, dann beginnen wir das Geheimnis unserer Person zu ahnen und zu begreifen. Im therapeutischen Prozeß ist Jesod jene tiefe Beziehung und non-verbale Kommunikation, die das

Geheimnis zweier Menschen berührt. Die therapeutischen Kommunikationen im Sinne von Jesod ereignen sich immer dort, wo das Unbewußte, das bisher nicht Gewußte und Verborgene, mein Geheimnis oder die geheimnisvolle Tiefe des anderen Menschen berührt. Doch es sollte nicht bei dieser Berührung oder Ergriffenheit bleiben, sondern im therapeutischen Prozeß zu einem Begreifen kommen, das wir im Sinne von Hod als Lebensgestaltung und Formgebung unseres Lebens beschrieben haben.

Alles, was wir bisher über Jesod im Hinblick auf die zwischenmenschlichen Beziehungen gesagt haben, kann der einzelne auch zum Verständnis seiner eigenen Person übertragen. Das persönliche Geheimnis des eigenen Lebens zu begreifen ist eine der schwierigsten Lebensaufgaben. Gerade in einer Zeit, in der so viel analysiert und rationalisiert wird, ist Jesod jene Sefirah, die an das zu bewahrende Geheimnis eines jeden Lebens erinnert. Jesod wird damit zu einer wichtigen Grundlage und dem Fundament unseres Lebens. Friedrich Weinreb weist darauf hin, daß im Namen Jesod deutlich das Wort «Sod» enthalten ist, welches «Geheimnis» bedeutet. Nach Weinreb ist Jesod dasjenige, *was auf dem Geheimnis basiert, und zwar so, daß du das Geheimnis bei dir und anderen bewahren kannst. Nur dann gibt es dieses Fundament.* Weinreb fährt dann später fort: *Geheimnis meint nicht Geheimnistuerei, Aversion gegen alles Rationale. Geheimnis bedeutet: sich freuen, daß etwas da ist, das nicht berechnet und erklärt werden kann. Diesem Unerklärlichen möchte man gerne gegenüberstehen. Das Verstehen des anderen, die wirkliche Verbindung mit ihm, geschieht dort, wo sein Verborgenes mein Geheimnis berührt. Dort ist Kommunikation. Alles wirklich Grundlegende bedarf keiner Erklärung. Man versteht es auf andere Art, hat Teil an ihm, soweit man sein eigenes Geheimnis schützt und bewahrt* (Traumleben, Band 3, S. 45f.). Für Geheimnis können wir auch sagen Mysterium, das Unerklärbare und die Rätselhaftigkeit unseres Lebens.

Jesod als das Geheimnis hat größte Ähnlichkeit mit dem kollektiven Unbewußten in der Tiefenpsychologie C. G. Jungs. Es ist jene Tiefendimension, an denen alle Menschen Anteil haben, wenn sie zu den Wurzeln ihres Wesens zurückkehren. Auch archetypische und sogenannte große Träume weihen uns in das Geheimnis unseres Lebens ein. Damit wird Jesod zu einer Furt und Übergangsstelle, zwischen dem Bewußtsein und dem Unbewußten, zwischen dem Ich und dem Selbst. Die Beziehung zwischen den beiden Seinsbereichen führt zur Gegensatzvereinigung und damit zur Ganzwerdung und Heilung. Diese Heilung bleibt und ist ein Geheimnis. Ähnliches besagt auch der Leitspruch der Ärzte: *Die Natur (das Geheimnis) heilt, der Arzt kann nur Heilgehil-*

fe sein und sanieren. Wenn wir dem Geheimnis unseres Lebens nahekommen, werden wir heil.

10. *Malkuth* als Königreich der Seele

Auf unserem inneren Weg durch das Heilsystem der zehn Sefiroth erreichen wir mit Malkuth das Königreich in der Seele. Am Lebensbaum hat Malkuth ihren Ort im Bereich der Wurzeln und zeigt damit die tiefe Erdverbundenheit an. Nachdem wir bei Jesod bereits das Geheimnis unseres Lebens kennengelernt haben, begegnen wir in *Malkuth der Ganzheit des Lebens.* Malkuth ist nach F. Weinreb unsere Welt, in der die jenseitige Welt erscheint. *Denn in dieser Welt wird schließlich an Gott, die Krone, das Königreich zurückgegeben* (Bauplan S. 65). Nach Leuenberger werden *im Malkuth die Schwingungen der göttlichen Energie so dicht und auf eine so kleine Frequenz zusammengedrängt, daß sie buchstäblich faßbar werden und der Mensch sie handhaben kann* (Der Baum des Lebens, Band 2, S. 247). G. Scholem gibt diesem Königreich den Namen *Schechina* und bezeichnet damit die Anwesenheit Gottes in der Welt. In der tiefenpsychologischen Deutung ist Malkuth das Selbst, von dem alle Heilkräfte ausgehen.

Dieses Selbst eröffnet eine bewußtseinstranszendente Beziehungsmöglichkeit mit dem Kosmos und Gott, mit den Kristallen und Tieren, mit dem Sein und allem Seienden. *Als empirischer Begriff bezeichnet das Selbst den Gesamtumfang aller psychischen Phänomene im Menschen. Es drückt die Einheit und Ganzheit der Gesamtpersönlichkeit aus. Insofern aber letztere infolge ihres unbewußten Anteils nur zum Teil bewußt sein kann, ist der Begriff das Selbst eigentlich zum Teil potentiell empirisch und daher im selben Maße ein Postulat* (C. G. Jung, Gesamtwerk, Band 6, S. 891). Wenn ein Mensch auf dem Weg der Selbstverwirklichung oder im therapeutischen Prozeß in das Wirkungsfeld des Selbst eintritt, dann hat er zu seiner königlichen Bestimmung, als Krone der Schöpfung, zurückgefunden. Im Malkuth ist die Welt gut und heil, wie auch die heilenden Kräfte aus dem Selbst in unser bewußtes Leben fließen. Zu diesem Königtum des Menschseins gehört auch das Träumen. Wenn wir große Träume haben, dann schöpfen wir aus der Heilquelle, die in Malkuth ihren Ort hat. Daher nannte Freud zurecht *das Träumen den Königsweg zum Unbewußten.* Und der Dichter Hölderlin schreibt:

> *Ein König ist der Mensch,*
> *wenn er träumt,*
> *ein Bettler,*
> *wenn er nachdenkt.*

Andreas Resch

Geboren am 29. Oktober 1934 in Steinegg bei Bozen/Südtirol. 1955 Eintritt in den Redemptoristenorden; 1961 Priesterweihe. 1963 Doktorat der Theologie an der Universität Graz, Studium der Psychologie an den Universitäten Freiburg und Innsbruck, 1967 Doktorat der Philosophie (Psychologie und Volkskunde) an der Universität Innsbruck. Psychoanalytische und verhaltenstherapeutische Ausbildung in Innsbruck, München und London. Psychotherapeutische Praxis bis 1980. Seit 1969 Professor für klinische Psychologie und Paranormologie an der Accademia Alfonsiana, Päpstliche Lateranuniversität Rom. Gastvorlesungen in den USA, in Japan, Frankreich und Australien. Seit 1980 Direktor des von ihm gegründeten «IGW – Institut für Grenzgebiete der Wissenschaft», seit 1966 Initiator und Leiter der IMAGO-MUNDI-Kongresse; Begründer (1970) und Präsident, seit 1989 Vizepräsident der «International Association of Behaviour Modification and Psychotherapy», Innsbruck/Melbourne; Herausgeber der Zeitschrift «Grenzgebiete der Wissenschaft» und des Jahrbuches «Impulse aus Wissenschaft und Forschung». Herausgeber der Buchreihen Imago Mundi; Grenzfragen; Personation and Psychotherapy; Bibliographie zur Paranormologie.

Inhaber des Resch-Verlages. Zahlreiche Veröffentlichungen in verschiedenen Zeitschriften und Sammelbänden.

Buchveröffentlichungen

Der Traum im Heilsplan Gottes
Depression: Ursachen, Formen, Therapie
Gerda Walther: Ihr Leben und Werk.
Mitarbeit an Fernseh- und Kinofilmen.

Andreas Resch

Paranormologie: Die Welt des Okkulten

Zur Welt des Okkulten gehört die ganze Fülle der geheimnisvollen Orte, Kräfte und Beziehungen, die im Bereich der belebten und unbelebten Natur, der Psyche und des Geistes sowie zwischen diesen wirken. Die offizielle Schulwissenschaft befaßt sich bekanntlich nur mit jenen Erscheinungsformen und Gedankengängen, die einen kausalen oder logischen Zusammenhang aufweisen. Sie erweckt daher unausgesprochen, zuweilen aber auch ausdrücklich den Eindruck, daß nur gelte, was meßbar oder logisch ableitbar sei. Demgegenüber weist die *Paranormologie,* die Wissenschaft des Aussergewöhnlichen, darauf hin, daß die Welt über die feststellbare Kausalität sowie die experimentelle oder logische Beweisbarkeit hinausreicht. Zudem liegt diesem Verständnis der Welt, oft auch als Okkultismus bezeichnet, die Ansicht zugrunde, daß alle Erscheinungen in der Welt eine Ganzheit bilden und in notwendigen, zielgerichteten Beziehungen zueinander stehen, die weder zeitlich noch räumlich sind. Im einzelnen geht es dabei vor allem um folgende, bis heute von der Wissenschaft noch ungelösten Fragen:

— Ist außer der grob-physischen Welt und der Welt des Geistes noch eine Zwischenschicht anzunehmen, ein corpus subtile, ein Feinstoffliches?
— Gibt es eine Fernwirkung, eine actio in distans?
— Was sind im letzten Raum Zeit und Materie?
— Gibt es ein Jenseits?
— Gibt es ein Hereinwirken Jenseitiger?
— Gibt es Erkenntniswege, die außerhalb der sinnlichen Erkenntnis liegen?
— Gibt es einen materiefreien Geist?
— Gibt es ein Fortleben nach dem Tode im Sinne eines kontinuierlichen Bewußtseins?

I. Geschichte

In der Antike bezeichnete man mit *occulta* sowohl die Geheimnisse, die in den Mysterien überliefert wurden, als auch alle Erscheinungen und Praktiken, die sich auf verborgene Kräfte in Welt und Mensch beziehen, die den normalen, auf der Information der Sinnesorgane beruhenden Erfahrungen nicht zugänglich sind.

So hat Indien eine weit ausgebaute Lehre von *Prana,* der feinstofflichen Urenergie der Welt, die hinter allem Physischen steht, den Körper durchdringt und erhält. In den Lebewesen manifestiert sich diese Kraft am deutlichsten als Atem, als reine Lebenskraft. Die Ägypter nannten diese Kraft *Ka.* Und obwohl man in Ägypten wie in Mesopotamien für die Heilung psychischer Störungen bereits Drogen verwendete und die Patienten ermutigte, Ausflüge an den Nil zu machen, Konzerte zu besuchen, sich mit Tanzen, Malen und Zeichnen zu beschäftigen, hielt man doch die Beschwörung für die wichtigste Behandlungsart. So schreibt der Medizinhistoriker H. Sigrist, daß die Beschwörung ein mächtiges psychologisches Werkzeug war, ein System der Medizin, *das von Magie und Religion beherrscht wurde und dessen Zweck darin bestand, ein Individuum wiederherzustellen und mit der transzendenten Welt zu versöhnen ... Die Gewissenserforschung des Patienten, der davon überzeugt war, daß er ob seiner Sünde litt, hatte eine befreiende Wirkung; und die von den beschwörenden Priestern vollzogenen Riten und ausgesprochenen Worte besaßen eine tiefe Suggestivkraft.*

Diese Versöhnung mit der Transzendenz, die sich bei den Hebräern und im Christentum in der Freundschaft mit dem einen Gott verwirklicht, bei den alten Chinesen im siegreichen Kampf des Gottes Yin gegen Yang und bei den Persern im Sieg des Ormazd, des Gottes des Guten und des Lichtes, gegen Ahriman, den Geist des Bösen und der Finsternis bestand, spendete den Hindus den ersehnten Trost durch die von den heiligen Büchern der Veden verkündete Seelenwanderung und den Buddhisten durch die versprochene Ruhe des Nirwana, während die Brahmanen, die Nachfolger der vedischen Priester, im Brahma die Macht über die geistige Welt zu besitzen glaubten.

Diese Vorstellungen fußten im Grunde auf einer Sicht von Welt und Mensch, die von vier Wirkqualitäten, nämlich *Physis, Bios, Psyche* und *Pneuma* gekennzeichnet ist, was besonders im Alten und im Neuen Testament zum Tragen kommt.

Für die westliche Kultur hat sich dieses Denken von Welt und Mensch seit den Griechen jedoch entscheidend gewandelt. Plato spricht schließlich nur mehr von zwei Prinzipien, nämlich Materie und Geist, und Demokrit, der Vater des Materialismus und der Atomistik, bezeichnet die Atome als das wahre Wesen der Dinge. Die Ureigenheit von Bios und Psyche wird bis zur zweiten Hälfte des 19. Jahrhunderts kaum mehr beachtet. Erst mit dem Einsetzen der experimentellen Erforschung des menschlichen Seelenlebens erwachsen aus dem Boden der Lebensvorstellungen der Urzeit, der Alchemisten und der Kabbala sowie in Anlehnung an das Lebensprinzip der Griechen zwischen der atomistischen Weltbetrachtung Demokrits und dem Nous (Verstand) Platos zwei neue Forschungsansätze des biologischen und psychischen Lebens.

Der Vater dieser neuen Forschungsansätze ist Franz Anton Mesmer (1734–1815). Mesmer griff bei der Erklärung seiner Heilungen, vor allem bei Hysterikern, auf eine alte Anschauung über Magneten zurück, die sich bei den Alchemisten, bei Paracelsus, wiederfindet und besagt, daß es zwischen belebten und unbelebten Gegenständen eine Wechselwirkung gibt, die mechanischen Gesetzen unterworfen ist und von einem universalen Fluidum bewirkt wird, das in die Nerven eindringt und dem menschlichen Körper die Eigenschaft eines Magneten verleiht. Bei den genannten Heilungen kamen aber nicht nur die mesmerischen Striche, sondern auch Suggestion und Hypnose zur Wirkung.

Diese Vorstellungen widersprachen jedoch den Grundanschauungen der Aufklärung, und so stellte sich zur Frage *Rationalismus oder Magie?* noch die Frage *Fluid oder Suggestion?* Zunächst machte die Suggestionstheorie das Rennen. 1843 führte James Braid den Begriff der *Hypnose* ein. 1878 begann dann J. M. Charcot seine Demonstrationen mit Hypnose. In wissenschaftlichen Kreisen setzte sich die Überzeugung durch, daß durch Hypnose auch die Wirkung der mesmerischen Striche geklärt sei, und so verlegte man alles in die innere Dynamik des Menschen. Schließlich prägte Sigmund Freud (1856 bis 1939) unter dem Einfluß der philosophischen Ideen G. Theodor Fechners und Arthur Schopenhauers den Begriff des *Unbewußten* als eines dynamischen Systems im menschlichen Organismus, das durch ganz spezifische Eigenschaften und Mechanismen gekennzeichnet sei. Mit dieser Festlegung wurde neben die Wellen- und Korpuskeltheorie sowie die Macht der Ideen bzw. des Geistes eine funktionelle psychologische Betrachtungsweise gesetzt, die zusehends an wissenschaftlichem Boden gewann.

Mesmers Vorstellung vom Fluid wurde hingegen von dieser tiefenpsychologischen Betrachtung auf offiziellem wissenschaftlichen Boden zunächst völlig verdrängt. Sie wirkte jedoch auf Joh. Evangelist Purkine, Karl Ludwig von Reichenbach sowie Luigi Galvani. Heute findet diese Vorstellung vor allem in Begriffen wie *Orgon, Bioplasma* und *Bioenergie* ihren Niederschlag und bildet die Grundtheorie der *Psychotronik*. So stellen sich seit Ende des letzten Jahrhunderts neben dem materiellen Aspekt und dem Aspekt des Geistigen die Aspekte der Bioenergie und der psychischen Energie als selbständige Formen im Wirkungsgefüge des Kosmos zur wissenschaftlichen Diskussion.

II. Parapsychologie

Es ist daher nicht verwunderlich, daß die im letzten Jahrhundert einsetzende wissenschaftliche Erforschung des Paranormalen 1882 bei der Gründung der «Society for Psychical Research (SPR)» das Wort *psychical (psychisch)* wählte, hatte sich doch bei den Wissenschaftlern, die sich mit paranormalen Phänomenen überhaupt befaßten, die Ansicht durchgesetzt, daß hinter allen paranormalen Phänomenen ein psychischer Faktor stehe. Dies ist auch der Grund, weshalb die heutige Parapsychologie den Gründungstag der englischen «Society for Psychical Research», den 20. Februar 1882, als ihren Geburtstag ansieht, wenngleich das Wort *Parapsychologie* erst 1889 von Max Dessoir vorgeschlagen und schließlich durch den Vater der statistischen Parapsychologie, Joseph Banks Rhine, zu weltweitem Durchbruch gelangte. Dessoir bezeichnete mit dem Wort *Parapsychologie* jene Wissenschaft, die sich mit den Erscheinungen befaßt, die aus dem normalen Verlauf des Seelenlebens heraustreten, und D. Scott Rogo gibt in seinem Buch «Parapsychologie – Hundert Jahre Forschung» (1976) folgende Definition: *«Die Parapsychologie beschäftigt sich mit Erkenntnismöglichkeiten außerhalb der fünf Sinne, wie etwa Telepathie oder Präkognition, also Gedankenübertragung oder Zukunftsvorschau. Sie befaßt sich auch mit jenen Vorfällen, wo Gegenstände sich bewegen, ohne daß das auf irgendeine normale Kraft oder Energiequelle zurückgeführt werden könnte. Man hat dafür den Begriff ‹Geist über Materie› (‹mind over matter›) geprägt. Jedes geistige paranormale Phänomen, wie z. B. Telepathie oder Präkognition, fällt unter den allgemeinen Oberbegriff der ‹außersinnlichen Wahrnehmung› (ASW, englisch ESP = Extrasensory Perception), während die physikalischen Phänomene, wie z. B. die unerklärliche Bewegung eines Gegenstandes, als ‹Psychokinese› (PK) bezeichnet werden.»*

Diese Definition, die sich mit dem Begriff von Dessoir völlig deckt, fußt auf der Grundanschauung des schon genannten Begründers der experimentellen Parapsychologie, J. B. Rhine, der 1972 angesichts der zunehmenden Popularisierung der Parapsychologie in seinem Artikel «Verliert die Parapsychologie ihre Richtung?» feststellte, daß Parapsychologie ausschließlich ASW und PK betreibe, womit nach Rogo folgende Bereiche von PSI (wie alle parapsychologischen Phänomene abgekürzt genannt werden) gemeint sind:

ASW, der erste große Komplex von PSI, umfaßt folgende Phänomene:

1. *Telepathie,* die Übertragung von Gedanken, Bildern oder Gefühlen von Mensch zu Mensch ohne Hilfe der fünf Sinne;

2. *Hellsehen,* außersinnliche, niemand sonst bekannte Wahrnehmung von materiellen Gegenständen oder Geschehnissen;

3. *Präkognition,* außersinnliches Vorauswissen eines zukünftigen Ereignisses;

4. *Retrokognition,* außersinnliche Wahrnehmung eines vergangenen Ereignisses;

5. *Medialität,* die *ASW*-Begabung, die vermuten läßt, daß die Informationsquelle eine entkörperlichte (verstorbene Person) ist.

Psychokinese (PK) ist vielschichtiger, da sie in weniger klar definierten Formen auftritt. Man kann aber wohl folgende Gruppierungen vornehmen:

1. *Telekinese,* die spontane Bewegung von Gegenständen ohne physischen Kontakt oder sichtbare Kraft oder Energie;

2. *Psychokinese,* die direkte Einwirkung der Psyche einer oder mehrerer Personen auf materielle Gegenstände;

3. *physikalische Medialität,* das Studium von Individuen, in deren Umgebung sich *PK* gewöhnlich manifestiert, oder solche, die sie herbeiführen können;

4. *Poltergeister,* immer wieder auftretende telekinetische Störungen, die z. B. auf ein bestimmtes Haus oder auf eine Person begrenzt sind;

5. *paranormale Heilung,* auf biologische Funktion einwirkende *PK,* die zur Heilung von Krankheit oder biologischen Schäden führt.

Hier muß klärend hinzugefügt werden, daß *ASW* und *PK* bei aller Verschiedenheit deshalb zum Gegenstand der Parapsychologie gemacht werden, weil es den Anschein hat, daß beide von ähnlichen Gesetzen bzw. Verhaltensmustern bestimmt sind und daß die meisten Menschen mit außergewöhnlicher *ASW*-Begabung üblicherweise auch eine Begabung für *PK* besitzen und umgekehrt.

Die Parapsychologen sind daher der Ansicht, daß *ASW* und *PK* ihrem Wesen nach verwandt sind, d.h. ihre letzte Ursache in der Psyche des Menschen haben. So schrieb bereits 1914 der parapsychologische Forscher Henry Holt hierzu: *So wenige Menschen eine der beiden Begabungen besitzen: wenn sich bei jemandem die eine zeigt, so fast immer auch die andere.* Es wird allerdings offen zugegeben, daß dieser Zusammenhang trotz aller Theorie noch keineswegs erwiesen ist. Jedenfalls sind nur jene Phänomene der Parapsychologie als Wissenschaft zuzuschreiben, die im abgesteckten Rahmen von *ASW* und *PK* auf eine psychologische Letztursache zurückzuführen sind, weshalb bei einer 1972 durchgeführten Umfrage bei akademischen Institutionen der Vereinigten Staaten über 80% der Institute die Aufnahme der Parapsychologie in das erste Semester des Psychologiestudiums befürworteten. Damit hat sich sowohl innerhalb als auch außerhalb der Parapsychologie die Ansicht der Gründer der Society for Psychical Research durchgesetzt, daß nämlich die mit *ASW* und *PK* abgegrenzten Phänomene nicht materieller, sondern psychischer Struktur seien.

Bekanntlich wurde 1948 von Robert H. Thouless und B. P. Wiesner der griechische Buchstabe ψ *(Psi)* zur Bezeichnung der außersensomotorischen Kommunikation einer Person mit ihrer Umwelt, also von Außersinnlicher Wahrnehmung und Psychokinese vorgeschlagen. Dieses *Psi* sei etwas Nicht-Physisches, trotzdem aber Teil des genetischen Systems des menschlichen Organismus, eine Begabung, die nicht erlernt, nach Charles Tart aber entfaltet werden kann. Innerhalb der Einzelpersonen unterscheide sich *Psi* nur aufgrund psychologischer Faktoren, die auf Möglichkeiten und Gebrauch von *Psi* Einfluß nehmen. Nach J. B. Rhine haben alle wesentlichen Untersuchungen gezeigt, daß *Psi* durch keinerlei physikalische Schranken beeinträchtigt werden kann.

Aus diesen Gründen wird es vollkommen verständlich, daß die Parapsychologie mit dem Gesamtbereich des Okkultismus, auch dem wissenschaftlichen Okkultismus, nicht gleichzusetzen ist. Sie grenzt sich entschieden davon ab, so daß Rogo in dem schon erwähnten Buch mit besonderem Nachdruck schreibt: *Ein Problem, dem wir uns im Hinblick auf die Modeströmung der «Pop»-Parapsychologie stellen müssen, ist die Verwechslung zwischen Parapsychologie und dem Okkulten. Dinge wie Numerologie, Astrologie, Handlesen und andere sind okkulte Syste-*

me, die gewisse Lehren über die Welt und das menschliche Leben verkünden. Die Parapsychologie als experimentelle Wissenschaft hat damit wenig zu schaffen. Ihre Tatsachen und Theorien beruhen auf empirischen Untersuchungen, Versuchen und Beobachtungen. Doch ist es nicht auszuschließen, daß gelegentlich Randelemente von ASW als Faktor in jenen Pseudowissenschaften auftreten können. Auch haben sich in den letzten Jahren viele neue «Wissenschaften» und Forschungsbereiche entwickelt, die fast willkürlich mit der Parapsychologie in einen Topf geworfen werden. Primäre Wahrnehmungen bei Pflanzen, Akupunktur, Kirlianphotographie und sogar Ufologie wurden in subtile Beziehungen zur Parapsychologie gebracht. Das mag sich eines Tages bestätigen, aber es handelt sich hier eben nicht um parapsychologische Studien, und es hat sich nie um solche gehandelt, da sie ASW und PK nicht vom Grundsätzlichen her angehen.

Diese Abgrenzung ist für die Parapsychologie notwendig, will sie bei der heutigen Zergliederung der Wissenschaftsbereiche als eigener Wissenschaftszweig anerkannt und als spezielles Fach an den Universitäten eingeführt werden.

III. Psychotronik

Der Ausschluß von Bereichen wie etwa der primären Wahrnehmung bei Pflanzen, Akupunktur, Kirlianphotographie usw. aus dem Interessenbereich der Parapsychologie führte vor dem Hintergrund der von Demokrit eingeleiteten atomistischen Betrachtung paranormaler Phänomene zur Bildung der sogenannten psychotronischen Forschung.

Der Begriff *Psychotronik* wurde erstmals im November 1954 von Ferdinand Clerc in der Zeitschrift «Vie de Matiers» verwendet, um das Psychische und Energetische auf der Ebene der Technik in eine Einheit zu bringen. Später wurde der Begriff von Prof. Jaroslav Stuchlik und von Dr. Zdenek Rejdak aufgegriffen, um am 18. März 1967 eine Koordinierungsgruppe für psychotronische Forschung zu gründen, was schließlich 1973 in Prag zur Entstehung der Internationalen Gesellschaft für Psychotronische Forschung, IAPR, führte.

Nach dem Begründer und derzeitigen Präsidenten der IAPR, Dr. Zdenek Rejdak, distanziert sich die Psychotronik von der philosophisch-psychologischen Konzeption der Parapsychologie, um sich zwischen ihr und der offiziellen biologisch-physikalischen Betrachtung von Mensch und Welt als eigene interdisziplinäre Wissenschaft zu etablieren. Im Gegensatz zur Parapsychologie, die laut Rejdak mit dem Modell: außergewöhnliches Individuum – außergewöhnliche Leistung arbeitet, orientiert sich die Psychotronik an dem Modell: lebender Organismus (Mensch) – Energieumsetzung – Leistung. So erstellte der wissenschaftliche Rat der Internationalen Gesellschaft für Psychotronische Forschung folgende operationelle Definition: *Die Psychotronik ist eine selbständige Wissenschaft und befaßt sich in interdisziplinärer Zusammenarbeit mit dem Studium der Interaktionen zwischen den lebenden Organismen und der Umwelt (innerlich und äußerlich) und mit den energetischen Prozessen, die hinter diesen wechselseitigen Beziehungen stehen.* Hierbei zeige sich, daß sich diese Interaktionen unter anderem auch durch Kräfte und Agentien realisieren, die gegenwärtig nicht ganz in das Gefüge der modernen Wissenschaft integriert sind. Die Psychotronik ist sich jedoch der Einheit von Energie und Materie bewußt, und man kann hinzufügen, daß es für sie keine andere Wirkform gibt, weshalb sich die Fragen nach Wesen und Existenz von Psyche und Geist völlig erübrigen. Im einzelnen zeigt sich dieser Energieaustausch in folgenden Interaktionen:

– In Distanzinteraktionen zwischen lebenden Organismen:

  Zwischen lebenden Geschöpfen wie zwischen Menschen, zwischen Mensch und Tier, sowie zwischen Tieren erfolgen diese Interaktionen in Form von Telepathie, Bioenergotherapie und Distanzmyotransfer. Es gibt aber auch Distanzinteraktionen zwischen lebenden Organismen und Pflanzen, zwischen Pflanzen und niederorganisierter Materie wie Zellen und Bakterien.

– In Distanzinteraktionen zwischen lebender und lebloser Materie in Form von Psychokinese oder Aktivation der Materie sowie in Form von dermo-optischer Wahrnehmung und Raptomantie oder Radiästhesie.

– In Distanzinteraktionen zwischen Materie und Informationsfeld der Außenwelt in Form von retrokognitiver, präkognitiver und aktueller Telegnosie, d.h. Distanzerkenntnis bzw. Hellsehen.

Ziel dieser Forschungsansätze ist das ganzheitliche Erfassen der Phänomene. So sagt Rejdak: *Als einigender Standpunkt ist hier die Tatsache anzuführen, daß das Subjekt dieser Phänomene vor allem der Mensch ist, genauer gesagt seine neuropsychische Tätigkeit, insbesondere deren noch nicht völlig geklärte energetische Seite. Die durch die Psychotronik erforschten Phänomene haben natur-gesellschaftlichen Charakter, was wiederum gesetzmäßig die interdisziplinäre Eigenart und ein selbständiges, zusammenfassendes Wissenschaftsfach erfor-*

dert. Wenn der Charakter der Phänomene natur-gesellschaftlich ist, dann wird das allgemeine Bewußtwerden der aus der Erkenntnis dieser Phänomene gezogenen Schlüsse zu einem außerordentlichen Beitrag der Philosophie. Dort, wo sich die integrierte Einstellung geltend macht, wird man zu einem einheitlichen philosophischen Schluß gelangen. Dies soll schließlich dahin führen, das vorhandene Unbehagen des Menschen der wissenschaftstechnischen Revolution gegenüber durch die psychotronische Revolution zu überwinden, wozu nach Rejdak die psychotronischen Forschungsansätze wie gerufen sind. Sie beginnen die wichtigsten menschlichen Werte zu rehabilitieren, sie enthüllen uns, daß der Mensch doch nicht so ohnmächtig dasteht. Die Psychotronik stellt uns an die Schwelle einer neuen Revolution in der Wissenschaft, nämlich der wissenschaftlich-menschlichen Revolution, die wir zum Gegenpol gegenüber der wissenschaftlich-technischen Revolution erheben müssen, wenn wir das nächste Jahrhundert nicht mit mechanischen und menschlichen Robotern überfluten und somit die Entfremdung und Desintegration noch steigern wollen.

IV. Paranormologie

Es gibt nun aber auch paranormale Phänomene, die weder in den psychischen noch in den biologischen Bereich einzuordnen sind. Aus diesem Grund formulierte ich 1969 den Begriff *Paranormologie*. «Para» (griech.) = neben, entgegen; «norma» (lat.) = Gesetz, Regelmäßigkeit, Richtschnur; «Logos» (griech.) = Wort, Lehre, als allgemeine Bezeichnung der Wissenschaft eines bestimmten Gebietes. Der Begriff *Paranormologie* dient daher als Gesamtbezeichnung der Wissenschaft und Erforschung aller paranormalen Phänomene und ist somit den Begriffen Paraphysik, Psychotronik, Parapsychologie und Metapsychologie übergeordnet, die nur für die paraphysischen, parabiologischen bzw. für die parapsychischen Phänomene zutreffen. Der Begriff *Paranormologie* ist in jeder Hinsicht offen, sowohl in bezug auf die Deutungsmöglichkeit eines Phänomens als auch in bezug auf die Wissenschaftswahl der Deutung. Es gehört mit zur wissenschaftlichen Sachlichkeit, daß ein Phänomen von der dafür zuständigen Wissenschaft erforscht wird.

Dabei kann es natürlich vorkommen – und gerade bei paranormalen Phänomenen ist das häufig der Fall – , daß zur Klärung eines Phänomens mehrere Wissenschaften herangezogen werden müssen, um das ganze Phänomen in seiner Gesamtstruktur möglichst objektiv zu erforschen. So ist mit dem Begriff *Paranormologie* auch von vornherein ausgeschaltet, daß irgendein Wissenschaftszweig sich schon aufgrund des Begriffes eine gewisse Ausschließlichkeit in der Erforschung des

Paranormalen zusprechen kann. Nicht die Wissenschaft hat das Phänomen zu bestimmen, sondern das Phänomen die Wissenschaft.

Zudem hat eine geschichtliche Analyse der verschiedenen Anschauungsformen von Welt und Mensch sowie der einschlägigen empirischen Forschung gezeigt, daß wir im Menschen mindestens vier Wirkqualitäten zu unterscheiden haben: die *Physis,* die unbelebte Materie, den *Bios,* den lebenden Organismus, die *Psyche,* die Fähigkeit, zu empfinden und fühlen, und das *Pneuma,* den Geist, die Fähigkeit, Allgemeinbegriffe zu bilden und reflexiv zu denken. Es ist nämlich nicht gelungen, den Bios in die Physik zu übersiedeln. Der Bios hat eine eigene Qualität. Ebenso ist es nicht gelungen, die Psyche dem Bios gleichzusetzen. Schließlich scheiterte auch der Versuch, das Pneuma, den Geist, als Funktion der Psyche zu deuten.

Die Erforschung der Eigenart dieser vier Wirkqualitäten erfordert zudem eine Beschreibung und Analyse der *Grenzphänomene:* «Grenzphänomene sind jene Erscheinungsformen des Kosmos, die sich in den Grenzbereichen von Physis, Bios, Psyche und Pneuma, von Immanenz und Transzendenz, von Beweis und Lebenserfahrung, von Gesetzmäßigkeit und Spontaneität ereignen.

Nach der Gesetzmäßigkeit der Funktionsabläufe und -strukturen unterscheidet man normale und paranormale Grenzphänomene. Als *normal* gelten jene Grenzphänomene, deren Verlaufsstrukturen den bekannten Naturprozessen bzw. den anerkannten Vorstellungsmustern entsprechen. Diese Grenzphänomene sind vornehmlich Gegenstand interdisziplinären wissenschaftlichen Bemühens, das sich mit der Aufdeckung von Gesetzmäßigkeiten befaßt, um sie in Forschung, Technik und Wirtschaft nutzbar zu machen.

Als *paranormal* sind hingegen jene Grenzphänomene zu bezeichnen, deren Verlaufsstrukturen von den bekannten Naturprozessen bzw. den anerkannten Vorstellungsmustern der Deutung von Welt und Mensch abweichen oder abzuweichen scheinen und zunächst keine bestimmbaren Gesetzmäßigkeiten erkennen lassen. Diese Grenzphänomene sind Gegenstand der Paranormologie, die sich in interdisziplinärem wissenschaftlichen Bemühen mit der Absicherung der Echtheit, der Beschreibung der Erscheinungsformen, dem Aufdecken der Abweichungen von den anerkannten Gesetzmäßigkeiten und dem Suchen nach möglichen Gesetzmäßigkeiten dieser paranormalen Phänomene befaßt.

Da im Bereich dieser paranormalen Grenzphänomene die Frage der Verursachung zunächst offenbleibt, kann eine Gliederung der einzelnen Phänomene nur nach phänomenologischen Gesichtspunkten erfolgen. So gesehen bietet sich eine Strukturierung des gesamten Gebietes des Paranormalen in die Sachgebiete Paraphysik, Parabiologie, Parapsychologie und Parapneumatologie (Pneuma = Geist) an. Da es jedoch zur Eigenart der Grenzphänomene, insbesondere der paranormalen Phänomene, gehört, über ein Sachgebiet hinauszuragen, kann eine Gliederung der einzelnen Phänomene in Ermangelung der Kenntnis der Verursachung nur nach dem phänomenologisch hervorstechendsten Aspekt erfolgen, mag auch die zugrunde liegende, nicht identifizierbare Ursache in einem ganz anderen Sachbereich zu finden sein.

1. Paraphysik

Zur Paraphysik gehören alle jene spontanen und nicht spontanen Phänomene, die einen physikalischen Aspekt aufweisen, dessen Ursachen noch völlig unbekannt sind.

Im einzelnen werden folgende Phänomene und Sachgebiete genannt:

Alchemie	Pyramidenenergie
Amulett	Rematerialisation
Astrologie	Spuk
Dematerialisation	Telekinese
direktes Schreiben und Malen	Tischrücken
Efluviographie	Tonbandstimmen
eingebrannte Hände	magnetisiertes Wasser
Metallbiegen	usw.
physikalische Radiästhesie	

Was die Echtheit dieser Phänomene betrifft, so ist eine allgemeine Aussage zurzeit nicht möglich, so daß jedes einzelne Phänomen jeweils gesondert geprüft werden muß.

In diesem Zusammenhang wird immer wieder von einer *Feinstofflichkeit* gesprochen, einem hypothetischen Stoff von geringerer Materialität als der menschliche Organismus, aus dem sich der *Äther,* ein Geistig-Stoffliches höherer Ordung, von anderer Materialität als das Physikalische, gebildet habe, was heute oft mit *Bioplasma* und *Fluid* in Verbindung gebracht wird. Da sich derartige Auffassungen meßtechnisch jedoch nicht erhärten lassen, kommt die Forschung auf dem Gebiet der Paraphysik zurzeit über eine reine Phänomenbeschreibung nicht hinaus.

2. Parabiologie

Unter Parabiologie versteht man all jene spontanen und nicht spontanen Phänomene, die einen biologischen Aspekt aufweisen, von den bekannten Ursachen aber völlig abweichen. Hierzu gehören vor allem *paranormale Heilung, Stigmatisation* und *Nahrungslosigkeit.*

In den Bereich der paranormalen Heilung fallen unter anderem:

Akupunktur	Photodiagnose
Auradiagnose	psychische Chirurgie
Ferndiagnose	Spontanheilungen
Handauflegen	Stimulation der Muskelreaktion
Irisdiagnostik	Wunderheilung.

An der Tatsächlichkeit unerklärlicher Heilerfolge kann kein Zweifel sein, doch sind derartige Phänomene so komplex, daß allgemeine Aussagen nur dahingehend möglich sind, daß es letztlich immer die Natur ist, die Heilung bringt, wenngleich die Mobilisierung und Koordinierung der natürlichen Heilkräfte des Organismus von psychischen, geistigen oder – wie bei der Wunderheilung – von transzendeten Einflüssen abhängen mögen.

Auch Stigmatisation und Nahrungslosigkeit sind als Phänomen natürlicher Art, obwohl mit Suggestion und Wille die Vielschichtigkeit dieser Phänomene keineswegs erschöpft wird, weshalb ein transzendenter Einfluß nicht grundsätzlich ausgeschlossen werden kann.

In das Gebiet der Parabiologie fallen aber auch:

Biorhythmus	Psychotronik
biologische Uhr	Sensitivität
Chiropraktik	Theopathie
Dermooptik (Hautsehen)	Transfiguration
Exobiologie	Unverweslichkeit
Feuerlaufen	Wünschelrute
Logurgie	usw.
Pendel	

Insgesamt kann gesagt werden, daß das gesamte Gebiet der Parabiologie noch völlig unerforscht ist und daher alle möglichen Deutungen und Anwendungen zuläßt. Dies wird sich so lange nicht ändern, als von offizieller wissenschaftlicher Seite nicht auch der Standpunkt vertreten wird, daß der Organismus eine Wirkqualität hat, die mit Physik und Chemie allein nicht hinreichend ausgelotet werden kann. In einer Zeit, wo nahezu ein Fünftel der Bevölkerung neben der Schulmedizin auch Heilpraktiker und Heiler zu Rate zieht, sind Verbote und Machtansprüche von offizieller Seite nur wenig wirksam, sofern man nicht auch gewillt ist, die angebotenen Hilfen von Heilern unvoreingenommen zu prüfen, um Heilerfolge von reiner Scharlatanerie zu trennen, zumal gerade auf diesem Gebiet der Parabiologie neben echten Heilern und hilfreichen Heilmitteln eine Unzahl abstrusester Hilfen angeboten und mit der Angst und der Hoffnung verzweifelter Menschen ein schändliches Spiel getrieben wird.

3. Parapsychologie

Die Parapsychologie beschäftigt sich mit Erkenntnismöglichkeiten und Erfahrungen, die außerhalb der fünf Sinne liegen, nämlich mit:

Telepathie	Psychokinese (Bewegung von
Hellsehen	Gegenständen durch
Präkognition (Vorschau)	Konzentration bzw.
	psychischen Einfluß).

Beweise für Telepathie und Hellsehen oder ganz allgemein für Außersinnliche Wahrnehmung sind so zahlreich und zum Teil so signifikant, daß sie mit folgender Feststellung zusammengefaßt werden können: Unter gewissen Umständen ereignet sich unter Menschen bzw. zwischen einem Menschen und Gegenständen sowie Sachverhalten eine Kommunikation, die mit den bekannten Sinneswahrnehmungen nicht erklärbar ist. Auch bezüglich der Psychokinese und Präkognition liegen Untersuchungen vor, die ihre Möglichkeit unter Beweis stellen. Zudem gelangte man bei allen diesen Untersuchungen zu der Erkenntnis, daß eine emotionale Beziehung zur Bezugsperson, dem Bezugsgegenstand oder dem Ereignis eine fördernde Wirkung hat. Von den zahlreichen weiteren parapsychischen Erscheinungsformen seien hier noch folgende genannt:

Abzapfen	Kardiognosie
Antipathie	mentale Radiästhesie
Autohypnose	Sympathie
Autosuggestion	Medialität
Ekstase	mantale Imprägnation
Farbenhören	außerkörperliche Erfahrung
Fernhypnose	Wahrtraum und
Glossolalie	zweites Gesicht.

Diese Erscheinungsformen sind jedoch noch kaum untersucht.

4. Parapneumatologie

Zur Parapneumatologie gehören alle jene paranormalen Phänomene, die sich nicht auf psychische, biologische oder physikalische Faktoren reduzieren lassen, sondern geistige Qualitäten aufweisen:

die Phänomene der Mystik
die Frage des Fortlebens
der Eingebung und Erleuchtung
der Heiligkeit
der Gottesschau
der Inspiration und Intuition
der Prophetie

der Jenseitskontakte
der Offenbarung
der Theophanie
der Unsterblichkeit
der Wiedergeburt
usw.

Was die Forschung auf diesem Gebiet betrifft, so wurde der größte Einsatz der Frage des Fortlebens gewidmet:

Untersuchungen
außerkörperlicher
Erfahrungen
medialer Durchsagen
klinisch toter Zustände

der Sterbebettvisionen
und
spontaner Erlebnisse.

Als konkretes Beispiel sei hier ein Fall der außerkörperlichen Erfahrung angeführt. Dr. H., ein 34jähriger Chirurg, wurde im eigenen Krankenhaus, im eigenen Operationssaal vom eigenen Chef an der Niere operiert. Der Eingriff, der durch einen Autounfall notwendig geworden war und bei dem das Leben von Dr. H. auf dem Spiel stand, war nicht ohne Risiko. Selbstverständlich wußte Dr. H. nicht, daß man um sein Leben kämpfte.

Hier sein Bericht:

«Ich weiß, daß beim kleinsten operativen Eingriff alles möglich ist, doch hatte ich für mich im Hinblick auf die Komplikationen so wenig Bedenken, daß ich die Nacht vor der Operation in tiefem Schlaf verbrachte, ohne ein Beruhigungsmittel genommen zu haben. Mit der Prämedikation (Dolantin) setzte die angestrebte Bewußtlosigkeit ein. Die Erinnerungslosigkeit dauerte bis in die letzte Zeit meines Aufenthaltes in einer universitär-chirurgischen Intensivstation, in die man mich als Extremfall gebracht hatte. Indessen war es keine restlose Erinnerungslosigkeit. Trotz der Narkose und einer die Narkose lange überdauernden Apperzeptionsschwäche hatte ich während der Eingriffe eine Szene in derart photographischer Schärfe in mich aufgenommen und in mir behalten, daß ich auch die kleinsten Einzelheiten bis an mein Lebensende nicht vergessen werde. Es war eine Wirklichkeit, die mir widersinnig erschien, mit der ich logisch nicht zurechtkam. Ich saß im Buddhasitz auf der Sauerstoffflasche des Anästhesiegerätes. Zugleich sah ich mich lebensecht auf dem Operationstisch liegen. Ich hatte mich verdoppelt. Auf dem Operationstisch hatte ich meine normale Größe. Auf der Sauerstoffflasche maß ich im Verhältnis zum Tisch und zu den operierenden Kollegen, die mir wie Riesen erschienen, etwa eine halbe Elle. Ich sah alles, was sich aus meinem Gesichtswinkel wahrnehmen ließ, und zwar perspektivisch völlig richtig. Da ich schräg abwärts blickte, überschaute ich von meinem Miniaturkörper vor allem die Knie. Man hat mich nach Einzelheiten gefragt; in der Hauptsache sah alles aus wie eh und je, bis auf eine gewisse Abweichung, die mich staunen ließ. Nach einer solchen Punktion wurde doch nicht tamponiert. Was hatten sie zu tamponieren? Wir tamponieren doch immer zu zweit, warum taponieren sie im Dreierteam? Ich fand das Nebeneinander der drei Köpfe ein wenig lächerlich. Angst hatte ich jedoch auch nicht; ich verspürte keinen Schreck, keine Furcht vor einem schlimmen Ausgang. Mit gespannter, gefühlsneutraler Aufmerksamkeit verfolgte ich den mir unverständlichen Vorgang mit dem gleichen Interesse, mit dem ich dem Kampf zweier Ameisen zuschauen würde, bis die Szene wie das Bild eines reißenden Films auf einmal abbrach. Eine Rückkehr in den Körper auf dem Operationstisch erlebte ich nicht. Die ersten Erinnerungsbrocken des sozusagen normalen Bewußtseins stellten sich vor meiner Verlegung aus der Intensivstation in die allgemein-chirurgische Abteilung der Universität ein. Ich dämmerte immer wieder empor; doch konnte oder wollte ich nichts aufnehmen oder behalten. Man soll mir wiederholt gesagt haben, die rechte Niere sei entfernt worden. Ich faßte es nicht. Es hat mich später große Mühe gekostet, das Geschehen der in der Intensivstation verbrachten Tage zusammenzustückeln. Ganz ist es mir nicht gelungen. Ich sage dies, um deutlich zu machen, wie überhell mir im Gegensatz dazu die Erinnerung an die beschriebene Verdoppelung geblieben ist. Als meine Frau mich das erstemal besuchte, bat ich sie nach Minuten, sie möge mich alleinlassen. So sehr wehrte ich Eindrücke von außen ab. Beim nächsten Besuch meiner Frau erzählte ich von der Verdoppelung. Sie wurde stutzig; ja, ich sei tamponiert worden, genauso könne sich alles zugetragen haben. Sie wußte allerhand und erkundigte sich noch bei der Anästhesistin, mit der sie befreundet ist, wegen der Gazestreifen bei der Operationsschwester. Ich hatte wirklich gesehen, wie man sich um mich bemühte. Nachdem ich mich später mit den operierenden Kollegen kontrollweise über die Einzelheiten unterhalten hatte, mußte ich mich mit der Absonderlichkeit abfinden: Ich bin jetzt fest überzeugt – es war eine Verdoppelung unter Hinausverlegung des Bewußtseins in den Miniaturkörper auf dem Anästhesiegerät.»

Dieser Bericht wird hier deshalb angeführt, um zu zeigen, daß jemand bei voller Bewußtlosigkeit eine Klarheit des Bewußtseins hat, die weit über die Klarheit des Normalbewußtseins hinausgeht, und dabei noch Wahrnehmungen einer konkreten Situation macht, die der Wirklichkeit absolut entsprechen und zudem noch in einer Form geschehen, die bei normalem Bewußtsein über die Sinneserfahrung der Augen nicht möglich wäre, weil die betreffende Person mehr sieht, als die Augen fassen können. Deutet dies etwa darauf hin, daß wir im Menschen einen Ich-Kern, Bewußtseinskern, besitzen, der nicht an die Körperfunktionen gebunden ist und daher nicht materieller Natur ist?

So gestatten die vorliegenden Daten der Erforschung des Fortlebens nach dem Tode heute die Aussage, daß mehr für ein Fortleben spricht. In diesem Zusammenhang ist auch die Feststellung namhafter Psychobiologen und Hirnphysiologen zu nennen, daß wir zur Klärung des menschlichen Selbstbewußtseins und der Reflexion ein geistiges Prinzip im Menschen annehmen müssen. Nur wenn es ein geistiges Prinzip im Menschen gibt, eine Geist-Seele, die beim Tod des Körpers nicht zugrunde geht, können wir von einem kontinuierlichen Bewußtsein und damit von einem Fortleben nach dem Tode sprechen.

Ingesamt ist jedoch die Forschung auf diesem Gebiet aufgrund der Schwierigkeiten experimenteller Kontrollen völlig vernachlässigt, so daß jeder Vortäuschung von Eingebungen und Offenbarungen Tür und Tor offenstehen.

5. Gesellschaften und Lehren – Esoterik

In den Bereich der Paranormologie gehört schließlich auch das weite Gebiet der Geheimgesellschaften, Geheimlehren und magischen Riten sowie alle Denksysteme und Verhaltensmuster, die über den schulwissenschaftlichen Kontext hinausreichen:

Gemeinschaften

Anthroposophie, Freimaurer, Logen, Rosenkreuzer, Theosophen usw.

Geistesgeschichte

Esoterik, Gnosis, Spiritualismus, Spiritismus usw.

Weltbilder

Astrologie, Gralslehre, I Ging, Kabbala, Numerologie, Runenlehre, Tarot usw.

Schließlich gehören zur Paranormologie auch die übergreifenden Sachbereiche von:

Alchemie	Mythologie
Mysterienreligionen	Symbolik

Zurzeit wird dieses vielschichtige Gebiet ganz allgemein mit dem Wort *Esoterik* in Verbindung gebracht. Wie bekannt, entstammt das Wort dem griechischen esoteros (= der Innere) und bezeichnet alle Lehren, Handlungen und Verhaltensweisen, die nur einem begrenzten Kreis Eingeweihten, Einverstandenen und Erleuchteten zugänglich sind. Ihr Verständnis erfordert nämlich die Initiation (Einweihung) in besondere Bewußtseinszustände oder in überlieferte Kenntnisse, mystisch meditative Versenkung, Intuitionen, symbolische Deutekünste, die innerlicher, verborgener und schwerer zu erlangen seien als die Kenntnisse der allgemein anerkannten exoterischen (= nach außen) Wissenschaft und Religion. Esoterik kann daher im tiefsten Sinne weder gelehrt noch erlernt, sondern nur erlebt und gelebt werden. Dies ist der eigentliche Grund, warum in der heutigen Zeit der Planung und Institutionalisierung jenseits des Innenraumes des Menschen eine spirituelle Aufbruchbewegung zwischen wachsenden Plausibilität und Sektierertum zu einer nicht mehr zu übersehenden «Alternative» wird, deckt sie doch schon 10% des Büchermarktes ab. Zudem könnte die Unterhaltungsindustrie ohne Einbezug der Esoterik nicht mehr leben. Dieser Aufbruch wird vor allem auch von Gedanken beflügelt, daß nun im Übergang ins Zeitalter des Wassermannes ein Einstieg in das «Neue Zeitalter» (New Age) stattfindet, in dem das esoterische Wissen nicht mehr geheimgehalten und nur Auserwählten zugänglich gemacht werden muß, sondern zu einer allgemeinen Erfahrungs- und Lebensform erhoben werden kann. Daher verbindet man heute mit Esoterik:

Mystik	Lebenshilfe
Magie	New Age
Freimaurerei/Rosenkreuzer/	usw.
Logen	
Tarot	
östliche Weisheit	
westliche Traditionen und	
Schamanismus	
Astrologie	
Anthroposophie	
Okkultismus	
kosmische Erscheinungen	
Naturheilkunde	

V. Schlußbemerkungen

Versucht man also den Bereich des Paranormalen in der vorgezeichneten Form zu strukturieren, dann öffnet sich der Forschung und der menschlichen Lebensbetrachtung ein überaus weites Gebiet, das an allen Seiten mit den Grenzen des menschlich Möglichen konfrontiert wird und zudem das tiefe Bestreben des Menschen aufdeckt, über sich und die Welt hinauszuwachsen bzw. die Sicherheit mit transzendenten Schutz zu suchen, sofern es sich nicht um schwarzmagische Formen der negativen Lebenshaltung handelt, der das Wohlergehen des anderen ein Dorn im Auge ist. Die Spreu vom Weizen kann daher auch im Bereich des Paranormalen nur bei eingehender Kenntnis der einzelnen Phänomene, Techniken und Anschauungsformen getrennt werden. Philosophische und theologische oder naturwissenschaftliche Argumente reichen hierbei nicht aus, da innere Erfahrungen meist eine andere Sprache sprechen. So sind immer mehr Menschen in diesem Erlebnisbereich weniger an wissenschaftlicher Wahrheitsfindung als vielmehr an innerer Erfüllung interessiert.

Die Wissenschaft muß daher den Mut haben, will sie ernstgenommen werden, neben der möglichen Facherklärung den Bereich des Unerklärbaren unangetastet zu belassen, da den Menschen das Erklärbare allein nie erfüllen kann. Wie immer man nämlich diese Zuwendung zur Welt des Okkulten bewerten mag – eines macht dieser Aufbruch des Interesses für das Paranormale jedenfalls deutlich: Bei Planung und Beweisführung in Wissenschaft, Politik, Wirtschaft und Kirche hat man völlig vergessen, daß der Mensch zu seinem Leben neben Wohnung, Brot, Technik und Information jenseits des erklärenden Denkens auch Phantasie und geistige Spielräume, eine Solidarität mit dem Unbekannten, Erlebnisse kosmischer Einheit und ewiger Geborgenheit braucht.

Literatur

Eberhard Bauer/Walter v. Lucadou (Hrsg.), Psi – was verbirgt sich dahinter. Wissenschaftliche Untersuchungen. (Herderbücherei 1150), Freiburg: Herder 1984

Hans Bender, Umgang mit dem Okkulten. – Freiburg: Aurum 1984

Hans Biedermann, Handbuch der magischen Künste. – Graz: Akademische Verlagsanstalt, 3. Aufl. 1986

Werner Bonin, Lexikon der Parapsychologie. – Bern, München: Scherz 1976

Gebhard Frei, Probleme der Parapsychologie. – Innsbruck: Resch 1985

Andreas Resch, Fortleben nach dem Tode. – Innsbruck: Resch, 3. Aufl. 1986

Andreas Resch, Parapsychologie – Psychotronik und Paranormologie. – Grenzgebiete der Wissenschaft 4 (1974)

Jens Dittmar (Hrsg.), Esoterik-Almanach 88/89. New Age, PSI, Astrologie, Lebenshilfe u. a. – Gesamtverzeichnis der Literatur und Fakten für das neue Zeitalter. – München: Rossipaul-Verlag 1988/89

Newill Drury, Lexikon esoterischen Wissens. – München: Droemersche Verlagsanstalt Th. Knaur Nachf. 1988

Ferdinand Zahlner, Paraphänomene und christlicher Glaube. Überlegungen und Beispiele zur vergleichenden Phänomenologie im Bereich des Paranormalen und Religiösen. – Innsbruck: Resch, 2. Aufl. 1988

Fanny Moser, Das große Buch des Okkultismus. – Olten: Walter 1974

Hans Bächtold Stäubli/Eduard Hoffmann-Krayer, Handwörterbuch des deutschen Aberglaubens, Bd. 1-10, phototechnischer Nachdruck. – Berlin: Walter de Gruyter 1987

Zeitschrift: Grenzgebiet der Wissenschaft, Innsbruck: Resch-Verlag

Hans Endres

Geboren 1911 in Stuttgart. Studium der Philosophie, Psychologie, Pädagogik, Geschichte, Biologie, Psychiatrie und Anthropologie.

1932 in der privaten Studiengemeinschaft von J. Klein Forschungen auf allen Gebieten der Kultur- und Religionswissenschaften bzw. Symbolkunde sowie der sogenannten Grenzwissenschaften.

1938 Promotion an der Universität Heidelberg in Psychologie und Psychiatrie. 1942 Habilitation an der Universität Tübingen und Dozentur für vergleichende Religionswissenschaften und Religionspsychologie.

1948 Beginn der selbständigen Tätigkeit als praktischer Psychologe.

Seit 1952 lebenskundliche Privatseminare, aus denen sich die «Methode Dr. Endres zur Steigerung der Lebensqualität» entwickelt hat.

Seit 1957 Tätigkeit in der Industrie als Referent und Seminarleiter bei Instituten und Verbänden sowie als Managementtrainer.

Seit 1964 Ferienseminare «Aktiver Urlaub» auf der Baleareninsel Formentera.

Zusätzlich zu diesem vielseitigen Tätigkeitsbereich bildet die parapsychologische Forschung (PSI) und Betätigung in verschiedenen Bereichen der Esoterik ein Hauptanliegen.

Buchveröffentlichungen

Rasche und sichere Menschenkenntnis
Typenlehre und Charakterkunde in Theorie und Praxis
Numerologie
Goethes «Märchen von der weißen Lilie und der grünen Schlange»
Erläuterungen des esoterischen Vermächtnisses, in dem Goethe das Geschehen der gegenwärtigen Zeitenwende symbolisiert
Das spirituelle Menschenbild
Das Beste aus dem Leben machen
Ein Leitfaden zur Lebensmeisterung und Selbstverwirklichung

Kassetten

Serie A 10 Kassetten
Aufbau der Persönlichkeit
Serie B 9 Kassetten
Mitmenschliche Beziehung

Hans Endres
Heilung durch Erkenntnis

Die «große Gesundheit» (Nietzsche), d.h. uneingeschränkte Funktionstüchtigkeit des körperlichen Organismus, unerschütterliche Harmonie des Gemüts und unbeirrbares Seelengewahrsein im Bewußtsein, ist der Normalzustand der vollkommenen Menschform, in der die Schöpfungsidee «Gottebenbildlichkeit» sich manifestiert. Infolgedessen ist jegliche Krankheitserscheinung eigentlich «unnormal» und nur dadurch gerechtfertigt, daß sie zur Aufrechterhaltung oder Wiederherstellung des Normalzustandes dient. Das Paracelsus-Wort *alle Krankheit wurzelt im Geiste*, d.h. im Bewußtsein, benennt also treffend den tatsächlichen Sachverhalt: Nicht nur einige Krankheiten, sondern ausnahmslos alle sind psychogen, d.h. von der Seele, dem transpersonalen Selbst, verursacht als Hilfe auf dem Weg vom totalen Verlust des Seelenbewußtseins bei der Verkörperung im personalen Ego bis zur Wiedergewinnung des ursprünglichen kosmischen Bewußtseins der «Gottebenbildlichkeit» im Vollendeten. Demnach lautet die folgerichtige Fortsetzung des Paracelsus-Wortes: *Jede Heilung wurzelt im Geiste*, d. h. in der Erkenntnis des eben geschilderten Zusammenhangs.

Wenn wir von der philosophischen zur physikalischen Betrachtungsweise übergehen, stellt sich dieser Zusammenhang folgendermaßen dar: Wie wir heute wissen, besteht kein wesentlicher Unterschied zwischen Geist und Materie, denn das gesamte Universum vom höchsten Gedankenflug bis zum schwersten Bleiklotz besteht allein aus Energie in verschiedenen Schwingungsfrequenzen. Demnach ist Gesundheit nichts anderes als vollständiger und unbehinderter Energiefluß im Organismus, Gemüt und Bewußtsein. Krankheit ist dagegen die Folge eines gestauten oder gestörten Energieflusses, und Heilung ist die Folge des Erkennens und Behebens der eigentlichen Ursachen der jeweiligen Beeinträchtigung des Energieflusses. Daß diese Ursachen letztendlich stets im Bewußtsein zu finden sind, wurde bereits dargelegt, wobei Bewußtsein (= bewußtes Sein) alle Bereiche des Unter-, Ober- und Überbewußtseins umfaßt, wurde bereits dargelegt.

Befassen wir uns also zunächst mit den *unterbewußten Ursachen*: Wenn bei einem Kleinkind die erste Gesundheitsstörung eintritt, bedeutet dies eine höchst interessante positive Erfahrung, denn plötzlich bekommt es noch mehr Aufmerksamkeit als sonst, wird geschont und gepflegt, umsorgt und mit aller erdenklichen Vorsicht und Rücksicht behandelt. Je strenger die sonstige Erziehung ist, desto auffälliger hebt sich natürlich dieser erfreuliche Zustand dagegen ab und prägt sich dem Unterbewußtsein als erstrebenswert ein. Es liegt auf der Hand, daß daraufhin bei allen künftigen Erziehungs- bzw. Lebensschwierigkeiten die *Flucht in die Krankheit* angetreten wird, wohlgemerkt nicht in bewußter Absicht, sondern als unwillkürliche unterbewußte Reaktion. Da alle Organfunktionen vom Unterbewußtsein gesteuert werden, können so tatsächlich echte Krankheitssymptome jeder Art hervorgerufen werden und bei anhaltender unvernünftiger Erziehung oder sonstigen negativen Umwelteinwirkungen sogar zu chronischen Leiden expandieren. Die psychosomatische Medizin spricht dann von *Organneurosen*.

Doch selbst wenn es nicht zu solch gravierenden Gesundheitsstörungen kommt, neigt jeder Mensch aufgrund des geschilderten Zusammenhangs unterbewußt dazu, auf jegliche Lebensschwierigkeit mit Krankheit zu reagieren oder gar die Krankheit als besonders wirksames Mittel der Durchsetzung zu benützen.

Nietzsche bezeichnet daher die *Krankheit als «Waffe der Schwachen»*, und sie erweist sich in der Tat häufig als probate Methode der Machtausübung, die viel unwiderstehlicher ist als grobe Gewaltanwendung, denn dieser kann man entsprechenden Widerstand entgegensetzen. Wie aber wehrt man sich gegen einen «armen, kranken, hilflosen» Menschen?

Dieser Krankheitsmechanismus des Unterbewußtseins – angefangen von der einfachen Erkältung (bezeichnenderweise gebraucht man ja den Ausdruck «verschnupft» auch für Beleidigtsein im Gemüt) bis zu Asthma, Herzbeschwerden, Magengeschwüren und Allergien jeder Art – ist infolgedessen so allgemein verbreitet, daß wir uns bereits völlig daran gewöhnt haben bzw. ihn hinnehmen wie schlechtes Wetter oder andere unvermeidliche Unbill.

Wenn Sie daher mit Kopfweh, Bauchweh oder Fieber zum Arzt kommen, wird er üblicherweise nicht nach den psychischen Ursachen forschen (als Kassenarzt hätte er dafür auch gar keine Zeit), sondern Ihnen ein Mittel zur Symptomdämpfung geben. Natürlich werden bei gleichbleibenden Krankheitsursachen alsbald die Symptome erneut auftreten oder durch andere verstärkt, was dann wiederum stärkere Mittel erfordert, bis der Teufelskreis sich schließt und zuletzt die schädlichen Nebenwirkungen der Medikamente deren Heilwirkung zunichte machen. Dabei spielt es keine Rolle, ob es sich um Allopathie oder Homöopathie handelt, denn bei letzterer sind zwar die physischen Nebenwirkungen geringer, doch werden die psychischen Ursachen ebenso wenig behoben, selbst wenn ein Heilpraktiker Hochpotenzen oder Bachblüten verabreicht! Sogar sogenannte «Wunderheilungen» halten nicht an, wenn nicht gleichzeitig eine grundsätzliche Wandlung des ganzen Menschen erfolgt. Wohlweislich sagte daher auch Jesus zu den von ihm Geheilten *sündige fortan nicht mehr,* d.h., beseitige die Ursachen!

Bei einem Auto kämen wir niemals auf die Idee, aufleuchtende Warnlampen einfach zu entfernen oder die Überwachungsinstrumente abzuschalten, weil sie die «freie Fahrt» behindern; erkrankte Menschen werden aber immer noch auf diese Weise «geheilt»! Das Auto wird auf eine solche Behandlung alsbald mit einem Motorschaden reagieren. Leider ist der menschliche Organismus robuster als ein Auto und reagiert auf Schädigungen weder so deutlich noch so prompt, so daß die unmittelbaren Zusammenhänge zwischen Schädigung und Erkrankung entweder zu spät erkannt oder ganz übersehen werden.

Ein relativ harmloses Beispiel für die praktischen Auswirkungen solch unvernünftigen Verhaltens ist die jährliche Grippewelle: Grippe lähmt die Aktionsfähigkeit des Organismus, ohne im allgemeinen mit Schmerzen verbunden zu sein, und eignet sich so besonders gut als Druckmittel des Unterbewußtseins, um sich zusätzlichen Urlaub zu verschaffen, den man zwar dringend benötigt, aber vom Pflichtbewußtsein des Oberbewußtseins daran gehindert wird, sich ihn offiziell zu nehmen. Kaum hat das bei einigen geklappt, da wartet die ganze Umgebung unterbewußt darauf, endlich auch die Grippe zu bekommen, und schon ist die Grippeepidemie entstanden, die dann meist ebenso plötzlich verschwindet, wenn sie ihren Zweck erfüllt hat. Es gibt allerdings auch schon Betriebsgemeinschaften, in denen man nicht erst «krankzufeiern» braucht, um berechtigte Bedürfnisse durchzusetzen oder sich gegen Ungerechtigkeiten zu wehren (darüber wird später unter dem Motto «Befriedigung der menschlichen Grundbedürfnisse am Arbeitsplatz» noch einiges zu sagen sein).

Jedenfalls haben wir aus den bisherigen Ausführungen erkannt, daß Krankheit in vielfacher Weise ein Durchsetzungsmittel des Unterbewußtseins sein kann, sei es, um etwas zu erreichen, sei es, um von etwas befreit zu werden.

Eine entgegengesetzte Krankheitsursache können wir erkennen, wenn wir nochmals auf die Grippewelle zurückkommen: Der Chef oder in sonstiger Weise führend Tätige bzw. selbstverantwortlich Handelnde (Manager) bekommen keine Grippe, weil sie sich derart mit ihrer Tätigkeit identifizieren, daß sie meinen, sich keine Unterbrechung leisten zu können. Deswegen nehmen sie oft noch nicht einmal den ihnen zustehenden Urlaub. Diese Haltung ist allerdings sehr viel weniger harmlos als der «Grippeurlaub», denn dadurch wird früher oder später der plötzliche Herzinfarkt verursacht, der ja nur scheinbar «wie ein Blitz aus heiterem Himmel» hereinbricht, vielmehr in Wirklichkeit die notwendige Folge fortgesetzter unvernünftiger Schädigung des Organismus ist. Hier wurden also Kopfweh, Bauchweh, Fieber, Atem- und Herzbeschwerden, Schlaf- und Verdauungsstörungen, Heuschnupfen und andere Allergien nicht als willkommene Durchsetzungsmittel betrachtet, sondern ganz im Gegenteil so lange als höchstunwillkommene Störfaktoren mißachtet, verdrängt und unterdrückt, bis die ständige Schädigung des Organismus schließlich zum «Totalschaden» führte (Auto).

Damit haben wir die Erkrankung als Warnfunktion vor der Gefahr schwererer oder gar dauernder Gesundheitsschädigung erkannt. Diese massive Warnung wird nötig, wenn die unmittelbaren Schmerzempfindungen oder andere Sofortreaktionen des vegetativen Nervensystems wie Veränderung von Pulsschlag, Blutdruck, Atemrhythmus, Hautzustand, Magen und Verdauungstrakt unbeachtet geblieben sind. Je wachsamer wir also einerseits der Versuchung gegenüber werden sollten, Krankheit als Durchsetzungsmittel zu benützen, desto aufmerksamer müßten wir andererseits die Krankheit als Warnfunktion beachten oder noch besser, es erst gar nicht so weit kommen lassen, indem wir die eben genannte Sprache des vegetativen Nervensystems sehr viel sorgsamer zu verstehen und zu befolgen uns bemühen, als dies im allgemeinen geschieht. Erst wenn wir dieser leisen Sprache gegenüber taub sind, beginnt der Organismus in Form von Schmerzen und Krankheitssymptomen zu «schreien».

Auch hier hilft das Unterbewußtsein nach und entwickelt einen berechtigten Widerwillen gegen alles, was die «große Gesundheit» gefährdet oder schädigt: angefangen von der Abneigung gegen gesundheitsschädigende Genußgifte (jedes Kind reagiert mit Husten-und Brechreiz auf Nikotin und Alkohol, und auch später wurde es jedem bei der ersten Zigarette und beim ersten Schnaps speiübel) bis zu schweren Allergien.

Allerdings kann sowohl durch intellektuelle Fehlinformationen als auch durch emotionale Fehlhaltungen der natürliche Widerwille geradezu ins Gegenteil verkehrt werden, so daß er sich dann gegen das Gesundheitsfördernde richtet und heilende Einwirkungen vereitelt: Abneigung gegen vernünftige Ernährung und Lebensweise, Entzugserscheinungen bei Suchtentwöhnung, Denk- und Gefühlsblockaden bei Triebentartung, Zwangsneurosen oder gar Psychosen. Das Gesamtgebiet der psychogenen Verhaltensstörungen ist so vielfältig und kompliziert, daß wir hier nicht im einzelnen darauf eingehen können.

Nur auf die Hauptwurzel aller derartigen Krankheitserscheinungen sei nochmals hingewiesen: Es gibt nichts empfindlicheres als das menschliche Gemüt, das daher nicht nur von frühester Kindheit an, sondern sogar schon seit der Entwicklung im Mutterleib auf die geringste Verletzung mit den geschilderten Symptomen reagiert. Treffenderweise nennt man die Gemütsbeeinträchtigung *Kränkung*, was ja wörtlich *krank machen* bedeutet und durch viele Redensarten verdeutlicht wird: *Das verschlägt mir den Atem – Das schlägt mir auf den Magen – Das liegt mir schwer im Magen – Das stößt mir sauer auf – Daran habe ich hart zu kauen – Das geht mir an die Nieren – Mir ist eine Laus über die Leber gekrabbelt – Mir läuft die Galle über – Ich habe mir die Gelbsucht an den Hals geärgert – Mir schnürt sich die Brust zusammen – Mir schlägt das Herz bis zum Hals – Mir steigt das Blut zu Kopf – Davon bekomme ich Gänsehaut – Mir bricht der Schweiß aus – Mir läuft es kalt den Rücken hinunter – Ich bin vor Schreck wie gelähmt – Ich habe vor Angst in die Hosen gemacht.* Diese keineswegs vollständige Aufzählung zeigt eindrucksvoll, welchen psychophysischen Krankheitsursachen jeder von uns täglich ausgesetzt ist.

Die stärkste Kraft des Unterbewußtseins ist die Einbildung, die als Selbstsuggestion und Fremdsuggestion wirkt. Beispiele *krankheitsverursachender Suggestionen* wurden schon gebracht. Dabei wirken Wünsche und Ängste gleichermaßen suggestiv: Ob wir uns eine Krankheit als Durchsetzungsmittel so lange herbeiwünschen, bis wir sie tatsächlich bekommen, oder ob wir sie als gefährliches Übel fürchten und damit gerade die Krankheit, vor der wir am meisten Angst haben, durch unsere ständige Angst geradezu herbeiziehen, der Effekt ist der gleiche. Das ist auch die große Gefahr aller Gesundheitsvorsorge: Sobald sie mit negativen Mitteln der Abschreckung und Ängstigung arbeitet oder überhaupt übertrieben wird, bewirkt sie das Gegenteil und verhindert nicht, sondern fördert sogar das Krankwerden.

Sehr viel empfehlenswerter ist es infolgedessen, sich umgekehrt möglichst wenig mit Krankheit zu befassen und um so mehr Aufmerksamkeit auf die Gesundheit zu richten. Wie gut die Kraft der Einbildung positiv eingesetzt werden kann, zeigen schon die sogenannten Placebos. Wenn bei einem Genesenden die zwar zeitweise notwendigen, aber auf die Dauer gesundheitsschädigenden Mittel abgesetzt werden müssen, bekommt er zwar gleich aussehende, aber keinen Wirkstoff mehr enthaltende Präparate – und siehe da: sie haben die selbe Wirkung! Seit der französische Arzt Coué folgerichtig weiter ging, indem er mit seiner klassischen Suggestion *mir geht es jeden Tag in jeder Hinsicht immer besser und besser* eine auffällige Beschleunigung der Genesung bei seinen Kranken erreichte, und seit die Begründer der amerikanischen «New-Thought»-Bewegung noch viel weiter gingen, indem sie die Kraft des positiven Denkens bzw. Glaubens auf die gesamte Lebensführung übertrugen, gibt es inzwischen eine weltweite Literatur darüber, und es entstehen fast täglich neue Institutionen, in denen die theoretische Erkenntnis in lebendige Praxis umgesetzt wird. Beschließen wir daher den Abschnitt über unterbewußte Krankheitsursachen mit dem Appell, diese immer konsequenter in unterbewußte Heilwirkungen «umzupolen»!

Zu den unterbewußten gesellen sich die *oberbewußten Krankheitsursachen*, denn die meisten Menschen schädigen sich und andere nicht aus Bosheit, sondern einfach aus Unwissenheit, und zwar in doppelter Hinsicht: erstens mangelnde Information überhaupt entweder infolge eigenen Verschuldens (Bequemlichkeit, Uninteressiertheit, Oberflächlichkeit usw.) oder widriger Lebensumstände (Krankheit, soziales Milieu, politische Situation, Krieg, Naturkatastrophen usw.). Zweitens Fehlinformation entweder infolge absichtlicher Irreführung (schlechte Werbung, politische Propaganda, weltanschauliche Demagogie usw.) oder unbeabsichtigter Begleiterscheinungen bzw. unvermeidlicher Folgen bestimmter Tätigkeiten und Verhaltensweisen (Spezialistentum, «Scheuklappen» usw.). Da es unter den gegenwärtigen Lebensumständen praktisch unmöglich ist, sich wirklich vollständige und wahrheitsgetreue Informationen zu verschaffen, ist die allgemeine Unwissenheit nicht nur bei den Massen, sondern auch bei den sogenannten Gebildeten erschreckend groß. Um nur einen besonders folgenschweren Bereich zu nennen: die *Ernährung*. Da wird nach wie vor aus Unwissenheit am meisten *gesündigt* (das Gegenteil von gesund!), weil nicht nur die grundlegenden physikalischen, biochemischen und medizinischen Gesetzmäßigkeiten noch weithin unbekannt sind, sondern weil vor allem auch infolge einseitiger Fehlinformationen vielfach für richtig gehalten wird, was tatsächlich falsch ist.

Insbesondere wirkt sich in allen Lebensbereichen die einseitige Überbetonung des technisch-naturwissenschaftlichen Denkens gegenüber dem ökologischen und psychologischen – vom philosophischen und religiösen gar nicht zu reden – immer verheerender aus, denn das ist die Ursache dafür, daß gerade diejenigen, die eigentlich heilen wollen und sollen, tatsächlich oft mehr schaden als nützen.

Die Unwissenheit bezieht sich jedoch nicht nur auf intellektuelle Wissensmängel, sondern auch auf die spirituelle Blindheit (Verblendung) hinsichtlich der Grundlagen der menschlichen Existenz überhaupt, denn die meisten Menschen identifizieren sich mit ihrem *personalen Ich*, d.h. mit dem Körper und dem zugehörigen Fühlen und Denken (Gemüt). Dadurch haben sie die Verbindung mit dem *transpersonalen Selbst* der Seele verloren bzw. verdrängt und sind im «Sonderschein» (Ekkehard) ihrer vom Ganzheitsbewußtsein abgetrennten «Engstirnigkeit» befangen. Daraus resultiert die «soziale Krankheit» des Egoismus, unter der wir alle mehr oder weniger leiden. Diese generelle Krankheit äußert sich individuell in den verschiedensten psychosomatischen Krankheitserscheinungen, denn die Belastung einer innerlich völlig isolierten Existenz mit entsprechend gestörten äußeren Kontakten hält der robusteste Organismus auf die Dauer nicht aus.

Damit kommen wir nach den physischen und psychischen Krankheitsursachen im Unter- und im Oberbewußtsein zu den *spirituellen Ursachen im Überbewußtsein*. Hier wurzeln die schicksalhaften (karmischen) Krankheiten bzw. Leiden (Erbkrankheiten, angeborene oder erworbene irreparable Verkrüppelungen, unheilbare Krankheiten, unvermeidliche Zivilisationsschäden usw.), die also nicht im Mitverschulden Einzelner, sondern in der Notwendigkeit allgemeiner Bewußtseinssteigerung begründet sind. Wie im Samenkorn jeder Pflanze und im Erbgut jedes Tieres die vollkommene Ausdrucksform der jeweiligen Gattung einprogrammiert ist und von jedem Einzelexemplar gegen alle Widerstände durchgesetzt wird, so ist auch im Erbgut des Menschen das vollkommene Exemplar der Gattung Mensch (religiös *Gottebenbildlichkeit*) enthalten mit der zwingenden Tendenz zu größtmöglicher Annäherung jeder Manifestation an das allgemeingültige Ideal. Wenn nun ein Mensch nicht bewußt und freiwillig dieses Streben nach Vollkommenheit als seine primäre Lebensaufgabe erkennt, dann hilft eben seine Seele nach, notfalls auch mit rigorosen Mitteln.

Wahrscheinlich haben viele Leser auch auf diese Weise – durch Krankheiten, Unfälle, Verluste und sonstiges Unglück – wieder zu Gott gefunden oder den Weg beschritten, der zur Selbsterkenntnis, Selbstverwirklichung und Selbstvollendung führt. In dieser Sicht kann man solche Krankheiten bzw. Leiden, bei denen Heilung im üblichen Sinne gar nicht möglich ist, geradezu als *Gnade* betrachten, weil man so durch grundsätzliche Schicksalsbejahung und angemessene eigene Bemühung sogar die «große Gesundheit» erfahren kann, nämlich die beglükkende Gewißheit, daß die Seele auch mit einem mehr oder weniger schwer behinderten körperlichen Instrument imstande ist, nicht nur die innere Selbsterfüllung, sondern sogar die vollständige äußere Lebensmeisterung zu erlangen. Man denke an die bewundernswerte Haltung und die erstaunlichen Leistungen Schwerstbehinderter, Verkrüppelter oder unheilbar Kranker.

Ebenfalls zum Bereich des Überbewußtseins gehört die Tatsache, daß kein Mensch auf die Dauer seinem angeborenen Gewissen zuwider leben kann, ohne krank zu werden. Das gilt besonders dann, wenn das anerzogene Gewissen dem angeborenen, d.h. auf die Erfüllung der individuellen Lebensaufgabe ausgerichteten Gewissen widerspricht, wenn also z.B. ein Fanatiker «mit gutem Gewissen» Verbrechen begeht oder auch nur ein pflichtbewußter Mensch anerzogenen Leitbildern oder irreführenden Vorbildern folgend sowohl seinen Organismus schädigt als auch sein Gemüt mit unnützen Skrupeln, Schuldgefühlen usw. belastet. Gerade dieser Fall gehört zu den häufigsten spirituellen Krankheitsursachen, weil sich die Seele niemals auf die Dauer von ihrer Bestimmung abbringen läßt, deretwegen sie sich ja verkörpert hat. Jegliche Gewissenserforschung sollte infolgedessen mit der sorgfältigen Klärung beginnen, was tatsächlich dem innersten Wesenskern entspricht und was von außen aufoktroyiert oder einsuggeriert ist. Und wenn dann der Klärung nicht das entsprechend entschlossene und konsequente Handeln folgt, ist Erkrankung unvermeidlich!

Da Wahrhaftigkeit auch zum angeborenen Gewissen gehört, muß jede fortgesetzte Lebenslüge etwa aus gesellschaftlichen Rücksichten, aus Existenzangst oder gar in der Partnerschaft mit einem ungeliebten Menschen wiederum unweigerlich krank machen.

Nachdem wir nun einige der verbreitetsten Krankheitsursachen kennengelernt haben, die alle den verschiedenen Arten von Unwissenheit entspringen, gibt es nur eine vernünftige Schlußfolgerung: Man kann gar nicht genug lernen und hat niemals ausgelernt! Weil unser begriffliches, intellektuelles Fassungsvermögen sich dem Ganzen nur durch fortgesetztes Aneinanderreihen von Teilen immer mehr annähern kann und das Gesamtgeschehen nur in zeitlichen Abläufen erfährt, müssen wir eben unermüdlich Stein um Stein für unser Wissensgebäude zusammentragen und ständig neue Aspekte des bereits Bekannten entdecken. Allerdings führen noch so viele Kenntnisse nicht automatisch zur Erkenntnis, sondern können diese sogar eher verhindern. Zum fleißigen Lernen muß daher noch weiteres Bemühen hinzukommen. Doch selbst wenn die Unwissenheit weitgehend behoben werden konnte, droht gleich die nächste mindestens ebenso gefährliche Klippe, an der Wissende und Gutwillige vielfach scheitern: Die *Trägheit* bzw. Bequemlichkeit, die überhaupt nicht «heilbar» ist, solange wir einen materiellen Körper tragen; denn Trägheit, Beharrungstendenz und Schwere gehören eben zur Natur der Materie. Das bezieht sich nicht nur auf körperliche Trägheit, sondern auch auf Denkfaulheit, denn auch das Gehirn besteht aus Materie. Die sogenannte Antriebsschwäche, das untätige Herumsitzen und Dösen, ist infolgedessen nicht nur eine typische Alterserscheinung, sondern auch viele junge Menschen antworten auf die Frage, was sie am liebsten tun würden: gar nichts!

Um diese angeborene Trägheit zu überwinden, benötigt der Mensch also ständige Energiezufuhr. Dies geschieht natürlicherweise durch die Triebe bzw. physischen und psychischen Grundbedürfnisse. Da jedoch ungesteuerte Triebe die Tendenz zum Ausufern haben und dann lebenszerstörend anstatt lebenserhaltend wirken und so eine weitere gefährliche Krankheitsursache bilden, brauchen wir eine noch stärkere Energie zur Zügelung der elementaren Antriebskräfte. Und das ist der *menschliche Wille*, der treffend als *seelische Atomenergie* bezeichnet wird, weil er ständig sich aus sich selbst erneuernd, unablässig wirksam und auf die Dauer unwiderstehlich ist. Allerdings kann er auch ebenso zerstörend wirken wie die Nuklearenergie und bedarf daher erst recht einer absolut sicheren und unfehlbaren Steuerung. Diese besitzen wir in der Tat: Es ist die *intuitive Vernunft*, die keineswegs mit dem intellektuellen Verstand verwechselt werden darf, denn dieser kann – wie bereits erläutert wurde – infolge von Fehlinformationen vernunftwidrig und damit krankmachend, ja tödlich wirken.

Erst der vernunftgesteuerte Wille führt also von der Theorie zur Praxis, vom Vorsatz zur Ausführung, vom Wissen zum Tun. Das ist der Unterschied zwischen Information und Motivation: Erstere bewirkt, daß wir verstanden haben, was wir tun und lassen sollten, um gesund zu bleiben, letztere bewirkt, daß wir auch damit einverstanden sind und daraufhin unseren Willen zum Handeln einsetzen. Natürlich bedarf es um so stärkerer Willenskraft, je schwerer die bereits beschriebenen bewußten und unterbewußten Hindernisse sind, vor allem wenn bewußter Wille und unterbewußter Widerwille sich gegenseitig bekämpfen. Dies kommt im täglichen Leben ständig vor, wenn der Verstand etwas will und das Gefühl dagegen ist. Jeder in irgendeiner Weise um Heilung Bemühte hat schon die Erfahrung gemacht, daß die schwerste Behinderung der Heilung der mangelnde Gesundungswille des Patienten selbst ist. Mit dem bewußten Willen will er zwar gerne gesund werden, doch der unterbewußte Widerwille ist dagegen, weil die Gesundheit mit so viel Unannehmlichkeiten erkauft werden müßte (Aufgeben liebgewordener Gewohnheiten, Abstinenz von Genußmitteln, Umstellung der Ernährung oder sogar der ganzen Lebensweise), daß die Krankheit demgegenüber immer noch das kleinere Übel bleibt.

Hier nützen weder die besten Medikamente und Behandlungsmethoden, noch die gründlichste Aufklärung und vermehrte bewußte Willensanstrengung, denn weil das Unterbewußtsein stets stärker ist als das Oberbewußtsein, kann der Widerwille nur da angegangen werden, wo er sitzt, nämlich nicht im Verstand, sondern im Gemüt. Dies geschieht mittels sorgfältiger Psychotherapie, doch ist diese meistens langwierig und entsprechend teuer. Darum ist auch hier Vorbeugen besser als Heilen, indem es gar nicht erst zur Erkrankung und Therapie zu kommen braucht, wenn man sich regelmäßige und konsequente *Psychohygiene* (am besten mit «Gemütsreinigung» zu übersetzen) angewöhnt hat. Die Gemütsreinigung besteht kurz gesagt darin, negative Gefühle genauso unangenehm zu empfinden wie materiellen Schmutz und daher von vornherein sich möglichst wenig zu beschmutzen, also negative Gefühle schon im Entstehen umzupolen und sich häufig zu waschen – also sich zu beruhigen und zu harmonisieren. Vor dem Zubettgehen sollte dann die Gemütsreinigung mindestens ebenso gründlich sein wie die Körperwäsche, denn selbst wenn wir völlig ungewaschen mit Kleidern und Schuhen ins Bett gingen, wäre dies weitaus weniger ungesund als mit einem «schmutzigen» Gemüt einzuschlafen!
Ein Beispiel für die abendliche Gemütsreinigung entnehme ich meinem Buch *Das Beste aus dem Leben machen* (Knaur Esoterik 4183): Füllen Sie jeden Abend die folgende Liste aus, wobei Sie die Ursachen der negativen Gefühle möglichst genau beschreiben:

worüber geärgert oder enttäuscht?

Datum und Vorgang:

wovon aufgeregt oder gehetzt?

Datum und Vorgang:

wodurch gekränkt oder beleidigt?

Datum und Vorgang:

usw.

Wenn Sie diese Liste monatlich auswerten, werden Sie feststellen, daß es immer die gleichen Menschen und Dinge, Situationen und Verhaltensweisen sind, die Ihre negativen Gefühle auslösen, denn der eigentlich ursächliche Faktor sind stets Sie selbst! Es sind im Grunde einige wenige immer wiederkehrende Hauptpunkte, die Sie energisch angehen müssen.

Dies geschieht zunächst durch eine zweite Liste, die ebenfalls jeden Abend möglichst sorgfältig auszufüllen ist:

worüber erfreut oder beglückt?

Datum und Vorgang:

worauf gelassen reagiert und Ruhe bewahrt?

Datum und Vorgang:

wodurch bestätigt oder befriedigt?

Datum und Vorgang:

usw.

Zuerst wird wahrscheinlich die erste Liste umfangreicher sein, und das Ausfüllen wird weniger Überlegung erfordern. Und eben in der möglichst raschen Umpolung besteht das Gemütstraining: Achten Sie schon während des ganzen Tages darauf, daß die abendliche Bilanz immer positiver ausfällt. Wie bei jedem sportlichen Training wird auch hier der Erfolg von der Intensität und Konsequenz Ihrer Bemühung abhängen. Negatives bekämpft man nämlich nicht direkt, weil man ihm dadurch nur Energie zuführen würde. Man verwendet vielmehr alle Energie auf die Verstärkung des Positiven, dann vergeht das Negative schließlich von selbst.

Der Trägheit begegnen wir also durch Verstärkung der Willenskraft. Leider sind wir jedoch nur zum Wollenkönnen veranlagt, müssen also den «gebrauchsfertigen» Willen erst entwickeln und ständig üben, um jederzeit darüber verfügen zu können. Dies ist daher ein Hauptbestandteil jeder vernünftigen Erziehung und Selbsterziehung und geschieht durch freiwillige Disziplinierung der gesamten Persönlichkeit (indisch *Yoga,* japanisch *Zen,* deutsch *Zügelung*). Dabei sind zwei Grundregeln zu beachten:

1. *Nehmen Sie sich niemals zuviel auf einmal vor,* denn ebensowenig wie Sie sich vernünftigerweise vornehmen können, in einer Woche

perfekt Klavier zu spielen oder fließend eine Fremdsprache zu sprechen, können Sie von heute auf morgen ein neuer Mensch werden wollen. Solche unvernünftigen Vorsätze sind ein besonders raffinierter Trick der Trägheit, denn weil wir uns zuviel zugemutet haben und infolgedessen das gesteckte Ziel nicht erreichen können, werden wir bald entmutigt, resignieren und geben schließlich ganz auf – die Trägheit hat wieder einmal gesiegt!

Gehen Sie also langsam, aber sicher den *Weg der kleinen Schritte*, den Sie sich tatsächlich zumuten können, so wie der geübte Bergsteiger das ihm angemessene Tempo kennt, mit dem er vom Beginn bis zum Gipfel ohne Pause zügig durchlaufen kann, während der Anfänger viel zu schnell steigt und daher immer häufigere und längere Pausen einlegen muß, bis er zuletzt gar nicht mehr weiterkommt.

2. Diese *Langsam-voran-Methode* funktioniert allerdings nur unter der unerläßlichen Bedingung *absoluter Konsequenz*. Schon die kleinste Inkonsequenz, jedes Schwanken, Nachlassen oder Pausieren, bedeutet nicht nur ein Aussetzen der Willensübung, sondern eine schwere Willensschädigung, die wie ein Nadelstich in einen Luftballon wirkt! Wenn Sie jemals intensives sportliches Training betrieben haben, dann wissen Sie, wie sehr man schon durch ein Aussetzen von zwei bis drei Tagen insgesamt zurückgeworfen werden kann. Und genau so kann im Leben ein einziges Versagen vieles von dem schon Erreichten zunichte machen, was ganz besonders für jeden Genesungsprozeß gilt.

Die einfachste tägliche Willensübung ist folgende: Lassen Sie alles Ihnen Angenehme so lange, bis es Ihnen nichts mehr ausmacht bzw. Sie es nicht mehr vermissen, und tun Sie alles Ihnen Unangenehme ebenfalls so lange, bis es Ihnen nichts mehr ausmacht bzw. vielleicht sogar anfängt, Ihnen zu gefallen. Danach können Sie ruhig wieder das Angenehme tun und das Unangenehme lassen, weil Sie nun beides mit Ihrem Willen beherrschen, so daß Sie jederzeit wieder «umschalten» können. Auf diese Weise ist es zu schaffen, etwa aus Gesundheitsgründen so lange auf Angenehmes zu verzichten und Unangenehmes auf sich zu nehmen, bis dadurch der Organismus so erzogen wurde, daß er ganz von selbst nur noch nach Gesundem verlangt und Ungesundes ablehnt. Das also ist dann natürliche *Leibesvernunft* im Unterschied zu triebhafter Genußsucht und erzwungener Askese, was beides gleichermaßen unvernünftig und damit ungesund ist.

Der für Gesunderhaltung bzw. Genesung letztlich maßgebende Faktor ist und bleibt also die zur Erkenntnis führende Vernunft. Sie ist – um es nochmals deutlich zu betonen – nicht mit dem personalen Oberbewußtsein des Verstandes («Denkcomputer») zu verwechseln, sondern ist Ausdruck des transpersonalen Überbewußtseins, des «Seelengewahrseins» unserer *Entelechie* (= innewohnende Zielgerichtetheit) oder unseres «angeborenen Gewissens» (= «ganz gewisses Wissen» der Wesensbestimmung).

Die zugehörige Funktion ist weder der rationale Intellekt noch das emotionale Gemüt, sondern die beidem übergeordnete *Intuition*, also weder der linken, noch der rechten Gehirnhälfte entsprechend, sondern erst durch das synthetische Zusammenwirken beider Gehirnhälften ins Bewußtsein gelangend. Die zentrale Bedeutung der Intuition ergibt sich aus der menschlichen Entwicklungsgeschichte: Der Mensch ist kein «weiterentwickeltes Säugetier», sondern eine Mutation, d.h. eine völlige Neuschöpfung, so daß er sich noch mehr vom Tier unterscheidet, als dieses von der Pflanze, denn das Tier ist ja auch keine weiterentwickelte Pflanze. Das völlig Neue dabei ist der Übergang der Gattungsseele in die Einzelseele, d.h. die Übertragung der Freiheit und Verantwortlichkeit der gemeinsamen immateriellen Schöpfungsidee (Entelechie) auf das verkörperte Einzelindividuum (Autonomie).

Allerdings ist diese Autonomie erkauft mit dem Verlust der automatisch funktionierenden «Fremdsteuerung» durch die Gattungsseele mittels der Instinkte. Darum besitzt der Mensch keinen natürlichen Schutz mehr gegen Unvernunft und ist in seiner Instinktlosigkeit jeder Art von Irrtum und Fehlverhalten, Sinnestäuschung und Triebverhaftung, Widernatürlichkeit und Geistesblindheit preisgegeben. Er wäre daher überhaupt nicht lebensfähig, wenn er nicht statt der Instinkte etwas noch viel Wertvolleres mitbekommen hätte – eben die *Intuition*, gepaart mit unbegrenzter Lernfähigkeit und freiem Willen. Instinkt und Intuition stammen zwar aus der gleichen Quelle, aus göttlicher Weisheit oder kosmischer Intelligenz, jedoch mit dem entscheidenden Unterschied, daß Instinkte zwingend, begrenzt und unveränderlich sind, so daß ganze Tierarten aussterben müssen, wenn infolge veränderter Lebensumstände ihre Instinkte nicht mehr stimmen; während Intuition frei läßt, unbegrenzt ist und unter allen Umständen stimmt. Das Tier muß also willenlos die Instinkte befolgen, während der Mensch freiwillig der Intuition folgen kann. Tut er dies nicht, ist er wie ein steuerloses Schiff im Sturm, d.h. das hilfloseste und gefährlichste Geschöpf auf Erden, tut er es, ist er damit allen anderen Wesen überlegen und tatsächlich «die Krone der Schöpfung», d.h. zur weisen Regierung und nicht zur unverantwortlichen Zerstörung der Erde bestimmt!

Das Kleinkind wird noch vorwiegend von der Intuition gelenkt (das ist sein «Schutzengel»), solange der Intellekt noch nicht entwickelt ist. Je mehr aber die rationale Abstraktion einerseits und emotionale Subjektivität andererseits überhandnehmen, desto weniger kann die Intuition noch durchdringen, und allgemeine Unvernunft breitet sich aus. Infolgedessen haben wir nichts Wichtigeres zu tun als zunächst Intuition immer sicherer von triebhaften Impulsen, intellektuellen Einfällen und astralen Wunschvorstellungen unterscheiden zu lernen und unsere Antennen für diese «kosmische Sendung» immer mehr zu verfeinern. Das ist ja der eigentliche Sinn der Meditation, denn Intuition ist ja die unmittelbare Weisung der Seele, und meditieren bedeutet Pflege des Seelengewahrseins, so daß konsequente Meditation immer klarere Intuition gewährleistet.

Dann aber müssen wir der Intuition auch unter allen Umständen Folge leisten, selbst wenn Verstand und Gemüt dagegen sind und die ganze Umwelt widerspricht oder gar widersteht. Alle großen Persönlichkeiten der Menschheitsgeschichte haben diesen Punkt gemeinsam, daß sie stets unbeirrbar ihrer Intuition gefolgt sind. Meister Ekkehard hat dies am treffendsten ausgedrückt: *Wenn wir wissen, was wir sollen, dann geschieht auch, was wir wollen.* Umgekehrt bedeutet das natürlich, wenn wieder einmal nicht geschieht, was wir wollen, dann sind wir uns eben unserer eigentlichen Lebensaufgabe noch nicht genügend bewußt. Wenn wir aber der Intuition folgend im vollkommenen Einklang mit unserer Wesensbestimmung handeln, dann schwinden alle Widerstände, und alles Notwendige (Not-Wendige) fällt uns zu. Dann ist auch die «große Gesundheit» selbstverständlich (aus dem Selbst verständlich!).

Fassen wir abschließend das Wesentliche zusammen: Was üblicherweise «Heilung» genannt wird, ist bestenfalls Symptombeseitigung, meistens nur Symptomdämpfung oder Symptomverschiebung. Natürlich ist auch das wünschenswert und vielfach sogar notwendig, nur sollte man es eben nicht mehr als Heilung bezeichnen und sich damit begnügen. Nicht nur bei den Zähnen, sondern bei jeder Krankheit ist vielmehr eine «Wurzelbehandlung» nötig, d.h. das Erkennen und Beheben der eigentlichen Ursachen, die in den vorherigen Ausführungen beschrieben wurden.

Von diesem Gesichtspunkt aus kann es auch nicht das Ziel der Heilung sein, unter allen Umständen das körperliche Leben verlängern zu wollen und in extremen Fällen unsinnigerweise sogar «lebende Leichname» durch Apparate am erlösenden Sterben zu hindern. Wenn ein Leiden seinen Sinn erfüllt hat, weil die Seele die damit beabsichtigte Erfahrung machen durfte, dann ist vielmehr das Sterben die radikalste und einzig angemessene Heilung, die dann nicht künstlich hinausgeschoben, sondern durch verständnisvolle mentale Sterbehilfe unterstützt werden sollte. Diese mentale Hilfe ist keineswegs nur bei Sterbenden angebracht, sondern von Anfang an bei jedem Patienten anzuwenden, um die notwendige *Heilung durch Erkenntnis* zu fördern. Für den richtigen Umgang mit kranken Menschen gelten daher folgende Regeln:

Da jeder nur sich selbst heilen, d. h. die *Selbstheilungskräfte* des Organismus mobilisieren kann, handelt es sich bei allen heilenden Einwirkungen genaugenommen nur um Hilfe zur Selbsthilfe. Deswegen ist bloßes Mitleid fehl am Platze, weil man sich dadurch allzusehr in das Leiden mit hineinziehen läßt – vergleichbar der Umklammerung durch einen Ertrinkenden, die den Retter am Schwimmen hindert, so daß dieser notfalls mit Gewalt sich daraus befreien muß. Genauso müssen heilende Maßnahmen, zumal wenn sie unangenehm oder gar schmerzhaft sind, mit der notwendigen Unerbittlichkeit durchgesetzt werden, auch wenn der Kranke noch so sehr jammert und nur geschont werden möchte.

Das darf aber andererseits nicht zu tatsächlicher Gefühllosigkeit und Hartherzigkeit führen, man muß vielmehr zwischen Mitleid und Mitgefühl, Rührseligkeit und Herzlichkeit zu unterscheiden lernen. Mit Recht beklagen sich viele Kranke gerade in den großen Kliniken über die kalte Routine ohne menschliche Anteilnahme und persönliches Engagement.

Weder im untätigen Mitleid zu verharren, noch in gewaltsame Aktivität zu verfallen, weder den Patienten hilflos liegen zu lassen, noch ihn ohne sein Verständnis und Einverständnis autoritär verordneten Behandlungsmethoden zu unterwerfen, weder dem Leiden gegenüber abzustumpfen, noch es aufzubauschen und ihm übertriebene Aufmerksamkeit zuzuwenden: das ist die Kunst wirklich heilsamer Therapie. Erst durch ausgewogene Balance zwischen den gleichermaßen verkehrten Extremen kann man mit viel Takt und Fingerspitzengefühl, vor allem aber mit der oben beschriebenen Intuition das jeweils Richtige finden und dann auch unbeirrbar tun. Man kann diese Haltung am treffendsten mit dem Motto «warmes Herz und kühler Kopf» charakterisieren.

Verdeutlichen wir uns nochmals, wodurch *Heilung durch Erkenntnis* geschieht:

Wirkliche Heilung des Körpers setzt das *Heil der Seele* voraus, wobei *heil* sprachlich *ganz und ungeteilt* bedeutet. So bekommt der religiöse Begriff *Seelenheil* eine nicht bloß jenseitsbezogene, irrationale, sondern unmittelbar diesseitige und realistische Bedeutung: von der Zerstreuung, Zersplitterung, Gegensätzlichkeit, Zerstrittenheit und Entzweiung der polaren Erscheinung zur Sammlung, Verbindung, Vereinigung, Versöhnung und Einheitlichkeit der ursprünglichen Wesenheit. Nur das also kann auch körperlich heilen, was zuerst heilsam für das Gemüt ist, indem es die gestörte Einheit und Ganzheit des Seelengewahrseins wiederherstellt.

Dabei geht es wiederum um einen doppelten Ganzheitsbezug: die Ganzheit der individualisierten Seele in sich selbst und das Einbezogensein in das große Ganze der Weltseele. Wer uneins in sich selber ist, kann nicht wirklich gesund sein. Die Gegensätzlichkeit zwischen Denken und Fühlen, zwischen bewußten Absichten und unterbewußten Tendenzen, der Kampf zwischen entgegengesetzten Neigungen und Impulsen, zwischen Wille und Widerwille, zwischen Gewissenhaftigkeit und Triebhaftigkeit, die Kluft zwischen Theorie und Praxis, zwischen Kennen und Können: Das alles macht unser Gemüt zu einem zerstörerischen Schlachtfeld anstatt zu einer ruhevollen Stätte des Friedens, wo allein «die große Gesundheit» auf die Dauer gedeihen kann.

Das ist jedoch nur möglich, wenn das «kleine Ganze» der Seele in das «große Ganze» des Göttlichen eingegangen, wenn das Heil zur Heiligung geworden ist. Schon im gewöhnlichen Sprachgebrauch meint «heiligen», in selbstloser, hingebungsvoller, dem Allgemeinwohl dienender Weise etwas tun, während alles auch noch so wertvoll Erscheinende durch selbstsüchtige, egoistische, rücksichtslose Gesinnung «entheiligt» wird. Man kann auch sagen: Alles, was aus unverantwortlichen, oberflächlichen, kurzsichtigen, eng begrenzten Motiven heraus getan wird, das wird eben dadurch «entheiligt», wohingegen unser Tun durch Verantwortlichkeit, Gründlichkeit, Gewissenhaftigkeit und erweiterten Horizont in eine höhere Bewußtseinsebene gehoben, also «geheiligt» wird.

Das gilt nicht nur für unser Tun, sondern für unsere gesamte irdische Existenz. Solange wir uns mit unserer irdischen Erscheinungsform identifizieren und all ihre Unzulänglichkeit für natürlich oder normal halten, sind wir im Traum der Sterblichkeit befangen und leiden am Grundübel, aus dem erst Leid, Not, Krankheit und alle anderen Übel entstehen: am Herausgefallensein aus dem Bewußtsein des Göttlich-Ganzen, am Verlorensein in abgesonderter Vereinzelung (christlich *Erbsünde*, indisch *maya*).

Erst wenn wir also zur Erkenntnis unseres wahren Wesens als unsterbliche Seele oder «ewiger Gottesfunke» erwachen und damit aus der

Entfremdung wieder heimkehren, sind wir endgültig geheilt und haben unverlierbar die «große Gesundheit» erlangt.

Darum mahnte Jesus in Übereinstimmung mit den Propheten und allen Weisheitslehren immer wieder zum Umdenken, zum *Gesinnungswandel* (das bedeutet nämlich wörtlich *metanoia* und nicht «Buße», wie fälschlich übersetzt wurde). Dazu gehören auch Einkehr und nötigenfalls Umkehr, denn um überhaupt feststellen zu können, daß wir uns auf einem Irrweg befinden, der uns krank werden ließ, müssen wir zunächst einmal innehalten und uns besinnen. Und wenn wir den Irrweg als eigentliche Krankheitsursache erkannt haben, werden wir schleunigst umkehren und den *Heilsweg* suchen, der uns zur Heilung führt. (Zitiert aus meinem Buch *Das spirituelle Menschenbild*, Knaur Esoterik 4176.)

Die Kostenexplosion im Gesundheitswesen und die immer schwieriger werdenden Zustände in den Krankenhäusern wären zu Ende, wenn *Heilung durch Erkenntnis* in dem dargelegten Sinn bereits allgemein praktiziert würde.

Sergius Golowin

Geboren 1930. Er lernte schon von seinen Eltern und Großeltern sehr viel von den alten Überlieferungen zwischen Alpenraum und Schwarzem Meer kennen. Er vertiefte dieses Wissen dank der geisteswissenschaftlichen Arbeitsgruppen der osteuropäischen Flüchtlinge, vor allem in Paris und in der Provence. Als gelernter Bibliothekar sammelte er entsprechende schriftliche Zeugnisse und wirkte in Arbeitsgruppen, die Nachrichten über Volkssagen und noch erhaltene Sinnbilder erforschten. Als freier Schriftsteller entfachte er die Diskussion über den praktischen Wert der großen Traditionen für die Zukunft.

Hauptwerke

Edelsteine – Kristallpforten zur Seele
Göttin Katze, Das magische Tier
Die Welt des Tarot
Das Reich des Schamanen
Die Weisen Frauen
Traumdeutungsbuch des Fahrenden Volkes

Sergius Golowin
Gesundheitsmeditation mit Mondsteinen
Wiederentdeckte Wege der traditionellen Volksmedizin

Das «Geschenk der Schönheit» im Volksmärchen

Daß zunehmende Gesundheit und Schönheit des Körpers aus der Mondkraft kommen, dafür bietet das Märchen «Die Gänsehirtin am Brunnen» ein besonders deutliches Beispiel: Da es ganz einwandfrei mit einem bis heute erhaltenen Volksglauben übereinstimmt, soll es hier hervorgehoben werden.

Die «Königstochter» ist unscheinbar und sogar häßlich, niemand kann mehr in ihr die hohe Herkunft erkennen! Doch durch die Energien der Natur, die sie dank der «Weisen Frau» in der Wildnis zu benützen lernt, wird sie märchenhaft schön. Oder wie es uns die Erzähler so poetisch mitteilen: «Es war, als ob ein Engel vom Himmel käme.»
Über den Vorgang selber vernehmen wir: «Endlich kam sie zu einem Brunnen, bei dem drei alte Eichbäume standen. Der Mond war indessen rund und groß über dem Berg aufgestiegen, und es war so hell, daß man eine Stecknadel hätte finden können.» Hier kann man ergänzend beifügen, daß reines Wasser aus tiefen Brunnen noch immer im Volksglauben als heilend und verjüngend gilt! Besonders wenn beim Wasser uralte, also sehr lebenskräftige Eichen stehen, und wenn man beim Vollmond davon schöpft.

Doch bleiben wir beim Märchen von der Gänsemagd, die zur wunderschönen Königstochter wird. «Sie zog eine Haut ab, die auf ihrem Gesicht lag, bückte sich dann zu dem Brunnen und fing an, sich zu waschen.» Wir vernehmen ausdrücklich, daß die Haut «wieder im Mondschein bleichen und trocknen sollte»: «Aber wie war das Mädchen verwandelt! So was habt ihr nie gesehen! Als der graue Zopf abfiel, da quollen die goldenen Haare wie Sonnenstrahlen hervor und breiteten sich, als wär's ein Mantel, über die ganze Gestalt. Nur die Augen blitzten heraus, so glänzend wie die Sterne am Himmel, und die Wangen schimmerten in sanfter Röte wie die Apfelblüte.»

Hier schildere ich einige Volksweisheiten, die mir selbst von alten Leuten erzählt wurden und mir beweisen, wie sehr unsere Märchen voll urtümlicher Überlieferungen sind: In Prag, der alten Stadt der Alchimisten, erzählt man, daß einst «mit Mond beschienenes Wasser half, eine Haut zu bekommen wie ein strahlender Apfel». Dies selbstverständlich nur, wenn man sich genügend zu erholen wußte, keine schlechten Nahrungsmittel zu sich nahm und überhaupt seine «von Gott geschenkten Lebenskräfte nicht übermäßig mißbrauchte». Auch meine Großmutter wußte noch von einem Schönheits- und Gesundheitsmittel «vom Mondlicht im lebendigen Wasser». Aus der Ukraine, aus dem österreichischen und dem westschweizerischen Alpenraum und aus der Camargue hörte ich übereinstimmend, warum die Zigeunermädchen so schön sind: Sie tanzen für sich in abgelegenen Gegenden im Mondschein und waschen sich dann im Wasser, das den nächtlichen Himmel widerspiegelt.

Die überlieferte *Volksmedizin* sieht in unreiner Haut und glanzlosem Haar den äußeren Ausdruck einer leichten Störung des Kreislaufs der «Kräfte und Säfte» des Leibs. Gerade diese verglichen die Heiler und Heilerinnen seit jeher mit den Strömen der Wasser auf und unter der Erde, die nach ihnen vom Mond «regiert» werden. Wie Ebbe und Flut in den Meeren, so erinnerten sie an die wechselnden Seelenstimmungen und Ausscheidungen von Giftstoffen während der «Perioden» des weiblichen Körpers: Auch diese dauern schließlich durchschnittlich gegen 28 Tage, wie der Mondmonat.

Unreinheiten der Haut sind nach der Tradition Ausdruck von Unregelmäßigkeiten vieler innerer Kreisläufe, wie sie leicht bei Periode, beim Eintritt in die Geschlechtsreife und bei Schwangerschaften eintreten. Im Erkennen der ewigen Zu- und Abnahme der Energien in der Natur, deren Sinnbild immer die *Mondphasen* waren, kann demnach der Mensch sein eigenes Gleichgewicht finden. Das von uns besprochene Märchen läßt darum das unscheinbare Mädchen durch das «Waschen» ihrer Haut im himmlischen Silberlicht so schön und gesund werden, «wie es noch niemand auf der Welt gesehen hatte».

Der ganze Leib – Empfänger von Energie

Wenn wir aus uns die einzelnen *Sternenkräfte* besonders herausholen wollen, müssen wir uns in ihr Wesen mit einigem Fleiß, Einfühlungsgabe und Liebe hineindenken. Wir können nach solchen Lehren von keiner der Grundenergien etwas für uns Erfreuliches erwarten, wenn wir z. B. gegenüber der Schöpfung, in der sie besonders lebendig sind, irgendwelche Vorurteile besitzen: «Zumindest während der Übungen, die wir jeder der Sternenkräfte widmen, müssen wir ihnen gegenüber viel Verständnis zeigen.»

Man war überzeugt, daß man einen solchen Entschluß nicht allein mit dem Verstand fassen kann, sondern sozusagen «mit seinem ganzen Leib» sich in das Wesen jeder der Energien hineinschwingen muß. Selbstverständlich wählte man für dieses Hineindenken in die einzelnen Energien den richtigen Tag, so für die des Mondes – den Tag des Mondes, den Montag und die vorangehende Nacht. Agrippa von Nettesheim, der auf einzigartige Weise die um diese Übungen bestehenden orientalischen und europäischen Auffassungen des ausgehenden Mittelalters zusammenfaßte, stellt fest: «Wer aber durch Natur, Studium, Handlung, Bewegung, Gebärden, Miene, Gemütszustand und Wahl der Zeit das Himmlische einigermaßen nachzuahmen weiß, wird, als den Oberen (den Gestirnen) ähnlicher, auch größere Gaben von ihnen empfangen.» (Wie ich im Alpenraum entdecken durfte, sind bis ins 20. Jahrhundert die Werke des Agrippa eine Hauptquelle der traditionellen Heilkunst!)

Können wir durch unser ganzes Körperspiel uns selber dem Wesen einer der Sternenkräfte voll hingeben, sie immer besser mit unserem ganzen Leib darstellen, dann wird sie auch in unserer Seele immer lebendiger werden und uns vermehrt Nutzen bringen. So können wir nach dieser uralten Auffassung, die immer wieder auch in Mitteleuropa unter den Heilern verbreitet war, die Welt des Mondes nur dann genießen, wenn wir vorher mit jeder Bewegung ihr gegenüber unsere Zuneigung zu zeigen vermögen.

Der Mond regiert, nach den Sternenbüchern, die die gesamte Lebenspraxis unserer Vorfahren beeinflußten, das Gebiet der körperlichen Gesundheit, vor allem das Steigen und das Absinken der Drüsensäfte: Er bestimmt damit den gesamten Stoffwechsel! Zu diesem «Reich der körperlichen Gesundheit» gehören natürlich auch unsere vielfältigen Launen oder schwankenden Stimmungen (Laune kommt von Luna = ebenfalls Mond!); zumindest jener bedeutende Teil von ihnen, der weniger geistige Gründe besitzt, sondern mit Natureinflüssen zusammenhängt, Empfindlichkeit gegenüber Wetterumstürzen, der allgemeinen Trockenheit oder Feuchtigkeit in der Luft usw.

Will man nun einmal am Abend vor dem Montag oder direkt am Montag die «lunare Kraft der Gesundheit» erleben, so stelle man sich vor einen großen Spiegel – man empfahl früher einen «runden, wie der Vollmond», aber das ist nebensächlich: Er erinnert schon durch seinen Glanz, der wie beim Mond Widerschein des Lichts ist, an den Erdtrabanten.

Seinen Glanz erzeuge man künstlich durch eine Kerze oder durch eine schwache Lampe, die man zusätzlich abdunkelt. Man versuche dann, ganz entspannt, sich vor diesem Zauberspiegel zu bewegen «wie die fließenden Wasserwellen im Glanz der Frau Luna». Selig gibt man sich dem Spiel der unausgesetzt strömenden Energien hin. Die Bewegungen müssen jugendlich und anmutig sein: ganz als täten wir sie im silbrig aufschimmernden und reinen Wasser eines Gesundheitsbrunnens, aus dem Wohlgefühle durch unsere sämtlichen Organe fließen.
Mit jeder Bewegung, mit der wir uns so dem Strom der Lebenskraft hingeben können, fühlen wir das Gesetz des Mondes, wie es in den volkstümlichen Büchern der Heiler ausgesprochen wird: In einem Leib, der die Fähigkeit der Erneuerung voll besitzt, indem das Verbrauchte rasch ausgeschieden wird und alle wichtigen Säfte sich wunschgemäß bilden, ist für den Geist ein angenehmes Wohnen – bis ins höchste Alter hinein.

Weiße Mondsteine als Hilfsmittel

Die edlen Steine, die wir zusätzlich zur Meditation auf die Mondkraft in uns verwenden, wirken viel mehr, je mehr sie unser Unbewußtes anregen, unsere schöpferische Phantasie entflammen: Die überlieferten Märchen um die «Wunschsteine» enthalten viele Wunderbilder, die uns dabei helfen.

Perlen symbolisieren die Mondkraft. Sie sollen in der Tradition unserer Ahnen besonders «starke Heilwirkung» besitzen, wenn sie eine «würdige», außergewöhnliche Herkunft besitzen: Sie sind vor allem wertvoll, machen ihre Besitzer durch viele Generationen stark und gesund, wenn sie von Nixen aus ihren «silberglänzenden Perlenpalästen» der Wassertiefen hervorgeholt werden.

Selbstverständlich haben sich in solchen Geschichten um besonders heilsame Perlen die Nachrichten über fast vergessene Zusammenhänge erhalten. In Japan sind es in bestimmten Gegenden immer noch Frauen, die ins Meer tauchen, um die «ganz echten» Perlen an die Oberfläche zu bringen. Daß dies seit Jahrhunderten ein weiblicher Beruf ist, dazu gibt es in Ostasien vielerlei Begründungen: Die Lungen der Frauen sollen durchschnittlich stark und für langes Tauchen besonders geeignet sein. Auch sollen Frauen unter ihrer Haut eine zarte Fettschicht besitzen, die diese nicht nur angenehm weich macht, sondern auch die Kälte der Tiefen von den lebenswichtigen Organen zurückhält.

Dazu kommt, so hat man mir erzählt, eine Vorstellung aus der magischen Naturwissenschaft der Taoisten: Die Energien der Frau stehen mit Mond, Wasser und Perlenmuschel in besonders enger Beziehung. Perlen, die «von Meerfrauen ge-fischt» werden, sollen darum besonders wirksam und heilend sein. Chinesische Alchimisten schätzten für ihre Magie vor allem die Perlen, die «durch Taucherinnen geholt werden, für die schon als Säuglinge das Wasser ihr gewohntes und darum geliebtes Lebenselement war». Solche Berichte kamen über den

Mondsteine

In der Tradition werden so sämtliche Steine genannt, deren Kräfte man mit denen des Mondes für «wesensverwandt» ansieht. Ihre Farbe ist in der Regel weiß und erinnert an das Schimmern des Mondlichts.

Der eigentliche Mondstein

Dieser Name wird heute vor allem für weißes Gestein verwendet, das man nach seinen wichtigsten Fundorten auch als Gotthardsteine, Adular oder Alpenselenit bezeichnet.

Perle

Schon durch den Einfluß des Mondes auf Ebbe und Flut des Meeres galten die (weißen) Perlenmuscheln als ein wichtiges Mondgeschenk.

Opal

Zum Mond wurden vor allem die Opale gerechnet, die zwar milchig-weiß wirken, gleichzeitig aber in verschiedenen Farben aufglänzen («opalisieren») können: Sie erinnern dann besonders an die magischen Lichtwirkungen einer echten Mondnacht.

Weißer Achat, Marmor, Alabaster

Aus weißen Steinen ganz verschiedener Herkunft wurden Schmuck, Gefäße und sogar künstlerische Gartenverzierungen hergestellt. Noch heute wirken diese Gegenstände, namentlich wenn wir sie im Mond- und Sternenlicht betrachten, wie «Geschenke aus der Feenwelt». Salbgefäße aus Alabaster sollen schon bei Ägyptern und Griechen die heilkräftigen Energien des Mondes «angezogen» haben.

Vorderen Orient ins Abendland und spiegeln sich in Sagen von schönen Nixenweibern, die Zaubermuscheln und Mondperlen bewachen.

Selbstverständlich werden auch andere Steine, die in ihren Wirkungen auf uns wesensverwandt sein sollen, von einer ganz ähnlichen Märchenwelt umgeben – auch in dieser herrschen mächtige und mütterliche Bewahrerinnen der Lebensenergien von Wasser und Erde, z. B. wird in Tirol von Hulda (Frau Holle) berichtet, die in ihrem Höhlenreich tief im Berg im strahlenden, silberglänzenden Gewand in einem Thronsaal aus weißem Gestein über die Kräfte der Berge waltet. Hier haben wir zweifellos den Hinweis auf die *weißen Mondsteine*, die man besonders mit Hulda in Beziehung brachte. Auch von diesen wird erzählt, daß sie, besonders an Montagen und in leuchtenden Mondnächten verwendet, die Wiederherstellung der Gesundheit bringen sollen.

Wir wollen für unsere Meditationen mit edlen Steinen nochmals ausdrücklich hervorheben: Für die meisten werden «die echten Wunschperlen der Meermädchen» unerschwinglich sein. Aber schließlich bekommen wir auch zu billigeren Perlen, die aus Zuchtmuscheln stammen, eine enge Beziehung, wenn wir ihrer Bedeutung für die alten Weisen nachgehen! Auch hier müssen wir die Erkenntnis des großen Naturarztes Paracelsus vergegenwärtigen: *Es ist unsere Vorstellungskraft, die erst unser Wesen für alle günstigen Energien öffnet und diese dann wie ein Magnet anziehen!* Ein Juwelier von Odessa sagte mir: «Das Allerbeste ist, man besitzt eine ganz seltene, echte und wunderschöne Perle und kennt ihre ganze Geschichte.» Aber natürlich nützt auch die wertvollste Perle wenig, wenn wir nicht an die Lebenskräfte aus dem Weltmeer glauben.

Schon eine einfache Zuchtperle kann auf uns wie eine Gabe der magiekundigen Wasserfeen wirken, wenn wir sie ehrfurchtsvoll in die Hände nehmen und vorher einige der alchimistischen Geschichten um diese «Gabe des Mondes» studieren.

Heilmeditation mit der Perle

Ich habe mich in das Wesen der Kräfte der materiellen Gesundheit hineingefühlt, die man in der Überlieferung bei Ebbe und Flut als Harmonie der Naturenergien betrachtete.

Ich brauche dazu das seelische «Wandern» durch die Stimmungen der Welt im Mondlicht und erkenne, wie dieser Vorgang öde Landschaften in Märchengärten zu verzaubern vermag! Ich versuche dann, durch Bewegungen oder einen Tanz mich als Empfänger und Sender der für grobe Sinne unwahrnehmbaren Lebensströme zu fühlen. Auch wenn wir in Mietshäusern und Wolkenkratzern hausen müssen, ist es möglich, uns den kosmischen Energien hinzugeben. Wir brauchen sie heute mehr als einst naturverbundene Bauern, Hirten und Zigeuner. Die Lebensenergien müssen heute in uns vermehrt kreisen, wir müssen uns in unserer Haut möglichst gut fühlen, wenn wir unsere Gesundheit gegen sämtliche Umweltschäden behaupten wollen. Die weisen Heilkundigen aus Tradition lehrten: Wir besitzen um uns einen unsichtbaren Schutzschirm, der durch unsere innere Einstellung «eingeschaltet» werden kann. Von ihm prallen die Krankheiten ab, wie die Pfeile von einer Ritterrüstung ...

Die Übung beginnt im Stehen, dann setze ich mich bequem hin und nehme einen edlen Stein. Die alten Legenden lassen sie ja alle während der sieben Schöpfungstage aus Wasser und Erde erwachsen und darum auch, je nach ihrer Farbe, Sinnbilder der Weltkräfte sein. Als solche Verkörperungen des ersten Lichtes, das die finsteren Urwasser erhellte und Vorbote des Lebens in der Tiefe wurde, sind die «lunaren» Steine zu verstehen.

Der Arzt Wittich, der berühmte Edelsteintherapeut aus dem 16. Jahrhundert, sagte von der *Perle,* ihre «Kraft und Tugend» sei die Stärkung «der lebendigen Geister des Herzens»: Wer sie benützt, fühlt sich innerlich aufgestellt, ermutigt, im wohligen Zustand, lebendig und gleichzeitig dankbar, daß er lebt und wahrscheinlich noch lange zu leben hat!

Die *Muschel*, aus der man die Perle herausholt, war von altersher ein Symbol der Schöpfung, bei der die ersten Wesen aus den Wassern entstiegen. Die weiße (lunare) Perle erinnert an das glänzende Licht, das sich aus den Fluten erhob und damit allen Kreaturen leuchtete. Es weckte, um hier in einem erweiterten Sinn die Worte des Edelsteinarztes Wittich anzuführen, alle «lebendigen Geister».

Ich betrachte mir nun eine solche Perle oder auch einen andern Mondstein, der mir zusagt. Die Lampe, die ich benutze, sollte die weiße, silberige oder opalisierende Farbe des Gegenstandes gut zur Geltung kommen lassen. Ich drehe den Stein nach allen Seiten, bis ich ihn genau so halte, daß er am schönsten leuchtet.

Gedankenverbindungen steigen in mir auf, weniger aus dem Bewußtsein meines Alltags, meiner Vernunft, meines Verstandes, denn aus viel tieferen Seelenschichten. Ich fühle nun, wie in diesem schwachen Glanz des Steines sich Energien entwickeln, die mir Kraft geben.

Seelenwanderung zur Silberpforte

Nach der erwähnten Vorübung kommt jetzt die eigentliche Seelenreise. Bevor ich mir vorstelle, wie ich mich in der Phantasie in das «Silberne Land» der Märchen begebe, muß ich die bisher erforschte Kraft in meinem eigenen Körper entdecken.

Ich lege mich ins Bett. Ich kann mir die Wanderung durch meine inneren Bilder so vorstellen, wie ich sie auf den kommenden Seiten schildere. Bin ich dann wieder zurück, durch das «Traumtor» wieder in meinen Leib getreten, kann ich aufstehen und meinen Geschäften nachgehen. Wenn man sich an diese Übung gewöhnt hat, sie mit wachsendem Vergnügen an seiner schöpferischen Vorstellungskraft durchzuführen vermag, hat man einen bedeutenden Gewinn davon. Sie wirkt auf uns wie kurze, aber mit vollen Zügen genossene Ferien in einem Land, das wir schon als Kinder kannten und von Herzen liebten. Sie ist zu vergleichen mit einem erholsamen Schlaf.

In der Regel wird man die Übung unmittelbar vor dem eigentlichen Einschlafen versuchen und wahrscheinlich schnell einschlafen, so daß die kosmischen Energien erst beim Erwachen am nächsten Morgen spürbar werden.

Am Anfang der eigentlichen Seelenreise geht es um Entspannung. Liegend stellt man sich vor, wie ein Körperteil nach dem andern eine glückliche Ruhe genießt. Man fängt mit Zehen und Füßen an und wandert dann, ein Organ nach dem andern entspannend, bis zum Kopf. So liegt man dann, indem man keine äußeren Geräusche in sich eindringen läßt, in einer Welt wohliger Wärme. Meine Zellen, die meinen Leib aufbauen, haben sozusagen Freizeit. Sie können die ihnen einwohnenden Energien ausschließlich dazu verwenden, sich wieder zu ihrer vollständigen Leistungsfähigkeit zu erneuern.

Jetzt lasse ich, zuunterst in meinem Unterleib, dort wo sich der erste Wirbel meines Rückgrats befindet, im schwarzen Dunkel einen Lichtpunkt aufglänzen, wie einen ersten Stern in der sonst finsteren Nacht. Ich lasse ihn wachsen, sich ausdehnen, bis seine ruhigen und sanften Strahlen seinen ganzen Umkreis erleuchten. In diesem Licht habe ich das Sinnbild der Kräfte, die im Verborgenen, in der Stille stets arbeiten, um die verwirrende Zahl der Organe meines Unterleibs in einem glücklichen Gleichgewicht zu halten. In der Überlieferung werden etwa Kopf und Oberleib des Menschen mit Sonne und Tag, die «niederen» Teile mit der Nacht gleichgesetzt. Dies entstammt nicht etwa aus Verachtung, sondern aus der Vorstellung, daß im Unterleib unsere Kräfte «im Geheimen und im Dunkeln» entstehen.

Erst wenn ich mir dieses Silberlicht gut vorstellen kann, erhebe ich mich in der Vorstellung und stehe aufrecht in einer finsteren Umgebung. Doch bald erkenne ich vor mir das gleiche silberige Glänzen, das ich bereits gut kenne. Vor mir steht ein mächtiges Tor, gebildet aus edlen Steinen von weißlichem Schimmer, der aus der Tiefe von jedem von ihnen zu dringen scheint. Diese erste Pforte der Träume besitzt eine große Schönheit.

Die hinter dem Perlentor liegende Landschaft wird mir noch verborgen durch einen Silberschleier, der aus Milliarden von Tropfen gebildet ist, von denen jeder selbst ein schwebender Edelstein, durchleuchtet von Mondlicht, zu sein scheint. Ich weiß, daß jede Berührung mit diesem Mondtau des Glücks mir ein Gefühl der körperlichen Freude schenken wird.

Ich mache einen Schritt und bin nun unter der hohen Wölbung des Märchentors, von allen Seiten von den glänzenden Juwelenschleiern umgeben. Ein zweiter Schritt und ich bin mitten in einer funkelnden Welt des mich umkreisenden, umtanzenden Lebenstaus. Der dritte Schritt – ich bin nun durch das Tor gegangen und befinde mich im Land der Wirklichkeit meiner Träume.

Ich bin jetzt dort, von wo meine kreativen Gedanken herkommen.

Entspannung im eigenen Märchenland

Durch das Tor aus den silberigen, bald wie weiße Perlen und dann gleich Opalen aufglänzenden Mondsteinen bin ich nun in das Reich Frau Lunas getreten. Nach dem Vorhang, aus den silberigen Mondtropfen gewoben, liegt nun vor mir eine Wunderlandschaft im Dämmerlicht.

Aber schon bald haben sich meine inneren Augen an den schwachen Glanz gewöhnt, der von den Umrissen aller Dinge ausgeht. Unmittelbar hinter dem Perlentor sehe ich eine Felsenlandschaft, die an die Alpen erinnert. Ich gehe über kahle Geröllfelder, die stellenweise von Flechten, Moosen, Farnen und niedrigen Gebüschen überzogen sind. Doch auch hier herrschen silberige Farbtöne vor.

Im Hintergrund geht jetzt über dem Zaubergebirge ein Märchenmond auf, fast wie eine magische Zierlaterne an den Festen der chinesischen Kaiser. Jede der Felsschluchten ist nun von einer Flut eines milden Lichtes erfüllt.

Zwischen den Silberfelsen mit den Flechten und Moosen erkenne ich nun in der Beleuchtung durch den Mond einen kleinen See, dessen Wasser im

Glanz des vom Himmel fließenden Lichts genauso aussieht als wäre es selber verdichtete Helligkeit des Mondes. Vor mir sehe ich Steine, die wie bequeme Stufen zum glänzenden Wasserspiegel führen.

Ich steige die Stufen hinunter, indem ich den seltenen Anblick der Märchenwelt um mich genieße. Ich staune, was allein durch die Aufhellung einer Landschaft, durch eine Quelle von Silberlicht um mich herum für wunderbare Tönungen und Farbstimmungen entstehen können.

Ich stehe am See zwischen den Silberfelsen und entdecke, daß zwischen den Steinen um mich herum unzählige winzige Bäche und schmale Rinnsale laufen. Die niederströmenden Wasser sind silberig, und dies stammt nicht nur vom Widerschein des Vollmondes. Die zum See rinnenden Tropfen nehmen offensichtlich von den Felsen, die sie bespülen, etwas von ihrem Stoff mit und tragen ihn zum See.

Der «Mondmilchsee» – fällt es mir nun ein – und ich erinnere mich der Älplersagen, die ich als Kind gehört habe. «Irgendwo in einem hohen Bergtal liegt dieser See. Der Mond melkt, wenn er zunehmend oder voll ist, die weiß glitzernden Felsen – ganz ähnlich wie der Küher sein Vieh. Kann man im Mondlicht, in *Mondmilch*, baden, dann hat man keine Krankheit zu befürchten.»

Am Teich der Erneuerung

In meinen Vorstellungen sind meine Gedanken wahrhaftig in jeder Beziehung frei. Ich kann diese Sage als Realität nehmen und sie als Höhepunkt meiner Seelenreise mit der ganzen Kraft meines Geistes zu erleben versuchen. Ich steige also munter und mutig in die Wasser des von den weißen Traumfelsen umrahmten Sees. Ich tue es mit der gleichen Lust, wie der Sagenheld in den Erzählungen in den Jungbrunnen steigt. Je mehr ich Freude am gesteuerten Spiel meiner Phantasie habe, desto genauer erschaue ich mit meinen inneren Sinnen die Landschaft um mich!

Die Wasser, in die ich über die stufenartigen Steine hineinsteige, schimmern in allen Farben der Mondsteine, genau wie die Tautropfen der wirbelnden Schleier im Perlentor. Einmal sind sie völlig durchsichtig, scheinen aber über einem Boden aus reinem Silbermetall zu strömen. Dann sind sie milchig, manchmal glühen sie auch in den verschiedensten Tönungen auf, in denen dennoch die weiße Farbe überwiegt.

Mit jedem meiner Schritte, die ich vorsichtig auf den langsam tiefer führenden Boden des Wasserbeckens setze, fühle ich, wie die Mondmilch meinen Leib von allen Seiten umspült. Sie steigt bei jedem meiner Schritte langsam an mir empor, und ich habe die immer deutlichere Empfindung, daß sie mich wäscht und reinigt. Sie umfängt kosend meine Haut, wirkt aber gleichzeitig auch in die Zellen des Körpers hinein. Strahlende Kräfte scheinen den silberigen Gewässern des Sees eigen zu sein; sie dringen in mich ein, erfüllen mich ganz und gar mit einem prickelnden und anregenden Gefühl. Es ist mir jetzt, als würde sich im winzigsten Bestandteil, aus dem ich zusammengesetzt bin, ein kleines Mondlicht entzünden. Es strahlt in allen Richtungen, und überall, wohin es hinwirkt, wird alles Unreine ausgeschieden, finden Vorgänge der Erneuerung statt.

Ich throne nun auf einem Steinsitz, der sich sehr bequem unter der Oberfläche des Märchensees befindet. Ich genieße jeden Augenblick des Luxusbades. Mein Kopf ist über der Oberfläche des Wassers. Ich sehe einen unbeschreiblichen Glanz, der auf den Felsen und über dem Ufer liegt. Ich spüre die Verbindung mit der Lebenskraft des Mondes, die mich von allen Seiten umfängt.

Die Berichte mittelalterlicher Ritter über ihre wunderbaren Bäder der Verjüngung werden mir nun ebenso verständlich wie die Sagen der Älpler von der geheimnisvollen, Gesundheit schenkenden Mondmilch. Dies sind für mich nicht mehr länger nur launige Geschichten. Ich habe mich nun auch in die Welt der Feengeschichten, in denen fast immer der freundliche Mond den Menschen leuchtet und sie beschützt, mit meinem ganzen Wesen eingelebt.

Hat man diese Übung vor dem eigentlichen Einschlafen unternommen, so wird man tatsächlich in Träume versinken. Dann steigen Bilder auf, die wiederum mit Mondlicht, ruhigen Seelandschaften, Gewässern oder Alpenkräutern voll Heilkraft zu tun haben. Es sind meistens genau die Sinnbilder, die nach Paracelsus oder nach volkstümlichen Traumbüchern eine erfreuliche Zunahme der inneren Lebenskräfte bedeuten.

Das Erwachen nach der glücklichen Nacht

Wenn ich nach der «Nacht im Mondland» erwache, werde ich mich zuerst kurz an meine Abendmeditation erinnern und vielleicht auch an die Traumbilder, denen ich im Schlafe begegnet bin.

Ich halte meine Augenlider zuerst einmal geschlossen und vergegenwärtige mir, daß ich nach der Übung vor dem Einschlafen und der darauffolgenden Nachtruhe überall in meinem Leib die Lebenskräfte der Erneuerung wahrnehme.

Wie ich jetzt langsam zum Bewußtsein des Tages erwache, stelle ich mir nochmals das Perlentor vor, durch das ich am Abend zuvor in das Traumland des Mondes und der Lebenskräfte wanderte. Ich stelle mir aber diesmal vor, daß ich nun sozusagen auf der andern Seite der Pforte stehe: Ich gehe jetzt nicht mehr in das Reich der Märchenbilder, sondern umgekehrt trete ich aus den Vorstellungen des schöpferischen Geistes heraus und wieder zurück in die Wirklichkeit des Tages.

Bei meinen Eindrücken und Erlebnissen durch die Meditation habe ich meine Lust am kreativen Spiel mit den Bildern gehabt, wie sie tief auch in meinem Unterbewußten verankert sind. Ich habe eine schöne und stille Welt kennengelernt, wie sie sicher schon vor vielen Jahrhunderten ganz ähnlich meine Ahnen schauen konnten und aus der die Anregungen zu Märchen, Feendichtungen und Kunstwerken entstanden sind.

Wenn der Mensch diese innere Welt verliert, beginnt er seelisch zu verhungern und zu verdursten. Er hat keine schöpferische Phantasie mehr und damit immer weniger von den lebendigen Gedanken, die wir brauchen, um unsere Erdenzeit lebenswert zu gestalten.

Bernd A. Mertz

1924 geboren, beschäftigte sich bereits sehr früh mit der Psychologie und kam danach über die Traumdeutung zu den sogenannten Grenzwissenschaften. Hierbei fesselte ihn zunächst die Astrologie, aber dann kamen Chirologie, Alchemie, Numerologie und vor allem Tarot hinzu, für den er ein eigenes Set der großen Arcanen sowie auch Kartenmotive für den ägyptischen Einweihungsweg entwarf.

Im Hauptberuf, den er mehr nebenberuflich ausübte, war er Regisseur, Theater- und Fernsehautor, außerdem war er beim Funk tätig als Autor, Journalist und Reporter.

1978 erschien sein erstes Buch über die Astrologie. Inzwischen sind es 25 Bücher, die sich auch mit anderen Erfahrungswissenschaften beschäftigen. In Vorträgen und als Seminarleiter gibt er seine Erfahrungen weiter.

Buchveröffentlichungen

Die Grundlagen der klassischen Astrologie
(neu August 1989)
Der Ägyptische Tarot
Das Horoskop in der Hand
Die Magie der Zahlen –
Numerologie
Astrologie
Karma in der Astrologie
Das vor-karmische Horoskop
Handdeutung
Das Horoskop als Entscheidungshilfe
Astrologie als Wegweiser
Das Horoskop – seine Deutung und Bedeutung
Psychologische Astrologie I/II/III
Astrologie und Tarot
Kartenlegen
(Tarot-Skat-Lenormand)
Die Esoterik in der Astrologie
Karma im Tarot

Bernd A. Mertz
Das Neumondhoroskop

Um es vorwegzunehmen: Das Neumondhoroskop ist keine Neuentdeckung, sondern eine uralte, astrologische Methode. Deutliche Hinweise auf das Neumondhoroskop finden sich mehrfach in den vier Büchern des Claudius Ptolemäus, ferner beim Arzt, Mathematiker und Astrologen Jean Baptiste Morin, der im Übergang vom 16. zum 17. Jahrhundert lebte. Er gebrauchte das Neumondbild in erster Linie zur Beantwortung von Fragen. Doch die Spuren führen viel weiter zurück: Das *Interlunium* oder *Luna silens* galt einst als die Zeit um den Neumond. Als Neumond – damals Schwarzmond genannt – wurde nicht nur die Bogensekunde angesehen, da der Mond eine Konjunktion mit der Sonne hat, sondern die Zeit davor und danach. Der Mond, als abnehmende Mondsichel, nähert sich der Sonne und verschwindet kurz vor der Morgendämmerung im Osten vom Himmel, um dann, drei Tage danach am Abendhimmel – als Neumondsichel – auferstanden, wieder sichtbar zu werden. Diese Zeit wurde in den griechischen Mythen ganz besonders von der dreigestaltigen Hekate versinnbildlicht. Hekate herrschte im Dunkeln und wurde meist mit drei Symbolen dargestellt.

Drei Zeiten versinnbildlichte diese Mondgöttin: den sterbenden Mond, den in der Sonne «verbrannten» und den wiederauferstandenen Mond. Die drei Symbole waren: die *Flamme* (das Verbrennen in der Sonne), die *Schlange* (das Auferstehen) und der *Schlüssel* (für das Tor zum neuen Leben).

Den Neumond als Sinnbild des neuen Lebens anzusehen ist uralt. Dies wird in den Mythen von Babylon über Ägypten bis hin zur Bibel deutlich. Nachdem Adam und Eva vom Baum der Erkenntnis gegessen hatten, erkannten sie, im Gegensatz zu den anderen Lebewesen wie Pflanzen und Tiere, daß das Leben auf diesem Planeten begrenzt sei. Damit waren sie aus dem Paradies vertrieben. Sie erkannten aber auch, daß sie nackt waren, und wußten nun, daß es am Zeugen und Gebären lag, ob das Leben weiterginge.

*Dreigestaltige Hekate,
Agoro-Museum, Athen.*

Aber da gab es noch ein anderes Wissen. Das Wissen des Himmels, daß alles wiedergeboren wird bzw. aufersteht. Das Symbol der Auferstehung war die neue Mondsichel, die nach dem Neu- oder Schwarzmond aufersteht.
Mit dem Neumond, wie wir den Schwarzmond folgerichtig, wenn auch nicht logisch, bezeichnen, wird also alles neu geboren. Kein Wunder daher, daß der wahre esoterische oder innere Impuls zum neuen Leben mit dem Neumond identifiziert wurde. Der Neumond ist das entscheidende Bild für den Mondrhythmus, etwa gleichzusetzen mit dem Eintritt der Sonne in null Grad Widder für den Jahressonnenrhythmus. Zwar scheint der Neumond nicht individuell zu sein, da er für alle Menschen auf der Welt gleich ist, mit dem Unterschied, daß er wie das Geburtshoroskop auf den jeweiligen Längen- und Breitengrad berechnet wird, wo die Geburt stattfand. Aber das Neumondhoroskop gilt auch nur im Zusammenhang mit dem individuellen Geburtsbild.

Der Mond galt im Altertum als die *Ourania Gaia*, die Erde des Himmels. Und besonders vom Vollmond hieß es, daß er das Licht über das Land strahlen ließ, welches er «im Neumond» empfangen hatte. So blieb immer der Neumond das Kriterium. Dieser Neumond vermochte nun zeitweise sogar das Licht des Himmels, die Sonne, zu verdunkeln. Dann nämlich, wenn die Sonne/Mondkonjunktion bei einem der Mondknoten zustande kommt. Danach brachte der Neumond doppeltes Licht und hat so noch mehr die Seele unserer Vorahnen geprägt. Bei manchen Naturvölkern wurde daher das Erscheinen der Neumondsichel von lautem Trommelgetöse und Freudengesang begleitet, da nun der Himmel das neue Leben anzeigte.

Das grafische Zeichen «Fische» spiegelt das Sterben und Neugeborenwerden am besten wider, da sich die sterbende an die auferstandene Mondsichel lehnt.

Grafisches Zeichen Fische

Dieses Zeichen versinnbildlicht sehr gut, daß ein Zeitabschnitt, ein Rhythmus (Jahressonne) nun zu Ende geht, ein neuer aber sofort danach beginnt. Das Bild des sterbenden und des auferstandenen Mondes war das Tor zum Jenseits; dieses Bild vermittelte den Esoterikern, daß auf der Erde, wie im Himmel, alles lebt und letztlich nicht stirbt. Mit dieser Himmelserkennung konnte die den vernunftbegabten Menschen heimsuchende Todesangst überwunden werden, wie es Erich Zehren in seinem Buch *Das Testament der Sterne* beschrieb. Der Glaube an die Neugeburt half dem Menschen, seine Angst und tiefsitzende Hoffnungslosigkeit zu überwinden. Es ist uralte Überzeugung, daß der Mond, wenn er Neumond ist, im Jenseits weilt, was bereits bei den Sumerern bekannt war. Der tote Mond weilt im Jenseits (drei Tage lang). Daher erklärt sich auch, daß in unserem Kulturkreis Schwarz die Trauerfarbe ist, weil eben der Schwarzmond ins Reich der Toten geht, wo Dunkelheit ihn umfängt. Auch die Sonne steigt täglich ins Reich der Nacht, der Dunkelheit, ab. So wurde Schwarz zur Farbe des Ortes, aus dem man aufersteht, aus dem das Leben geboren wird.
Im esoterischen Wissen verkörpert der Mond nun ganz besonders die Seele und damit das Unsterbliche des Menschen. Das also, was vom Menschen schon da war, das nach dem Tod des Körpers wieder leben wird oder sich zur Wiederverkörperung einen neuen Leib sucht. Man könnte also vermuten, daß etwa mit dem Eintritt des Schwarz- oder Neumondes die Seele entweder einen Impuls bekommt oder daß dies gar der Moment ist, da die Seelen in die Körper eintreten. Zumindest ist dies wohl der Moment, da der Körper beseelt wird und nun sein eigenes Leben führen möchte, egal, ob dieses noch am gleichen Tage beginnt

oder 27 Tage danach. Die Differenz ist jeweils individuell unterschiedlich.

In den ägyptischen Mythen bedeutet der Schwarz-/Neumond auch der Auferstehungsort, der gleichzeitig das Mond- oder Osirisgrab war. Kein Wunder, daß später der Julianische Kalender, der beim tiefsten Stand der Sonne beginnen sollte (null Grad Steinbock), erst begann, als der Neumond am Himmel sichtbar wurde. Von daher stammt der Neujahrstag – das neue Jahr!

Bevor wir uns nun dem zuwenden, was das Neumondhoroskop aussagt, ein Beispiel aus der Praxis.

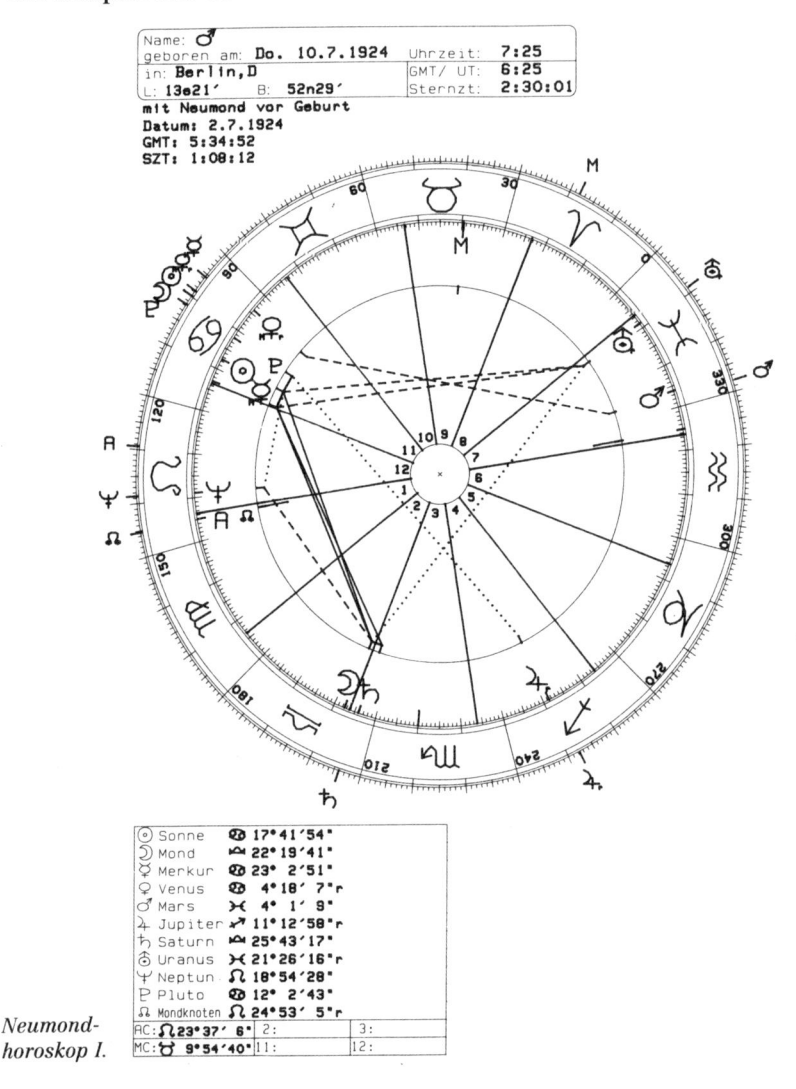

Neumondhoroskop I.

Innen sehen wir das *Grundhoroskop*. Außen sind die Planeten zur *Neumondzeit* sowie der *Aszendent* und das *Medium Coeli* gezeichnet. Aszendent und Medium Coeli werden auf Längen- und Breitengrad des Geburtsortes berechnet, auch wenn die Mutter zum Zeitpunkt des Neumondtages nicht am Geburtsort weilte. Als erstes ist festzuhalten, daß die langsameren Planeten, also Jupiter, Saturn, Uranus, Neptun und Pluto, ihre Stellung gegenüber ihren Radixstellungen so gut wie gar nicht verändert haben, was bei einem Zeitraum von höchstens 27 Tagen auch nicht zu erwarten ist. Immerhin könnten sich Stellungen in den Häusern verändern, darauf wäre zu achten.

Folglich ist das Neumondhoroskop besonders wichtig für die individuellen Planeten. Die können in anderen Zeichen und Häusern stehen. Dies ist bei unserem ersten Beispielhoroskop nicht der Fall. So können wir also folgern, daß wir es hier auch im esoterischen Sinn mit einer typischen, individuellen Krebsbesetzung zu tun haben, zumal der Mond, der im Neumondhoroskop neben der Sonne stehen muß, in diesem Fall in seinem Zeichen zu finden ist. Auch der Neumondaszendent fällt in das gleiche Zeichen wie im Radixbild, wenn auch nicht genau an gleicher Stelle. Verändert hat sich auf den ersten Blick vor allem das MC, das im Neumondbild in den Abschnitt Widder und ins achte Haus fällt. Das hat eine wichtige Bedeutung, wie noch zu schildern sein wird. Aber verblüffend war etwas ganz anderes: Das Neumond-MC fällt genau auf die Sonne der Mutter des Horoskopeigners, der Neumondaszendent dagegen gradgenau auf die Sonne des Vaters. Dies ist durchaus nicht immer der Fall, aber die Beziehung des Horoskopeigners zu einem oder zu beiden Elternteilen ist dadurch deutlich erkennbar – entweder durch engste Planetenbeziehungen vom Neumondhoroskop zum Bild der Mutter oder des Vaters bzw. über die rechnerischen Punkte.

Auch die spätere Beziehung des Neumondhoroskops zu den Kindern der Horoskopeigner erscheint oft auf den ersten Blick sehr verblüffend. Im vorliegenden Fall war es so, daß der Horoskopeigner mit seiner Mutter in oft nicht leichter Beziehung stand, sie aber doch letztlich seine Berufungsrichtung bestimmte. Der Vater dagegen erschien ihm mehr im Auftreten imponierend, bestimmte auch schlußendlich seine Einstellung zur Umwelt, prägte sein Äußeres, während die Mutter sehr mitverantwortlich für die Anliegen der Grundeinstellung war, wie es gerade im Alter immer deutlicher wurde. Jedoch auch ohne die Beziehung zu den Elternteilen wurden Neumond-MC und Aszendent entscheidend. Einmal lag der Aszendent nun weit weg vom Neptun, was für einen klareren Löweaszendent sprach, zum anderen findet sich das Neumond-MC im Widder, was dem Auftreten des Horoskopeigners entsprach.

Doch zurück zum Neumond-MC, das genau da steht, wo die Sonne der während ihres Lebens recht beherrschenden Mutter stand. Dieses MC hat nun ferner eine recht enge Opposition zum Radixmond des Horoskopeigners, womit auch unterstrichen wird, wie sehr die Mutter fast saturnisch auf die Seele des Kindes einwirkte, denn die Opposition ist ein Saturnaspekt. Das Saturnische wird zudem noch dadurch unterstrichen, daß der Radixmond des Horoskopeigners in Konjunktion mit dem Radixsaturn steht. Der Mond unterwirft sich förmlich dem Saturn, denn er läuft auf ihn zu. Es ist ja immer der schnellere Planet, der sich in der *Applikation (im Zulauf)* dem langsameren unterwirft.

Auf dieser Unterwerfung – im bildlichen Sinn – beruht übrigens das gesamte Neumondprinzip. Hier wird es auch vom Anblick her deutlich, daß der Mond immer mehr sein Licht aufgibt, wenn er auf die Sonne zuläuft, bis das Licht ganz verlöscht. Löst sich dagegen der Mond von der Sonne, ist er also an ihr vorbeigezogen, befindet er sich in *Separation (Trennung)*, dann wird sein Licht immer größer und leuchtender bis zum Vollmond. Nun nimmt das Licht ab, da sich der Mond wieder der Sonne nähert.

Dies haben schon die alten Astrologen weit vor der römischen Astrologie, auf die wir uns heute hauptsächlich beziehen, gewußt. Was die Alten nicht wissen oder feststellen konnten, war die genaue Neumondminute. Deswegen sprachen sie immer – wie eingangs erwähnt – von der Zeit «um den Neumond», der *Luna silens* oder dem *Interlunium*. Entscheidend war für sie, da sie das Bild benötigten, der Moment, da der Neumond erstmals sichtbar wurde. Heute können wir den Neumondmoment auf die Sekunde berechnen, wenn auch immer noch nicht sehen, aber dies ist auch nicht notwendig, wenn uns nur das Grundprinzip der Hekate klar ist.

In unserem Beispiel zeigte sich die Mutter in der Tat sehr saturnisch, streng und hart, wenn dies auch immer aus einer tiefen Verbundenheit zu ihrem Sohn geschah. Letzterer erkannte dies lange nicht, bis ihm die helfende Einsicht durch die Astrologie offenbar wurde, besonders durch die Betrachtung des Radix mit dem Neumondhoroskop. Erschwerend war, daß die Mond-Saturn-Konjunktion im Zeichen Waage steht, also sehr gefühlsbetont ist, während eine Widdersonne (Mutter) und ein Neumond-MC im Widder (Sohn) doch Kraft und Härte aufweisen. Da das Neumond-MC in das achte Haus des Horoskopeigners fällt, braucht es kaum noch erwähnt zu werden, daß die Mutter-Sohn-Auseinandersetzung unverändert bis zum Tode der Mutter fortdauerte. Sie verstarb erst, als er sich von ihr am Totenbett verabschiedet hatte.

Der *Himmelsmitte* (MC) muß beim Neumondhoroskop eine wichtige Bedeutung zugeteilt werden. Ich bin der Ansicht, daß heute der Himmelsmitte im Vergleich zum Aszendenten zuwenig an Wert zugemessen wird. Das liegt daran, daß die Himmelsmitte durch den Gebrauch der *inäqualen Häuser* meist identisch mit der Spitze des zehnten Hauses ist, wodurch die Himmelsmitte die Selbständigkeit verliert und nur mehr als Häuserspitze betrachtet wird, wie der Aszendent als Spitze des ersten Hauses. Doch das erste Haus ist das Ich-Haus, hier stimmt es also. Die Himmelsmitte gibt im Horoskop nun einmal das Ziel an, das der Horoskopeigner als seine Berufung anvisiert. Und dieser Punkt im Horoskop sagt auch etwas darüber, wie dieses Ziel erreicht wird. Durch die verschiedenen Stellungen des MC in den Häusern (nur bei der *äqualen* Methode) werden die Themata der Zielanvisierung genauer eingegrenzt. Ist das MC immer nur – wie bei der inäqualen Methode – gleichzeitig die Spitze des zehnten Hauses, des Hauses der Außenweltstellung, des Berufes, kann dies nicht so gut bestimmt werden. Ein MC im Abschnitt Stier und im neunten Haus weist nun auf eine idealistische Grundrichtung hin, den Horizont zu erweitern, sich für ferne Länder, Kulturen zu interessieren und dies als Anliegen zu betrachten. Man wird dabei mit Vorsicht, Ruhe und Absicherung vorgehen. Dies spräche für Geduld und Ausdauer bei der beharrlichen Verfolgung seiner Ziele. Dies traf beim Horoskopeigner zwar auch zu, aber nur «auch». Das Neumond-MC im achten Haus des Radixbildes zeigte dagegen großes Interesse für Esoterik, für die Fragen um den Tod und für die okkulten Geheimwissenschaften.

Entscheidend war jedoch, daß diese Ziele im Leben (gemäß dem Neumond-MC) kämpferisch und mutig anvisiert wurden. Hier war ein Ehrgeiz zu spüren, der Verluste in Kauf nahm, auch eine nicht so gute, schnelle, manchmal sogar voreilige Handlungsweise. All das kam durch das Radix-MC nicht so zum Ausdruck, zumal die Venus im Grundhoroskop im Abschnitt Krebs zu finden ist, was ja das Stier-MC mitfärbt. Es scheint offensichtlich, daß das Neumondhoroskop zumindest zur Differenzierung des Grundhoroskops beizutragen vermag, ganz besonders im esoterischen, also verborgenen Sinn. Wie die folgenden Beispiele zeigen, ist die Verschiedenheit zwischen Grund- und Neumondhoroskop oft viel gravierender, wenn nicht wie hier die Einheitlichkeit der Planeten im Abschnitt Krebs zu finden ist. Häufig stehen die individuellen Planeten in einem anderen Abschnitt und auch der Unterschied in der Richtung der Planeten kann entgegengesetzt sein. Das heißt, ein individueller Planet, der im Radix rückläufig ist, braucht es im Neumondbild noch nicht zu sein oder umgekehrt. Auch ist oft zu bemerken, daß die Qualitäten von Merkur oder Venus wechseln, die mal Morgen- und mal Abendstern sein können. In unserem Beispiel steht im Radix

Merkur als Abendstern, im Neumondbild als Morgenstern. Merkur kennt also, um es etwas salopp auszudrücken, beide Qualitäten.

Venus dagegen finden wir in beiden Bildern jeweils als Morgenstern. Zur Erläuterung: Gehen Venus oder Merkur der Sonne im Tierkreissinn voraus, sind sie Abendstern, folgen sie der Sonne, sind sie Morgenstern. Im ersten Fall sind diese Planeten nur abends, im zweiten Fall nur morgens zu sehen. Gleichzeitig Abend- und Morgenstern zu sein, ist durch die Bewegungsabläufe der beiden inneren Planeten nicht möglich. Eine Wandlung dieser Planeten vom Neumond- zum Radixbild ist daher sehr aufschlußreich. Immerhin bedeuten ja Venus und Merkur als Morgenstern etwas anderes, als in ihrer Abendsternqualität. Auch die langsamen Planeten könnten ihre Bewegungsrichtung gewechselt haben, was selbstverständlich auch gewertet werden muß. Die Aspekte des Neumondbildes sind verhältnismäßig uninteressant, sie gelten ja für alle Menschen auf der Erde. Der *Neumondmoment* ist ja stets der gleiche. Dieser Neumondmoment ist leicht zu errechnen, denn man braucht nur in den Ephemeriden nachzuschauen, an welchem Tag Sonne und Mond in Konjunktion kommen. Die Minute herauszufinden, ist dann Routinesache. Viele Ephemeriden, wie die englische, die amerikanische oder die Rosenkreuzer-Ephemeride, geben sogar die Neumondminute an. Dann berechnet man dieses Horoskop wie das Geburtshoroskop auf den jeweiligen Längen- und Breitengrad, wobei selbstverständlich auch die Zonenzeit berücksichtigt werden muß, denn in den genannten Ephemeriden ist die Neumondminute zur Greenwich-Zeit angegeben.

Aspekte Radix-Neumo (Orbes: MERTZ)

	☉ rad.	☽ rad.	☿ rad.	♀ rad.	♂ rad.	♃ rad.	♄ rad.	♅ rad.	♆ rad.	♇ rad.	☊ rad.	AC rad.	MC rad.	
☉ n	☌'7+40s			☌'5+44s	△'6+01s	⚻ 1+11a				☌ 2+01a			✶ 0+07s	☉
☽ n	☌'7+40a			☌'5+44s	△'6+01s	⚻ 1+11a				☌ 2+01a			✶ 0+07s	☽
☿ n				☌ 1+27s	△ 1+44s									☿
♀ n	☌'8+48s			☌'4+36a	△'4+53a	⚻'2+19s				☌'3+09s			✶ 1-01s	♀
♂ n				△ 2+03a	☌ 1+46a		△'6+32s							♂
♃ n						☌ 0+43a				⚻ 0-07s				♃
♄ n	□'7+55a	☌ 3+17a	□ 2+34a				☌ 0+06s				✶ 0+44s	✶'2+00a		♄
♅ n	△'3-48a	⚻ 0-50s	△ 1+33s					☌ 0+04s						♅
♆ n	⚺ 0+57a	✶'3+41s							☌ 0+15s					♆
♇ n	☌'5+52s					⚻ 0-37s				☌ 0+13a			✶' 1+55a	♇
☊ n		✶'2-59a					✶ 0+24s							☊
AC n						△' 1+45a								AC
MC n	□ 0-47s	∠'3-51a							△ 0+25a					MC

Aspektübersicht.

Wichtig sind dagegen die Aspekte der individuellen Planeten zwischen dem Neumond- und dem Radixbild.

Welche Aspekte sind im Neumond- und im Radixbild gleich?

Man braucht nur einmal die erste Spalte Sonne (rad.) hinunterzugehen und dann die Spalte Sonne (n.) waagerecht zu lesen. So wird man in unserem Beispiel erkennen, daß beide Sonnen jeweils eine Konjunktion mit Pluto haben. Folglich war diese Konjunktion schon vorgeprägt, während wir sonst waagerecht und senkrecht nur verschiedene Aspekte registrieren können. Entscheidend sind ferner die Aspekte der Radixsonne zu den Planeten im Neumondhoroskop, die auch im Radix erscheinen. Etwa Sonne (rad.) Quadrat zu Saturn (n.) oder Sonne (rad.) Trigon zu Uranus (n.). In der Regel bleiben diese Aspekte zu den langsamen Planeten gleich, interessant sind nur die Aspekte zu den individuellen Planeten und die Frage: Haben sie sich – und wenn – wie verändert? In unserem Beispiel finden wir, daß die Venus (rad.) in einem Trigon zum Mars (rad.) steht. Diesen Aspekt finden wir jedoch auch von der Venus (n.) zum Mars (rad.) oder vom Mars (n.) zur Venus (rad.). Dagegen erscheint das Trigon von Mars (n.) zum Saturn (rad.) im Grundhoroskop nicht mehr.

Der Merkur (rad.) hat beispielsweise zu keinem der individuellen Neumondplaneten einen einzigen Aspekt, während er im Radixbild eine klare Konjunktion mit der Sonne hat.

Von den vielen Trigonen der individuellen Neumondplaneten (Sonne, Mond, Merkur, Venus) zum Mars (rad.) blieb nur ein Trigon im Grundhoroskop übrig, das von Mars zur Venus oder umgekehrt. Dies alles muß dann individuell besprochen und gedeutet werden.

Zusätzlich erlangen diese Aspekte vom Neumond- zum Radixbild eine Aussage, wenn Neumondplaneten eine nahe Beziehung zum Radix der Elternteile oder der Kinder aufweisen. Hier kann von einer tiefsitzenden Urbindung gesprochen werden. Diese Erkenntnis hilft Mißverständnisse zwischen den Generationen aufklären. So erhalten wir viele Aufklärungen und Beratungshinweise, ohne das Neumondhoroskop zu überschätzen. Es bleibt ein Hilfs- oder Ergänzungshoroskop.
Nachdem das erste Neumondhoroskop überraschende Erkenntnisse gebracht hatte, mußte selbstverständlich untersucht werden, ob alles nicht ein mehr oder weniger großer Zufall war. Eine Vielzahl von Horoskopen wurde nun in Zusammenhang mit dem vorhergehenden Neumondbild gebracht. Das Ergebnis war so verblüffend, daß seither kein Radixhoroskop mehr ohne Neumondbeziehung betrachtet wurde. Jede Theorie muß sich jedoch erst in der Praxis bewähren, die Erfahrung allein kann eine Theorie bestätigen oder ablehnen. Aus der Beratungspraxis daher nun ein Beispiel.

Horoskop II.

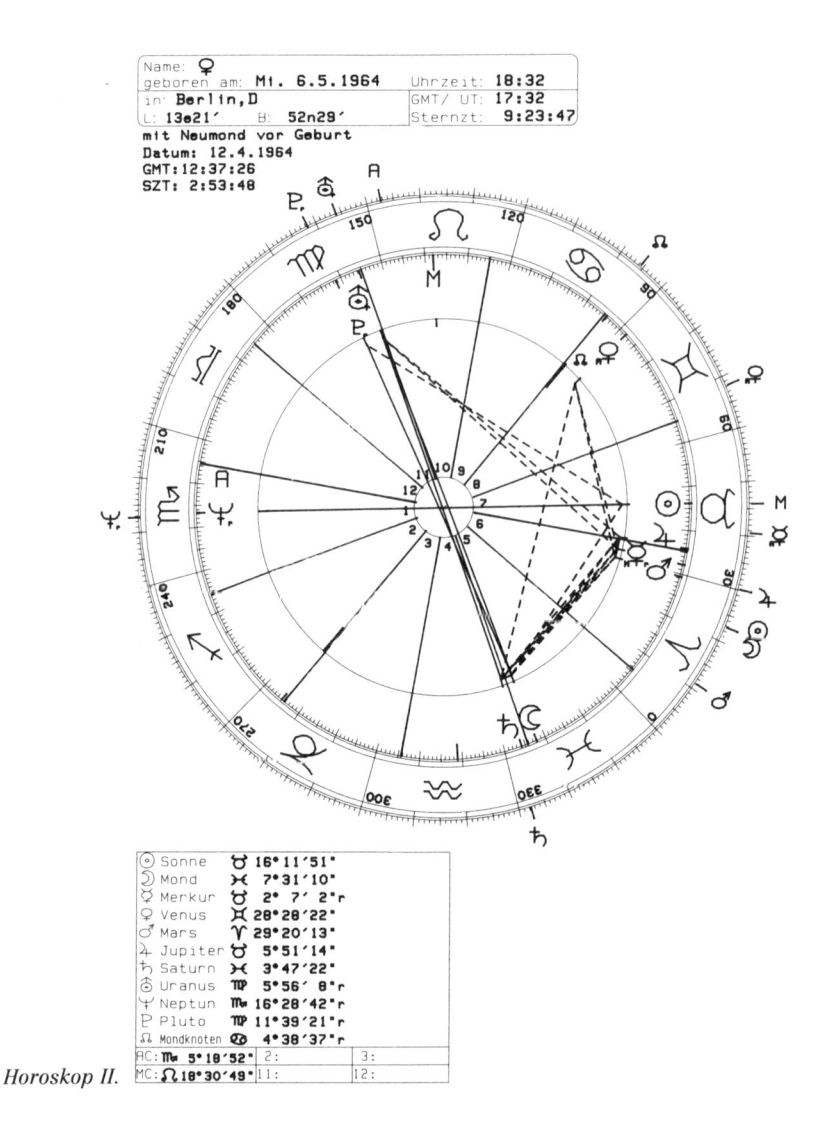

Hier fällt auf, daß vor allem die Sonne des Neumondbildes nicht im Zeichen Stier steht wie die Radixsonne, sondern noch im Widderabschnitt, wo sich auch Mars befindet. Die Venus bleibt zwillingshaft und ist jeweils Abendstern. Anders der Merkur. Auch hier kein Zeichenwechsel, dafür jedoch der Wechsel vom Abendstern im Neumondbild zum Morgenstern im Radixhoroskop, was sehr entscheidend ist. Bei der Wandlung vom Abend- zum Morgenstern muß Merkur rückläufig sein, was das Radixbild auch bestätigt. Das eher nachdenkliche, ja philosophische Handeln und Denken der esoterischen Grundprägung muß realer, nüchterner und schneller sein, als zunächst geprägt, wenn auch Merkur beide Male vom Zeichen Stier gefärbt wird. Immerhin ist der Lebenskern (Sonne) sehr widderhaft. Das drückte sich so aus, daß der erste Eindruck «stierisch» wirkte, im Tiefsten aber das Widderfeuer stets zu spüren war.

Auch hier finden wir im Radix eine Saturn-Mond-Konjunktion, wenn auch im Abschnitt Fische, aber der Mond löst sich von Saturn. Die Seele will sich von den dauernden Prüfungen befreien, sie wehrt sich mehr, gibt sich den Erziehern gegenüber eher revolutionär, ohne sich selbstverständlich ganz von diesen lösen zu können. Das war sehr bedeutungsvoll. Die Horoskopeignerin kam als «spätes» Kind auf die Welt, die Mutter war gerade 40jährig geworden und der Vater schon todkrank. So kam sie zur Großmutter, bei der sie sechs Jahre blieb und die ihr viel gegeben, ja gedient hat. Dies ist am Neumondhoroskop gut zu erkennen, da die Sonne-Mond-Konjunktion des Neumondbildes ins sechste Haus der Enkelin fällt. Hinzu kommt, daß diese Konjunktion sehr nahe bei der Radixsonne der Großmutter liegt.

Der Neumondaszendent jedoch fällt genau auf die Radixsonne des Vaters und der Ich-Neptun (erstes Haus bei beiden Horoskopen) auf die Sonnenstellung der Mutter. Starke Familienbeziehung also. Beherrschend im Radix die Oppositionen von Uranus/Pluto zur Konjunktion Saturn/Mond. Aber diese Oppositionen sind alle entspannt. Entspannungen finden statt, wenn die Oppositionsplaneten zu einem anderen gleichen Planeten ein Trigon beziehungsweise ein Sextil haben. Dies wären hier die Planeten Mars und der rückläufige Merkur als Morgenstern dicht am Du-Punkt. Diese beiden Planeten bilden nun noch die Spitze eines Drachenkopfes. Dieser beruht auf einem Trigon, wenn von

Aspekte Radix-Neumo (Orbes: MERTZ)

	☉ rad.	☽ rad.	☿ rad.	♀ rad.	♂ rad.	♃ rad.	♄ rad.	⚷ rad.	♆ rad.	♇ rad.	☊ rad.	AC rad.	MC rad.	
☉ n			✶ 5+51a	☌ 6+42a									△ 4-07a	☉
☽ n			✶ 5+51a	☌ 6+42a									△ 4-07a	☽
☿ n	☌ 5+41s	✶ 3+00a			☌ 4+40s	✶ 6+44s	△ 4-35s	✶ 5-58a	☌ 1+08a					☿
♀ n		□ 0+49a			✶ 2+29s	□ 4+33s	□ 2-24s		□ 3+19a					♀
♂ n	✶ 3+23a							⚹ 0+45a						♂
♃ n	✶ 7-27s	☌ 2+03a	✶ 1-35a	☌ 0+44a	☌ 5+47a	✶ 3-43a								♃
♄ n		☌ 5+35s	✶ 0+11a	△ 3-27a	✶ 2-36a	✶ 3+55s	☌ 1+51a	✶ 4+00a		△ 2+43a				♄
⚷ n		✶ 1-11s	△ 4+13s		△ 0+29a	✶ 2-33a	☌ 0+24a			✶ 1+41s	✶ 1-01a			⚷
♆ n	✶ 0-55a							☌ 0+38s				□ 1-24s		♆
♇ n	△ 4-13s	✶ 4-28a						☌ 0+20a						♇
☊ n		△ 1-35s	✶ 3+49s		✶ 0+05a	△ 2+09a	✶ 0+00s							☊
AC n			✶ 0-46a	△ 1-37a										AC
MC n	☌ 0+17a						✶ 0-34a							MC

Aspektübersicht II.

den Trigonplaneten zu einem oder mehreren gleichen Planeten Sextile ausgehen.

Die Praxis der Kindheit war, daß die Großmutter ihr Enkelkind weniger erzog, sondern das «Enkelchen» von der «Oma» nur verwöhnt wurde. Der egozentrische Ich-Instinkt (Neptun im ersten Haus des Radixhoroskops) nutzte diese Verwöhnung natürlich aus, wenn auch unbewußt. So wurde schnell beides befriedigt: die Sonne im Du-Haus, der Instinkt (Neptun) im Ich-Haus.

Interessant noch etwas anderes: Die Neumondvenus als Abendstern steht zu drei Radixplaneten im Quadrat. Einmal zu Mond/Saturn und schließlich auch zu Uranus. Wir finden also die Neumondvenus in ein Leistungsdreieck (Opposition mit zwei Quadraten) eingebunden. Einmal zum Alten, Bewährten – also zu den Großeltern –, aber auch den Drang, das Neue anzunehmen, sich umstürzlerisch durchzusetzen. Immerhin steht Uranus nahe mit Pluto zusammen, und Uranus ist der höchststehendste Planet, wie Saturn der tiefststehendste ist. Beide schauen Venus vom Quadrat her an, das heißt, das liebende Gefühl hat Konflikte mit beiden Kräften in sich zu bewältigen. So kann das im esoterischen Sinn geprägte Gefühl schon verunsichert sein, zumal die Venus ja im achten Haus steht, also Verluste im Gefühl nicht so leicht zu verarbeiten sind, zumindest nicht in den ersten Kinderjahren.

Aus dem Radix war das allein so deutlich nicht zu erspüren, die vielen Trigone und Sextile können da schon recht täuschend wirken. Auch die Konjunktion der Radixsonne zum Neumondmerkur, der ja noch auf die Sonne zuläuft, sich ihr also unterwirft, läßt auf eine höchst subjektive Grundeinstellung des Denkens und Handelns schließen, die es schwer hat, bei anderen anzukommen. Der Radixaszendent im Abschnitt Skorpion zeigt an, daß alles, was von außen kommt und das Ich betrifft, oft zu wichtig, zu ernst, zu persönlich genommen wird. Dies wird durch die Verbindung vom Radix- und vom Neumondbild unterstrichen, da die Neumondvenus ein Quadrat zum Radixmond und zum Radixsaturn wie zum Neumondsaturn wirft. Der Neumondmars wiederum weist ein *Confinis (30-Grad-Aspekt)* zum Mond auf.

Anhand dieser Aspekte läßt sich recht gut verdeutlichen, was in den Tagen vor der Geburt passierte. Der Vater des Kindes, der sich sehr krank fühlte, war fast entsetzt, daß er noch Verantwortung für ein Kind tragen sollte, was auch auf die Mutter abfärbte. Aber die Großmutter sprang schon vor der Geburt in die Bresche, sprach den Eltern Mut zu und entschloß sich, das Kind anzunehmen. Das Kind kam übrigens zu früh. Der Zeit nach hätte die Sonne im Abschnitt Zwillinge stehen müssen, aber die Horoskopeignerin ist so ein typischer «Stier», daß man folgern kann, es ist die Geburt und nicht die Konzeption, worüber sich die Astrologen seit Jahrtausenden streiten.

Sehr hilfreich erwiesen sich die Neumondaspekte des Merkur und die des Mars. So ging schließlich alles recht gut, wenn wir auch die Gefühlsbelastungen nicht außer acht lassen dürfen, die Mutter wie das noch nicht geborene Kind vor der Geburt erleben können. Auch hierfür bietet das Neumondbild in der Zusammenschau mit dem Geburtshoroskop manche aufschlußreiche Erkenntnismöglichkeit, die für eine spätere Beratung sehr wesentlich sein kann. Etwa in der Frage: War das Kind erwünscht oder nicht?
Oft wird deutlich, was in den letzten drei Wochen oder Tagen der Geburt vorausgegangen war. Dies gilt in der Regel besonders für im Krieg Geborene oder für Menschen, die sich auf der Flucht befanden.

Noch nicht untersucht haben wir, wie sich die Planeten in den Häusern verändern, abgesehen von den Zeichen. Wenn hier die Sonne aus dem Feld des Dienens und der Pflichterfüllung (sechstes) in das Haus des Echos, des Du (siebtes) wandert, dann sagt dies durchaus, daß die Horoskopeignerin das Dienen anzunehmen hat. Während es beim Merkur umgekehrt ist. Der Neumondmerkur steht im siebten Haus, der Radixmerkur im sechsten Haus, wenn auch sehr nahe am Du-Punkt. Das Denken und Handeln wird folglich zum Dienen führen. Genauso wichtig ist es ferner, wenn einer der individuellen Planeten im gleichen Haus bleibt. Das ist hier bei der Venus der Fall, die wir im gleichen Zeichen und im gleichen Haus finden. Das zwillingsgefärbte Gefühl, die Emotionen, die kulturelle Einstellung, die Beziehung zum Künstlerischen wird nur scheinbar oberflächlich sein, sie geht doch sehr in die Tiefe. Die Horoskopeignerin ist leidensfähig, zumal Venus im Skorpionhaus (achten) steht und der Aszendent auch in das Zeichen Skorpion fällt.

Individuelle Planeten, die in beiden Bildern in den gleichen Zeichen und Häusern stehen (wobei nur die Radixhäuser wesentlich sind), haben einen besonderen Symbolwert, weil wir davon ausgehen können, daß sowohl die esoterische wie die eher reale Ausrichtung einheitlich, damit voller Kraft sind.

Das Hauptaugenmerk sollte jedoch auf Aszendent und MC des Neumondhoroskops gelegt werden, besonders wenn wie hier das Neumond-MC in engster Konjunktion mit der Sonne steht, während im Radix hoch oben am MC kein individueller Planet zu sehen ist. Esoterisch können wir also von einem starken Ich-Ehrgeiz sprechen.

Sicher taucht nun die Frage auf: Was ist, wenn jemand genau zur Neumondzeit geboren wurde? Einmal ist dies kaum der Fall. Verschiebungen ergeben sich bereits vier Minuten davor oder danach. Es würde heißen, daß wir es mit einem Menschen zu tun haben, der esoterisch wie real im richtigsten Moment überhaupt geboren wurde. Neumondgeburten galten immer als besondere Geburten, genauso wie Vollmondgeburten, wenn wir da nur an Goethes Horoskop denken. Bei ihm erfolgte die individuelle Geburt in Einheit mit dem monatlichen Neubeginn. Ähnlich einer Geburt, wo die Sonne genau auf null Grad null Bogenminuten und null Bogensekunden steht. Dieser Mensch wurde dann wirklich im kosmischen Rhythmus geboren, was sicher ein Geschenk des Kosmos war. In der Praxis ist es mir bei Tausenden von Geburten noch nicht begegnet. Neumondgeburten zeigen folglich (außer den Aspekten) keine Zwiespältigkeiten auf. Hier wäre mit dem Radix auf Hinweise besonderen familiären Erbes zu achten.

In der Regel bleiben immer Verschiedenheiten von Aszendent und Himmelsmitte. Goethe schrieb in *Dichtung und Wahrheit* über seine Geburt am 28. August 1749: *Der Mond (in Opposition zur Sonne) übte die Kraft seines Gegenscheines um so mehr, als zugleich seine Planetenstunde eingetreten war. Er widersetzte sich daher meiner Geburt, die nicht eher erfolgen konnte, als bis diese Stunde vorüber gegangen.*

Das heißt, genau bei Vollmond konnte keine Geburt erfolgen, und dies gilt sicher, wenn nicht noch mehr, auch für den Neumond. Die Sonne von Goethe steht auf 4 Grad und 50 Bogenminuten, der Mond auf 11 Grad und 15 Bogenminuten in der Jungfrau, also war der genaue Vollmondmoment bereits um mehrere Stunden vorbei. Ähnlich wird dies bei Neumondgeburten geschehen.

Gerade auf dem Gebiet der Esoterik mit allen ihren Disziplinen ist es gut, sich öfters wieder an die Tradition zu erinnern. Das Neumondhoroskop ist sicher unverdient in Vergessenheit geraten. Es bietet viele Möglichkeiten, gerade in der Beratung, die auf psychologischer Grundlage erfolgt.

Man darf nicht vergessen, daß der Mond früher – und teilweise auch jetzt – als Hauptgestirn der Astrologie angesehen wurde. In Indien, wo die 27 Mondstationen (zu je 13 Grad und 20 Bogenminuten) noch heute eine wichtige Grundlage der Astrologie darstellen, spielt der Neumond eine hervorragende Rolle. Auch sei darauf hingewiesen, daß im Matriarchat alles vom Mond aus betrachtet wurde, der nun einmal mit der gebärenden Frau eng in Verbindung gebracht wurde. Dieser Monatsrhythmus des neuen Lebens – abgestimmt auf die individuelle Geburt –

vermag ein wichtiger Schlüssel zur Deutung von Horoskopen sein. Wobei der esoterische Moment einer Geburt durch das Neumondbild als kosmischer Rhythmusimpuls zum Tragen kommt.

Drittes Beispiel: Eine weibliche Geburt mit einer starken Innen-Ich-Besetzung. Nur zwei Planeten stehen über dem Horizont: Mars im zwölften Haus und im Krebs wohl doch nicht so aktiv und stürmisch; Uranus durch zwei Quadrate gehemmt. Die Jungfrau/Waage-Beset-

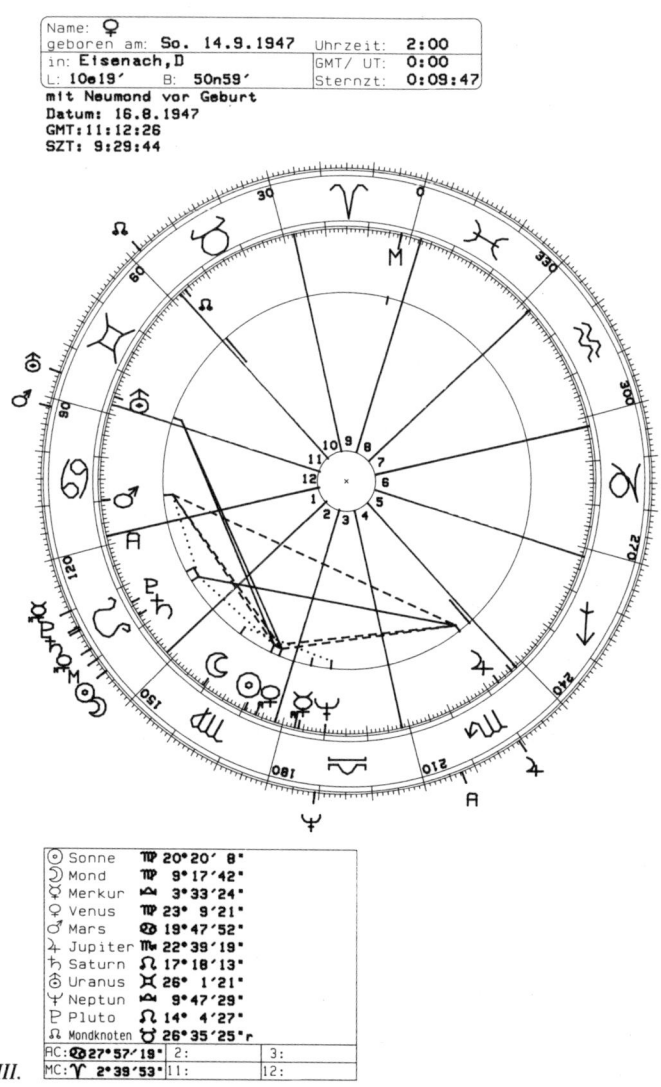

Horoskop III.

zung der individuellen Planeten ließ eher eine vernünftige, diplomatische Grundeinstellung erwarten, die sich gut würde unterordnen können.

Die Horoskopeignerin erfüllte die Erwartungen, die sich der Astrologe nach dem Bild gemacht hatte, überhaupt nicht. Zuviel Löwenhaftes war sofort zu spüren, auch ein – im wahrsten Sinn des Wortes – Auf-dem-Thron-Sitzen. Die erste Überlegung war: Die Uhrzeit muß überprüft werden. Das Ergebnis: Die Geburt müßte eher wenige Minuten vor der angegebenen Zeit stattgefunden haben, womit der Aszendent noch weiter in den Abschnitt Krebs käme.

Die Lösung brachte allein das Neumondbild: Sechs Planeten, vor allem die individuellen, im Abschnitt Löwe, und zusätzlich fällt auch das Neumond-MC hier herein! Das zeigt eine gewaltige esoterische Löwenfärbung im ersten Haus, also dem Raum des Ichs, der Grundlebensauffassung. Selbstbewußtsein und das ehrgeizige Ziel, sich durchzusetzen (MC im Löwen und im ersten Haus). Allein Mars blieb von den individuellen Planeten in seinem Zeichen und Haus. Merkur wechselte gar zwei Zeichen und zwei Häuser (und dies bei 30-Grad-Häusern!). Daß sich diese Unterschiedlichkeit in der Praxis des Lebens gewaltig auswirken, daß das Leben dadurch nicht leichter würde, wird jedem erfahrenen Astrologen sofort einleuchten, da hier die reale Vernunft und das diplomatische Denken (die starke Jungfraubesetzung, dazu Merkur in der Waage) viel vom inneren Löwenstolz relativieren.

Aspekte Radix-Neumo (Orbes: MERTZ)

	☉ rad.	☽ rad.	☿ rad.	♀ rad.	♂ rad.	♃ rad.	♄ rad.	♅ rad.	♆ rad.	♇ rad.	☊ rad.	AC rad.	MC rad.	
☉ n	⚺ 2-24a			⚺ 0+25s	⚺'2+56s	□ 0-05s	☌'5+26s	✶ 3-17a			□'3-51a			☉
☽ n	⚺ 2-24s			⚺ 0+25a	⚺'2+56s	□ 0-05s	☌'5+26s	✶ 3-17a			□'3-51a			☽
☿ n		⚺ 0-38a	✶'6-22s						✶ 0-08s	☌'4+09a				☿
♀ n	⚺'2+34a				⚺'2-02a	□'4+53a	☌ 0+28s			☌'3+42s				♀
♂ n		✶'7+36s	□ 1+52s					☌'5+40s					□ 0-59s	♂
♃ n	✶ 1-11s			✶'4+00s	△ 0-39s	☌'3+30s	□ 1+51a							♃
♄ n							☌'3+30a		✶'4-01s	☌ 0+16a				♄
♅ n	□'4-54a			□ 2-05a				☌ 0+47a						♅
♆ n		⚺ 0-25s	☌'5+19a						☌ 0+55s					♆
♇ n							☌'4+02s		✶'3-29a	☌ 0+48a				♇
☊ n														☊
AC n		✶ 2-15a												AC
MC n	⚺ 0+19s				⚺ 0+13s	□'2+38a	☌'2+43s							MC

Aspektbild III.

Bei dieser Konstellation ist eine innere Zerrissenheit zu erwarten, die auch durch das Aspektbild mehrfach bestätigt wird. Zwischen den individuellen Neumondplaneten und ihren Stellungen im Radixbild befinden sich viele Confinisaspekte (30 Grad). Die Sonne (rad.) hat vier Confinisaspekte, der Mond (rad.) zwei, die Venus (rad.) zwei und der Mars (rad.) sogar drei. Insgesamt also elf.

Die Aussage der Confinisaspekte beruht darauf, daß die Planeten jeweils in Nachbarzeichen stehen, die ja in ihrer Färbung stets sehr gegensätzlich sind. *Es gibt nichts Gegensätzlicheres als Nachbarzeichen.* Die Besprechung konnte überhaupt nur Erfolg durch die Einbeziehung des Neumondbildes haben, was sich folglich als höchst nützlich erwies.

Die weisen Astrologen von einst wußten, warum sie mit dem Neumondbild arbeiteten, wenn sie auch die genaue Minute nicht errechnen konnten. Hier sind wir heute mit der Computertechnik im Vorteil.

Literatur:
Udo Becker, Lexikon der Astrologie
Franz Boll/Carl Bezold/Wilhelm Gundel, Sternglaube und Sterndeutung
Otto Lankes, Weltbild der Astrologie
Erich Zehren, Das Testament der Sterne

Die Neumondhoroskope und Aspektbilder wurden errechnet und gezeichnet vom Astrodienst in Zürich.

Wolfgang Angermeyer

wurde am 27.12.1913 als Sohn eines Fabrikanten in Berlin geboren.
Er besuchte das Thomasgymnasium in Leipzig, das er als Primus omnium 1933 verließ. 1933 trat er in die Firma des Vaters ein und leistete ab 1939 seinen Wehrdienst ab, um anschließend den gesamten Krieg als Radaroffizier bei der Luftwaffe mitzumachen.

1948 baut er eine Elektrofabrikationsfirma bei Karlsruhe auf und gründet eine erfolgreiche Zweigfirma in Portugal.

1977 zieht er sich aus der Industrie zurück und widmet sich ausschließlich dem Thema «Kosmische Rhythmen und Wirtschaftszyklen». Er baut eine Wirtschaftsberatungsfirma auf. In zahlreichen Veröffentlichungen stellt er besonders die Universalität der kosmozyklischen Weisheitslehre heraus, so daß sich neben Themen zu Wirtschaft und konjunkturellen Entwicklungen auch eine Beschäftigung mit Geschichte, Stil, Mode und Philosophie ergab.

Er ist Herausgeber des Monatsbulletins «Cosmo-Trend», das Wirtschafts- und Börsenprognosen erstellt.

Buchveröffentlichungen

Kosmozyklische Unterlagen für die Jahre 1987–95 mit wirtschaftlichen und politischen Voraussagen bis 1995 *(Sammelmappe)*

Baukunst und Architektur kosmozyklisch gesehen von Romanik, Gotik, Renaissance bis Barock und Rokoko *(Sammelmappe)*

Mode – vom Rokoko über Biedermeier bis Krinoline – kosmozyklisch gesehen *(Sammelmappe)*

Mode – vom Reformkleid (1895) über die Shimmy-Zeit, Minirock bis zur Jetztzeit (Steinbock-Betonung) in kosmozyklischer Sicht *(Sammelmappe)*

Kosmische Rhythmen und Wirtschaftszyklen mit Erläuterung der Prognosetechnik *(2 Hefte)*

Bevorstehende Weltereignisse bis 2000 (2017) und ihre Prognostizierbarkeit *(broschiert)*

An der Wende zum Wassermann-Zeitalter *(Sammelmappe)*

Sartre und seine Beziehung zu Partner, Beruf und Gesellschaft in kosmologischer Sicht *(Sammelmappe)*

Wolfgang Angermeyer
Wirtschaftsastrologie
Kann man Wirtschaftsabläufe und Börsentrends kosmozyklisch nachvollziehen?

Motti: The proper aim of science is prediction and control of phenomena.

Was an Realismus in dieser Welt noch vorhanden ist, verdanken wir dem Geld. Es weckt noch immer den Sinn für Tatsachen.

Auf einem meiner Seminare stellte man mir am Anfang die Frage: Was haben die Sterne mit den Börsenkursen zu tun?

Meine Antwort war: «Es sind nicht die Sterne, sondern der rhythmische Ablauf der Bewegungen im Kosmos, der in uns auf dem Wege der Resonanz Vertrauen und Mißtrauen erzeugt.» Der uns von Paracelsus überlieferte Satz *Die Sterne nehmen Einfluß auf das Innere des Menschen, und der Mensch bewegt die äußeren Dinge* gilt auch heute noch.

Obwohl jeder Bürger täglich mit der Wirtschaft und ihren Erzeugnissen zu tun hat, sind die Kenntnisse der wirtschaftlichen Zusammenhänge auf einen kleinen Kreis von Experten beschränkt. Allerdings hat sich das Wirtschafts- und Finanzwesen seit Mitte des vorigen Jahrhunderts derartig kompliziert, daß es ohne Ausbildung sehr schwer ist, sich einen Überblick zu verschaffen.

Als erstes wollen wir uns die Frage stellen, ob dieses wechselvolle Geschehen mit den kosmischen Rhythmen im Einklang steht oder ob das Auf und Ab der Wirtschaft sich sozusagen «rein zufällig» ergibt. Welche Grundkräfte wirken in der Wirtschaft, aufgrund welcher Motivation wird gehandelt, und welche Indikatoren verwenden wir, um eine Analogie zwischen Wirtschaft und Kosmos herzustellen?

Das Grundgesetz lautet: «In der Wirtschaft soll mit möglichst geringen Mitteln ein Optimum an Leistung erzielt werden.» Dieses Minimum-Maximum-Gesetz finden wir nicht nur bei der Herstellung und beim Vertrieb von Waren, sondern auch bei der Konstruktion eines Gerätes oder einer Maschine. Bei der Organisation einer Firma oder eines Büros ist es ebenfalls wirksam.

Eine weitere Erscheinung ist der Wettbewerb – ein kämpferisches Prinzip, was zur laufenden Optimierung geradezu zwingt und immer wieder das weniger Gute verwirft, um die bessere Lösung so schnell wie

Tafel 1 Die *Planeten* symbolisieren die *Urkräfte*, die in dieser Welt wirksam sind. (Nachzulesen bei Prof. Raoul Francès: Bios, die Gesetze der Welt)

Sumerisch/babylonisch	Ägyptisch	Griechisch	Römisch	Antike Aussage über den Gott	Haeckel/C. R. Francès – moderne Naturgesetze	Planetensymbole
Enlil	Horus	Ares	Mars	Krieg, Kampf Streit, Wettbewerb	Gesetz der Disharmonie, Bewegung, Funktion, Wettbewerb	♂
Ischtar	Isis	Aphrodite	Venus	Liebe, Schönheit, Friede	Gesetz der Harmonie, Ruhe, Statik	♀
Murduk	Osiris	Zeus	Jupiter	Recht, Gesetz, Moral, Religion, Wohlstand	Gesetz des Optimismus, der Integration	♃
Enki/Ermi	Thot	Hermes	Merkur	Verstand, Wissen, Schlauheit	Gesetz des kleinsten Kraftmaßes, der Zweckmäßigkeit	☿
Anu/Utu	Ra	Phöbus Apollo	Apollo	Sonnengott, der das Maß der Dinge bestimmt	Gesetz der Ganzheit (Entität), sinnvolles Zusammenwirken aller Urkräfte	☉ Gold
Inin/Inanna	Astarte	Hera/Artemis	Juno	Fruchtbarkeit, Ehe, Mutterschaft	Gesetz des Lebens, Beseelung der Materie	☽ Silber
Asaku	Seth	Kronos (Chronos)	Saturn	Tod, Leiden, Zeitlichkeit, Armut	Gesetz der Selektion, der Auslese: Der Schwächere wird selektiert	♄

Generell: Der KOSMOLOGE betrachtet das Kräfteverhältnis der Urkräfte (Winkel der Planeten untereinander) und kann *Tendenzen* feststellen.
Speziell: Der ANALYTIKER beobachtet mit größter Schärfe «Einzelheiten», meist ohne sie im Zusammenhang mit den anderen Erscheinungen zu sehen.

möglich herbeizuführen. Es kann dabei nicht übersehen werden, daß der Wettbewerb zur laufenden Selektion führt, d. h., die schwächere Lösung scheidet aus, aber auch Firmen, die dem Wettbewerb nicht gewachsen sind, werden ausgeschieden. Auf der anderen Seite wird die Bahn frei für den besseren Manager, den besseren Ingenieur, die bessere Firma. Der rückhaltlose Wettbewerb kann jedoch auch zu Gleichgewichtsstörungen führen.
Daneben ist im Wirtschaftsleben eine Gleichgewichtstendenz unübersehbar, auf die *Schumpeter,* ein bekannter Wirtschaftswissenschaftler, in seinen «*Konjunkturzyklen*» besonders hinweist. Die Begriffe «Überkapazität», «Überproduktion» und «Anpassung» bzw. «Fehlanpassung» bezeugen dies ganz augenfällig. Die Tendenz zum Gleichgewicht – auf anderer Ebene auch als Harmonisierung aufzufassen – haben wir im Wirtschaftsgeschehen immer zu beachten, wenn nicht früher oder später schwerste Störungen auftreten sollen; so muß z. B. ein Gleichgewicht bestehen von Vorhaben und Kapital bzw. Aufwand und Erlös. Darüber hinaus ist eine laufende Anpassung an die sich immerwährend verändernden Verhältnisse zu beobachten, wie z. B. Lohnanpassung an eine neue Produktivitätsstufe.

Harmonie ist im obersten Sinn auch das Maßverhältnis der genannten Kräfte untereinander.

Harmonie scheint das Endziel aller Entwicklung zu sein. Im zeitlichen Fluß jedoch verändern sich die Dinge, weshalb immer wieder neue Harmonieziele angestrebt werden (siehe auch Tafel 1).

Die Grundkräfte, die wir erkannt haben, sind gegensätzliche Kräfte, die aber laufend aufeinander einwirken und untereinander korrespondieren. Die korrespondierenden Urkräfte lauten nach wirtschaftlichkosmologischer Nomenklatur wie folgt:

1. Das Wirtschaftlichkeitsprinzip

    a) kleinster Kraftaufwand   –   *Merkur*   ihre Domizile im

    b) optimale Leistung   –   *Jupiter*   Tierkreis gegenüberliegend

2. Das Entwicklungsprinzip

    a) Wettbewerb   –   *Mars*   ihre Domizile im

    b) Harmonisierung der durch den Wettbewerb laufend verursachten Störungen   –   *Venus*   Tierkreis ebenfalls gegenüberliegend

Es ist ein Stop-and-go-Mechanismus, der den Wagen der Wirtschaft durch die Fährnisse der Entwicklung hindurchführt, wodurch das Überwiegen eines Prinzips vermieden wird.

3. Das Prinzip der zeitlichen Existenz

    a) Entitätsprinzip   – *Sonne*   = schöpferische Kraft

    b) Begrenzungsprinzip – *Saturn* = Selektion

Das *Ganze* beinhaltet alle Urkräfte, die – obwohl Gegensätze – in einem umfassenden System korrespondierend zusammenarbeiten. Das Ganze kann jedoch nur Dauer erlangen, wenn in der zeitlichen, sich stets verändernden Welt Verzichte und Opfer erbracht werden, damit das nicht Existenzfähige ausgeschieden wird (Selektion). Dieses Zusammenwirken ist in der Philosphie bekannt unter dem Ausdruck *Zusammenklang der Gegensätze* (lat. coincidentia oppositorum).

Mit Worten des technischen Zeitalters ausgedrückt: Wir haben ein iteratives System mit entsprechender Rückkoppelung vor uns. Es zeigt also eine gewisse Verwandtschaft mit dem Regelkreis eines lebendigen Systems.

Was hat das nun alles mit Wirtschaftskrisen und -konjunkturen zu tun?

Nach meinen Untersuchungen wird das Auf und Ab, sozusagen die Gezeiten der Wirtschaft, in erster Linie durch die fünf langsam laufenden Planeten *Jupiter, Saturn, Uranus, Neptun und Pluto* beeinflußt.

Sie erzeugen das Wirtschaftsklima sowie die Höhepunkte und Tiefpunkte im Wirtschaftsablauf. Der Stand in den verschiedenen Tierkreiszeichen und die Winkel dieser Langsamläufer untereinander ergeben ein deutliches Abbild der Wirtschaftsaktivität oder auch -passivität zu den verschiedenen Zeiten – etwas abgewandelt in den verschiedenen Ländern (z. B. USA, BRD usw.). Hier spielt die Astrogeographie eine bestimmte Rolle, aufgrund derer man gewisse zeitliche Verschiebungen im Wirtschaftsablauf der einzelnen Regionen erkennen kann.

Die entscheidenden Einflüsse jedoch kommen von den beiden Kollektivplaneten *Jupiter* und *Saturn.*
Sie erzeugen, je nachdem, ob der Einfluß des einen oder anderen stärker ist, *Optimismus* und *Vertrauen* in die Zukunft = *Jupiter,* was zur Wirtschaftsblüte und Expansion führt; *Pessimismus* und *Mißtrauen* = *Saturn,* was zur Kontraktion und Depression führt. Die Transsaturnier modifizieren diese Einflüsse.

Tafel 2

Bestimmende Indikatoren für Politik, Kultur, Wirtschaft

Stil in der Kunst
Klima in Politik und Wirtschaft
Ideen in Philosophie, Religion

1. ♈ Zeitalter ca. 2160–0
   ♓ Zeitalter 0–2160
   ♒ Zeitalter 2160–4320

2. ♃♄♅ über 20 Jahre in den Elementen: Feuer, Luft, Wasser, Erde
   Element-Wechsel alle 200 Jahre (ab 1981 im Luftzeichen)

3. **Langsamläufer (LL)-Kulisse:**
   15 Planetengruppierungen

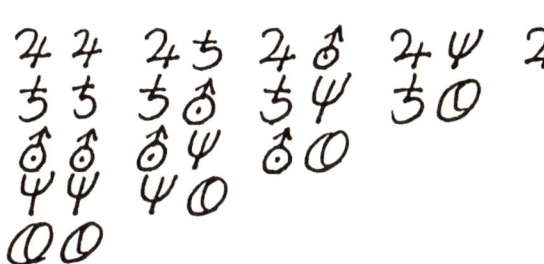

   ♃♄ ♃♄̇ ♃♅ ♃♆ ♃♇
   ♄♄̇ ♄♅ ♄♆ ♄♇
   ♅♅ ♅♆ ♅♇
   ♆♆ ♆♇
   ♇♇

   und je 5 Winkel = 75 Winkel-Möglichkeiten (Aspekte)

4. **Transsaturnische Planeten sind auf Grund ihrer langen Verweilzeit in einem Zeichen, besonders relevant für**

   Klima, Ideen, Stil, Mode

5. **Stellien der Langsamläufer in bestimmten Tierkreisabschnitten**

   In bestimmten Elementen: Feuer, Luft, Wasser, Erde

   Unter bestimmten Winkeln

   Mit Betonung in männlichen und weiblichen Tierkreiszeichen

   Mit Betonung in Kardinalen, fixen und beweglichen Zeichen

LL = Langsamläufer (Jupiter, Saturn, Uranus, Neptun, Pluto)
Stellium (Stellien) = mehrere Planeten stehen nahe beieinander

Aspekte von *Jupiter* mit *Uranus* wirken beschleunigend auf die Konjunktur.

Aspekte von *Jupiter* mit *Neptun* erzeugen eine überhitzte Konjunktur, die jedoch leicht ins Gegenteil umschlagen kann.

Aspekte von *Jupiter* mit *Pluto* verstärken den Optimismus und damit auch Wirtschaft und Konjunktur auf besonders günstige Weise.

Gegenteilige Wirkungen:

Aspekte von *Saturn* mit *Uranus* bremsen, der Rhythmus (Uranus) wird geschwächt.

Aspekte von *Saturn* mit *Neptun* sind vertrauensstörend, die Antriebe erlahmen.

Aspekte von *Saturn* mit *Pluto* sind meist schwerwiegend und bringen oft Auseinandersetzungen zwischen Kapital und Arbeit, die den Wirtschaftsablauf stören.

Gut zu merken sind diese verschiedenen Einwirkungen der Mundankonstellationen durch einen Vergleich mit dem Auto: *Jupiter = Gas; Saturn = Bremse.*

Beide sind zur guten Führung eines Autos notwendig. Allerdings führt *nur* Gasgeben bald zu einem Unfall; wer nur *bremst,* bringt den Wagen nicht vom Fleck.

Uranus beschleunigt, *Neptun* führt zu übertriebener, letztlich unsicherer Fahrweise, und *Pluto* wirkt wie ein Kompressor. Die Bremse (*Saturn–Uranus*) wird zu stark betätigt, bei *Saturn–Neptun* kommt der Wagen durch überstarkes Bremsen ins Schleudern, und *Saturn–Pluto* führt zu Auffahrunfällen durch Bremsen an der falschen Stelle.

Ich habe damit Wirkungen der mundanen Konstellation der Langsamläufer beschrieben, die dem Winkelspiel (Aspekte) der fünf Langsamläufer entsprechen:

Jupiter

Saturn

Uranus

Neptun

Pluto

Diese Aspekte und ihr Stand in bestimmten Tierkreiszeichen (Kraftfeldern) erzeugen eine *kollektive seelische Haltung,* die politisch wie wirtschaftlich bestimmte Handlungen vorantreibt (*Jupiter*) oder verhindert (*Saturn*). Es wird ein Lebensgefühl erzeugt, das einwirkt auf alle Gebiete unseres Daseins. Es entsteht ein spezifisches Klima nicht nur für Politik und Wirtschaft, sondern auch für Kunst, Architektur, Mode, Wissenschaft, Sport und Psychologie. Wenn wir dies in Betracht ziehen, ergibt sich für die Erscheinungen in Wirtschaft und Börse folgende Formel:

$$T = G + P$$

T = Tendenz nach oben oder unten

G = Geldmenge, die frei verfügbar oder blockiert ist (Flüssigkeit).

P = Psychologie der Anleger, Produzenten und Konsumenten

G = wird durch fundamentalistisches Studium der Finanzlage (Ausgangslage) geklärt

P = die psychologische Einstellung kann niemand besser beschreiben als der Astrologe aufgrund der kosmischen mundanen Konstellationen.

Das Geld ist der Sauerstoff der Börse. Ohne Liquidität kann die Börse nicht steigen. Es ist, wie der ungarische Zigeunermusikant sagt: «Ka Geld, ka Musik.» Geld, Liquidität ist der Haupteinflußfaktor der Börse. Aber mit Geld allein kann der Markt sich nicht bewegen, wenn die Psychologie des Anlegerpublikums negativ ist. Ein weiterer Einflußfaktor ist also die Psychologie. Wenn beide Faktoren, Geld und Psychologie, positiv sind, dann steigen die Kurse. Sind beide negativ, fallen sie. Ist ein Faktor positiv, der andere negativ, neutralisieren sich die Tendenzen, d. h., es entwickelt sich eine farblose uninteressante Börse ohne große Schwankungen. Man nennt dies *trading market,* eine günstige Situation für Börsenspieler, die kleine Kursschwankungen geschickt auszunützen verstehen.

Überwiegt ein Faktor geringfügig, wird sich dies durch leicht steigende oder leicht gleitende Kurse manifestieren, je nachdem, welcher Faktor der stärkere ist. Wenn dann einer der Faktoren umschlägt und beide entweder positiv oder negativ werden, dann kommt die große Hausse oder die große Baisse. Die Kurse steigen, wenn große und kleine Sparer kaufen wollen und können. Sie wollen kaufen, weil sie die Finanz- und Wirtschaftslage optimistisch beurteilen, und sie können kaufen, weil sie genügend flüssiges Geld in der Tasche oder Kasse haben.

Das ist das ganze Geheimnis der Haussebewegung, selbst wenn alle fundamentalen Tatsachen dagegen sprechen sollten, ebenso wie die Nachrichten über die Lage der Wirtschaft.

Bevor wir auf die Deutungen bezüglich wirtschaftlichem Auf- und Abschwung mit Hilfe des Winkelspiels der Langsamläufer kommen, ist es notwendig, die astrologischen *Indikatoren* mit den Begriffen von Wirtschaft und Arbeit in Zusammenhang zu bringen.
Die Indikatoren (Planeten, Sonne und Mond) sind Urideen, die auf allen Gebieten der Erscheinungswelt wirken.
Jedes Gebiet jedoch (z. B. auch Kunst, Wissenschaft, Religion und Technik) braucht, um verständlich zu werden, seine eigene Nomenklatur.

Tafel 3 bringt die Nomenklatur für Staat, Wirtschaft und Firmen.

Tafel 4 bringt die Einstellung der einzelnen Zeichen des Tierkreises zu Finanzproblemen.

Tafel 5 zeigt die Bedeutung der wichtigsten Winkel (Aspekte) von Jupiter und Saturn mit den Transsaturnierplaneten auf.

Jetzt betrachten wir einige Jahre bezüglich der Langsamläuferwinkel, um die wirtschaftliche Qualität (Konjunktur, Stagnation, Depression) festzustellen. Zunächst zwei sehr gegensätzliche Jahre: Das Jahr 1931 (schwere Krise) und das Jahr 1979 (gutes Konjunkturjahr).

1931: Es gibt nur Quadrate und Oppositionen, und zwar 3mal Saturn Opposition Pluto, 2mal Saturn Quadrat Uranus, 2mal Jupiter Opposition Saturn und besonders schwerwiegend Uranus Quadrat Pluto = Zerstörung von Kapital und Reserven, 3mal Jupiter Quadrat Uranus und Jupiter Opposition Pluto, an sich in normaler Zeit z. T. positiv zu deuten, aber 1931 ist Jupiter durch Opposition Saturn belastet, was seine wohltätige Wirkung zerstört. Bei Jupiter-Saturn-Winkeln ist Saturn meist der Stärkere!

1979: Es gibt sieben Jupiter-Winkel, mit Häufung im Juli/August = überhitzte Konjunktur, und zwei Saturn-Winkel, Saturn Sextil Uranus = stabilisierende Wirkung; Saturn Quadrat Pluto = Abkühlung und kleiner Kurseinbruch.

Das Jahr **1983** war nicht nur ein Konjunkturjahr ersten Ranges, sondern auch ein Börsenjahr mit einem Kursplus von ca. 20 bis 30 %. Wir sehen eine dreimalige Jupiter-Uranus-Konjunktion im Schützen,

Tafel 3 Nomenklatur

	Staat	Wirtschaft	Firma
Sonne	Staatsidee Staatsoberhaupt	Grundkonzeption der Wirtschafts- und Finanzpolitik	Firmenidee Chef, Vorstand
Mond	Volk, Frauen Wohlfahrts- organisationen	Volk als Konsument	Belegschaft (weiblicher Teil der Belegschaft)
Merkur	Bildungs- einrichtungen Medien, Handel Verkehr, Straßen Telegraf, Telefon	Wirtschafts- organisationen Durchblick statistisches Bundesamt	Buchhaltung (CPTR-Division) Rationalisierung und Übersicht
Venus	Savoir vivre = Werbung, Kunst und Künstlerschaft	Werbung Verkaufschancen Marketing	Werbung, Verkauf Verpackung
Mars	Maschinen, Militär Wettbewerbsfähigkeit	Maschinenindustrie Wettbewerbswille	Einkauf Maschinenpark
Jupiter	Religion, Moral Wirtschaftskraft und Wohlstand	Produktionskraft und daraus erzielter Wohlstand	Umsatz, Produktion Wohlstand Finanzgebaren
Saturn	materielle Basis Abwehrkraft Verteidigung	materielle Grundlagen Krisenbewältigung	maßvolle, langsame Entwicklung, Sicher- heitsbedürfnis, Fähig- keit des Abwartens
Uranus	Forschung Ingenieurkorps	Innovationsfähigkeit Elektro – Elektronik	Konstruktionsbüro Novitäten
Neptun	PR-Arbeit, Werbung Spionage und Geheimdienst	Fernwerbung Imagepflege chemische Industrie	Fernwerbung Kataloge Imagepflege
Pluto	Potential, Macht (unsichtbar), Reser- ven, Masse (meist zerstörerisch)	Potential der Wirtschaft (Brutto- sozialprodukt)	Potential, finanzielle Reserve, überlegen sein (Plutokratie)
Mondkon- junktion	Verbindungs- einrichtung von Attaché bis Handelsvertretung	Netz der Handels- vertretungen des Staates und der Firmen	Einkaufs- und Verkaufsvertretungen
Aszendent	Eindruck, den der Staat allgemein macht, «Gesicht nach außen»	Eindruck, den die Wirtschaft insgesamt erweckt	Gesicht der Firma
Medium coeli	Zielsetzung des Staates	Wirtschafts- und Finanzpolitik, Ziele Ruf der Wirtschaft	Zielsetzung der Firma Ruf der Firma

Tafel 4	Zwölferkreis (Tierkreiszeichen) und Wirtschaftsaktivitäten
Widder	++− große Energie, Durchbruch neuer Artikel und Arbeitsmethoden, evtl. zu schnelles Vorgehen, Pionier
Stier	+++ große Begabung für alles, was mit Geld und Finanzen zusammenhängt, Abgleich von Vorhaben und Kapital
Zwillinge	++− Ideenreichtum, sehr agil, Anknüpfen neuer Beziehungen, Gefahr: zuviel auf einmal
Krebs	+−− zu viele Gefühle, Träume, ungünstig für die Wirtschaft, sieht rückwärts statt vorwärts, aber günstig für Landwirtschaft und Tierhaltung sowie für Haus und Hausgeräte
Löwe	+++ großzügige Lösungen, «leben und leben lassen», mitreißend, Begabung fürs Delegieren
Jungfrau	+−− gute Organisation, aber evtl. kleinlich, keine große Linie, nicht mitreißend
Waage	+−− gut für Mode, Kosmetik, Luxus, aber Mangel an Aktivität, gute Diplomatie, evtl. zu sehr «Zügel schleifen lassen»
Skorpion	++− große Energie, Durchblick, aber ohne Kompromisse, Neigung zur Konfrontation
Schütze	++− Optimismus, Geschick für Auslandsbeziehungen, Erwartungen zu hoch
Steinbock	++− guter Organisator, hartes Durchgreifen, regeln und maßregeln, nicht mitreißend, langsam und sicher zum Erfolg
Wassermann	++− ideenreich, erfindungsreich, moderne Methoden, moderne Menschenführung Gefahr: zuviel Ideologie und Veränderung
Fische	+−− zu hohe Ausgaben, «Scheinblüte», zu viele Erwartungen, Spekulationen, aber ideenreich und menschlich geschickt

kein einziger kritischer Winkel. Der DJ-Index stieg von 1 020 auf 1 260. Diese dreimalige Konjunktion fand auch in den Jahren **1955** und **1927** statt, ebenfalls Konjunkturjahre und ein Börsenplus von 40 bis 60 %.

Das Jahr **1988**, an das wir uns noch gut erinnern, brachte nach dem Crash vom 19. Oktober 1987 eine Erholung. Anfangsstand des DJ-Indexes der NYSE (New York Stock Exchange) 1910, Endstand 2 150. Die Erholung bahnte sich von Februar bis Mitte Mai an und setzte sich fort bis Oktober. Erst nach der Wahl (Präsident Bush) kam ein Einbruch von ungefähr 200 Punkten, nicht ganz synchron mit der Saturn-Ura-

Tafel 5   Einige Aspekte in der Deutung für Wirtschaft und Kosmologie

Jupiter Saturn	+	**Begrenzung** von Vorhaben und Produktion Rückführung auf das Notwendige, kein Wunschdenken
	−	**Lähmung** des Wirtschaftslebens; Deflation, hohe Zinsen, Mißtrauen
Jupiter Uranus	+	**intensive, richtige Erkenntnis**, Erfindung «Aha-Erlebnis»
	−	**fanatisches Nachjagen** einer Idee, evtl. bis zum Ruin, Hektik, Nervosität
Jupiter Neptun	+	**glückliche Einfälle** und Spekulationen psychisches Einfühlungsvermögen
	−	**Verluste** durch Spekulation, falsche Ideen, «sich aufs falsche Pferd setzen», Inflation
Jupiter Pluto	+	**glückliche** Verbindung von Vorhaben, Produktion und Kapital
	−	**Wirtschaftsblüte,** auch sogenannte negative Winkel wirken sich fast immer positiv aus
Saturn Uranus	+	langsames, aber **konsequentes** Planen, abwarten, bis richtige Lösung gefunden ist
	−	**Verkrampfung,** Mißtrauen, zu starke Kontrolle, Ideenlosigkeit
Saturn Neptun	+	**realistisches,** illusionsloses Anpacken von Wirtschaftsvorhaben, keine Spekulation
	−	**Mißtrauen,** Verzicht, Unterdrücken von kreativem Denken
Saturn Pluto	+	**Versuch eines Ausgleichs** von Kapital und Arbeit, langsamer Aufstieg, keine Spekulation und Vorhaben
	−	Arbeit und Kapital prallen aufeinander, Mißtrauen, Mißerfolg, Mangel an Verständnis, **Kapitalmangel,** Deflation, staatliche Reglementierung

nus-Konjunktion am 18. Oktober 1988. Anstieg ab Mitte November bis Ende des Jahres.

Dieser letzte Anstieg ist nicht allein aus der mundanen Konstellation zu erkennen, sondern im Kontext mit dem Radix der NYSE und den USA. Hier wird deutlich, daß die USA ab November die Transite Pluto Trigon Sonne und Pluto Quadrat Medium coeli und die NYSE Jupiter Sextil Aszendent und Jupiter Konjunktion Sonne aufweist. Diese starken «optimistischen» Winkel müssen trotz des psychologischen Down nach dem Crash im Oktober 1987 einen neuen Anstieg einleiten.

Nun zum Jahr **1989**:

1. Periode = Der DJ-Index steigt von 2150 bis 2281 von Januar bis einschließlich Februar, astrologisch: Die NYSE hat Jupiter Konjunktion Sonne und Jupiter Sextil Aszendent.

2. Periode = kleiner Abfall bis 2243 = Mundankonstellation am 3. März: Saturn Konjunktion Neptun.

3. Periode = Anstieg bis Ende Mai auf 2500.
   Dieser Anstieg ist etwas höher ausgefallen als erwartet.

Wir haben:

Mundan: Saturn Sextil Pluto = stabilisierend

USA: Jupiter Konjunktion Aszendent Trigon Medium coeli = Aufwärtsbewegung (gute Stimmung), aber auch Saturn Opposition Sonne und Neptun Opposition Sonne.

NYSE: ohne Winkel.

Wir können davon ausgehen, daß ab Mitte 1988 bis heute und besonders vor der Präsidentenwahl im November 1988 der Dollarkurs und auch die Börse manipuliert wurden. Der Dollarkurs wurde von den «Big Seven» zwischen DM 1,75 bis DM 1,90 «an die Kette gelegt» (über den Dollarkurs siehe weiter hinten). Die Börse profitierte vom «festen» Dollar. Sie hat aber auch noch im Juni (ab 20. Juni kleiner Einbruch), Juli und bis Mitte August Chancen (USA Pluto Trigon Sonne, ein starker Aspekt; NYSE Jupiter Trigon Jupiter und Jupiter Trigon Pluto), aber ab September, besonders ab Mitte September bis Ende des Jahres, starker Einbruch. Besonders negative Aspekte vom 1. Oktober bis Mitte November! Wir sehen Saturn im Steinbock Konjunktion Neptun im Steinbock Oppostition Jupiter im Krebs, und das im Quadrat zu Sonne und Mars. Das ergibt ausgesprochen negative Wirtschaftstendenz (Beginn einer Depression) mit entsprechendem Rückgang der Börsenindizes auf der ganzen Welt. Es werden sicher auch außergewöhnliche politische Spannungen auftreten, die nicht leicht zu beheben sind.

An dieser Stelle muß ich auf einen Zyklus aufmerksam machen, der in der Wirtschaftswissenschaftsliteratur eine große Rolle spielt, auf den «*Kondratjew-Zyklus*» von 59 bis 60 Jahren. Dieser russische Wirtschaftsprognostiker (1892–1930) behauptete in den zwanziger Jahren, daß zwar alle 7 bis 8 Jahre ein kleiner Zyklus (Krise und Konjunktur)

Tafel 6

Jupiter- und Saturn-Oppositionen 1800–2000 im 59-Jahre-Rhythmus gemäß den Kondratjew-Zyklen

fünf Jupiter-Umläufe à 11,88 Jahre = 59,4 Jahre, zwei Saturn-Umläufe à 29,5 Jahre = 59 Jahre

~1800	Napoleon Französische Revolution
~1830	Dampfschiff Eisenbahn
~1860	Einigungskriege Revolution
~1890	Elektrizität Welthandel
~1920	Destruktiver Imperialismus
~1950	Goldwährung Automobil
~1980	Überrüstung Schuldenkrise Elektronik
~2010	Gentechnik Totale Information
2010–2017	Große politische Spannung

Größere Krisen: 1813–1817, 1872–1878, 1931–1933, 1989–1991

59 Jahre — 59 Jahre — 59 Jahre

abläuft, daß aber nach seinen Beobachtungen seit zwei Jahrhunderten (soweit die brauchbaren Statistiken reichen) alle 59 bis 60 Jahre eine besonders schwere Krise feststellbar ist. Die Wissenschaftler waren erstaunt über diese Erkenntnis und konnten sie verifizieren; Schumpeter in seinen *Konjunkturlehren* oder Wagemann in seinen *Konjunkturzyklen* (siehe Tafel 6). Man konnte feststellen, aber nicht erklären, wie diese *invisible hand* so termingerecht wirksam wird.

Die Wirtschaftsastrologie ist in der Lage, die entscheidende Erklärung zu liefern: Alle 59 bis 60 Jahre stehen sich Saturn im Steinbock, dem härtesten Zeichen, und Jupiter im weichen Zeichen Krebs gegenüber und treffen sich bis zu dreimal (siehe Tafel 6). Zuletzt war das *1931* der Fall, in einem Jahr, von dem wir wissen, daß es die größte Wirtschaftskrise dieses Jahrhunderts einleitete, die bis 1934 andauerte.

Gehen wir zeitlich rückwärts, kommen wir auf die wiederum schwere und lang andauernde Gründerkrise von *1872* bis *1878* mit Höhepunkt *1873*. Weiter zurück stoßen wir auf *1811 bis 1814:* schwere Wirtschaftskrise in ganz Europa, besonders in Österreich: Die Bankoscheine konnten nicht mehr eingelöst werden. Außergewöhnliches kriegerisches Geschehen (Napoleons Niederlage in Rußland 1812 und bei Leipzig 1813), das 1815 im Wiener Kongreß zu einer neuen europäischen Ordnung führte.

Wenn wir nun zu *1931* 59 Jahre hinzuzählen, erhalten wir *1990*. Es wird das Jahr einer schweren Krise sein, die im Herbst *1989* beginnt und etwa Mitte *1991* endet:

Jupiter im Krebs Opposition Saturn im Steinbock – erste Begegnung 10. September 1989, zweite Begegnung 14. Juli 1990, dann jedoch Jupiter im Löwe Opposition Saturn im Wassermann. Die dritte Begegnung ist am 16. März 1991 und die vierte Begegnung am 17. Mai 1991. Die Erholung wird nur langsam vor sich gehen! Siehe auch das Buch von Batra, *USA – Rezession 1990*.

Die *Tafel 6* zeigt die Krisenjahre und die Haupterfindungen, die als Träger der Konjunktur für 30 Jahre einen bestimmenden Faktor darstellen:

– Dampfschiffe und Eisenbahnen 1813–1844

– Elektrifizierung und Wachsen des Welthandels ab 1872–1878

– Automobil ab 1931–1934

– Computer ab 1960–1961

– Gentechnik ab 1990–1991.

Der jeweilige Kurventalpunkt zeigt meist eine Anhäufung von Kriegen und Revolutionen; oft auch ein Ungleichgewicht von Währung im Verhältnis zu Produktion und Dienstleistung. Das gilt für die Revolution und die Napoleon-Kriege bis 1815, die Revolution 1848/49 und die Einigungskriege bis 1872, den destruktiven Imperialismus, verbunden mit einem übertriebenen Nationalismus 1900–1930 und die folgenden Jahre sowie für die Schuldenkrise ab 1961 bis heute.

Es sind hier nur die großen Zyklen aufgezeigt. Die kleinen Zyklen von Konjunktur und Krise zwischen 6 und 10 Jahren bleiben bestehen und ereignen sich mit ziemlicher Regelmäßigkeit sowohl in den Aufstiegs- wie Abstiegsphasen des großen *Kondratjew-Zyklus*.

Es ist jetzt interessant, einen Vergleich der Krise des Jahres *1931* mit den Jahren *1989/90* anzustellen. Das Jahr *1931* hat eine Anhäufung von kritischen Winkeln im Juni/Juli. Gerade da erfolgte nach der Schließung der Banken fast in der gesamten Welt das Hoover-Moratorium, das den Staaten, aber auch Firmen die z. T. schuldlos der Krise ausgeliefert waren, eine Verschnaufpause gönnte. Der Umsatzrückgang betrug 20 bis 25 %, wobei diese Zahl allein genug aussagekräftig ist, um die universale Wirtschaftskatastrophe offenkundig zu machen.

Als Vergleich die kleine Krise *1981/1982*. Sie brachte Umsatzrückgänge von 1 bis 1½ %, und wir erinnern uns noch, wie hart das empfunden wurde.

Wenn wir *1989* betrachten, so haben wir bis Juli zwar zweimal *Saturn Konjunktion Neptun,* eine Konjunktion, die sich als *Umbruchkonjunktion* voll bewahrheitet hat, besonders im Zusammenhang mit der dreimaligen Saturn-Uranus-Konjunktion 1988:

UdSSR	– Perestroika und Glasnost
Polen/Ungarn	– Demokratisierungsbestrebungen und Ablösung der kommunistischen Partei von der Regierungsverantwortung
USA	– neuer Präsident mit neuer Konzeption
USA	– veränderte Einstellung zu Israel
China	– Demokratisierungsbewegung mit großen Risiken.

Die Parteienlandschaft hat sich in vielen Staaten stark verändert. Neue Koalitionen sind möglich. Die Schuldenkrise der Dritten Welt schwelt.

Es sind bisher keine Lösungen in Sicht. Trotzdem schwächte sich die Konjunktur nur mäßig ab. Die USA und die Börsen zeigten bis jetzt begrenzten Aufschwung an. Saturn Sextil Pluto wirkte im April und im Mai mäßigend ein, doch die schwierigen Konstellationen beginnen ab September und verstärken sich besonders im Oktober und im November. In dieser Zeit ist mit Sonderkonferenzen (z. B. der Big Seven) und mit harten Maßnahmen zu rechnen.

Tafel 7   **Typische Konstellationen für**

	Inflation	Deflation	Spekulation
Positionen der Langsamläufer* in den Tierkreiszeichen	Fische, Waage Schütze	Steinbock (Krebs) Jungfrau	Stier, Löwe, Fische

neutral: Widder, Zwillinge, Skorpion, Wassermann

Inflation   langfristiger Jupiter-Pluto-Einfluß

Jupiter/Pluto oder Jupiter oder Pluto von Neptun stimuliert –

langfristig ½ Jahr oder mehr

Saturn ohne Aspekt, evtl. Luft- oder Feuerzeichen

Betonung von Waage, Schütze, Fische
Beispiele: 1459   Schinderlinge
                1719–1720 John Law
                1856–1857 1. Weltwirtschaftskrise
                1923   Inflation im deutschen Reich

Deflation   langfristiger Einfluß von Saturn-Aspekte auf Jupiter, Pluto, Uranus, Neptun. Dies gilt, wenn Saturn auf eines von diesen Prinzipien oder auf mehrere gleichzeitig Aspekte hat.
Am stärksten wirken

einzeln oder gemeinsam Konjunktion, Quadrat oder Opposition. Ebenso wirken viele Quadrate und Oppositionen der LL untereinander.

Beispiele: 1837–1839 besonders USA
                1829–1932 Höhepunkt 1931
                1981–1983
                1989–1990

Spekulations-   Stier, Fische, Löwe und darin stehend Jupiter oder Pluto (Kon-
fieber   junktion/Trigon). Das gleiche gilt, wenn Neptun in Konjunktion kommt zu Jupiter oder Pluto; auch ein Trigon zeigt ähnliche Auswirkungen.

---

* Langsamläufer = Jupiter, Saturn, Uranus, Neptun, Pluto

Wir befinden uns in einer *Deflationskrise* (zuerst Reinflation), siehe *Tafel 7*, was durch die Prominenz der Saturn-Winkel ab 1988 und besonders durch die Konjunktionen und vielen Oppositionen (nicht entspannt in der Kernzeit der Krise) deutlich wird. Es werden Schulden, z. B. Südamerika und andere Entwicklungsländer (der Brady-Plan deutet dies an) teilweise gestrichen werden müssen, teilweise werden die Rückzahlungstermine weit hinausgeschoben werden (2005–2015) und die Zinsen ermäßigt, je nach Zahlungsfähigkeit der Schuldnerländer. Darin ähnelt die Krise 1989/90 den Jahren 1931/32. In einem jedoch ist ein großer Unterschied festzustellen:

Kosmozyklisch

Pluto, Signifikator für Kapital und Reserven, ist diesmal weder von Saturn noch von Uranus (besonders fatal) angegriffen!

Fundamentalistisch

Die Banken arbeiten seit langem, etwa seit 1955, international eng zusammen und werden das Ausufern der Krise im Ausmaß von 1931/1932 zu verhindern wissen. Trotzdem wird es schwer genug werden, da viele Staaten und auch Firmen sich in einem unverständlichen Optimismus «bis an die Halskrause» in Schulden gestürzt haben. In der Krisenzeit werden den Schuldnern die fälligen Zinszahlungen wie Mühlsteine um den Hals hängen.

Währungen

Bevor wir die Jahre nach **1989 bis 2000** und überschlägig die folgenden Jahre bis **2020** zu beurteilen versuchen, ist es notwendig, Währungen, besonders den Dollar und das Gold, kosmozyklisch zu bewerten.

Die beste Eigenschaft einer Währung ist die *Stabilität*. Stabilität erzeugt Vertrauen und begünstigt Handel und Wandel. Es ist verständlich, daß *Saturn* (Härte und Stabilität) in einem Währungskosmogramm eine wichtige Rolle spielt. Die beste Währung ist die, in deren Kosmogramm *Jupiter* (Wohlstand) und *Saturn* (Stabilität) etwa gleich stark ausgelegt sind. *Neptun*, besonders zusammen mit *Jupiter* oder *Pluto*, führt leicht zur Inflation.

Der *US-Dollar* ist die bedeutendste Währung der Welt, ohne die ein Welthandel im heutigen Ausmaß nicht denkbar wäre. Es hat verhältnismäßig lange gedauert, bis sich die USA entschlossen haben, eine eigene Währung zu etablieren. Die Unabhängigkeitserklärung ist datiert auf den 4. Juli 1776, das Währungsgesetz tritt erst am 2. April 1792 in Kraft, also 16 Jahre später.

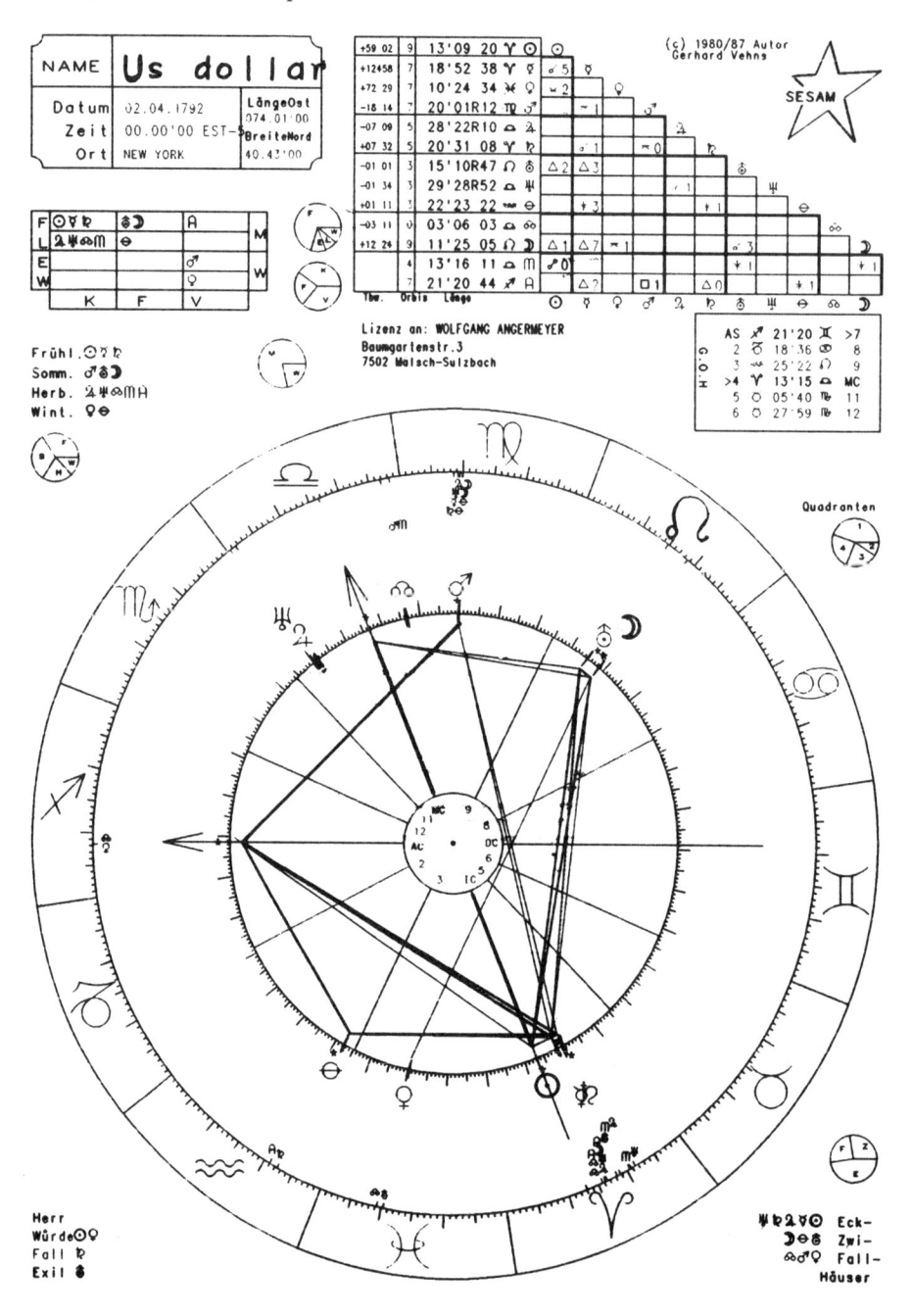

Das Kosmogramm mit fünf Planeten im vierten und zehnten Feld in oppositioneller Stellung macht es per se zu einer mächtigen Währung mit dem heute größten Volumen der Welt. Wie ist die starke *Sonne-Saturn-Merkur-Konjunktion* im vierten Feld zu werten? Die Dollar-Währung kann sich langfristig durchsetzen und ihren Wert erhalten. Eine Währung ist ein bestimmter Maßwert für eine Ware oder Leistung und somit in erster Linie eine Begrenzung (Saturn). Jedes Maß setzt Grenzen – sonst wäre es eben kein Maß.

Wir müssen umdenken: Bei Aktien und bei Sachwerten sind *Jupiter* und *Pluto* die Kräfte, die nach oben weisen. Beim Dollar ist alles umgekehrt: Hier weisen *Saturn* und *Uranus* den Weg nach oben. Ohne Beachtung dieses Grundsatzes kann man bei Währungen zu keinem Ergebnis gelangen. Alle Versuche, den Dollar allein mit *Jupiter* als Aufsteiger zu erklären, sind zum Scheitern verurteilt.
Dazu muß noch ergänzt werden: Besonders stark steht eine Währung, wenn das *Spannungsfeld* zwischen *Jupiter* und *Saturn* stark ist, d. h., wenn gleichzeitig Jupiter- und Saturn-Aspekte das Kosmogramm der Währung stimulieren.

Schon das Radix-Kosmogramm des Dollars zeigt: *Saturn* und *Merkur* mit je sechs Aspekten, *Sonne* mit fünf Aspekten.
Diese Gruppe steht in Opposition zu *Jupiter* und *Neptun* mit je vier Aspekten.

Auch beim Dollar gilt der Grundsatz, daß das Dollar-Kosmogramm erst im Zusammenwirken (Kontext) mit den mundanen Aspekten der Langsamläufer und dem Staatskosmogramm (USA) zu guten Prognosen führt. Sehen wir uns den Dollar im Jahre *1985* an, das Jahr, in dem sein Kurs seit den letzten 15 Jahren den höchsten Ausschlag zeigte.

1985 hatte die USA

    Jupiter Trigon Aszendent zweimal

    Jupiter Trigon Medium coeli dreimal

    Jupiter Konjunktion Pluto (Januar/Februar)
    und beim Höchststand im Februar/März

    Sonne Halbquadrat Saturn.

Die Festigung wird außerdem noch angezeigt durch

    Jupiter Trigon Saturn von März bis Juli.

Jupiter hat wohl etwas Übergewicht, um den Dollar stark zu machen und stark zu halten.

1985 hatte das Dollar-Kosmogramm folgende Transite:

    Februar/März: 5. Sonne Halbquadrat Saturn
                      Medium coeli Halbquadrat Saturn

    April: Jupiter Halbquadrate Aszendent und Mars,
                  Jupiter Trigon Medium coeli und Sextil Sonne.

Auch hier stehen Jupiter und Saturn in günstiger Korrespondenz für das Währungskosmogramm.

Nun zu **1989**: Das *Dollar-Kosmogramm* verzeichnet einen Anstieg ab März bis Ende Mai durch Saturn Quadrat Sonne und besonders im Mai durch

Jupiter Trigon Medium coeli Sextil Sonne Quadrat Venus Halbquadrat Jupiter Sextil Uranus.

Daraus ergibt sich ein deutliches Spannungsfeld.

Das *USA-Kosmogramm* hat ab März bis Ende April die laufenden Prinzipien Saturn und Neptun in Opposition zur Sonne im Kosmogramm. Die Inflationskräfte werden unterdrückt (Saturn Konjunktion Neptun). Im Mai beginnt dann der starke Aspekt *Pluto Trigon Sonne* zu wirken; hier sind die Auftriebskräfte deutlich angezeigt. Die Dollar-Notierungen werden bis Ende August/Mitte September – so lange ist Pluto-Trigon-Sonne wirksam – gleich bleiben oder Tendenz nach oben zeigen. Ab Mitte/Ende September muß mit einem schwächeren Dollar gerechnet werden.

Der Staat nimmt natürlich Einfluß auf die Währungen, so daß gute Staatstransite günstige Währungskurse, kritische Staatstransite niedere Währungskurse bedingen.

Gold

Gold: lat. aurum, Ordnungszahl 79, Atomgewicht 197. Mit diesen Zahlen mag viel ausgesagt sein, aber die Magie dieses Metalls ist damit nicht erfaßt. Die Mächtigen trugen die goldene Krone auf ihrem Haupte zum Zeichen ihrer Macht. Die Frauen unterstreichen mit Gold ihre Schönheit, die ihnen ebenfalls Macht verleiht. Für den nüchternen

Wirtschaftskosmologen hat Gold aber einen Fehler: Es hat kein Geburtsdatum. Wir haben jedoch andere Indikatoren, die uns ebenfalls gewisse Hinweise auf den Goldkurs geben können.

Seine große Rolle sollte Gold spielen, als die Bank von England 1802 das englische Pfund mit einer Golddeckung versah. Der Preis wurde festgeschrieben mit 20 US-Dollar bzw. 4 engl. Pfund pro Unze. Erst 1934 wurde der Preis aus dringenden Gründen (Großkrise 1930–1933) auf 35 Dollar hochgesetzt (1. Februar 1934).

Der Zweite Weltkrieg brachte die Währungspolitik in arge Bedrängnis infolge der übergroßen finanziellen Anforderungen des modernen Krieges an die westliche Welt. Aber bereits im Juli 1944 wurde ein neues Währungssystem in Bretton-Woods unter Mitwirkung des großen Wirtschaftswissenschaftlers Lord Keynes entwickelt, und zwar wieder mit Golddeckung!

Pluto trat 1939 in den *Löwen*, allerdings anfangs durch *Saturn* sehr negativ aspektiert (Zweiter Weltkrieg). Am 22. Juli wurde die Weltbank gegründet, die als Ausgleichsfaktor fungieren sollte, wenn eine Nation nicht mehr in der Lage war, ihre Währungsverpflichtungen kurzfristig zu erfüllen.

Typisch im Horoskop der Weltbank sind fünf Planeten im *Löwen*: Sonne, Merkur, Pluto, Venus und Jupiter. *Löwe*, *Pluto* und *Sonne* sind die *kosmologischen Indikatoren* für *Gold*. *Jupiter* und *Pluto* sind die entscheidenden *Wirtschaftsindikatoren*.

Nach dem Zweiten Weltkrieg wurde die BRD verhältnismäßig schnell in das westliche Finanzsystem integriert (1950), und das «Wirtschaftswunder» begann.

Pluto im Löwen heißt leben und leben lassen. Stier und Löwe sind ja, von der wirtschaftlichen Seite her betrachtet, die besten Abschnitte im 360-Grad-Kreis.

Alles ging gut bis zum *17. März 1968*. Der Goldmarkt spaltete sich in einen offiziellen und in einen freien Goldmarkt. Am *15. August 1971* verfügte Präsident Nixon die Aufhebung der Goldkonvertibilität des Dollars. Von nun an bestimmte nur noch der Marktpreis den Goldkurs! Die außergewöhnlich hohen Kosten des Vietnamkrieges waren der Hauptgrund für diese Maßnahme.

Der Goldkurs von 1968 bis 1985:

1968–1971 wenig Veränderung

1972 bringt eine 50prozentige Steigerung

1973 bringt eine 80prozentige Steigerung

1974 bringt über 50 Prozent Steigerung

1975 und 1976 bringen einen kleinen Einbruch
1977, 1978, 1979 und 1980 erleben wir einen Boom.
Topkurs 21. Januar 1980: 850 US-Dollar für 1 Unze Gold.

Die weitere Entwicklung: siehe Tafel auf Seite 288.

Wenn wir die Entwicklung der Goldkurse seit 1968 betrachten, können wir feststellen, daß die genannten Aspekte von Jupiter mit Pluto, Neptun und Uranus Erhöhung der Kurse bringen.

Goldkurse und zyklische Bewegung

Dollar-Abhängigkeit beachten:

    Dollar steigend   –   Gold fallend
    Dollar fallend   –   Gold steigend

Bei Krieg, Kriegsgefahr und Revolutionen ist Goldtendenz eher steigend.

Kosmozyklische Aspekte für Gold

1. *Jupiter-Aspekte* mit Pluto, Neptun und Uranus, und zwar bei allen fünf Aspekten (Konjunktion, Sextil, Trigon, Quadrat, Opposition) bringen steigende Tendenz.

   Günstige Tierkreiszeichen:

   Löwe, Krebs, Schütze, Widder, Fische, Stier

2. *Saturn-Aspekte* mit Pluto, Neptun und Uranus bringen fallende Tendenz.

   Besonders kritisch ist die Konjunktion

   1988 Saturn-Uranus
   1989 Saturn-Neptun

   Auch das Quadrat und die Oppostition signalisieren fallende Tendenzen.

Weniger kritisch ist das Sextil und das Trigon.

Ungünstige Tierkreiszeichen:

Zwillinge, Jungfrau, Waage, Skorpion (Wassermann, Steinbock)

Gold reagiert sehr sensibel auf Saturn-Aspekte, besonders bei Konjunktion, Quadrat, Opposition.

Wir können bei starken Saturn-Aspekten (Uranus-Konjunktion dreimal, Neptun-Konjunktion dreimal) *wie 1988 und 1989* nicht mit einem Anstieg des Goldpreises rechnen.

Über diesen kosmozyklischen Betrachtungen steht jedoch noch ein Grundgesetz:

Gold kann nur steigen, wenn der Dollar fällt!

Dementsprechend bedeutet der Anstieg des Dollars den Verfall des Goldpreises. Beide Werte wirken wie kommunizierende Röhren in der Physik. Aus diesem Grunde ist eine Voraussage etwas leichter, weil stets mit der Prognose des einen Wertes, bis zu einem gewissen Grade auch Aussagen über den «korrespondierenden» Wert gemacht werden können.

Nach *1991* dürfte der Goldpreis sich wenig verändern, da in den «Austerity-Jahren» (magere Jahre) *bis 1999* (Steinbock-Betonung bis 1996/97) eine gesündere Währungspolitik betrieben werden dürfte, die einem stark ansteigenden Goldpreis kaum eine Chance läßt. Gold bringt Sicherheit, aber keine Zinsen. In normalen Zeiten sollte der Goldanteil am Depot zehn Prozent nicht überschreiten. Diese zehn Prozent sollten langfristig angelegt werden und nur in Zeiten der Not oder eines Goldpreisanstieges von über 25 bis 30 Prozent verkauft werden.

Nachdem wir die wichtigsten Einrichtungen und Werte der Finanzwelt (NYSE – Dollar – Gold) kosmozyklisch betrachtet haben, wollen wir noch weitere Voraussagen wagen:

Das Jahr *1990* sieht allgemein gut aus, allerdings weniger gut für die USA, NYSE, für Großbritannien und die Bundesrepublik Deutschland.

Nachdem im *Herbst 1989* mit Rückschlägen an der Börse und bezüglich Konjunktur zu rechnen ist, können uns die günstigen Mundan-Aspekte in den ersten Monaten *1990* bestenfalls eine *Stagnation* bescheren, die

Tafel 8

Kurse des Goldes, des US-Dollars und der NYSE von 1980–1990
vom 2.1. und 31.12. des jeweiligen Jahres

Jahr	Gold – Unze 2.1. $ 31.12.	Gold Tendenz	Dollar Tendenz	US-Dollar 2.1. DM 31.12.	DJ – NYSE 2.1. 31.12.	DJ Tendenz
1980	526 850 545	steigend und fallend	steigend	1,80 – 2,00	900 1000 900	steigend und fallend
1981	545 – 398	fallend	steigend	2,— – 2,30	1040 – 870	fallend
1982	398 – 445	steigend	leicht steigend	2,30 – 2,38	870 – 1047	steigend
1983	445 – 390	fallend	steigend	2,38 – 2,90	1047 – 1260	steigend
1984	390 – 309	fallend	steigend	2,90 – 3,25	1260 – 1211	fallend
1985	300 285 300	fallend und steigend	steigend und fallend	3,25 3,50 2,44	1211 – 1530	steigend
1986	300 – 401	steigend	fallend	2,44 – 1,92	1538 – 1905	steigend
1987	401 500 480	steigend	fallend	1,82 – 1,58	1905 2722 1950	steigend und fallend
1988	480 – 405	fallend	steigend	1,58 – 1,76	1956 – 2150	steigend
1989	405 – 365 Ende Mai	fallend	steigend	1,76 – 2,01 Ende Mai	2105 – 2500	steigend
1989	Ende Anfang Mai 365 Nov.	fallend	steigend	Ende Mitte Mai 2,01 Sept.	Ende Ende Mai August 2500 – 2500/2600	steigend
1989	Oktober/November	steigend	fallend	September bis Dezember	Mitte September bis Dezember	fallend
1990	Januar bis Juni	steigend	fallend	Januar bis Juni fallend	Januar bis März fallend	fallend
1990	Juli bis Dez.	stagnierend	stagnierend	stagnierend	stagnierend	stagnierend

allerdings ab August (Jupiter im Krebs Opposition Saturn im Steinbock) wieder zu einer weiteren *Rezession* führen.

Die *USA* werden schwere Verluste erleiden (Südamerika- und Entwicklungsländerkredite), und sie werden gezwungen sein, Handelsschranken zu errichten, da sie eine weitere Auslandsverschuldung nicht zulassen können (Saturn Konjunktion Pluto dreimal, Neptun Opposition Sonne das ganze Jahr über und Jupiter Quadrat Saturn).

Die *NYSE* wird nicht nur dadurch tangiert, sondern sie selbst weist eine Anzahl kritischer Transite auf.

Die *Bundesrepublik Deutschland* steht zwar finanziell gut bis mittelgut da, aber sie wird mit extremen Gruppen zu tun haben, da sie leider versäumte, diese rechtzeitig in die Schranken zu weisen. Die Lage ist jedoch besser als die Stimmung: Pluto Opposition Mars von Januar bis April und Oktober bis November, außerdem Neptun Quadrat Mond das ganze Jahr über (Neptun Opposition Mond im Gründungskosmogramm). Übrigens läßt Uranus Opposition Medium coeli auf einen politischen Führungswechsel schließen.

Großbritannien hat sehr kritische Konstellationen, die auf eine extreme Krise schließen lassen. Die Hochzinspolitik (Tagesgeld zwölf Prozent) hält eine Zeitlang das Pfund hoch, kann aber eines Tages ins Gegenteil umschlagen, da keine Wirtschaft solche Zinsen tragen kann.

Das Jahr **1991** ist bis Mitte Juni durch Jupiter Opposition Saturn belastet. Da keine Gegenkräfte (zum Beispiel Jupiter-Aspekte) vorhanden sind, wird die Krise bis etwa Juni andauern. Dann setzt Erholung ein. Auch die NYSE hat ab Juni wieder gute Aspekte.

Für den Staat USA sind noch im Jahr 1991 große und tiefgreifende Veränderungen angezeigt, durch Uranus Opposition Sonne und Neptun Quadrat Saturn das ganze Jahr über.

Das Jahr *1992* bringt mundan recht günstige Winkel und wohl Entlastung für alle Staaten der Welt.
Die Erholung der USA geht nur langsam vor sich, da Saturn Quadrat Uranus im Januar, August bis Oktober und Saturn Konjunktion Medium coeli sowie Konjunktion Mond; diese Winkel wirken fast das ganze Jahr über.

Das Jahr *1993* bringt wiederum wirtschaftlich einen Rückschlag: 3 × Saturn Quadrat Pluto und 3 × Uranus Konjunktion Neptun im

Steinbock. Letzterer Aspekt deutet auf neu aufkommendes Mißtrauen in der Politik.

Wenn wir die 90er Jahre in einer Dekadenübersicht betrachten, so fällt als erstes die starke Steinbock- und Erdzeichenbesetzung auf:

Langsamläufer-Jahre 1989–1999

Jahr	♃	♄	♅	♆	♇		
1989	♉ ♊ ♋	♑ ♑	♑ ♑	♑ ♑	♏		
1990	♋ ♋	♑ ♑	♑ ♑	♑ ♑	♏		
1991	♌ ♌	♑ ♒	♑ ♑	♑ ♑	♏		
1992	♍ ♍♎	♒ ♒	♑ ♑	♑ ♑	♏		
1993	♎ ♎ ♏	♒ ♓	♑ ♑	♑ ♑	♏		
1994	♏ ♏	♒* ♓	♑ ♑	♑ ♑	♏		
1995	♐ ♐	♓ ♓	♑♒ ♑	♑ ♑	♐ ♏♐		
1996	♑ ♑	♓ ♈	♑♒ ♒	♑ ♑	♐ ♐		
1997	♑♒ ♒	♈ ♈	♒ ♒	♑♒ ♑	♐ ♐		
1998	♒* ♓	♈ ♉♈	♒ ♒	♑♒ ♒♑	♐ ♐		
1999	♓♈ ♉♈	♈♉ ♉	♒ ♒	♒ ♒	♐ ♐		
	Feuer 19 %	Erde 41 %	Luft 20 %	Wasser 20 %	=	100 %	

Neptun im Steinbock bis Mitte *1998*, Uranus bis Mitte *1996* und Saturn bis Mitte *1991*. *Diese Betonung des Erdzeichens Steinbock läßt auf Austerity-Jahre* schließen. Die «Luft» in den Währungen wird herausgelassen, wodurch wieder Grundlagen für einen langsamen, aber reellen Aufstieg gelegt werden. Moralische Grundprinzipien werden mehr Anerkennung finden. Es wird jedoch nicht so leicht wie in den 70er und 80er Jahren sein, Geld zu verdienen.

Unruhe kommt auf durch Schütze- und besonders Wassermann-Betonung ab *1998* und besonders *1999*. Hier werden neue Ideologien die mit Glaubenseifer verfochten werden. Ein sehr negativer Monat wird der *August 1999* sein, mit einer Sonnenfinsternis am 11. des Monats im Zeichen Löwe (18.21 Uhr). Sonne und Mond haben Quadrate von Saturn und Mars und Opposition von Uranus; außerdem hat Jupiter ein Quadrat zu Neptun. Diese Konstellation deutet eine neue *Wirtschaftskrise* an und gleichzeitig einen Kampf um die Ressourcen, die bei schnellem Zuwachs der Weltbevölkerung sich erschöpfen.

Die Dekade *2000–2009* mit Neptun im Wassermann, Pluto im Schütze und Uranus im Wassermann bis *2003*, dann Uranus in Fische bis Dekadenende deutet auf radikale, ideologische Standpunkte hin. Die Spaltung der Welt in zwei Lager wird festgeschrieben. Die Abrüstungsbemühungen der 90er Jahre werden nicht fortgesetzt. Jede der Supermächte beharrt auf ihrem Standpunkt, den sie für den einzig wahren hält.

Die Dekade *2010–2019* mit Pluto im Steinbock, Neptun im Wassermann bis *2011* und ab *2012* in den Fischen und Uranus anfangs noch in Fische, dann im Widder wird zu einem kritischen Jahrzehnt. Durch die 7malige Quadratur von Uranus–Pluto (*2012–2015*) in den kraftvollen Zeichen Widder (Uranus) und Steinbock (Pluto) werden auch diese Jahre nicht positiv gedeutet werden können.

Ich glaube, wenn bis und ab *1999/2000* die vier *«Ver» nicht verwirklicht werden, kommt die Menschheit in eine fast nicht mehr lösbare Situation:*

Verzichten

Verkleinern

Verteilen

Verinnerlichen

Christian Mecklenburg

wurde 1938 in Soest geboren, studierte Musik, Kunst, Literatur, Jura, Volkswirtschaft, Geschichte, Medizin, Psychologie, Philosophie sowie die Grenzwissenschaften und arbeitet heute als Astrologe in Stuttgart.

Christian Mecklenburg

Mit Pluto im Quantensprung von der Medizin zum Heilen

Hab Achtung vor dem Menschenbild
Hebbel, Höchstes Gebot

Warum laufen die Menschen den Medizinern in hellen Scharen davon? Warum suchen heute immer mehr Leidende lieber Rat bei Heilkundigen? Warum flüchten sich Kranke zu Lebensberatern, Heilpraktikern, Geistheilern, Seelsorgern, Astrologen?

Weil sie einfach spüren, ahnen, wissen: Wer wahrhaft Heilung sucht, bekommt sie heute nicht mehr von Medizinern, sondern nur noch von Menschen, die verstehen, daß immer die S e e l e leidet, wenn der Körper sich krank meldet; die erkennen, daß es jetzt im Wassermannzeitalter kaum noch auf wissenschaftliche Diagnose, Apparate und Chemie ankommt, sondern auf Menschlichkeit; die begreifen, daß das Symptom nicht die Krankheit des Menschen ist, sondern die Symptomtherapie die Krankheit der Medizin.

Die unmenschliche Kehrseite der Paracelsusmedaille

Was macht ein Mediziner, wenn er die Symptome eines Kranken trotz aller raffinierten technischen Hilfsmittel, auch nach einem perfekten Mayo-Check, nicht analytisch zu «objektivieren» vermag? Wenn er also per Diagnose «funktionelle Dysregulation/vegetative Dystonie» signalisiert und merkt, daß er mit Latein und Schulmedizin am Ende ist? Dann entdeckt er plötzlich doch noch Spuren der von Virchow totgesagten Seele, wenn auch nur in ihrem psychosomatischen Verkümmerungsbezug, überweist den Patienten kurzer Hand zum Psychologen oder Psychiater und wäscht seine Hände in Pilatusunschuld und Sagrotan.

Aber was ist in diesem Augenblick in Wirklichkeit geschehen? Unmenschlichkeit hat stattgefunden, wie täglich tausendfach in Sprechzimmern und Krankenhäusern. Der sogenannte Arzt, der doch einmal den Eid des Hippokrates auf das menschliche Leben geschworen hat, hat sich gegen die lebende Dreieinheit von Körper, Seele und Geist vergangen, hat sich – bewußt oder unbewußt – in seinem exoterisch-beschränkten Bewußtsein über die ewige esoterisch-metaphysische Ganzheitlichkeit des Menschenlebens hinweggesetzt, weil er entsprechend seiner wissenschaftlich-«fortschrittlichen» Ausbildung entgegen guter alter akademischer Tradition nicht mehr gelernt hat, erst zu denken und dann zu handeln.

Hätte der Mediziner zunächst die *Metaphysik (Esoterik)* und dann erst die *Anwendung (Exoterik)* der Heilkunde studiert, erst den *Menschen als Ganzheit (holistisch)* kennengelernt statt nur in seinen physikalisch-mechanischen, chemischen und pathologischen Erscheinungsformen bzw. Funktionen, und dies auch noch primär an der Leiche, dann wäre die heutige Symptomtherapie ohne das Ergründen der eigentlichen Krankheitsursachen ebenso undenkbar wie beispielsweise die vorgeschlagene Auszeichnung eines Laborarztes, der 30 Jahre lang keinen Patienten in seiner Praxis mehr gesehen hat (sondern nur noch Blut und Urin), ausgerechnet mit der Paracelsusmedaille, einer ärztlichen Anerkennung von höchstem Rang. Welch ein Hohn, welch eine Perversion, den großen Paracelsus, den Denker und Heiler, den Großmeister der Ganzheitstherapie zum Paten für eine Universitätsmedizin zu machen, die nur noch analysiert (= zerlegt) und die statt zu heilen (= zusammenzufügen), denknotwendig in das Kranksein als Dauerzustand führt.

Symptomwanderung und Gesundmacher

Wo nur der Körper behandelt wird, muß die Seele weiter leiden und immer neue Symptome als somatisierte Notrufe hervorbringen, wenn die alten Symptome «erfolgreich» wegbehandelt sind. Und was sagt der Psychiater (wörtlich: Seelenarzt) dazu, besonders wenn er, wie die Mehrheit der Mediziner, wissenschaftlich exakt beweisen zu können glaubt, daß es eine Seele gar nicht gibt? Und der berühmte Professor Virchow hat festgestellt: *Ich habe schon tausend Leichen seziert und noch nie eine Seele entdeckt.* Dann erklärt er der Einfachheit halber den «Geist» für krank, macht den seelisch Leidenden zum Psychotiker (Geisteskranken) und veranlaßt die Einweisung zur Therapie, obwohl er doch weiß, daß es eine klinische Therapie (Heilung) nicht gibt, sondern nur zweierlei: *Sedieren* (= Chemie) und *Fixieren* (= Fesselung).

Dabei wäre es nach begriffenem Collegium logicum der Metaphysik so einfach zu verstehen: Der Geist kann niemals krank sein, sondern nur die Seele, das Gemüt leidet (zutreffend: *Gemütsleiden),* denn der Geist ist der Anteil des Menschen am Ewigen, am kosmischen Gesetz der Sphären (Platon, Paracelsus, Kepler). Der Geist kann folglich nur von unserem völlig unzureichenden Intellekt (ratio) als krank bezeichnet werden, weil die Wahrnehmungs- und Unterscheidungsfähigkeit des Menschen nicht ausreicht, die göttliche Harmonie der Schöpfung zu ermessen.

Seit der Hoch- und Überschätzung der Intellektualität durch die Aufklärung (Descartes), vor allem in ihrer heute maßlosen Einseitigkeit auf allen wissenschaftlichen Gebieten, hat es sich allerdings als fast aussichtslos erwiesen, diese einfache ewige Wahrheit hinter dem schillernden Schleier der Maja zu erkennen. So leiden Millionen «Geisteskranke» unter unsäglichen Bedingungen in Heil(!)anstalten, weil die Schulpsychologie und -psychiatrie in ihrer Wissenschaftsgläubigkeit meint, mit kaltem Wasser, Elektroschocks, Sedativen und Gehirnoperationen den kranken «Geist» gesundmachen zu können.

Zu «machen» ist da natürlich überhaupt nichts. Niemand kann einen anderen wirklich heilen, und «Macher» sind in der Heilkunde ohnehin fehl am Platz. Es gibt keine Heilung außer der, die der Leidende sich selbst durch Einsicht und Begreifen seiner Symptome verschafft und zu der ein Arzt lediglich Hilfe zur Selbsthilfe leisten kann – und dies immer nur durch liebevolle menschliche Zuwendung in Übersetzung der metaphysischen Geist-Seele-Körper-Sprache in die Umgangssprache der Heilkunde. So genommen müßte ein wirklicher Arzt vor allem Dolmetscher sein – und nicht Gesundmacher.

Doch Heilung ist möglich – geistig

Wie heilt dagegen ein Heiler oder Geistheiler (offiziell: Scharlatan, Quacksalber)? Er geht exakt den umgekehrten Weg: *von der Seele zum Körper.* Er weiß, daß die Seele leidet und daß es kein einziges körperliches Symptom ohne seelische Ursache gibt – vom banalen Schnupfen bis zum Hühnerauge, vom Krebs bis zu Aids.

Und so braucht der Heiler nur eines zu tun: dem Patienten zu helfen, sich selbst zu helfen, indem er ihm zeigt, wie man sich dem ewigen Geist öffnet, sei es durch Meditation, Gebet, in die Stille gehen, durch Musik- oder Naturerleben, durch Horchen und Schauen, durch Informationen der Homöopathie oder der Akupunktur. Die verschiedenen Mittel und Wege dienen alle nur einem höheren Zweck: die verängstigte, geistig verhungernde Seele wieder empfänglich zu machen für die großen, sinnvermittelnden Eindrücke des Ineinandergreifens von Mikrokosmos und Makrokosmos, des Einklangs der (Hemi-)Sphären zur menschlich-kosmischen Harmonie von *oben und unten* wie *innen und außen* und so zur Heilung durch Wiederentdecken der Lebenslust zu gelangen, wie Goethe es so unnachahmlich-herrlich ausgedrückt hat:

*Wenn im Unendlichen dasselbe
sich wiederholend ewig fließt,
das tausendfältige Gewölbe
sich kräftig ineinander schließt,
strömt Lebenslust aus allen Dingen,
dem kleinsten wie dem größten Stern,
und alles Drängen, alles Ringen
ist ewige Ruh in Gott dem Herrn.*

Seriöse Geistheilung hat nichts zu tun mit Hokuspokus oder schamanistischer Magie, sondern mit klarem, reinem, wahrhaftigem Denken, das zu seiner Legitimation immer wieder ad fontes zurückgeht, vorurteilslos bei Null beginnt.

Bei echter Geistheilung geht es immer darum, die gefährliche Vorherrschaft des krankhaft überschätzten Intellekts zugunsten der unterdrückten Intuition zu normalisieren, d.h. beide wieder in ein ausgewogenes Verhältnis zueinander zu bringen. Erst wenn die *linke Gehirnhälfte* (männlich-rationalistisch) und die *rechte Hemisphäre* (weiblich-intuitiv) wieder in die Balance kommen, kann Heilung im Sinne von heil werden erfolgen, kann die Zweiteilung des Bewußtseins (wörtlich: Schizophrenie = Spaltung des Gehirns) aufgehoben werden und, religiös ausgedrückt, durch Heilung der Dreieinheit (Trinität) von Geist, Seele und Körper der Mensch ins Heil geführt werden.

Nichts anderes geschieht, wenn es dem astrologisch sinnvoll beratenen Patienten gelingt, seine drei geistigen Planetenprinzipien Uranus, Neptun und Pluto bewußt auf die Erfüllung seiner Lebensaufgabe hin zu erleben. Dann besteht die Chance, die Seelenangst (von lateinisch angustus = eng) als die immer maßgebliche, wirkliche Ursache aller Symptome zu heilen, und zwar durch die Erweiterung des Bewußtseins auf beide Gehirnhemisphären.

Im Gegensatz zur modischen Bewußtseinserweiterung durch Rauschgifte oder Alkohol und zur medizinischen durch Captagon, Librium und andere «happy pills» (verharmlosend: Stimmungsaufheller) schafft das erweiterte kosmische Bewußtsein die Voraussetzung zum dann fast mühelosen Quantensprung: heraus aus der Dimension.

Ob Neurose oder Psychose: Heilbar ist eine Gemütserkrankung und damit jedes körperliche Symptom nur, wenn dem Leidenden die Möglichkeit nicht genommen wird, seine kosmische Orientierung auf das Ganze hin und den Sinuskurvenverlauf seiner rhythmisch-zyklischen Entwicklung von Gesundheit – Krankheit – Gesundheit in Raum und Zeit auch intuitiv zu begreifen. Hat erst die medizinisch-chemische Keule das Gemüt erschlagen, sind die Selbstheilungskräfte der Seele am Ende. *Sedieren* und *Fixieren* hindern mit hoher Wahrscheinlichkeit, daß der Patient seine Krankheit als Weg zur Ganzheit und so den Sinn seines Leidens und Lebens findet.

Hab Achtung vor dem Menschenbild

Und wen trifft nun die Schuld an diesem schrecklichen, unmenschlichen Mißverständnis des Geistes, an der Erniedrigung der Seele zum diagnostischen Faktor und zur therapeutischen Worthülse «Psyche», an der Behandlung aller Krankheiten aus der Froschperspektive des rein Körperlichen, an der zynischen Mißachtung des dreifach aus Geist, Seele und Körper zusammengefügten Menschenbildes?

Sie trifft den wissenschaftlich-intellektuellen Hochmut, der glaubt, alles medizinisch manipulieren zu können, der den menschlichen Körper als Mechanismus statt als lebenden Organismus betrachtet – wo doch nur die Hochachtung vor der Seele und vor dem ewigen *Geistfunken* im Menschen die Chance zur Heilung bietet.

Denn was hält den Menschen, dessen aufgerichtete Haltung und aufrichtige Gesinnung ihn erst zum Menschen macht, aufrecht? Doch nicht allein das Knochengerüst, die Sehnen, der Muskeltonus, wie der Physiologe antworten würde, sondern das menschliche Bewußtsein, derselbe Geistfunke, der das Herz am Schlagen hält. Hier der esoterisch-etymologische Beweis für die Behauptung: Wird der Mensch bewußtlos, fällt er auf der Stelle um – in Koma, Schlaf oder Tod. Nur im vollen Wachbewußtsein kann er aufrecht stehen und die gerade, direkte Verbindung zwischen Himmel und Erde symbolisieren sowie die Idee des Menschenbildes verkörpern als lebendes Symbol für das aufrechte, senkrechte, sogenannte analoge Denken, von dem hier noch die Rede sein wird.

Und warum bemerken so wenige, daß alle medizinische Therapie zu nichts anderem führen kann als bestenfalls zur Symptomwanderung, jenem schleichenden Hin und Her der Beschwerden von Organ zu Organ («heute Nase, morgen Blase», «heute Kopf, morgen Fuß»), die es nach klassischer Pathologie mangels ursächlicher Verknüpfung gar nicht geben kann? Weil der metaphysisch-wissenschaftliche Denkfehler sich von Generation zu Generation *wie eine ewige Krankheit* forterbt (Goethe, Faust I, bezogen auf den gleichen Denkfehler der Juristen). Und dieser historisch katastrophale (wörtlich: nach unten ziehende, stürzende) Irrtum – geschehen, weil immer zuviel intellektuell gedacht und zuwenig menschlich-intuitiv nachgedacht wurde – heißt *Organtherapie,* ist bald 2 500 Jahre alt und stammt von dem berühmtesten aller Mediziner, Hippokrates.

Der medizinische Sündenfall: von Asklepios zu Hippokrates

Dies geschah, als der Intellekt begann, sich vom Geist zu scheiden, als die letzten Zeugen und Zeugnisse der großen, uralten, prähistorischen Kulturtraditionen der esoterischen Zeitalter in Vergessenheit gerieten, als die Nachfolger der Atlanter in Nordeuropa (Thule, Stonehenge, Externsteine), Griechenland und Ägypten von machtbesessenen Herrschern und Priestern aus Angst vor deren hohem Wissen mit Flammen und Gift in den Tod getrieben wurden – wie die bedeutendsten Künder der ewigen Gesetze des Kosmos und der Natur: Pythagoras und Sokrates.

Da begann mit dem nur-analytischen Denken und Zerlegen von Ganzheiten die (Schein-)Blüte und zugleich auch schon die Abenddämmerung der abendländischen Medizinwissenschaft und ihrer Götter in Weiß. Aus heilkundigen Priesterärzten in den Tempeln des Asklepios und philosophisch-astrologisch-musikalisch hochgebildeten Dienern der Weisheit und der Künste in Hellas und Ägypten, zu denen auch viele Pharaonen und der legendäre Hermes Trismegistos gehörten, wurden Schmalspurmediziner, heute würde man sagen Fachidioten. Dies war der Sündenfall der Heilkunde, die einmal etwas mit Kunst (Heil-Kunst) und mit Künden (Heil-Kunde) von der ewigen Sphärenharmonie zu tun hatte.

Sünde kommt von (ab)sondern, und was geschah, war die Absonderung, die Auflösung des harmonikalen Dreiklangs von Geist – Seele – Körper im kosmischen Bezug. Man fing an, die Ursache der Krankheit nicht mehr in der Seele, sondern in der Leber, der Galle, im Blut, im Gehirn zu suchen. Und damit nahm das Verhängnis seinen Lauf.

Erst 2 500 Jahre später erkannten – an der Schwelle zum Wassermannzeitalter – große Nach-Denker wie Einstein und Heisenberg, daß *hinter* allen Erscheinungsformen (= Physik) die eigentlichen, wirklichen, echten und wahren Strukturen der Natur und die ewigen Gesetze des Kosmos (= Metaphysik) herrschen. Sie bezeichneten die Welt der flüchtigen äußeren Formen in Raum und Zeit als relativ ($E = mc^2$), gemessen an dem, was ewig-unendlich ist und scheuten sich nicht, jene Instanz, die von entferntesten Sonnensystemen bis hinein in den Atomkern alles ordnend und harmonisierend zusammenhält, aber der rein intellektuellen Erkenntnis definitiv entzogen ist, göttlich zu nennen.

Die Welt der Erscheinungen und die Wirklichkeit

Platons berühmtes Höhlengleichnis war zwar allen gebildeten Medizinern durch die Jahrhunderte hindurch bekannt, gerade auch während des «finsteren» Mittelalters, da man sich besonders bemühte, die Lehren des Aristoteles mit den Dogmen der Kirche in Einklang zu bringen, doch in ihrer, besonders seit der Aufklärung, immer unsinniger sich gebärdenden Wissenschaftsgläubigkeit konnten die von der Ganzheitsschau abgefallenen Geistessünder die so tiefe und zugleich einfache Botschaft des Gleichnisses nicht mehr empfangen:

Die Erscheinungen auf der Höhlenwand sind nur Abbilder, schwacher Schwarzweißabglanz, sind platte zweidimensionale Realität verglichen mit dem strahlenden farbigen Licht der ewigen Wirklichkeit außerhalb der fast geschlossenen Höhle, das wir Menschen, gefesselt (fixiert) hockend in der Dunkelheit letztendlicher Erkenntnisunfähigkeit, nicht direkt sehen, sondern das wir nur in Bildern und Symbolen wie Faust im Regenbogen wahrnehmen, deuten und erschließen können. Faust II, 1: *Am farbigen Abglanz haben wir das Leben.*

Zwar haben große Esoteriker in den vergangenen Jahrhunderten immer wieder in Wort und Tat entgegen aller herrschenden Lehre die teils raffiniert, teils brutal abgeschnittene Verbindung zur metaphysischen Wirklichkeit hergestellt, doch hat man sie meist verfolgt (Gnostiker, Katharer, Templer, Rosenkreuzer), verleumdet (Dr. Faustus), aus dem Hörsaal gejagt (Paracelsus, von der medizinischen Fakultät Basel) und nicht zuletzt auf den Scheiterhaufen gebracht (Giordano Bruno). Und die Mächtigen in Staat und Kirche waren stets sehr erfolgreich auf der Hut, daß die zum Schweigen gebrachten Zeugen der Esoterik, zu denen auch Mozart und Schiller gehörten, nicht mehr von den großen, wahrhaft befreienden Ideen der Esoterik künden konnten. Und Goethe, Eingeweihter der Isis, wußte auch gut, wovon er sprach, als er die bitteren Worte niederschrieb:

> *Die wenigen, die was davon erkannt...*
> *hat man von je gekreuzigt und verbrannt.*
> (Faust I, Nacht)

Höhlengleichnis 2000

Und heute? Kann esoterisches Bewußtsein im Wassermannzeitalter die an mittlerweile chronisch-degenerativ gewordenem Spaltungsbewußtsein (klinisch: Schizophrenie) leidende Universitätsmedizin doch noch retten, sie von wissenschaftsgläubiger Nabelschau weg- und wieder hinführen zu ganzheitlichem Bewußtsein? Ja, die astrologisch wohlverstandene Botschaft des Wassermanns, der seinen Krug voll geistiger Erneuerung über die Menschen ausgießt, verheißt gerade diese Möglichkeit zu innerer Umkehr und zum Aufbruch in ein neues Denken. Alle Voraussetzungen sind jetzt plötzlich mit der ganzen Veränderungsdynamik des Wassermannplaneten Uranus gegeben. Tausende von Heilern machen es Tag für Tag den Medizinern vor, was es heißt, wirklich Arzt zu sein, indem sie Bewußtseinserweiterung vermitteln und so den Leidenden die im Fischezeitalter verschüttete kosmische Sprache der Krankheiten wieder verständlich machen.

Ja, es bedarf nur eines kleinen Schrittes vom mechanischen zum organischen ärztlichen Denken. Und dieser kleine, aber entscheidende Schritt besteht darin, Platons Höhlengleichnis kurz vor der 2000-Jahres-Wende endlich wieder nach so langer Zeit exotcrischer Verkennung zu verstehen. Und das bedeutet für die gegenwärtige Medizin nicht mehr und nicht weniger, als die Symptome für das zu nehmen, was sie in Wirklichkeit sind: lediglich die Abbilder der eigentlichen (seelischen) Ursachen. Der Arzt, der diesen Sinn der Erkrankungen sieht, wird keine Mühe haben und scheuen, die in der dunklen Höhle des Unbewußten und der Unwissenheit gefesselten Seelen behutsam-liebevoll zu befreien und sie langsam an das gewaltige Licht der metaphysischen Sonne zu gewöhnen.

Dann brauchen die Leidenden endlich ihre Symptome nicht mehr, weil sie sie verstanden haben; dann können sie ihre Krankheit als Weg zur Befreiung von den Ketten der Materie (Überschätzung der Körperlichkeit) begreifen und sich dem ewigen Licht zuwenden – so wie Beethoven es für Florestan geschaut, gestaltet und, ohne es körperlich zu hören, in Musik verwandelt hat. Leonores Menschlichkeit und Liebe haben zu Harmonie und Heilung (Erlösung) geführt, weil sie das («finale») Menschenbild in Florestan achtete, so wie es der große Esoteriker Friedrich Hebbel geschaut hat:

Höchstes Gebot

*Hab Achtung vor dem Menschenbild
und denke, daß, wie auch verborgen,*

*darin für irgendeinen Morgen
der Keim zu allem Höchsten schwillt!*

*Hab Achtung vor dem Menschenbild
und denke, daß, wie tief er stecke,
ein Hauch des Lebens, der ihn wecke,
vielleicht aus deiner Seele quillt.*

*Hab Achtung vor dem Menschenbild,
die Ewigkeit hat eine Stunde,
wo jegliches dir eine Wunde,
und, wenn nicht die, ein Sehnen stillt.*

Fehlende Achtung vor dem Menschenbild: Die Amfortaswunde der Medizin – und der Wissenschaft überhaupt

Ein dichterisches Idealbild, was Hebbel da vom Menschen entwirft? Nein, es ist die ethische Minimalforderung der Menschlichkeit, abgeleitet aus der reinen platonischen «Idee», dem ewigen Bild des Menschen (außerhalb der Höhle), gegen die niemand, erst recht kein Heilkundiger, ungestraft verstoßen kann. Wer es dennoch versucht, handelt unmenschlich – wo nicht aus Bösartigkeit, so doch aus Mangel an jener Bildung, die man vor noch nicht allzu langer Zeit mit Fontane Herzensbildung nannte. Und dieser Mangel ist nichts anderes als der Verlust der Einbeziehung des Herzens (der Seele) in die Geist-Seele-Körper-Ganzheit.

Das aus dem Menschenbild herausgeschnittene Herz, das man ja heute schon routinemäßig durch eine Pumpmaschine oder einen künstlichen Geistfunken mit Namen «Schrittmacher» ersetzt, ist der eigentliche Grund dafür, daß die herzlos-rationalistisch-mechanische Medizinwissenschaft mit ihrer fixen Idee vom wissenschaftlichen Beweis schwerlich hoffen darf, *aus diesem Meer des Irrtums aufzutauchen* (Faust I).

Denn es ist etwas faul im Staate Wissenschaft, und das ist der Beweis: der sogenannte wissenschaftliche Beweis mit seiner Forderung nach Wiederholbarkeit durch jeden Wissenschafter, an jedem Ort, zu jeder Zeit. Wenn schon nicht einfaches Nachdenken dazu geführt hat, daß außerhalb von Raum und Zeit, wie z.B. im Traum oder im Tod, die irdischen Gesetze der Physik aufgehoben und also der Metaphysik untergeordnet sind, so hätten doch spätestens die Raumfahrterfahrungen von Schwerelosigkeit und Zeitgefühlverlust an der absoluten Gültigkeit der zur Glaubensdoktrin gemachten Newtonschen Naturgesetze zweifeln lassen müssen, zumal Einsteins $E=mc^2$-Erkenntnis von der Lichtgeschwindigkeit und der Raumkrümmung die irdisch und nicht kosmisch orientierte Kathederphysik längst zum alten Schlapphut gemacht hatte.

Das akademische Brett vor dem Kopf

Man wollte es nicht wahr haben, weil nicht sein kann, was akademisch nicht sein darf. So wurde das Nachdenken eingestellt, und so wurde die Bestandssicherungsformel *Du sollst nicht merken,* wie Alice Miller sie so treffend für die Pädagogik und darüber hinaus für die gesamte Wissenschaftsgläubigkeit formuliert hat, zum obersten Glaubenssatz akademischer Selbstbewunderung.

«Wissenschaftlichkeit» und das Axiom der Beweisbarkeit sind de facto fast identisch. Wenn der Nichtwissenschafter alias Laie (der Dumme) etwas nicht glaubt oder nicht kapiert, aber erfährt, es sei wissenschaftlich bewiesen, ist für ihn die Welt in Ordnung. Wenn der Wissenschaftler (der Kluge) etwas nicht glaubt oder nicht kapiert, fragt er natürlich sofort, ob es wissenschaftlich bewiesen sei. Der Laie versteht unter Wissenschaftlichkeit: seriöse Forschung, Präzision, Verläßlichkeit, Klugheit, Bildung, Kompetenz, akademisches Flair. Der Wissenschaftler verbreitet mit akademischem Flair: seriöse Forschung, Präzision, Verläßlichkeit, Klugheit, Bildung, Kompetenz. So ist die Sache von beiden Seiten wasserdicht, zumindest scheinbar.

Und keiner bemerkt die geradezu klassische Petitio principii: Etwas wird einfach behauptet und, weil es so schön wissenschaftlich bewiesen ist, muß es stimmen; was gerade erst zu beweisen wäre, wird unter Verstoß gegen die Logik als wahr unterstellt. Nur manchmal kommt einer und merkt doch etwas. Das ist dann der Spielverderber, der Nestbeschmutzer, der Ketzer – je nachdem. Die Angst vorm Merken muß heute groß sein, denn beim hehren wissenschaftlichen Beweis hat der Topf doch offensichtlich ein Loch, und zwar ein großes, aber an der Rückseite, wo man so leicht nicht hinschaut. Der Laie bemerkt es nicht, und der Wissenschaftler wird sich hüten, den Topf umzudrehen.

Es handelt sich hier um den exakt gleichen Mechanismus, den die Machthaber in Staat und Kirche bzw. Universität seit Jahrhunderten immer wieder anwenden, um für sie gefährliches esoterisches Wissen zu unterdrücken: Die zweidimensionalen Abbilder an der Höhlenwand werden als die verbindlichen (wissenschaftlichen) Beweise ausgegeben, das ewige kosmische Licht dagegen erklärt man offiziell zum teils harmlos-lächerlichen, teils unheimlich-bedrohlichen Unsinn. Was uralte Kulturen Vorsehung, Schicksal, Nornen- oder Parzenweisheit nannten, was bei Sokrates/Platon «Idee» heißt und bei Kant «Ding an sich», bei Schopenhauer «Wille», bei Goethe «Natur», bei Richard Wagner «Weltatem» (Tristan), bei Hebbel «Geist des Weltalls», bei fast allen Menschen (Nichtwissenschaftlern) in der ganzen Welt früher wie auch heute «Gott» oder «Himmel», das bezeichnen die wissenschaftlichen Machthaber mit dem Verdikt «unwissenschaftlich»!

Doch damit nicht genug. Zur Verteufelung der wachsenden esoterischen Bewußtseinserweiterung kommt auch noch die Verfolgung des Feindes, konsequent und unlogisch zugleich. Hat doch seit altersher das schlechte Gewissen immer zweierlei hervorgebracht: Aggression und Schwäche in der Argumentation. Wie soll denn auch ein Wissenschaftler zum Beispiel im Deutschen Bundesgesundheitsamt begründen, daß homöopathische oder Naturheilmittel wie etwa Arnica erstens unwirkam und zweitens schädlich sind und «also» aus den Regalen genommen werden müssen?

Es würde schon sehr viel Mut dazu gehören, wollte ein etablierter Wissenschaftler erstens konsequent nachdenken und zweitens sich zu dem zwangsläufig schockierenden Ergebnis dann auch noch öffentlich bekennen. Er müßte sich ja eingestehen, daß das Denkverbot in bezug auf den wissenschaftlichen Beweis nicht nur einer erkenntnistheoretisch simplen Fehlbeurteilung entspringt, sondern absichtlich der Tarnung und Einbetonierung des goldenen Kalbes mit Namen «wissenschaftlicher Beweis» dient. Schlimmer noch, er würde den Zorn der Kollegen auf sich ziehen – mit allen peinlichen Folgen für Renommee, Status, Karriere und Einkommen.

Der monokausale Beweis: intelligent oder nur intellektuell?

Und dies alles ist die verheerende Folge des geistigen Sündenfalles zwischen Asklepios und Hippokrates. Der Wissenschaftsmediziner meint zu denken, zu erkennen, zu wissen, dabei *glaubt* er in seiner Wissenschafts-*gläubigkeit* nur an eine Wahrheit: an seinen Intellekt – und wirft paradoxerweise dem Rest der Welt vor, nicht klar zu denken, sondern in dumpfer religiöser Gläubigkeit oder esoterischer Ignoranz den überaus glänzenden Fortschritt der Medizin mit ihren chromblitzenden Lebensverlängerungsapparaten auf den Intensivstationen geringzuschätzen.

Aber was für ein Denken ist das letztlich? Es ist das *monokausale* Denken, das immer nur von einer Ursache auf eine Wirkung schließt und vice versa von einer Wirkung auf eine Ursache und so weiter, immer hin und her. Das ist die Crux, das Kreuz der Materie, welches das umfassende Denken mit beiden Hemisphären auf die eine intellektuell-materielle Hälfte reduziert und die andere geistig-spirituelle amputiert. Denn was im Grunde so einfach mit beiden Gehirnhälften «stereo» zu begreifen ist, verschließt sich ebenso sicher dem einseitigen Zugriff von links: Für kein Phänomen gibt es nur *eine* Ursache, sondern immer eine Fülle möglicher Kausalzusammenhänge, und eine causa kann immer eine unbegrenzte Anzahl von Erscheinungen bedingen.

Es ist verhängnisvoll, diese Elementarwahrheit zu verkennen, und es ist auch nicht sehr klug, an diesem Elementarirrtum als Grundlage des gesamten Wissenschaftsgebäudes stur festzuhalten. Denn was geschieht, wenn der tönerne Fuß bricht? Das gesamte Gebäude stürzt zusammen, wie das Hochhaus infolge von Steinlausbefall in Staub sinkt (v. Bülow).

Wenn also das monokausale wissenschaftliche Denken den sogenannten wissenschaftlichen Beweis diskreditiert, was ist dann die Alternative, was ist alternatives Denken? Es ist das jahrtausendealte, wirkliche, echte, wahre, reine Denken. Es ist das *senkrechte Denken,* das immer die vertikale Verbindung von Himmel und Erde einbezieht und das im Gegensatz zum flachen Horizontdenken aus der Froschperspektive zum weithin reichenden Überblick aus Adlerhöhen die Voraussetzungen schafft (eagle-view). Es ist das *analoge Denken* der großen Esoteriker, das Denken in freien Assoziationen, in Bildern und Symbolen, das Denken mit beiden Hemisphären zugleich, welches allein die große Einheit und Ganzheit der Sphärenharmonie schaffen kann. Es ist das organische, intuitive, grenzwissenschaftliche (d.h. die Grenzen überschreitende) Denken, ohne das immer nur die eine Hälfte aller Dinge bewußt wird, die andere jedoch im Dunkel des Unbewußten bleibt.

Wer nur monokausal wissenschaftlich *glaubt* statt grenz-wissenschaftlich zu *denken,* bleibt vor der Grenze der ewigen Wahrheit stehen, bleibt im Materiellen stecken («wissenschaftlicher Materialismus»), kommt von der (Psycho-)Analyse nicht zur (Psycho-)Synthese, sieht wie Platons Höhlenbewohner von allem nur den *Schein,* nie das *Sein.* Wer aber die heutige Wissenschaft einmal als bloße Exoterik mit ihrem beschränkten Kausalhorizont erkannt hat, kann den großen esoterisch-geistigen Sprung schaffen, der «für die Menschheit» größer ist als der erste Schritt des Menschen auf den Mond: den Quantensprung für die Menschlichkeit von der Exoterik zur Esoterik, von der *Wissenschaft* zur *Grenzwissenschaft.*

Pluto – das Ausrufezeichen des Wassermannzeitalters

Dies zu wissen und dann auch noch den Sprung zu wagen, ihn tatsächlich zu tun, erfordert allerdings eine Fähigkeit, die uns Menschen zu Ende des Fischezeitalters fast abhanden gekommen ist, vielleicht aber jetzt mit der Morgenröte des Wassermannzeitalters wiederkehrt: *Mut.*

Hundert Zwänge aus Erziehung, Familie, Beruf, Umwelt haben uns das Gegenteil gelehrt: Vorsicht und Angst, die Quelle fast aller Seelenleiden. Deshalb muß die monokausal-materialistisch auf Körperursachen programmierte Schulmedizin auch regelmäßig passen, wo es um Heilung geht. Die Erkrankung wird nicht verstanden, gilt als unheilbar, lediglich das Symptom wird weggemacht.

Nur eines kann diese Medizin befreien: ein intensiver Impuls aus dem menschlichen Inneren, etwas das gewaltig Druck erzeugt und mit unwiderstehlicher Energie die Neugeburt herausdrängt und auf eine höhere Ebene befördert. Die grenzwissenschaftlich-esoterische Entsprechung ist, senkrecht-analog gedacht, die mächtigste Kraft von allen Energien im Kosmos, mit astrologischem Namen das Prinzip *Pluto*.

Den Ängstlichen und Kleinmütigen, auch unter den Astrologen, ist dieses Prinzip der echten, tiefen Wandlung und des Aufbruchs zu den großen Ideen der Evolution natürlich verdächtig. Sie hüten sich begreiflicherweise vor der Erneuerung, symbolisiert im «Bösewicht» Pluto. Doch in Wirklichkeit bietet Pluto sich als hilfreichster Beförderer, als großer Paraklet dem Menschen an, so daß er mit der Begeisterung erweckenden Kraft des geistigen Prinzips Pluto hinauf- und vorwärtsschreiten kann.

Pluto bringt die Möglichkeit und den Mut zum inneren Durchbruch, zum ganz Neuen, zum noch nie Dagewesenen. Pluto ist die Macht, welche die dunklen Kräfte des Unbewußten aktiviert und umpolt. Pluto ist die schwarze Sonne, die alle Tabus aus der Schattenwelt heraufholt und sie zu transformieren, zu mutieren, zu verwandeln einzigartig in der Lage ist. Pluto schafft die große Metamorphose: die Wandlung des Dunklen zum Hellen, vom Chaos zum Licht, vom Stumpfsinn zur geistigen Erneuerung, vom Dogma zum Denken, vom Materiellen zum Geistigen, von der Geophysik zur Kosmosphysik, von der Krankheit der Menschheit und des Menschen zur Gesundheit, vom medizinischen zum menschlichen Bild des Homo sapiens, aus dem Kreuz der Materie zur Fontäne der Spiritualität wie von der Raupe zum Falter.

Der archimedische Punkt in der Mitte

Astrologen haben heute immer noch einige Schwierigkeiten, Pluto im Tierkreis zu fixieren – sehr begreiflich, denn er ist ja das Gegenteil von fixieren. Gewiß ist Pluto anerkannt als Herrscher des Zodiakzeichens Skorpion; aber paßt er nicht auch ins Zeichen Wassermann? Ist er nicht ebenso oder doch ähnlich wie der Uranus, der als anerkannter Herr des gestirnten Himmels regiert, als Mitherrscher der aufsteigenden Unterwelt im Wassermannzeitalter mit all seinen noch unbegreiflichen, tiefgründigen, hintergründigen, abgründigen Wandlungen zu inthronisieren? Und gehört er nicht – verborgener, geheimer, unsichtbar-tabuisierter Herrscher *aller* Tierkreiszeichen, der er vielleicht ist – als archimedischer Punkt in die Mitte eines jeden Horoskops?

Sigmund Freud, der Pionier der Seelenarchäologie, hat mit seiner wahrhaft ungeheuren Plutokraft die Mächte des Unbewußten aus der Tiefe ans Licht heraufgeholt. Er hat Pluto, den Herrn des Acheronreichs, befreit und entfesselt, so daß heute endlich der Polsprung vom materialistischen Ego zum sublimierten, transpersonalen Geist erfolgen kann. In seinem Geburtshoroskop stand Pluto als Herrscher seines Skorpionaszendenten dicht am Deszendenten, dort, wo man vom Ich genesen und zum Nicht-Ich, Über-Ich oder transpersonalen Ich sich entwickeln soll. Freuds Pluto am Deszendenten: Menetekel oder Verheißung? Wohl beides.

Es scheint, Freud wußte genau, welch gewaltigem Plutoimpuls er folgte, was er zerstören und neu aufbauen sollte, und daß gerade er als Wissenschaftler die menschliche Seele aus den Fängen der Wissenschaften, vor allem der Medizin und der Psychologie, befreien sollte. Freud stellte nämlich seinem 1900 erschienenen Schlüsselwerk *Die Traumdeutung,* so als wolle er seine Jahrhunderttat als ganz bewußten Protestschritt auch gegen die Götter in Weiß dokumentieren, die Verse des Vergil voran:

> *Flectere si nequeo Superos,*
> *Acheronta movebo.*
>
> *Kann ich die Überirdischen nicht rühren,*
> *so will ich die Unterirdischen aufbringen.*

Wir brauchen eine echte Erkenntnisbegeisterung, um unseren Anteil am ewigen Geist des Kosmos zu beherzigen und Geist und Seele (Herz) in harmonischen Einklang mit unserem Körper zu bringen. Das ist der Weg aus der schizophrenen Spaltung der Geist-Seele-Körper-Einheit wieder hin zur Dreieinheit: Mit Pluto im Quantensprung von der Krankheit zur Gesundheit. per aspera ad astra – durch die Dunkelheit zum Licht.

Der Sprung ist überfällig, seit Saturn und Neptun 1989 in dreifacher Konjunktion der Menschheit verkünden, daß die verschleierte Wahrheit (Neptun) jetzt mit Klarheit (Saturn) ans Licht kommt.

Wieso können Planeten verkünden? Weil die wohlverstandene *Astrologie* und die wirkliche *Medizin* eigentlich Künste (und nicht Wissenschaften) sind: *Sterndeutkunst* und *Heilkunst,* die beiden hilfreichen Schwestern. *Kunst* aber kommt von *Künden* und heißt ursprünglich: Kunde geben von den ewigen harmonikalen, geistigen Gesetzen. So also künden die Planeten vom neuen Bewußtsein:

Saturn, der große scharfkantige Fels, zerreißt den Schleier der Maja (Neptun), in den die Wissenschaft sich so geschickt verhüllt hat. Die schwarze Sonne *(Pluto),* die freundlich-hilfreich im harmonikalen Sextilaspekt dazu steht, bietet die große Chance, daß aus der Enthüllung etwas Sinnvolles wird. Denn jetzt steht die Wissenschaft erst einmal nackt da wie der Kaiser ohne Kleider, und wo noch Kleider sind, da johlen die Betrogenen, die plötzlich etwas begreifen «Unter den Talaren Muff von tausend Jahren». Jetzt zählt nicht mehr, was funkelt und blitzt, sondern nur noch was wahrhaftig ist, was wirklich hilft, was rein, echt und von Saturn geprüft überleben darf: das *intelligent* und nicht mehr nur intellektuell entwickelte Bewußtsein der Menschlichkeit.

※ ※ ※

Für den eiligen Leser, der sich nur einen Überblick verschaffen möchte, hier noch statt einer Zusammenfassung eine schematische Kurzdarstellung des möglichen plutonischen Quantensprungs, der für *alle* Wissenschaftsbereiche gilt:

Bei der *Religionswissenschaft* wäre z.B. sinngemäß-analog links einzusetzen *Theologie,* rechts *Seelsorge;* bei der *Nationalökonomie* links *Wirtschaftswissenschaft,* rechts *Handel* und bei dem hier in Frage stehenden Thema *Heilkunde* links *Medizin,* rechts *Heilen.* Denn alle geistigen Evolutionschritte folgen der Entwicklung

vom Denken zum Nachdenken   *vom Sinnen zum Sinn*
vom Kennen zum Erkennen   *vom Beruf zur Berufung*
vom Hören zum Lauschen
vom Sehen zum Schauen
vom Reifen zum Begreifen

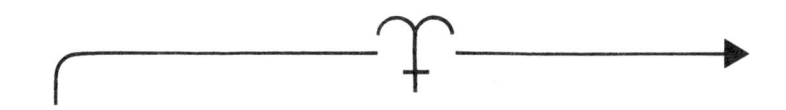

Wissenschaften	Grenzwissenschaften
= Exoterik	= Esoterik
vor der Grenze stehend	die Grenze überschreitend
Physik i. S. v. Newton, Descartes	Metaphysik i. S. v. Pythagoras, Einstein
Analyse, Kritik	Synthese, Zusammenschau
Intellekt, Vernunft, Verstand	Imagination, Inspiration, Intuition = höhere Vernunft
materielles Denken: mit dem Kopf für den Leib	geistig-seelisches Denken: mit dem Herzen für den ganzen Menschen
ich-bezogenes Denken «ego-zentriert»	überpersönliches Denken «transpersonal»
Kenntnisse = Lexikonwissen	Erkenntnis = begreifendes Wissen (Weisheit)
Bewußtseinsenge (= Angst)	Bewußtseinserweiterung (= Freiheit)
glauben i. S. v. meinen, zweifeln, grübeln = Wissenschaftsgläubigkeit	wissen i. S. v. verstehen, begreifen, herunter- und hereinholen, integrieren = Glaubensgewißheit
«Religion» = Konfession (Kirchen, Sekten, Gurus)	Religion = Wissen vom Ursprung (Natur, Kosmos, ewige geistige Gesetze)
platte Realität	die Wirklichkeit
primitiv, einseitig: linke Gehirnhälfte	entwickelt, beidseitig; linke und rechte Gehirnhälfte
diesseitsorientiert: von der Geburt bis zum Tod	diesseits- und jenseitsorientiert: von Wiedergeburt zu Wiedergeburt
Astrologiewissenschaft: Einflußtheorie, Beweise	Astrologie als Sprache des Kosmos: Analogie «so oben wie unten»
Abbilder (Höhlengleichnis)	*Bilder,* Symbole, Archetypen
(mono-)*kausales* Denken: horizontal, «flach»	*analoges* Denken: senkrecht, integral, mehrdimensional, «höhere Vernunft»
anerkannte Lehre, herrschende Meinung, Doktrin, Ideologie der *äußeren* Gesetze, Froschperspektive Zufall und Willkür («casus»)	Klarheit und Wahrheit, Philosophie, Weisheit, Lehre von den *inneren* Zusammenhängen (esoterisch von griech. esos = innen), eagle-view kein Zufall: kosmisches Gesetz und Harmonie
Schein	Sein
Merkur/Zwilling	Jupiter/Schütze

Pluto

Alexander v. Vietinghoff

am 28. August 1948 in Zürich geboren und dort aufgewachsen. Der Vater ist Maler, dessen Eltern waren Musiker und Schriftsteller. Sieben Jahre Studium der klassischen Altertumswissenschaften (Archäologie, griechische Philologie, Geschichte) in Bern und Bonn. Publikation zur methodischen Auswertung römischer Fundmünzen. Forschungsstipendium zum Erfassen der rundplastischen Bildnisse des Kaisers Claudius. Viele private und studienbedingte Reisen.

Ab 1973 widmet sich Alexander v. Vietinghoff der psychologischen Astrologie, und zwei Jahre später folgt die Berufsentscheidung für die neue Disziplin. Seit 1977 ist er hauptberuflich in Zürich und Berlin (Wohnsitz seit 1981) als selbständiger Astropsychologe, Berater und Lehrer tätig. Die geistige Orientierung ist tiefenpsychologischer, esoterischer und karmischer Natur, ohne Verzicht auf Wissenschaftlichkeit. Von ihm veröffentlicht wurde eine Horoskopinterpretation Bert Brechts anhand seiner Texte.

Neue Lebensqualität und bewußtere Zuwendung zum Buddhismus findet der Autor nach mehreren und ausgedehnten Asienreisen.

Alexander v. Vietinghoff
Stirb vor dem Tod, auferstehe jetzt!
Sufi-Weisheit

Der Tod ist eigentlich nicht einmaliger als irgendein anderer Moment im Leben, als ein Augenblick der Liebe, als ein erlösendes Aha-Erlebnis im fortschreitenden Prozeß der Bewußtwerdung. Der Tod in seiner Unausweichlichkeit zwingt, genauer hinzusehen, was Existenz, was Dasein, was *Leben* bedeuten. Warum tun wir es ohne diesen Zwang, diesen letzten Anlaß so wenig? Täten wir es vermehrt, würden wir in einem nicht intellektuellen Sinne alles begreifen, einschließlich uns selbst, wir wären fast schon erlöst. Da wir es offensichtlich nicht sind, frage ich mich, warum Schock, Schmerz und Trauer sein müssen, und was die Botschaft, was deren Lerninhalt sei.

Durch die Fassungslosigkeit, die sie auslösen, verschaffen sich Katastrophe, Krankheit und Tod Respekt. Da wir so fassungslos sind, stellt sich auch die Frage, warum wir so heftig reagieren, und was sich auf diese Weise Respekt verschaffen muß oder soll. Es gibt da offensichtlich eine große, generelle Mißachtung, die nach Verdrängung und Stauungen ins plötzliche Gegenteil umschlägt. Erst nachdem wir krank oder verletzt waren, werden wir uns des erstaunlichen Phänomens eines gesunden Körpers wieder voll bewußt. Nach mehrtägigem Fasten schmecken und genießen wir die alltäglichsten Speisen tiefer.

Es wird zwar heute schon viel freier und weniger verlogen – auch über den Tod – gesprochen als vor hundert Jahren. Aber Reden über ein Phänomen und der Umgang damit sind oft zweierlei. Wir haben den Tod als Ereignis nicht verstanden, *solange* wir uns über explodierende Autos in einem zynisch mit Tod (und Leben) umgehenden James-Bond-Film amüsieren, gedankenlos Rattengift streuen, unbarmherzige und fragwürdige Tierexperimente durchführen, vom militärischen Rüstungsfieber nicht ablassen, aus ökonomischen Gründen lebende Fische zu Hunderttausenden durch die Filetiermaschine jagen, Sterbenden an Schläuchen angeschlossen nicht dieselbe geschulte Vorbereitung wie Schwangeren auf die Geburt angedeihen lassen.

Am Grab eines nahen Menschen wird der Tod plötzlich so anders. Der Tod selbst nicht, aber das Bewußtsein darum. Zum ersten sind wir von Selbstmitleid ergriffen. Wir sind mit dem Ablauf der Welt nicht eins und gestehen dem Tod des anderen nicht zu, einen individuellen Stellenwert, vielleicht sogar einen Sinn zu erfüllen. Das hat mit Mangel an Vertrauen in die Schöpfung zu tun. Es gibt zwei Aspekte des Selbstmitleids. Der erste scheint psychologisch zu sein, ist aber im Kern eine Frage des Glaubens. Psychologisch gesprochen projiziere ich die eigene Person an die Stelle des Verstorbenen, etwa mit dem Gedanken: es muß ja schrecklich sein zu sterben bzw. nicht mehr hier zu sein. Das Psychologische daran ist, daß Sichtbares, Extravertiertes als wahrer und erstrebenswerter erachtet wird, besonders im kulturellen «Westen» (Stichwort «Leistungsgesellschaft»). Während nichtsichtbare Werte und Introvertiertes im Schatten stehen, üblicherweise geringer geschätzt oder für Sondersituationen ausgespart werden (die Schweigeminute am Grabe).

Natürlich gibt es unterschiedliche Todesarten und schwerverständliche Todeszeiten. Da wir diese Erfahrung im Leben noch vor uns haben und in der Vorstellung um dieses Ereignis eine riesige Ungewißheit liegt, ist es jedem nachzusehen, wenn die vorauseilenden Gedanken an den Tod Unbehagen auslösen. Wir haben ja den Lebenserhaltungstrieb, der durch diese Art von Übelkeit vor dem Tod zu warnen hat. Es ist aber auch Mangel an Vertrauen, auch in die Natur des Todes. Es ist eine areligiöse Kleingläubigkeit, die den Tod als nacktes Ende erscheinen läßt.

Der zweite Aspekt des Selbstmitleids wird durch das Gefühl ausgelöst, verlassen worden zu sein. Eine merkwürdige Mischung aus Angst und Gekränktsein, also aus einer kindlich-egozentrischen Haltung und wieder dem Mangel an Vertrauen. Insofern ist der Tod eines Nahestehenden, besonders derjenige eines Elternteils, mit einem weiteren, fälligen Schritt des Erwachsenwerdens verbunden, unabhängig davon, ob man als Sohn oder Tochter fünf, fünfzehn, vierzig oder sechzig Jahre alt ist. Beschränkt man Erwachsenwerden nicht auf Pubertät und Berufsbeginn, sondern versteht es als Reifung, sind wir ständig dabei, erwachsener zu werden. Das meint immer auch selbständiger, freier, mündiger. Die meisten Menschen sehen dies als erstrebenswert an, und so müßte das Selbstmitleid, da es auch *eigenen* Wünschen im Wege steht, keinen Platz mehr haben, überflüssig sein.

Ich möchte die hier entwickelten und noch zu entwickelnden Gedanken auf andere Formen des Abschiednehmens ausdehnen: auf Trennungen von Bezugspersonen, Partnern im besonderen. Auseinandergehen nach kurzem Verliebtsein, Scheidung nach längerer Ehe, Partner- und Elterntod sind wie verschieden gefaßte Erzählungen desselben Geschehens. Dieses kann als allgemeines Naturphänomen von Werden und Vergehen gesehen werden oder als Geschichte des individuellen psychischen Energiestroms.

Einmal geht die Energie von einem weg, einmal kehrt sie zu einem zurück. Unterschwellige Sehnsüchte werden einem Gegenüber angeheftet, im eigenen Inneren nicht integriert, sondern wie Sonnenmasse in Eruptionen und Protuberanzen aus dem eigenen Ich herausgeschleudert (= projiziert, vgl. Projektil = Geschoß). Jede Bezugsperson wird davon betroffen. Kinder projizieren Noch-nicht-Lebbares auf Eltern, diese wiederum Ungelebtes, Verpaßtes auf jene und Verlangen nach Ganzsein und harmonisierenden Ausgleich auf den Partner. Es ist eine Frage der Zeit, daß das Gegenüber sie abwehrt, sie an sich als Fremdteile abprallen läßt, oder daß man selber aus Notwendigkeit, Einsicht, Reife usw. diese Energien wieder zurücknimmt: Introspektion, Abnabelung, Einkehr, Distanz, Emanzipation, Selbstbefreiung. Insofern freiwillige oder erzwungene Rücknahme von Wünschen, Hoffnungen, Illusionen, Idealisierungen, insofern Introjektion, Richtungswechsel des Energieflusses vorliegen, wenn man sich auf sich selbst geworfen sieht, sind alle Abschiede von einer Bezugsperson vergleichbar. Trauer ist oft eine Schwester der Enttäuschung: man spürt, daß das Gegenüber die Lösung der eigenen Existenzproblematik auf Dauer nicht leisten kann und man auch für projizierte Ich-Teile, für diesen unbewußten Akt des Herausschleuderns psychischer Energie alleinverantwortlich ist. Man würde aus der menschlichen Rolle fallen, aus den Fugen geraten, wenn nicht eine Art psychischer Schwerkraft die ausgeworfene Seelensubstanz wieder einholen würde.

Sind die Einsicht und der Wunsch erwachsen zu werden, zu wachsen, auf Autonomie hinzureifen, ungetrübt vorhanden, haben wir zwar dem Selbstmitleid den Nährboden entzogen, damit aber den Schmerz nicht eliminiert. In ihrem mechanistischen Denken heutiger Tage will die Schulmedizin mit Pillen wie per Knopfdruck den Schmerz ausradieren. Das Symptom entfällt kurzfristig, ebenso der Entwicklungs- und der Reifungsanreiz. Der seelische Schmerz bleibt. Die heile Welt, die wir uns erträumen, darf ihren Platz behalten, soweit sie angemessene Entspannung im rauhen Alltag gibt und Hoffnung nicht einschlafen läßt. Das Bild einer schmerzfreien Welt, das durch die heutige Medizin propagiert wird, grenzt an die Vorstellung des Paradieses, in dem aber gleichzeitig die satte Faulheit eines Schlaraffenlandes lauert, die uns zu oberflächlichen, kindischen Geschöpfen machen würde, fern von jedem Impetus zu seelisch-geistiger Steigerung. Man braucht aber gar keinen moralischen Imperativ zu konstruieren: Jede Reifung hat ihre Reifungsschmerzen, die mit Abschiednehmen, Sich-Überwinden, Neubeginn und allerlei anderen, zähen Prozessen einhergeht. Ob Geburtsschmerzen oder Schmerzen beim Heraustreten der ersten Zähne, ob Heimweh im ersten Urlaub ohne Eltern oder pubertärer Liebeskummer..., immer gehen entscheidende Phasen mit Reifungsschmerzen zusammen, die uns schließlich auch weiterbringen. Sich dessen bewußt zu werden, läßt sie nicht verschwinden, aber mit Fassung, vielleicht sogar mit etwas Freude tragen. Freude ist auch hier alles andere als verzweifeltes Gelächter, Freude (wie ich sie meine) ist innere Genugtuung, daß es weitergeht, daß ich Gelegenheit habe, mich in einen nächstgrößeren Raum – wenn auch unter Schmerzen – auszudehnen und nicht zu stagnieren.

Es gelingt besser, Reifungsschmerzen einzuordnen, wenn wir schon den Augenblick des Schmerzes selbst als Anstrengungsphase, Bild mit eigener Vorstellungskraft vor unserem geistigen Auge produzieren oder mit einem therapeutisch ausgerichteten Begleiter zusammen. Der Schmerz ist die Anstrengung zusammen mit der Ungewißheit über den Ausgang einer Kletterpartie, nach deren Ende wir eine Bewußtseinsspitze, wir einen Berggipfel erreicht haben und vom Erlebnis der Weite des Rundblicks erfüllt sind.

Diese Spitzenzeiten des Bewußtseins geben uns die Chance, mehr als sonst zu überblicken, das Tal der einschläfernden Gewohnheit unter sich zu lassen und Weite, Freiheit zu atmen, – und auch zu ertragen: ein Trauerfall oder Trennungsschock ist ebenso eine Möglichkeit zu einem Maximum an Bewußtsein zu kommen wie eine elektrisierende, nichtprojektive Begegnung oder – auf anderem Bewußtseinsniveau – der Zuwachs an Selbstbewußtsein nach den ersten sicher gelungenen, aufrechten und selbständigen Schritten eines Kleinkindes. Einmal wird die Spitze bei Sonne, einmal bei Regen erreicht. Sollte man ausschließlich verbittert reagieren und sich um ein positiv zu verarbeitendes Spitzenbewußtsein bringen, weil es regnet? Warum bleibt oft nur ein wie ferngelenkter Gang zur sonst gemiedenen Kirche oder der traditionelle Griff zur Bibel übrig als rituelle Relikte eines viel umfangreicheren seelisch-geistigen Geschehens?

Der Schmerz wird bekanntlich um so heftiger, je mehr man sich dagegen aufbäumt, gegen ihn kämpft statt sich gründlich von ihm durchspülen zu lassen. Wie eine Kette am Hals, die sich enger schließt, unfreier macht. In die Nähe des Pflocks zu gehen, woran die Kette gebunden ist, ans Zentrum der Unfreiheit, des Schmerzes zu gehen, an die Gefahrenquelle heranzutreten, öffnet den Würgeschluß, läßt einen wieder atmen und von der Ursache durchdringen. Langfristig haben wir mehr davon: *lernen heißt hinschauen, nicht weglaufen.*

Die psychische Konfliktunfähigkeit der letzten autoritär erzogenen Generationen soll nicht eingetauscht werden gegen eine Schmerzunfähigkeit einer Pillen-Knopfdruck-Generation. So gründlich aufgeweicht und in Fluß gebracht werden wir selten wie gerade in Trauer, deshalb kann es sich niemand leisten, auf ihre reinigende und heilsame Wirkung im Gesamtprozeß der seelischen Evolution zu verzichten. Es wäre sinnvoll und angemessen, nicht nur Flitterwochen in Anspruch zu nehmen oder Schwangerschaftsurlaub und postoperative Kuren, sondern ebenso geregelte Trauerferien einzuführen. Was durch nicht verdrängte, nicht weggesteckte Trauerbedürfnisse und zugelassene Besinnungsphasen an psychischen Verhärtungen und neurotisch irrlichternden Störenergien in jedem Büro, am Schalter, hinter Uniformen, in Parlamenten, Krankenhäusern, Verwaltungen, an Fließbändern usw. eingespart werden könnte, würde durch ausgetrauerten Elan und regenerierten Wunsch nach Neubeginn um ein Vielfaches an psychischer Energie, Aufmerksamkeit, Freude auch dem nach außen gerichteten Schaffensprozeß zugute kommen.

Stirb vor dem Tod heißt also auch, vom Außenzwang abzulassen und sich dem Wesen(tlichen), dem *eigenen Zentrum* zu nähern. Statt andere mit Erwartungen zu harpunieren, wertvolle Lebensenergien zu verschleudern, könnte man jeden Tag für sich selbst eine gute Tat vollbringen, die auch sozial einen positiven Effekt hätte: Man stelle sich vor, morgen sei der letzte Tag seines Erdendaseins. Nicht, um in Panik noch schnell das letzte Steak zu verdrücken, aber um die Prioritätenliste der Lebensqualitäten etwas umzustellen. Lebt man präsent, braucht nichts bereut zu werden. Man ist ja dem Augenblick nach bestem Gewissen gerecht geworden, hat ihn ausgekostet – wie er auch immer schmeckt. Dadurch verliert Trauer an Macht. Eigener Tod, eine Phase des Alleinseins oder Abschiednehmens muß uns über natürliche Trauer hinaus existentiell nicht aus dem Fundament kosmischer und persönlicher Integration herausbrechen. Von außen nach innen zu sterben ist nichts Weltfernes oder Körperfeindliches. Man aufersteht jetzt in neuem Bewußtsein, mit *in*tegrierten statt mit *pro*jizierten Energien, autonom, erst richtig erwacht und für die Gegenwart geschaffen. Präsent heißt gegenwärtig und das meint auch den jetzigen Zustand unseres stofflichen Daseins. Präsent bin ich, wenn ich frei von Vorstellungen über Gewesenes und Zukünftiges, absolut konzentriert auf momentanes Erfordernis, *geistes-gegenwärtig,* auf eine kreative Art und Weise flexibel bin. Während Projektion auf einen Menschen nicht nur ein räumliches, sondern auch ein zeitliches Aus-der-Mitte-Fallen, aus dem Hier-

und-jetzt-Fallen beinhaltet. Man spekuliert vom jetzigen ungereimten, gespaltenen Zustand auf einen durch das Gegenüber bewirkten ausgeglichenen, auf ein bevorstehendes, vermeintliches Wunder.

Das Leben ist in vielen grundsätzlichen Aspekten paradox, der Tod auch. «Paradox» heißt «entgegen der Meinung» und nicht etwa – wie man es umgangssprachlich falsch benutzt – «un-sinnig». Paradoxe Lebensphänomene sind also solche, die der gewohnten Auffassung von Leben entgegenstehen. Doch was ist diese übliche Meinung vom Leben, von Existenz? Da sie von Schlagertextromantik, von einem mehr als fragwürdigen Schulsystem, von Leistungs- und Vergeltungsmentalität, von überholtem Kausaldenken als einzig richtiger Weltsicht und von einer Unmenge von Lebenslügen geprägt ist, sollten wir uns den scheinbar unergründlichen Paradoxien des Lebens stärker zuwenden, statt sie zu verdrängen; nicht analytisch zerlegend, sondern erfahrungsmäßig, ganzheitlich; mit Öffnung des Herzens statt mit seiner Schließung reagieren. Die Zuwendung zum schwerverständlichen, zum paradoxen, aber ursprünglichen, von falscher Romantik freien Kern der Existenz bewirkt manchmal das Ereignis einer Geburt, manchmal ein schwerer Unfall oder eine Krankheit, stets aber der Tod. Die Zeiger der Uhr stehen unmißverständlich auf die Unendlichkeit gerichtet, die Herzen werden aufgerissen. Die Chance, mit dem Herzen ein Stückchen Wahrheit zu sehen, die übliche Meinung übers Leben durchbrechend, darf nicht von solchen Tränen vernebelt werden, die wir vergießen, weil es uns so schwerfällt, von der üblichen, vertrauten, aber *unangemessenen* Auffassung von Existenz – von einer Scheinwelt – zu lassen.

Ein Paradoxon wie etwa Genugtuung über Reifungsschmerz ist nicht das grausame Siegel auf schalem Trost, sondern Attribut einer jähen Gelegenheit, sich eines Stückchens Wahrheit innezuwerden. Es ist eine unüberhörbare Aufforderung, umzudenken. Der religiöse Mensch kann einem paradoxen Phänomen, aber auch Schmerz und Belastungen lächelnder, weniger *wertend* ins Auge sehen und sie deshalb besser *wahr*nehmen, während der Nichtreligiöse Tod und Schmerz nur als ätzend, feindlich und sinn-los auffassen kann.

Es gibt Gegenden, die es ihren Bewohnern seit Jahrhunderten leichter machen, religiös zu sein, als gerade Norddeutschland, Skandinavien, England oder Zürich beispielsweise. Ein Mensch, der in einer nordischen Großstadt geboren wurde und hier blieb, kann nicht verglichen werden mit einem in Süditalien oder im Himalaja, der selbstverständlicher in Natur und Religion eingebettet ist. Um so mehr haben wir es in unseren Breitengraden *nötig,* die klassische Gretchenfrage nach der eigenen Religiosität uns selbst zu stellen. Sie hängt mit der Frage nach

Sinn und Gehalt der Existenz zusammen. Wer den Sinn nicht findet, ist nicht zu *verurteilen,* wer aber Wege, die zum tieferen Wissen über die letzten Dinge führen können, nicht wahrnimmt, ausschlägt, macht sich wahrscheinlich einer Unterlassungssünde schuldig. Und es fehlt ihm weiterhin etwas, selbst wenn er es nicht zugibt.

Der Geburtsschock über diese unwirtliche Welt, über die Grausamkeit einer Mutter, die das Kind aus der Einheit herauspreßt, ist der Ausgangspunkt zu einem jedem Menschen innewohnenden Geborgenheits- und Einheitsbedürfnis. Es gibt drei Stufen des Zugehörigkeitsgefühls. Das unmittelbar-vitale, das hierarchisch-strukturelle und das transzendent-kosmische. Das eine sucht Integration in Familie und Heimat, das zweite in Gesellschaft und abstraktere Prozesse des Miteinanderseins, das dritte sucht Integration auf metaphysischer Ebene, Vereinigung mit dem Atem der Welt, mit der unsichtbaren göttlichen Kraft. Ein Mensch, der auf der realen Ebene der Zugehörigkeit, z. B. durch elterliche Zwietracht oder Krieg, unermeßliche Lieblosigkeit und Gewalt hat sehen oder selbst erleiden müssen, versucht auf der nächsten Ebene, der gesellschaftlichen, die empfundenen Lücken zu schließen. Aber hier machen es einem materielle Verluste, berufliche Umbrüche oder mißlungene Kompromisse in der Partnerschaft schwer, die ersehnte Integration ins Miteinander vollständig zu finden.

Wer aber, sei es infolge von Ausbleiben von Gnade, sei es aus Mangel an Kraft oder Interesse den Weg zu irgendeiner Art von Glauben (im weitesten Sinne eines dem Menschen angeborenen, vom Intellekt oft nicht eingestandenen religiösen Bedürfnisses), den Weg zur *dritten Ebene nicht* unter die Füße nimmt, bleibt mit Existenzängsten, Unrast, einer gewissen Leere zurück. Und dennoch sucht ein unerlöster, unentwickelter Teil des Organismus, der Seele, weiter. Der suchende Teil spricht eine andere, vielleicht auch leisere, ungewohnte Sprache; der *nur* vernünftige, der eitle, regressive, bequemliche, der den Alltag bewältigende, bloß funktionierende Teil versteht ihn nicht. Vor der Integration ins Leben, in die Gesellschaft steht die Integration der nebeneinander herlaufenden *eigenen* Persönlichkeitsteile, das Zusammenfügen, Bekanntmachen und Versöhnen derjenigen Ich-Teile, die sich stumm und verständnislos gegenüberstehen. Dies ist die *innere* Voraussetzung für den von *außen* erwarteten Frieden.

Kommt dies nicht zustande, dann verliert und verselbständigt sich die unbewußte *Suche* nach der jenseitigen Instanz, und irrationale, diffuse *Sucht* tritt an ihre Stelle. Wie wenig es braucht, die entscheidende Weiche im Bewußtsein zu verpassen, demonstriert die sprachliche Nähe von *Suche* und *Sucht,* von *Erlösung* und *Auflösung*. Mal bietet sich der Fernseher an, mal der Alkohol, mal Machtstreben und tyrannisierende Dominanz über seine Nächsten, mal Sexualität, Geld, Zigaretten, Drogen oder Essen. Alles kann von der zur *Sucht* pervertierten *Suche* ergriffen werden, jedes Mittel ist recht, vom Eigentlichen abzulenken. Der Ersatz ist geschaffen, der Mensch aber hat seine Ruhe dennoch nicht gefunden. Das Banale, das Profane hat von dem Menschen Besitz genommen, das Heilige, der Glaube an das Heil ist geschwunden.

Heilig ist eine Art Superlativ zu *heil,* d. h. *ganz,* vollständig, intakt, integer, integriert. Das *Sichtbare* absorbierte die aktive Aufmerksamkeit; das *Hintergründige* schleicht sich in verdrehter Form als Nebulöses, als Sucht, als Irrlicht durch die Hintertür ein.

Heilung von un-heil-vollem Zustand, Heilwerden, d. h. Ganzwerden, sich dem Ganzen hingeben, kann nur mit dem *Sinn* für Ganzheit aufgespürt werden, mit Gewahrwerden des Nichtsichtbaren, des Transzendenten, des Nichtverständlichen, also auch des Paradoxen. Es ist nicht eine Frage von Intelligenz und Bildung, es zu ahnen und zu erfassen. Strikt vernunftmäßiges Begreifenwollen der paradoxen Lebensfülle, Bemühungen um eine in einer Formel ausdrückbaren Sinnzusammenfassung sind meist sogar hinderlich, zum heiligen Kern vorzudringen, und enden häufig in Nihilismus oder Skrupellosigkeit. Nicht aus der Mitte reißendes Pro- und Kontradenken, in welchem man meint, durch ausschließliches Parteiergreifen für einen *Teil* der Wahrheit und durch dualistisches Denken jeglichen Widerspruch lösen zu müssen, sondern stetes gläubiges *Durchdringen* widersprüchlicher Kräftefelder, wertfreies Eintauchen in Polarität erhöht das Verständnis des Paradoxen. So können wir frei von Selbstmitleid und Angst echt trauern und doch das Frohsein um das schmerzhafte Fortschreiten zulassen. Heilsein, Ganzsein bedeutet, das Ganze sehen, das Sowohl-als-Auch; heißt gegensätzliche Pole *aushalten,* welche die Spannweite des Ganzen, des Universums, die Fülle des Menschseins beschreiben.

Verweigerung, Abtrennung, Teilung sind die Hindernisse, die man sich selbst in den Weg zur Integration legt, sie sind das Falschgeld, wofür man sein eigenes Zugehörigkeitsbedürfnis verschachert. Schicksalhafte Rückschläge werden als Bestätigung genommen, daß man vom Leben nichts Gutes zu erwarten habe, daß man sich in Selbstmitleid üben *darf* – und zum vermeintlichen Trost, sich selbst etwas Gutes zu tun, der Sucht nachgeht. Einsamkeit ist somit auch Folge von Selbstsucht. Egozentrik macht einsam. Wir können allein sein und doch verbunden mit allem; wir können mitten im Leben stehen und doch einsam sein. Zurückgezogenheit und Introversion ist nicht der erste Schritt zur Vereinsamung. Das Ganze ist immer gegenwärtig, es liegt lediglich an unserem Bewußtsein, ob wir uns in jedem Altersabschnitt selbstsüchtig davon abtrennen und un-heil werden oder uns auch als alleinstehender Mensch *nicht* einsam fühlen. Auf der materiellen Ebene heißt heil sein: gesund sein. Also liegt es ganz an uns, und wir haben es über die psychosomatischen Prozesse auch in der Hand, gesund oder krank zu sein.

Auf der dritten Ebene, derjenigen kosmisch-religiöser Integration, geht es viel stiller zu als in anderen Lebensbereichen. Man hat sich aus der betriebsamen, vereinnahmenden Welt entflochten, vom inneren Verlangen nach bedingungsloser Zweisamkeit und äußerem Erfolg abgelassen. Die Zurückgezogenheit, die man braucht, um aus der ungebundenen Betrachtung der Dinge seine eigenen Erfahrungen zu resümieren, seine Stellung in der Welt und diese selbst zu verstehen, sich auf die letzten Fragen zu beziehen, hat nichts mit apathischer Gleichgültigkeit, mit kokettem Versteckspiel oder verbitterter Abkehr zu tun.

Die Stille, das Loslassen, ist der nötige Katalysator, um befreit vom Ego (und dessen Projektionen auf andere) eingehen zu können in ein köstliches Wissen um allseitige Zusammengehörigkeit. In der Stille läßt sich die innere Stimme, der Atem der Dinge, das Wesen der Schöpfung besser wahrnehmen. Man ist allein, aber nie einsam. Allverbundenheit ist Verbundenheit mit dem All und über das All mit allem und allen.

Im Alter gerät man immer tiefer in diese Verbindungszone mit dem Jenseits. Viele bekommen dadurch eine Chance, nach absorbierendem Berufs- und Familienleben Abstand nehmen, Zwang aufgeben zu können. Viele Menschen haben es aber nie gelernt, Verzicht positiv zu erleben, haben Alleinsein nur als Mittel der Bestrafung verabreicht bekommen, haben sich Besinnungschancen mit beleidigtem Sitzen im stillen Winkel verbaut. Sie haben es im Alter schwer, Alleinsein zu innerem Frieden umzuwandeln. Statt in die innere, langersehnte und befreiende Einheit mit der Schöpfung einzugehen, die Einheit mitzugestalten, aus der sie sich durch die Geburt herausgepreßt erlebten, folgen sie der negativen Spirale des Gefühls, zu kurz zu kommen und unverstanden zu sein. Diese Menschen übernehmen den alten Konflikt mit der lieblosen Umwelt, indem sie sich selbst lieblos behandeln, in trotziger Isolation erstarren oder verwahrlosen und so sich selbst unheil und unglücklich machen: eine zu großen Teilen selbst betriebene Einsamkeit, die nicht sein muß. Was wir dem anderen antun, tun wir uns über die Einheit der Gesamtenergien selbst an; indem wir uns erheben, demütigen wir uns selbst. Schicksalsschläge und Belastungen sind Teil des allgemeinen Naturgesetzes und keine Verschwörung gegen die eigene Person. Sie sind Aufforderungen zu Besinnung, Innehalten und Introversion, die es als Türen zu benutzen gilt, die den Weg zu jenem dritten, dem kosmischen Zugehörigkeitsgefühl eröffnen.

Paradoxes aushalten zu können, es aktiv zu handhaben, erfordert Vitalität und Mut, Ausdauer und Glauben an die Fähigkeit, es zu schaffen, genügend Regenerationskräfte zu haben. Immer wieder zweifeln wir daran. Es gibt für uns in jeder Phase eine Lektion zu lernen. Mit den Schritten, die machbar sind, zu leben, fällt oft leichter, wenn ich mir nicht im Sinne des heute vorherrschenden Pseudoindividualismus auf meine Persönlichkeit zuviel einbilde, sondern mich in die Vorstellung begebe, Ausdruck eines Ganzen zu sein. Sei es im Sinne des Gesetzes von Reinkarnation, von Karma, in dem jedes irdische Leben einen Schritt in der Evolution der eigenen Seele darstellt; sei es mehr biologisch-genetisch gesehen, als Fortführung von Ahnenerbe, als Einlösung und Erlösung eines genetisch-familiären Potentials, das über eine einzige Generation hinaus nach Manifestation drängt.

Der Schock am Grabe eines Elternteils ist oft Ausdruck innegewordener Distanz, welche Sohn oder Tochter über die Möglichkeiten der Eltern hinaus beschritten und erfolgreich hinter sich gebracht haben. Erschüttert, vom Strom des Lebens weiter fortgetragen worden zu sein, erschüttert auch, die menschlichen Grenzen des mit einem verbundenen Menschen ohne Antwort auf sich beruhen lassen zu müssen, fühlen wir noch einmal, was mit Generationenkonflikt gemeint ist. Den Distanz schaffenden Weg aus falsch verstandener Anhänglichkeit oder aus der besagten Angst vor dem Freisein nicht beschritten zu haben, hieße, der eigenen Generation nicht gerecht geworden zu sein, wäre Verweigerung des Evolutionsprozesses und in der eigenen letzten Stunde keiner Instanz gegenüber verantwortbar. Diese Gedanken sind auch übertragbar auf eine Trennungssituation, wo einer der Partner eine schnellere und weitergehende Entwicklung durchmacht als der andere.

Die Betroffenheit braucht allerdings nicht nur Ausdruck von Selbstmitleid zu sein. Sie ist auch ein seelisch-geistig fruchtbarer Moment, der uns wachrüttelt. Haben wir denn die ganze Zeit geschlafen? Insofern wir uns nicht aller kreativen Möglichkeiten im höchstmöglichen Sinne bewußt sind, können wir uns selten als wirklich wach bezeichnen. Die Achtlosigkeit im Umgang mit Menschen, Tieren, Materie und eigenen Anlagen ist mindestens eine Art von Halbschlaf, aus dem aufgerüttelt zu werden, wir sehr nötig haben. Ein Signal schreit auf: Achtung! Beachtung und Achtung im Sinne von Respekt wird verlangt. Wir sollten um unser selbst willen den Ruf auf den Weg der *Acht*samkeit hin ernst nehmen, wahr-nehmen. Respekt setzen wir gleich mit Ehrfurcht vor jeglichem Sein. Achtsamkeit und wacher Umgang mit jeder Form von

Leben ist das, was wir der Gnade, woher sie uns auch widerfährt, entgegenhalten können.

Es ist die letzte Ehre, die letzte Achtung, die wir einem Toten erweisen. Muß es die *letzte* sein? Das Wort «letzte» setzt uns eine Grenze, nämlich die, es in diesem Leben nicht noch einmal *genau so, hier* und mit *diesem* Menschen besser zu machen. So ist es natürlich, wenn die Frage auftaucht, was gewesen wäre, *wenn*... Was hätte ich noch tun können, um ihm Gutes zu tun, oder um dem Verstorbenen gegenüber, um vor mir selbst besser dazustehen? Die Fragen klingen alle so ähnlich, und doch müßte man von ganz verschiedenen Seiten an deren Beantwortung herangehen. Aus der einen Frage blinzelt Eitelkeit, aus der anderen höre ich heraus, ob es möglich gewesen wäre, das Ende hinauszuschieben, wenigstens anders zu gestalten, dem Leben noch eine Chance zu geben, dem Tod einen Schritt zuvorzukommen, ihn zu überlisten. Ist das aber nicht immer noch der naive Glaube des kleinen Menschen, den Tod abwenden zu können? Man wendet viel Kraft auf, diesen unbewußten Glauben aufrechtzuerhalten und gleichzeitig Schuldgefühle in Schach zu halten. Die grundsätzliche Frage: *Habe ich genug getan?,* hat – weil man eben *Mensch* ist – eine grundsätzliche Antwort: *Ich habe nie genug getan.* Nicht weil man ein besonders schlechter Mensch ist, sondern weil man nicht Gott, nicht allmächtig ist.

Theoretisch kann man immer mehr tun, oft aber auch *konkret*. Aber wann ist das vorgenommene Maß an Erstrebenswertem zu hoch, unmenschlich geworden, so daß die ständige Spannung von Machbarem zu Erhofftem in schuldhafte Ohnmacht umschlägt? Verständlich: Schuldgefühle, seinen Weg nicht so achtsam (auch nicht so engagiert und ehrlich) gegangen zu sein, wie es Menschen möglich wäre. Unberechtigt aber sind Schuldgefühle im Sinne von als Schmach empfundener menschlicher Unzulänglichkeit gegenüber Natur oder Gott. Sowohl verantwortlich-achtsames Streben als auch Einsicht in die Beschränkung irdischer Existenz ist Teil religiöser Haltung. Menschsein annehmen und dadurch mit seiner jetzigen Lebensform, Inkarnation eins sein (als Voraussetzung sie zu durchdringen und dadurch erst erlösen zu können) heißt zuerst einmal, mit dem Mangel, dem Makel, leben zu können. Das Bekenntnis zu eigenen Fehlern führt weiter, ist der Evolution der Seele als fruchtbares Moment zuträglicher als das Aufrechterhalten von Scheinstabilität und Imagepflege. Warum ist die Angst so groß, ohne gesellschaftliche Maske aufzutreten?

Um Schuldgefühle besser bewältigen zu können, haben die Religionen verschiedene Wege gefunden. Die Beichte ist der uns geläufigste. Einerseits fühlen wir uns nicht stark genug für die Herausforderungen des

Lebens, verweigern das Erwachsen- und Selbständigwerden. Andererseits spielen wir die Herren der Welt, gehen mit Naturgütern sorglos um, sind stolz auf zweifelhafte oder zerstörerische Erfindungen oder darauf, schneller, reicher, schöner, schlauer zu sein als unsere Geschwister, Freunde, Mitarbeiter, Nachbarn. Diese Haltung muß – wenn auch unbewußte – Schuldgefühle hervorrufen. Die angestrengte, profilierungsneurotische, Mitmenschen und Mitleben herabsetzende Kompensation eigener Unzulänglichkeit und Unachtsamkeit, die Übertünchung von Wissen um Makelhaftigkeit und von Lebensangst tut dem Mit-Leben, der Schöpfungseinheit Gewalt an und ist die Grundform von Unehrlichkeit und Schuld. Eine andere, im allgemeinen nützliche und angesehenere Eigenschaft ist das Verantwortungsgefühl. Es hört allerdings da auf, sinnvoll zu sein, wo Unglaube, d. h. Übermut und wieder Mangel an Vertrauen, die Schöpfung tangieren. Es ist auch in unserem Jahrhundert durchaus nicht unzeitgemäß oder eine Schande, für bestimmte Bereiche und Momente des Lebens die Verantwortung völlig abzulegen, sie zu übergeben an eine Instanz, die sich unserem logischen Zugriff entzieht: an eine göttliche Kraft zu *glauben,* sich in solchen Zeiten ihr zu über*antworten,* ist nicht Selbstbetrug, sondern Bescheidung, die niemandem Abbruch tut. Es kommt einer überheblichen Mißachtung des kosmischen Logos, einer Usurpation Gottes gleich, sich in letzter Konsequenz für die Lebensessenz, für den tiefsten Sinn eines anderen Menschen verantwortlich fühlen zu wollen. Es ist nicht nur unmenschlich, sondern auch unsinnig, die Erdkugel tragen zu wollen.

Andere Religionen haben die Vorstellung der Wiedergeburt, die den Tod und die Verantwortung relativiert. Demnach ist der physische Tod nicht die Auslöschung der Existenz, kein gähnendes schwarzes Loch, das uns erwartet, sondern ein anderer Bewußtseinszustand, ein Auftauchen aus der Gebundenheit an die Materie. Insofern ist er ein Akt der Befreiung. Der Vorgang gilt nicht als einmalig, sondern als Wellenbewegung, in der man durch Geburt und Tod in die Materie, in diese irdische Welt eintaucht und wieder heraussteigt. Geburt ist Abschied aus der immateriellen Welt, Tod ist Geburt in jene Welt hinein. *Das hiesige Wachhalten des Bewußtseins um jenen anderen, nichtkörperlichen Zustand ist Glaube.* Der Tod ist somit nur Schnittpunkt des Bewußtseins, kein Ende. Darin liegt auch kein Widerspruch zum christlichen Glauben. Durch das weitgehende Wegfallen von Angst, erzeugt durch die infame Vorstellung von ewigem Höllenfeuer, durch Wegfallen von Angst vor einem absoluten Ende, welches die östliche Vorstellung relativiert, stellt sich auch das *Leben* anders dar. Es ist wie bei einem Mobile, das man sich an die Decke hängt: den richtigen Ausgleich gewinnt man, indem am anderen Pol, am gegenüberliegenden Prinzip etwas verändert wird. In dem Maße, wie die Vorstellung über den *Tod* natürlicher wird, sich aufklärt, wird der Umgang mit *Leben* freier und tiefer. Es ist wie bei allem ein Seilakt des Bewußtseins: dem Leben, d. h. der Existenz, gerecht werden durch tiefes Erleben *aus* dem und *für* den Augenblick, dabei aber nicht in den Abgrund sich betäubender Oberflächlichkeit und verantwortungsloser Leichtfertigkeit zu stürzen. Letzteres ist eine oft ergriffene Scheinalternative: Leben gierig ausbeuten, weil echte Intensität verloren ging, die immer auch mit Dankbarkeit zusammengeht.

Wahres Wachwerden geht einher mit Abwerfen von Gewohnheiten, Konventionen, Zwängen. Der Tod schlägt uns alle diese Krücken aus der Hand: das ist das wirklich Erschütternde an ihm. Diese Lektion entschärft sich, wenn wir schon zu Lebzeiten weniger zwanghaft, befreiter mit Strukturen umgehen können. Den Augenblick zu begreifen, dem Prozeß der Schöpfung zu folgen, bedeutet ständiges Heraussterben aus alter Hülle, hinter vorläufiger Form nicht einzuschlafen. Mit dem Tod gegenwärtig zu leben ist aber nicht als Menetekel, als erhobener Zeigefinger, zu verstehen. Negiere ich ihn nicht aus Furcht oder aus falsch verstandener Lebensbejahung, so spare ich den Tod nicht für später auf. Eine bedrohlich im (Unter-)Bewußtsein anschwellende Vorstellung über Tod hat mehr Vehemenz, wenn die Zeit seines Einbruchs ins Leben gekommen ist. Wachsein meint, *die kreative Bewußtseinsqualität des Sterbens täglich vor das Lebensgefährt zu spannen,* um so der Polarität bewußt und vital zu begegnen.

Diese Lebensqualität läßt das Gefühl, etwas verpaßt zu haben oder bereuen zu müssen, nicht zu; diese Lebensqualität und Lebenshaltung ist die beste Versicherung gegen Sucht und Verbitterung, gegen Undankbarkeit, Selbstvergiftung und Resignation. Zufriedenheit, Glück liegen insofern in unserer Hand, als sie von der eigenen Einstellung, vom Stand unseres Bewußtseins abhängen. Wir schaffen uns unsere Welt durch unsere Anschauung.

Die aus dem Urlaub mitgebrachten Sandkörner, die dort am Strand unter Millionen von Sandkörnern selbstverständlich und gewöhnlich sind, werden zu Hause zur Kostbarkeit. Das durch die Verheißung des Alten Testaments erwartete Kind wird durch die von vorneherein auf das Positive und Wunderbare gestimmte Einstellung der Menschen zum Christkind, zum heiligen Kind, zum Heiland. Ohne an der Besonderheit der Geburt Jesu zu zweifeln, möchte ich zu erinnern geben, daß *jedes* Kind seine Heiligkeit hat, eine einmalige Kraft und für jede Familie Träger vieler Erwartungen und Hoffnungen ist. Hoffen auf einen heilen oder heilenden, einen heiligen Neubeginn und über die

Identifizierung der Erwachsenen mit dem Neugeborenen auch die Erwartung einer Selbsterneuerung. Leider hält der lernwillige Zustand der Eltern meist nicht sehr lange an, und das Kind wird in ihr Verhaltensmuster hineingezerrt, er-zogen. So ist auch das Christkind für eigentlich vor- oder un-christliche Politik, für allzu weltliche Kirchenbedürfnisse mißbraucht worden. Auch jedes Sandkorn, jeder Kristall, jede aus dem Urlaub mitgebrachte getrocknete Blume ist *besonders,* alles was Natur und Mensch an Positivem hervorbringt, kann mit wachen, staunenden Augen als eine geschlossene, wunderbare Welt für sich und gleichzeitig als Ausdruck des Ganzen gesehen werden und hat seine Unnachahmlichkeit, ist ein Stück des Heilen, des Ganzen, des Heiligen. Wir gehen normalerweise achtlos daran vorbei, wir konsumieren, statt zu schmecken; unser Umgang damit ist oft egozentrisch, arrogant, profan. Unser Bewußtsein ist einseitig und sieht den metaphysischen Pol der Existenz zuwenig. Ein Mensch, der den Sinn dafür mehr und mehr entwickelt, *kann* gar nicht einsam sein oder meinen, etwas verpaßt zu haben: Er findet überall einen Zugang zu Wahrheit und Wunder – und letztlich auch sich selbst. Wer sich aber selbst gefunden hat, seine Energie nicht wahllos in alle Winde zerstreut und jedem Ding, was an seinem Auge vorbeizieht, anheftet, der verwahrlost nicht und braucht sich auch nicht gegen irgend etwas abzuschotten, das ihn vermeintlich angreifen will. Er ist mit sich im klaren und erlebt sich ebenfalls als Ausdruck des Ganzen, er ist ge-*heilt,* d. h. *gesund.*

Mit unserer Einstellung können wir also uns selbst lenken und sind somit viel mehr und in einem anderen Sinne als dem üblichen für uns selbst verantwortlich. Mit solchem Bewußtsein ist es gar nicht mehr möglich, sich abgetrennt zu fühlen. Es ist nicht mehr möglich, leichtfertig mit Mensch, Tier, Nahrung und Materie umzugehen, weil wir wissen, daß wir demselben Atem verbunden sind. Es ist nicht mehr nötig, sich über andere zu erheben, andere zu manipulieren, sich anderer zu bemächtigen, sie auszunutzen, denn man begegnet dem anderen Teil der Schöpfung – den das Gegenüber darstellt – mit Ehrfurcht und Respekt. Ich begegne meinem anderen Teil, dem Du, mit Selbstachtung. *Ich sehe dich mit deinen Augen, du siehst mich mit meinen Augen (Sufi-Weisheit).*

Der Begriff Demut darf kein verstaubtes, frommes Wort sein, keine Umschreibung für kritiklose Unterwürfigkeit und verantwortungslose Selbstaufgabe. Demut als bewußte Bescheidung macht frei von Zwängen, ist das Ohr, um das Summen des pulsierenden Lebens – den Sinn – wahrzunehmen. Demut bezeichnet natürliche Hingabefähigkeit und Anteilnahme. Sie schärft den Blick für das persönliche Glück, macht heiter und den Wendungen des Lebens gegenüber gewappneter. *Demut ist demnach eine Stärke, nämlich diejenige, durch Loslassen von Strebsamkeit und Ehrgeiz im rechten Moment eigenes Menschsein anzunehmen.* Durch Auf-sich-beruhen-Lassen der intellektuellen Lösung der Gottesfrage läßt der Mensch sich nicht von Unverstandenem, Unkontrollierbarem irritieren oder ängstigen. *Demut ist die entscheidende Stufe hin zum Vertrauen.*

Neben Selbstmitleid und Wachgerütteltwerden ist Betroffenheit durch Trennung, Tod und Krankheit auch Weltschmerz. Er erinnert an die Endlichkeit des eigenen Körpers. Weltschmerz nimmt ab, wenn es einem gelingt, sich mit dem Gedanken der Reinkarnation anzufreunden. Karma, Geburt und Tod, sind dann ein Naturgesetz wie jedes andere auch, wie Auf- und Untergang der Sonne, wie Ebbe und Flut, wie Einatmen und Ausatmen, wie Essen und Verdauen, wie Arbeiten und Ruhen, wie Sähen und Ernten. Das eine ist nicht besser oder schlechter als das andere: Einatmen ist nicht wertvoller oder richtiger als Ausatmen, Arbeiten ist nicht falscher oder beklagenswerter als Ruhen, zu sterben nicht beängstigender, schwieriger oder unerfreulicher als geboren zu werden.

Versuchen wir den tieferen Grund, weshalb wir um jemanden trauern, sei es wegen Tod oder Trennung, die Stufe unseres Bewußtseins herauszufinden. *Die kreativste Haltung des Menschen ist immer die des Lernens.* Der Tote hat mit dem Akt des Sterbens vorgelebt, was *Loslassen* bedeutet. Es gilt von weltlichen Maßstäben abzulassen, die uns zur Beurteilung oder Verurteilung eines Menschen einladen.

Halten wir in solchen Situationen an dem Bild fest, daß der psychische Energiefluß dabei ist, in den unbekannten Ozean der Freiheit zu münden. Dies hat nichts mit Lust gemeinsam: Frohsein um Reifungsschmerz ist nicht Masochismus. Dieses Frohsein ist nicht paradoxer als andere Lebenswidersprüchlichkeiten, die den Menschen üblicherweise zu Egoismus, Verzweiflung, Sucht, Krankheit und Selbstzerstörung treiben, weil er Paradoxes nicht auszuhalten glaubt. Die Lösung ist: *Es gibt keine Lösung.* Keine lineare, logische Lösung für den Kopf, aber eine *Er-lösung des Herzens.* Diese Lösung, die unseren Verstand vorerst enttäuscht, heißt Abschied von dornröschenartig-koketten Erwartungen und von vermeintlichem Heldentum, das gewaltsame, unreife Lösungen herbeiführt. Die Lösung «*Es gibt keine Lösung*» ist die Öffnung zur wertfreien, selbstverantwortlichen Integration in das ewige Gesetz: Der Ozean ist das *Ziel,* aber nicht die Lösung einer mathematischen Aufgabe. Die Lösung ergibt sich durch *Loslösung* von eingefahrenen Verhaltensmustern, gedanklichen und emotionalen Wiederholungszwängen. Die Lösung ergibt sich nach dem Abstoßen von den reglementierenden Ritualen fester Ansichten, die uns am Eintauchen und Ausdehnen hindern.

Glauben heißt nicht verkrampftes Starren auf unverständliche Zeichen oder braves Staunen über dem Verstand unmöglich erscheinende Erzählungen. Glauben ist auch nicht Synonym für «vermuten» oder eine Umschreibung für gedankenlose, unkritische «Abwesenheit von Vernunft». Glauben ist auch kein Zurückfallen in urzeitliches Dunkel oder identisch mit «unbewußt leben». *Man kann sehr pragmatisch leben und gleichzeitig bewußt glauben.* Das Hiesige angemessen, wahrhaftig, auch realistisch tun, dem Metaphysischen seinen Raum aber lassen. *Ora et labora,* der Wahlspruch der Benediktiner. *Bete und arbeite* kann aber auch Gleichzeitigkeit von «sowohl beten als auch arbeiten» bedeuten. Natürlich ist nicht gemeint, die Arbeit unterbrechend, sich jede Stunde mit gefalteten Händen in eine Ecke zu setzen, sondern die liebevolle, meditative Haltung in jegliche Arbeit einzubringen. Bete im Tun. Schaffe etwas mit Besinnung. Verbinde die tägliche Verrichtung mit der Aufmerksamkeit des Gebets. Lasse das kosmische Bewußtsein, deinen Glauben einfließen in deine Werke. Nimm Meditieren genauso wichtig wie die Notwendigkeit, das tägliche Brot zu erwerben. Alles, was du angehst, sei auf die letzten Fragen ausgerichtet. Sei so bescheiden in bezug auf deine Taten wie du demütig bist vor dem Altar: so wird das tägliche Rechen des Kieses im Garten des Zenklosters zum Gebet. Aber auch beim Kartoffelschälen, Gebrauchswarenanfertigen, bei der Tierhaltung, beim Häuserbauen, bei der Krankenpflege und im Schalterdienst kann man seine absichtslose, innerlich freie, andächtige, auf ein Wesentliches ausgerichtete Einstellung und Handlungsweise selbst beobachten und kultivieren. Andernfalls werden Aktionen und Gegenstände entseelt, und nicht der erwünschte Nutzen steht am Ende, sondern die Dinge, Zweckdenken und Sachzwänge ergreifen von unserem Innersten auf unheilvolle Weise Besitz. Dann haben wir die Dinge nicht durchdrungen, sondern nur produziert – schnell, präzise, rentabel. Wir haben nichts gelöst, indem wir mit der Umgebung eins und heil wurden, haben bloß funktioniert.

Glauben heißt – jeden Tag neu – neben der Benutzung des Kopfes und trotz der unvermeidlichen Verwirrung durch das Geschehen um uns herum, an der Zugehörigkeit zum Kosmos, an der anderen Bewußtseinsebene, aus der wir kommen, an der Fähigkeit zur eigenen Spiritualität festzuhalten. Glauben ist positiv gepoltes Ringen um die innere Balance, um die Erhaltung und das Wiederfinden des inneren Friedens und der inneren Freiheit – aller eigenen Negativität zum Trotz. *So verstanden ist paradox nicht gleich «un-sinnig», sondern gleich «übersinnlich», d.h. metaphysisch und eine Eigenschaft des Ewigen.*

Versuch einer Synthese

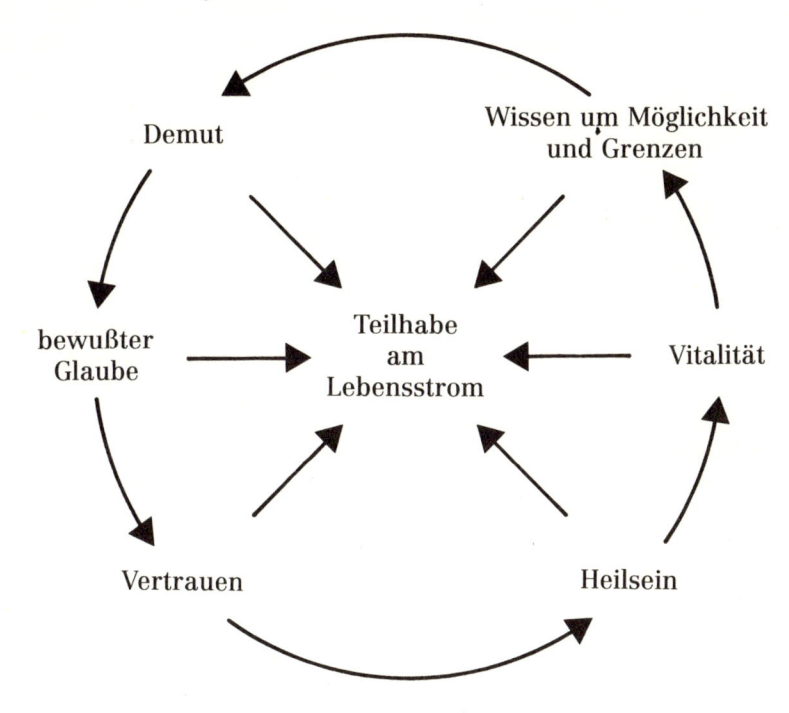

```
                    Wissen um Möglichkeit
   Demut                und Grenzen

                    Teilhabe
bewußter      →        am        ←      Vitalität
 Glaube             Lebensstrom

   Vertrauen            Heilsein
```

1. Geburt und Tod sind Schnittpunkte im *Zyklus des Bewußtseins* während der seelischen Evolution. *Glauben* ist Wissen um die immaterielle Seite von Existenz, das Wachhalten des «anderen» Bewußtseins.

2. Es gibt keine Lösungsformel von *Paradoxien;* sie sind Ausdruck des Ewigen. Leben läßt sich nicht lösen, sondern leben.

3. Wertfrei das *Gesetz der Ewigkeit* mit all seinen Polaritäten erleben, bringt inneren Frieden als Voraussetzung für den äußeren.

4. Das *Zugehörigkeitsbedürfnis* führt an den Mittelpunkt des Kreises, der alles als Einheit umschließt. Der Integrationstrieb ist die Suche aus aufgespaltenem, unheilvollem Bewußtseinszustand nach Heilung, Heilsein, Ganzsein. Die *Ganzheit* beinhaltet alle Formen des Denkens und Daseins und läßt sich daher durch Intellekt zwar in sich, aber nicht als solche polarisieren.

5. *Partnerschaftliche Projektionen* sind die fälschliche Annahme, die Zuwendung zum Metaphysischen, zum Religiösen ersetzen zu kön-

nen. Eine Bezugsperson kann anregen und katalysieren, den Heilwerdungsprozeß aber nicht abnehmen. Früher oder später muß diese Erwartung immer zurückgenommen werden. Alleinsein muß nicht Einsamkeit bedeuten.

6. Menschliches Wachsein und *Achtsamkeit* können in die eine Waagschale der Existenz gelegt werden, in der anderen liegt *Gnade*. *Demut* bringt dankbare, bewußte Lebensfreude, ist die entscheidende Stufe hin zum Vertrauen; sich dem schöpferischen Logos an Macht und Verantwortung gleichzusetzen, erzeugt Schuldgefühle und Ängste.

7. Die kreativste Haltung des Menschen ist das Lernen. *Reifungsschmerz* zeigt Entwicklung an. Abschiede jeglicher Art sind nicht «dickes Ende» oder «bittere Pille», keine Verschwörung des Schicksals. Sie sind Zeichen einer Orientierung auf nächste Räume im Ausdehnungsprozeß des Bewußtseins. Bewußtseinshöhepunkten gehen schmerzhafte Anstrengungen voraus.

8. Dem Wesen des Lebendigen, der *Schöpfung* gerecht werden durch
   – Selbstachtung.
   – Erkennen meines anderen Teils im Gegenüber.
   – Ablegen von Konventionen und immer nur vorläufigen Formen.
   – Bewußtheit der polaren Gegensätze. (Bewußtes) Vorwegnehmen des Sterbens-Wandlungsprinzips als kreativer Gegenpol zum Lebensprozeß.